欧诺弥亚译丛　不列颠古典法学丛编

论亚当·斯密的《国富论》：

哲学指南

On Adam Smith's *Wealth of Nations*：

A Philosophical Companion

［美］塞缪尔·弗莱施哈克尔（Samuel Fleischacher）　著

张亚萍　王　涛　译

华东师范大学出版社

·上海·

华东师范大学出版社六点分社 策划

欧诺弥亚译丛·总序

近十余年来，汉语学界政治法律哲学蔚然成风，学人开始崇尚对政治法律生活的理性思辨，以探究其内在机理与现实可能。迄今为止，著译繁多，意见与思想纷呈，学术积累逐渐呈现初步气象。然而，无论在政治学抑或法学研究界，崇尚实用实证，喜好技术建设之风气亦悄然流传，并有大占上风之势。

本译丛之发起，旨在为突破此等侧重技术与实用学问取向的重围贡献绵薄力量。本译丛发起者皆为立志探究政法之理的青年学人，我们认为当下的政法建设，关键处仍在于塑造根本原则之共识。若无此共识，则实用技术之构想便似空中楼阁。此处所谓根本原则，乃现代政法之道理。

现代政法之道理源于对现代人与社会之深入认识，而不单限于制度之塑造、技术之完美。现代政法世界之塑造，仍需重视现代人性之涵养、政道原则之普及。若要探究现代政法之道，勾画现代人性之轮廓，需依傍塑造现代政法思想之巨擘，阅读现代政法之经典。只有认真体察领悟这些经典，才能知晓现代政法原则之源流，了悟现代政法建设之内在机理。

欧诺弥亚(Εὐνομία)一词，系古希腊政治家梭伦用于描述理想政制的代名词，其着眼于整体福祉，而非个体利益。本译丛取其古意中关切整体命运之意，彰显发起者们探究良好秩序、美好生活之要旨。我们认为，对现代政治法律道理的探究，仍然不可放弃关照整体秩序，在整体秩序之下看待个体的命运，将个体命运同整体之存续勾连起来，是现代政法道理之要害。本译丛对现代政治法律之道保持乐观心态，但同样尊重对古典政法之道的探究。我们愿意怀抱对古典政法之道的崇敬，来沉思现代政法之理，展示与探究现代政法之理的过去与未来。

本译丛计划系统迻译、引介西方理性时代以降求索政法道理的经典作家、作品。考虑到目前已有不少经典作家之著述迻译为中文，我们在选题方面以解读类著作为主，辅以部分尚未译为中文的经典文本。如此设计的用意在于，我们希望借此倡导一种系统、细致解读经典政法思想之风气，反对仅停留在只言片语引用的层面，以期在当下政治法律论辩中，为健康之政法思想奠定良好基础。

译丛不受过于专门的政法学问所缚，无论历史、文学与哲学，抑或经济、地理及至其他，只要能为思考现代政法之道理提供启示的、能为思考现代人与现代社会命运有所启发的，皆可纳入选目。

本译丛诚挚邀请一切有志青年同我们一道沉思与实践。

欧诺弥亚译丛编委会

二零一八年元月

目　录

第三部分　经济学的基础

第四部分　正义

第五部分　政治

尾　声

索　引

致 谢

由普林斯顿大学人类价值研究中心和约翰·奥林基金会（John M. Olin Foundation）共同资助的一年学术休假，使我得以开始撰写本书，而后来在伊利诺伊大学芝加哥分校人文学院工作的一年，则为我提供了最终完成本书所必需的时间及其他各种支持。我在此还想感谢凯特·艾布拉姆森（Kate Abramson）、托马斯·博克尔曼（Thomas Brockelman）、劳伦·布鲁贝克（Lauren Brubaker）、丽莎·唐宁（Lisa Downing）、查尔斯·格列斯伍德（Charles Griswold）、瑞安·汉利（Ryan Hanley）、戴维·希尔伯特（David Hilbert）、拉查纳·卡姆特卡（Rachana Kamtekar）、迪尔德丽·麦克洛斯基（Deirdre McCloskey）、杰里·马勒（Jerry Muller）、艾米·赖克特（Amy Reichert）、伊恩·罗斯（Ian Ross）、埃里克·席塞尔（Eric Schliesser）、杰夫·温特劳布（Jeff Weintraub），他们提出的批评和建议，令我受益匪浅。洛里·沃森（Lori Watson）关于本书的评论非常中肯，其提供的协助研究也非常高效。我的妻子艾米·赖克特（Amy Reichert）不仅帮我做了大量的文字编辑工作，还用自己的耐心和理解一直包容着我在本书撰写作过程中常表现出的不安和焦虑。

缩　写

文中引用斯密作品时，会标注标准的格拉斯哥版的页码，而不是具体章节。文中提及斯密以下著作时，采用缩写加页码的方式。如果在同一段中连续引用某一文本，只在首次标注缩写，后面仅标明页码。

亚当·斯密作品

Corr　《亚当·斯密通信集》(*Correspondence of Adam Smith*, ed. E. C. Mossner, Ian Simpson Ross, New York: Oxford University Press, second edition, 1987)。

ED　"《国富论》早期手稿"("Early Draft" of the *Wealth of Nations*)，《法理学讲义》中的一部分。

EPS　《哲学文集》(*Essays on Philosophical Subjects*, ed. W. P. D. Wightman, J. C. Bryce, Oxford: Oxford University Press, 1980)，于 1795 年(死后)第一次出版。

LJ　《法理学讲义》(*Lectures on Jurisprudence*, ed. R. L. Meek, D. D. Raphael, P. G. Stein, Oxford: Oxford University Press, 1978)，作者生前未出版。

LRBL　《修辞学及文学讲义》(*Lectures on Rhetoric and Belles-Lettres*,ed. J. C. Bryce,Oxford：Oxford University Press,1983),作者生前未出版。

TMS　《道德情操论》(*Theory of Moral Sentiments*,ed. D. D. Raphael, A. L. Macfie, Oxford：Oxford University Press,1976),于1759年出版第一版。

WN　《国富论》(*An Inquiry into the Nature and Causes of the Wealth of Nations*,ed. R. H. Campbell,A. S. Skinner,W. B. Todd,Oxford：Oxford University Press,1976),于1776年出版第一版。

其他著作

ASD　《亚当·斯密的论辩》(Vivienne Brown,*Adam Smith's Discourse*,London：Routledge,1994；ASP Donald Winch,*Adam Smith's Discourse*, Cambridge：Cambridge University Press,1978)。

AVE　《亚当·斯密与启蒙德性》(Charles Griswold,*Adam Smith and the Virtues of Enlightenment*,Cambridge：Cambridge University Press,1999)。

E　《人类理解研究及道德原则研究》(David Hume,*Enquiries*,ed. L. A. Selby-Bigge,P. H. Nidditch,third edition,Oxford：Clarendon,1975)。

ES　《经济情操论》(Emma Rothschild,*Economic Sentiments*,Cambridge：Harvard University Press,2001)。

LNN　《自然法与万民法》(Samuel Pufendorf,*The Law of Nature and Nations*,trans. C. H. and W. A. Oldfather,Oxford：Clarendon Press,1934)。

LWP　《战争与和平法》（Hugo Grotius, *The Law of War and Peace*, trans. F. W. Kelsey, Indianapolis：Bobbs-Merrill, 1925）。

NE　《尼各马可伦理学》（Aristotle, *Nicomachean Ethics*, as translated in Jonathan Barnes（ed.）, *The Complete Works of Aristotle*, Princeton：Princeton University Press, 1984）。

NJ　"《国富论》中的需求与正义"（Istvan Hont and Michael Ignatieff, "Needs and Justice in the *Wealth of Nations*," in *Wealth and Virtue*, Hont and Ignatieff（eds.）, Cambridge：Cambridge University Press, 1983）。

NL　《自然法与道德哲学》（Knud Haakonssen, *Natural Law and Moral Philosophy*, Cambridge：Cambridge University Press, 1996）。

OB　《论美与德性观念的根源》（Francis Hutcheson, *Inquiry into the Original of Our Ideas of Beauty and* OV *Virtue*, London：J. Darby, 1726；OB for the treatise on beauty, OV for the treatise on virtue）。

PE　《政体与经济》（Joseph Cropsey, *Polity and Economy*, second edition, South Bend：St. Augustine's Press, 2001）。

RP　《富裕与贫穷》（Donald Winch, *Riches and Poverty*, Cambridge：Cambridge University Press, 1996）。

SI　《道德哲学简论》（Frances Hutcheson, *A Short Introduction to Moral Philosophy*, Glasgow：R. Foulis, 1747）。

SL　《立法者的科学》（Knud Haakonssen, *The Science of the Legislator*, Cambridge：Cambridge University Press, 1981）。

SMP　《道德哲学体系》（Frances Hutcheson, *A System of Moral Philosophy*, London：A. Millar, 1755）。

ST　《政府论·下篇》（John Locke, *Second Treatise of Gov-*

ernment,与版本无关,引文标注章节)。

　　T　《人性论》(David Hume, *Treatise of Human Nature*, eds. L. A. Selby-Bigge and P. H. Nidditch, second edition, Oxford: Clarendon, 1978)。

引　言

[xv]亚当·斯密首先是一位哲学家,然后才是一位社会科学家。然而,下述问题至今仍然困扰我们,即斯密的哲学作品与他的经济学著作之间到底存在怎样的联系。《国富论》(WN)中鲜有这样的地方,能让人想到作者还是一位对科学研究方法及道德判断的基础等一系列主题有着自己独到丰富见解的学者,也没有任何地方明确提及斯密先于《国富论》出版并备受赞誉的《道德情操论》(TMS)。对于道德主题明显的忽略(尤其是在《国富论》中),令许多批评家非常困惑。或许我们应该将《国富论》的写作,看成斯密最欣赏的自制精神的胜利:正是在《国富论》中绝大多数时候都能克制不做直接的道德评论,尽量以无偏私的语气仅仅陈述社会经济事实,不受自己对这些事实所持态度的影响,斯密才为社会科学的奠基做出了自己的贡献。但是,如果真是如此,斯密似乎公正得过了头,以至于让人们错误地认为当斯密在写作《国富论》时,完全把道德信念置于脑后。我写作本书的一个目的就是纠正这一观点,将我们带回到《国富论》框架内外的德性。今天的社会科学经常要求克制地谈论德性,但是斯密并没有完全搁置道德话语,即使斯密真的在有些地方搁置了这一话语,我认为他也一定有其道德上的理由。不管怎样,道德哲学和社会科学之间的张力是本书从

头至尾关注的主题之一。

　　还有其他一些话题，比如，斯密应该被认为是一位"常识"学派哲学家，预示了学术后辈托马斯·里德（Thomas Reid）的某些思想以及 20 世纪哲学的某些趋势；斯密极为推崇人人平等，这对他的道德哲学和政治经济学都产生了重要影响；斯密在分配正义史中扮演的角色与通常所认为的有很大不同。但是本书的目的并不是要阐述或维护任何有关斯密的重要论点，而是解释诸多影响《国富论》或是其结论引发的哲学问题。（本书事实上可以分章阅读，比如对斯密的正义观感兴趣的读者，可以只读相关章节而忽略其他。）我希望本书提供的指引不仅对专家有益，而且对第一次接触《国富论》或研究过其中的政治经济学但并未从哲学角度进行思考的人也有所帮助。

　　尽管斯密是一位哲学家，但是并没有相关的专著问世。查尔斯·格列斯伍德（Charles Griswold）从哲学角度对斯密的所有著作进行了精到的解读，[xvi]努德·哈孔森（Knud Haakonssen）则对斯密的正义观进行了深入的探讨。① 还有其他一两篇从哲学角度分析斯密全部著作的简短论文。② 但是，绝大多数关于《国富论》的评论都来自经济学家和思想史学者，目前为止并没有哲学家就斯密的《国富论》出版过专著。③

　　经济学家倾向于就事实而非原则与斯密进行讨论，而思想史

----

① Griswold, *Adam Smith and the Virtues of Enlightenment* (Cambridge：Cambridge University Press, 1999)；Haakonssen, *The Science of the Legislator* (Cambridge：Cambridge University Press, 1981) and *Natural Law and Moral Philosophy* (Cambridge：Cambridge University Press, 1996).

② 比如，David Raphael, *Adam Smith* (Oxford：Oxford University Press, 1985)，以及 Jack Weinstein, *On Adam Smith* (Belmont：Wadsworth, 2001)。

③ 然而，Vivienne Brown 在 *Adam Smith's Discourse* (London：Routledge, 1994)中讨论了许多哲学问题，正如 Jeffrey Young 在 *Economics as a Moral Science* (Cheltenham：Edward Elgar, 1997)中所做的一样。

学者更感兴趣的是思想的来源或影响，而不是思想的合理性或是对未来的启示。我把本书称为"哲学"指南有两层意思：一是本书讨论那些哲学家可能关心的问题；二是我以哲学家的方式讨论这些问题。这就意味着我最关注的是斯密如何论证自己的观点，有时我会用现代的话语重新建构他的论证，在发现他的观点有问题时，与他进行论辩。我希望在回答这些问题的同时，激发更多关于斯密的问题。斯密的观点和论证的难度在于，他所讨论的那些问题即便对今天的我们而言，也仍难以应付。我效仿斯密的论述方式，即斯密自己在《道德情操论》第七篇关于其他哲学家思想的论述方式。斯密非常敬重自己的前辈，忠实地陈述他们的观点，但同时也用自己的道德体系话语加以表述，并在他认为他们不对的地方提出批评。这是哲学化的哲学史最棒的例子。哲学家倾向于用现在时态表述所有的思想，讨论彼此的著作时好像作者至今健在，并试图说服我们接受他或她的观点。他们有时会被很合理地指责过于忽略具体的历史语境，但是另一方面，如果所有思想都仅仅取决于它们的语境（我们无法偶尔在论证中超越我们所处时代的偏见和关注），那么我们也就很难明白论证到底有什么价值。思想可以超越具体的历史语境是哲学家的信念的重要组成部分，甚至也许是苏格拉底以降所理解的"哲学"的定义的组成部分。

我这样说并不是想要否定斯密思想解读中历史视角的重要性，我一直尝试将斯密的思想与对他产生影响的人联系起来，尤其是他的老师弗朗西斯·哈奇森（Francis Hutcheson）和朋友大卫·休谟（David Hume）。我很赞同昆廷·斯金纳（Quentin Skinner）的观点，即要想理解一位作者真正想要表达的意思，一定得将他或她的作品置于其想要回应的论辩语境中。然而，那些追随斯金纳这一观点的人，忽略了哲学家与政治小册子作者之间的区别，即哲学家认为自己不仅置身于自己所处时代的论辩语境，而且还置身于绵延千年的论辩语境。斯密自认为不仅与詹姆士·斯图亚特

(James Steuart)还与柏拉图,不仅与魁奈(Quesnay)还与亚里士多德一起论辩。他存在于两个语境中:他置身其中的 18 世纪的政策和制度这个直接语境,以及人类在每个时代都关心的问题这个更大的语境。作为第二个语境中一员的斯密表达的思想,我们可以而且必须在这方面与之对话。[xvii]对作为 18 世纪欧洲一员的斯密表达的思想,我们必须非常谨慎地套用到自己的身上。我尽量在其写作的这两个层面间保持一种平衡,即斯密对自己同时代人所说的和斯密或许想对当今的我们所说的。我们今天仍能够从斯密思想中汲取营养,但是在这样做的时候,我们需要仔细区分斯密针对当时当地的学说与具有普遍适用性的教诲。

第一部分　方法论

第一章　写作方法

[3]本书从讨论斯密的写作风格着手，我整本书都想要论证，学者们一直在误读《国富论》(WN)，而我想在本书一开始就阐明为什么《国富论》这么容易被误读。无论是在学术著作中还是普通读物中，随处都可见《国富论》中某些耳熟能详的片段。然而，我们只有将这些片段放回到原文长篇的精心论证中，并进行费神解读后，才能准确把握《国富论》的教诲。因而，我首先要提醒哪些解读斯密的方式是不对的，然后再指出，花时间仔细研读斯密，把他作为他想要成为的 18 世纪学养深厚的修辞学家看待时，我们能得到的启示。

与绝大多数哲学家相比，亚当·斯密作品的阅读难度并不大。斯密的作品并不像康德或黑格尔作品那样充满抽象的术语，也不像洛克作品那样句型生硬，更少有段落会像笛卡尔或休谟那样隐晦微妙地进行论证。作为经济学家的斯密的作品，也比其他社会科学家更容易阅读，相比于专业术语或数学演算，他更喜欢引用历史掌故，并对其条分缕析，再佐以日常生活中生动的事例。而且斯密行文脉络清晰，每一章节一开始就会列出两到三个他在本章节要讨论的事项，然后按照所列事项逐一开始论述。我猜想许多学者之所以被斯密的作品吸引，正是因为阅读它们时的轻松和愉悦，也正是因为这个原因，斯密的作品经常被不同领域的人引用，无论是基础经济学教师还是公共知识分子。

这些常被引用的段落的清晰易懂具有一定的误导性。首先，即使仅就表面看，斯密也比这些著名段落（例如诉诸屠夫和面包师的自利的段落）呈现的样子复杂。不仅如此，斯密还精通修辞方法的运用，在他看似直截了当的表达后面，其实采用了各种文学手法，为自己的论证以及更为深层的表达服务。最后，用吸引人的日常语言写作哲学和政治经济学著作本身，源于一种关于人类知识运作的复杂理论，而把握这个理论是我们深入理解斯密所述教诲的必要前提。下文将依次讨论这三个要点。

1　阅读斯密的障碍

[4]当我说斯密的写作远比表面上读起来的更为复杂，主要就是指斯密的反讽和啰嗦。斯密的这两大文体特点在18世纪作家中并不少见，但是在他这里则更为突出，也更具重要性。斯密所秉持的道德观认为情感的表达构成了德性的核心，他也坚信文体表达风格差异能够反映个性差异。在他的修辞学讲义中，斯密告诉学生："朴实的（plain）人和简单的（simple）人，个性存在如此大的差异，以至于我们自然会期待他们的表达方法也迥然不同。"（LR-BL 38）①斯密还写道，西塞罗（Cicero）文体的优雅与合宜表现了"作者对自我重要性和尊严的认同"（LRBL 159）。色诺芬（Xeno-phon）的文体表明了他"行事的简单和天真"（LRBL 169）。相应地，我们也可以同样期待斯密反讽和啰嗦的特色展示了他的个性，或者至少是他想展示给读者的个性。因而，无论如何，在阅读斯密的文本时，我们需要精心（很多读者并没有做到这一点）识别文中

---

① 缩写详见页 xiii—xiv。

使用的反讽，并耐心剖析他娓娓道来的观点论证，否则，我们甚至会完全误解斯密所表达的字面含义。

有时斯密的反讽显而易见："那些幸运和骄傲的人们，惊呼人类的悲惨如此无礼，竟敢出现在他们面前，用令人讨厌的惨状，扰乱自己平静的幸福。"(TMS 51)

但在其他一些场合，有时又很难分辨斯密到底是不是在反讽。关于爱情，斯密说，"这种激情在任何人看来，都完全与对象本身的价值不成比例，除了那个感受着这种激情的人之外"，他又说"某个男人对他的情人来说可能是好伴侣，但对其他人来说却完全不是这么回事"(TMS 31)。这是仅仅在描述关于爱情的事实，还是包含对这种激情的温柔调侃？

在思考这一问题时，我们应该注意两点。首先，斯密非常崇拜乔纳森·斯威夫特(Jonathan Swift)，斯威夫特极为擅长用最温和的语气表达最为激烈的观点。斯密经常效仿这种以不露声色的方式表达对不道德行为的盛怒。这也很符合斯密自己在《道德情操论》中所阐述的关于情感表达，尤其是有关愤怒情绪表达的理论。斯密指出：为了赢得观众的同情，我们必须"把自己的情感基调调低到旁观者能够认同的程度"(TMS 22；关于愤怒这一特殊情感，参见 37—38)。然而，斯密与斯威夫特之间又存在着非常重要的差异，而这也正是斯密节制情感表达的另一个原因。斯威夫特或许部分是因为其阴郁的个性，当然也部分是因为其虔诚的保罗派(Pauline)基督教信仰，倾向于对人性持完全否定态度。而斯密强烈的自然主义倾向，使得他认为道德标准(即我们用来谴责人性的标准)其实来自人性本身，[5]这一信念又进而让斯密试图去理解人性中坏的一面可能服务于好的目的。斯密明确表达了要做到这一点并非易事。比如，关于我们对忧郁成性的人的反应，斯密写道："我们……鄙视他，而这也许并不公道(如果情感也可以被认为不公道的话)。这种倾向其实是上天赋予的，无法逆转"(TMS

49)。哈孔森将斯密论述我们自然倾向的这一段文字,非常精妙地形容为"一种嘲弄的、双面的怀疑主义"(SL 81),这一描述很准确地抓住了斯密在其作品中关于人类自然冲动的立场。一方面,斯密把某些人类的自然冲动看成是愚蠢或危险的,使我们远离德性和幸福。另一方面,作为一种自然倾向,我们又不能完全摒弃它们。反讽的立场则可以缓和它们的威力,或是帮助我们找到对抗它们的方法。他温和地劝诫我们应该保持这样一种距离感。但是,斯密也希望我们能够意识到,我们的自然倾向并不会就此消失,即使我们已经与它们保持了这种反讽的距离感,我们也仍然会"无法逆转地"受它们的牵引。即使是在我们企图奋力避开这些倾向带来的陷阱时,我们也要安于这一事实。苏格拉底式反讽——或者更确切的,后来克尔凯郭尔(Kierkegaard)更愿意称之为"幽默"而不是反讽①——所鼓励的,正是这样一种嘲弄式地接受我们无法改变的事情的态度。斯密并非一味谴责人性,对于人性的弱点,他让我们采纳一种幽默而放松的态度,抱持着尽可能地克服这些人性弱点的决心,但是同时也要很清醒地接受这一事实——这些弱点永远不会完全消失。上文所引用的关于爱情的论述,其中模棱两可的表达,正是这种态度的体现。

《道德情操论》整本书都弥漫着这种反讽的立场和语调,这在《国富论》中也并非少见。《国富论》中也有些反讽意味明显的话语。斯密写道,一系列重商主义法规背后"值得称道的动机是扩张我们自己的制造业,但并不是通过努力改良我们的制造业,而是通过让我们所有邻国的制造业走向衰败,通过尽可能地消除与这些面目可憎的、令人不快的对手之间麻烦的竞争"(WN 660;还

---

① Søren Kierkegaard,*Concluding Unscientific Postscript*,trans. D. Swenson and W. Lowrie(Princeton:Princeton University Press,1941),页 447—448,464—465,491。哈孔森在 SL 页 56,66 中论及了斯密著作中的"苏格拉底要素"。还参见 AVE 页 201,207。

可参见 555)。有时斯密的反讽掺杂一丝愤怒,就像上文这个例子那样;而另一些时候,则直接转换成了简单的幽默:"尽管人性是如此的轻浮和无常,我们的经验却明确无误地告诉我们,人是所有各种行李中最难搬运的"(WN 92)。还有一些时候,则充分体现了斯密整个世界观蕴含的那种介于反讽和简单陈述之间的模棱两可的态度。这里列举三个例子(这些例子对本书下文的论述尤为重要):首先,考虑到斯密对商业法规荒谬性的评论,当斯密说航海法案"或许是英格兰所有商业法规中最明智之举"(WN 465)时,我们应该怎样理解"最明智"中的反讽意味? 第二,斯密在《道德情操论》中将"安宁"(tranquillity)视为幸福的基本条件,当他说改善自己处境的不安欲望"从摇篮开始一直伴随我们到坟墓"(WN 341),我们应该怎么理解? 第三,就是整个关于社会现象的"看不见的手"[6]的论述,应该理解为只是关于事情是如何运作的直接描述,还是对想用看得见的手控制社会运作这一企图之腐朽和愚蠢的讽刺?

　　说到斯密的啰嗦,首先是因为他喜好使用冗长的复杂句子结构。下面就是很有意思的一个例子,同时也让我们领略了斯密和斯威夫特一样的冷幽默。斯密声称"细微的抱怨完全激不起同情":

> 被一点儿不愉快的小事弄得焦躁不安的人;因大厨师或管家最轻微的失职而不爽的人;在无论对自己还是别人做出最重要的礼仪之中都会挑刺儿的人;因亲密的朋友在上午相遇时没有向他道早安,也因自己讲故事时他的兄弟却哼小调而见怪的人;会因在乡下时天气不好,在旅行中路况不好,住在镇上时缺少同伴和一切公共娱乐的枯燥无味而变得情绪不佳的人;这样的人,我认为,虽然他可能有那么一点道理,但不见得会得到很多同情。(TMS 42)

这段话需要我们大声朗读出来。我们会意识到斯密不仅喜欢使用具体的视觉意象，而且钟爱精致的韵律：排比句式（"who is…,""who feels…,""who takes…"）中偶尔穿插套嵌着从句的分句；开始时的长句加上最后的短句；分号后的简要总结，把整个句子有机结合在一起，缓解了主动词长时间延后造成的张力。18世纪英语国家推崇这种复杂的文风，认为其非常优雅。但是，人们现在更青睐简略克制的文体，当学者引用斯密的文字时，喜欢将中间的许多从句和词组省略。我自己也是这么做的：我担心如果我全文引用，编辑们会对我暴跳如雷。然而，斯密文字中的很多从句，有时对他的哲学目的而言是不可或缺的，如果我们轻易省略，对斯密是不公平的。比如：

> 无知与无稽的赞美，让我们感觉不到真正的快乐，让我们感觉不到任何经得起严格检验的满足，相反，即使我们实际上没受到赞美，然而，当我们想起我们的行为是那种值得赞美的行为，或想起我们的行为在每一方面都和人们自然且普遍会给予赞美与认同的那些尺度与标准相符时，我们心里往往会觉得真正的舒坦。（TMS 115）

> As ignorant and groundless praise can give no solid joy, no satisfaction that will bear any serious examination, so, on the contrary, it often gives real comfort to reflect, that though no praise should actually be bestowed upon us, our conduct, however, has been such as to deserve it, and has been in every respect suitable to those measures and rules by which praise and approbation are naturally and commonly bestowed. (TMS 115)

这一句子之所以这么长，部分是为了优雅。第二个分句——no

satisfaction that will bear any serious examination[让我们感觉不到任何经得起严格检验的满足]——这里主要是为了平衡 no solid joy[感觉不到真正的快乐]，抑或是为了强调，让我们阅读时能够在此停留更长的时间，而 on the contrary[相反]和 however[然而]则仅仅赋予句子松弛的节奏。但是，no satisfaction that will bear any serious examination 不仅为行文增添了韵律，[7]并且也在一定程度上解释了 solid joy[真正的快乐]中 solid[真正]的含义。即使是句子最后含义明显重复的对词——measures and rules[尺度与标准]、praise and approbation[赞美与认同]、naturally and commonly[自然且普遍]——也并不仅仅是为了追求韵律效果。通过这些对词，斯密鼓励我们思考"尺度"和"标准"的差异，以及"自然的"和"常见的"的相似。尤其在《道德情操论》中，我们更要关注斯密行文的韵律节奏感——书中大部分内容都从课程讲义中节选而来，而这些讲义面对的都是十四到十六岁不等的学生，斯密更需要精湛的修辞技巧以吸引学生的注意力。但是，这些都还不是斯密之所以要这样写作的全部理由。先放下其他不说，上文所引用的这些句中的修饰词，还能够让我们意识到道德思想是非常微妙的，无法被轻易归入简单的类别或规则。诸多段落表明，斯密显然认为良好的道德判断也是如此。

不仅如此，斯密句子的冗长和复杂也需要读者的耐心，而耐心、自我克制、不要过于着急做出冲动的判断，对斯密而言是重要的德性。斯密的很多长句一直要到读者仔细读完每个分句，然后再回头把整个句子放在一起，才能明白其整个意思。斯密还喜欢用一两个短句，先简要介绍长句的主要意思，然后再引出复杂的长句，以降低读者阅读的难度。以下是《国富论》中的两个例子：

有些人妄称荷兰的商业正在衰退；就商业的某些部门而言，或许真是这样。但是……并未整体衰退……。他们拥有法国和英格兰的巨额国债，据说他们在英格兰的资金约为4000万镑（可是我怀疑这是过分的夸大）；他们还在利息率比本国高的国家向私人贷出巨额资金，这些情况无疑表明他们的资本过剩，或者说这种资本已增加到超过了在本国适当生产中勉强有利可图所能运用的资本数量：但这并不表示荷兰的商业已经衰退。（WN 108—109）

限嗣继承权是长子继承法的自然结果。采用限嗣继承权是为了维护长子继承法最初形成的某种直系继承的想法，防止由于子孙不肖或继承人身遭不幸而将最初地产的任何部分通过赠送、遗赠或转让而落入旁系手中。（WN 384）

在第一个例子中，斯密在为自己观点的论证提供主要证据前，添加了一些限定。他的主要论点要求他提供证据，说明荷兰人拥有着英格兰很大一部分的资金，但是，斯密同时还表达了对这一份额具体数目持有的怀疑。在句子的结尾，斯密含糊但有意思地提到了资本"过剩"，以及与之相关的某一国家的"适当生产"，[8]尽管它们之于整个论证并非必要。在第二个例子中，斯密在一句话中，同时讨论了与限嗣继承相关的法律术语及其心理谱系。如果没有开始时的引语——"限嗣继承权是长子继承法的自然结果"——将完全无法读懂这句话。

无论在《道德情操论》还是《国富论》中，斯密通过要求读者阅读时的耐心和细致，向我们展示了无论是道德伦理学还是政治经济学，无一不是微妙的学科，论证时需要仔细限定证据，并有意从精准的分析角度、法律角度，以及历史角度做出区分。斯密精细的文风还体现了另一层教诲，即无论是道德哲学还是社会科学，我们都需要充分理解对手的论证或思想体系，以便做出恰当的回应。上文刚引用的《道德情操论》段落，就含蓄地做到了这一点，通过"真正的快乐"这个措辞，向假想的反对者承认，"无知与无稽的赞美"确实可以产生短暂的满足。在上文第一段《国富论》的引文中，斯密很直接地向论证所针对的假想反对者做了让步——那些"妄称"荷兰的商业正在衰退的人，第二段引文则阐述了斯密所鄙视的制度背后的某些逻辑。正如上文已经指出的，在前面的《道德情操论》引文以及第一段《国富论》引文中，斯密都在陈述自己观点的同时，对自己所持的立场做出了限定。因而，斯密行文中复杂的句式，反映了一种更深层的复杂性：维维恩·布朗（Vivienne Brown）将斯密思想的这一特性很传神地称为"对话性"（dialogic），即斯密经常通过与持反对观点的人展开或含蓄或明确的对话，以陈述自己的观点。

斯密的这一写作特点不仅仅体现在句子层面。当涉及更大的文本单元时——段落、章节乃至实际上整本书——我们发现斯密在每一层面的行文中，都是先粗略地呈现自己的观点，然后再详细介绍反论，接着对反论作出回应，最后再次重申自己的观点，而有时这一观点又会因为对反论的讨论而有所修正。我认为斯密行文的这一特点，正是造成常见的对斯密思想误读的主要原因。读者如果不把斯密的文本作为一个整体阅读，很容易迷失在斯密所陈述的反论中，认为这反论就是斯密自己的立场。

以《国富论》第二部分第二章第三节关于正义的论述为例。这一节刚开始首先承认维护正义对社会的维系而言是必不可少的，并生动地阐述了这一观点："如果这一原则没有在［绝大多数人］心中树立，以保护每个人……他们就会像野兽一样随时准备扑向他；那么一个人走入人群中，就像是进入了狮子窝。"（TMS 86）接下来一段，斯密警告我们说虽然正义体系有用，这个事实并不就意味着，它们得以出现的原因就是人们觉得它们有用；我们必须谨防"把［正义体系］想象成人类智慧的体现，它事实上是上帝智慧的体现"（TMS 87）。在这一警告之后，斯密写道，"人们认为"正义之所以出现是因为觉得它有用，[9]并随后用一整段从效用论的角度,阐述了为什么正义会被认为是一种美德。斯密把这种效用论称为对正义之所以被认为是一种美德的"常见解释"(TMS 88)。① 接下来两段(TMS 88—89),斯密以两个理由解释了为什么"这一说法无疑是正确的":首先,效用论准确描述了当我们坚决惩处"不再是恐惧的对象"而成为同情的对象的罪犯时,我们内心对于正义抱有的想法;其次,当"年轻而放纵"的一代找到各种聪明的理由,对我们视为神圣的规则嗤之以鼻时,我们也可以用这一说法为正义辩护。然而,在最后,对效用论做出了这么多肯定之后,斯密在下一段却出现了转折"但是",进而清楚地表明他反对这种效用论:"最初激发我们惩罚针对个人的犯罪的动机并不是保存社会。"(TMS 89)然而,即便是在这样的反驳中,斯密还是做了让步,承认在处置犯了渎职罪的士兵时,主要是出于效用的考虑,尽管他很快就提供证据,补充说我们赞成这种处置并不是基于我们通常认为正义所"基于的原则"。因而,就整体而言,斯密本章所要论证的是,我们看重正义主要是因为我们看重个人(其本身);正义虽然在实际上有利于整个社会,但是,我们看重正义却并非因为其社会效用。斯密在表达这一观点时,也对反方的观点给予了充分考虑,并对这一观点中正确的部分做出了一系列让步。我们设想这样论证可能产生的结果是,读者不仅会对斯密自己论证的周到和公正充满敬意,同时也对持反方观点的道德哲学家的周密论证满怀景仰。这样,即使读者坚定信奉自己的道德信仰,也能周全地并且是无偏地,从不同意见观点中筛选出其合理部分。但是,事实上,结果却经常是读者误认为斯密自己就是效用论的支持者,因为他在驳斥这种观点前,对其进行了如此详细的论述。

　　类似的,在《道德情操论》开头,斯密描述了对同情共感所产

---

① 正如 TMS 编辑所指出的,斯密此时脑中很可能想着休谟。

生的机制的两种不同解释：一种解释是想象自己置身于其他人所处的情境而产生的同情共感；另一种解释是观察到别人的情感而受到感染产生的同情共感。就这两种解释，斯密承认确实有些时候"同情似乎仅仅是因为看到了他人身上的某种情感"（TMS 11，强调为作者添加）。① 再一次，斯密承认"感染同情论"（sympathy-as-infection theory）很好地解释了某些同情共感的案例。但是，随后的几段斯密却开始批评这种"感染同情论"：首先，斯密指出这种观点对许多情感不具解释力，如盛怒之人的行为并不会让我们也同样感到愤怒；第二，即使一种情感似乎真的是通过感染传递，最好的解释也是其他人悲伤或喜悦的表情，让我们意识到他们或许遭受了好运或厄运，我们想象自己也遭遇了同样的好运或厄运，所以感到悲伤或喜悦。因而，即使在这些例子中，我们事实上是将自己投射到了其他人的处境中，而不仅仅只是受他们似乎正在经历的情绪感染。[10]这一节最后一段的主题是"因而，同情共感与其说是来自看到了这一种情感本身，还不如说是来自产生这种情感的情境"。这里就完全明白无误地表明，斯密之所以讨论"感染同情论"，仅仅只是将其作为他自己的"想象投射同情论"（sympathy-as-imaginative-projection theory）的一种反方观点。然而，读者却经常将斯密误解为"感染同情论"的支持者。②

　　同样，在《国富论》中，这种迂回且充满限定的阐述方式随处可见，也经常导致同样的误读。第二部分第三章用整整三页的篇幅阐述了挥霍浪费和行为不检有损公共财富（最后得出结论"任何浪费的行为似乎都是公众的敌人"），接着却继续论证，即就整个国家

---

① 斯密这里脑中又想着休谟（T 316—317）。

② 比如约瑟夫·克罗波西（Joseph Cropsey）指出："看到他人开心的人，自己也会感受到开心，而观察到伤心或恐怖的人，自己也会在某种程度上感到伤心或恐怖。"（PE 14；还可参见 17—19）

而言,"个人的挥霍浪费和行为不检,并不会让国家受到多大影响"(WN 340—341)。但是,文中起始部分对于浪费的警戒却经常被后人引用,而其所处的整个大语境却常被略去不提。[1] 第五部分第一章中有一部分关于军队的讨论,认为民兵组织相较于常规军队不够有效,但是在这一章的下文,斯密却又承认民兵组织有其存在的意义。还有关于教育的部分,先是批评了公立大学的弊端,但最后还是建议公众支持那些为穷人服务的教育机构;关于宗教的那一部分也是先为政教分离辩护,随后承认国教是不可避免的,并展示了某些国教体制优于其他国教体制。《国富论》一经出版,斯密的读者就经常只见树木不见森林,抱怨他没有认同民兵组织的价值,因为他们只读了该部分的开头,忽略了下文的内容;或是重点关注斯密关于教会的正面论述,而不顾斯密的理想状态是政教分离。[2]

　　其他重要章节也有类似情况。第四部分第二章始自众所周知的对于"看不见的手",而并不是政府干预的推崇,但是下文却又提出了一系列的例外情况。其中之一就是当国防需要发展某个产业时,斯密以此为契机讨论了英国的《航海法》(Navigation Laws)。这一法案之所以具有部分正当性,正是出于国防原因。这一部分的核心内容是批判这些法律并不具备经济价值,但是斯密在末尾也承认"防卫要比繁荣重要得多",而《航海法》代表了最能获得认同的政府干预(WN 465)。以这句话结尾的段落,开始

---

① 比如 W. R. Taylor 的 *Francis Hutcheson and David Hume as Predecessors of Adam Smith* (Durham: Duke University Press,1965),pp. 109,113,116。

② 斯密在 1780 年的一封信中,抱怨说批评他国防观点的一位学者"在撰写自己的著作时,并没有认真读完我的作品"——他在那里正确地指出,WN 并没有"完全不赞同民兵组织"(Corr 251)。Stephen Macedo 在"Community, Diversity, and Civic Education: Toward a Liberal Political Science of Group Life," *Social Philosophy and Policy* 13, no. 1(1996),242—252 中,描述了斯密眼中教会的好处,却忽略了斯密同时指出的教会弊端。

一句是"航海法案并非对海外贸易有利,或是有助于增长通过海外贸易获得的财富"。对那些认为航海法案有利于商业发展的人(他们从经济和政治两个角度支持《航海法案》)而言,斯密对这些法律的辩护远不够充分。就像是一对夫妇,其中一方认为度假既令人愉快又有利健康,但是另一方却说"度假事实上也会让我们苦不堪言,但是,健康还是比幸福更重要,那就让我们去吧"。从修辞上看,这样的反应其实是对这一建议的反对,而不是支持。[11]但是,关于国防要比繁荣重要的话语却被广为引用,殊不知这一话语所处的语境却是斯密对以国防为名制定的法律的批评。①

尽管《国富论》开头"制针厂"的例子广为人知,但是,我们很难想象的是,其实斯密在《国富论》中很少论及工厂。斯密通过制针厂的讲述阐明了劳动分工的重要性,但是在下文详细阐明自己观点前,却一再(总共四次:三次在§2,一次在§4)提及这一例子过于"琐碎"。在本章的结尾,斯密才开始论述他认为显然更为典型的劳动分工案例:即劳动者的外套的生产过程涉及的多个独立行业。那为什么斯密在一开始还要使用制针厂这一例子呢?原因在于这是斯密之前的学者经常使用的例子,而且这个例子有助于斯密将自己的观点阐述清楚:斯密承认在这一例子中分工尤其"显而易见"(§2)。这里跟《道德情操论》一样,斯密在阐述自己的观点前,先承认了自己所反对的观点的合理之处。然而,这样一种让步却使许多读者误认为斯密将工厂的工作看成是

---

① 斯密在 WN 595—614(特别见 597—598)中详细批评了航海法案,认为其国防价值也被夸大了。意识到了 WN IV.ii 的论述结构的评论家皮特·麦克纳马拉(Peter McNamara)写道:"斯密的论证是对重商主义者对于权力和富裕双重强调的一个回应,而不是妥协……非常有意义的是……斯密清晰地提出了国防与富裕之间的权衡……重商主义者认为两者互相关联,很少会产生冲突。"McNamara, *Political Economy and Statesmanship: Smith, Hamilton, and the Foundation of the Commercial Republic* (Dekalb: Northern Illinois University Press, 1998), pp. 88—89.

高级劳动分工的典型案例。斯密的真正观点恰恰相反：高度发达的经济体以众多小型的独立产业之间的互相默契合作（无需人为协调）为特征（22—24）。

最后，就整体而言，斯密在自己著作中的论述，总是以一种蜿蜒曲折的方式最终得出自己的结论。《道德情操论》不仅在论述过程中一直提及可能的反论并做出回应，并且以一整节关于道德哲学史的讨论作为其结尾。在这一节中，斯密吸纳了自己认为前人理论中的每一点精华，舍弃了这些体系中与自己的理论不兼容的部分。《国富论》中也有相似部分，即第四部分，其中讨论了各种不同的反论，尽管这些观点中能得到斯密认同的内容确实不多。更为重要的是，《国富论》的整体结构就是这样展开的：先从人类是如何"自然地"增加商品生产的一般观点开始（第一部分和第二部分），接着解释为什么欧洲的历史并没有遵循这一自然的路径发展（第三部分），再分析和驳斥了关于生产运作方式的其他理论（第四部分）。只有在彻底地反驳了对立的观点之后，斯密才说"明显的和简单的自然自由体系就自行建立起来了"（WN 687）。这就是整个路径：先是明确表达自己的观点，接着讨论并驳斥反对这一观点的不同理论，一旦这些障碍得以清除，最开始表达的观点就"水到渠成"再次回归。这样一种组织方式，或许并非偶然。我们回想亚里士多德的论述方式，也是经常先提出常见的不同于他自己观点的反论，在整体加以批判的同时，吸取其中的合理成分，最后提出由于吸取了反论的合理之处而得到一定程度修正的观点，而这一观点之所以能够成立的主要原因，正是其成功驳斥了那些不同观点。对斯密和亚里士多德而言，论证自己的观点就是提出反论并对其做出回应，通过展示其他反论无法成立，间接支持自己的观点。但是，这种方法要想行之有效，至关重要的一点是，读者不能将文中支持的观点与驳斥的对立观点相混淆。

2　修　辞

[12]上文花了较长的篇幅,说明斯密如何曲折地论证自己的观点,因为关于这一主题的讨论十分罕见。但是,对斯密更为精细的修辞技巧的讨论,就可以简略一些,毕竟相关研究文献已颇为丰富。

斯密在教授道德哲学前,讲授的是修辞学和纯文学课程;他事实上被称为历史上首位英文教授①。最近有学者将斯密在自己讲义中区分的几组概念,应用于斯密自己著作的研究,得出了各自不同的研究结果。杰里·马勒(Jerry Muller)就很有启发性地提出,《国富论》中某些政策建议的呈现方式,或许能够从斯密修辞学讲义的内容中得到很好的解释。比如,斯密在修辞学讲义中指出,人们要想急切地说服他人,就需要"夸大一方……的论证",而"缩小"或"隐藏"另一方的论证。斯密在《国富论》中写道,"除非政府花大力气阻止",任何发达国家中的贫苦劳动阶层,都会成为"人类可能成为的最为愚蠢和无知的"那部分人。马勒解释说,斯密描绘了极其悲观的穷人生活状况,目的就是为了激励政治家采取措施缓解这种状况②。另一方面,维维恩·布朗却非常有说服力地辩称,斯密所区分的"教导性"(didactic)话语和"修辞性"(rhetorical)话语,即客观陈述事实的话语和试图说服他人的话语,对理解斯密自己的著作几乎没有(或是很少)助益(ASD 16—19,24)。

分析斯密自己作品的写作方式,而非斯密关于文学体裁的分

---

① Franklin Court,"Adam Smith and the Teaching of English Literature,"*History of Education Quarterly*,Fall 1985,p. 326.

② Jerry Muller,*Adam Smith in His Time and Ours*(Princeton:Princeton University Press,1993),55,147,150.

析,或许更有说服力。布朗就斯密道德哲学著作中的"对话性",展开了精妙而透彻的分析,即斯密不仅认为道德判断是通过对话过程形成的,而且《道德情操论》著作本身也是以对话的形式展开的,与《国富论》"独白式"(monologic)文风形成了鲜明对比(ASD 23—54)。她认为这种截然不同的文风,代表了道德和经济截然不同的运作方式。正如我在上一节提及的,尽管我整体赞同这一分析,但是在《国富论》中,我还是比布朗读出了更多的对话性。然而,在《国富论》中,斯密并没有像在《道德情操论》中那样敬重他的对手们。

　　查尔斯·格列斯伍德和大卫·马歇尔(David Marshall)将人们的注意力引向了斯密明确表达的对剧院比喻的偏爱,并提出《道德情操论》本身应该在某种程度上被看成是剧院式的表演。[①] 暂时把剧院这一具体的话题搁置一边,显而易见的是斯密在自己的道德哲学中赋予了文学极为突出的地位。《道德情操论》中,斯密经常引用诗歌和戏剧的例子解释或论证自己的观点(比如,TMS 30,32—33,34,177,227)。"拉辛(Racine)和伏尔泰(Voltaire),理查森(Richardson)、马里沃(Maurivaux)和黎柯柏尼(Riccoboni)"被推荐为关于爱情和友谊本质的"导师"(TMS 143)。这一道德哲学与文学的融合背后有着深刻的哲学意义。对斯密而言,道德判断根植于同情共感,斯密也把同情共感理解为一种想象行为而非仅仅是一种观感,[13]因而,想象性的创作可以很直接地活化或是丰富我们的道德判断能力。事实上,斯密似乎将道德哲学本身看成想象力的产物,认为这一计划需要求助于各种想象资源,也以拓展读者的道德想象能力为自己的使命。除了引用文学素材外,斯

---

① Marshall, *The Figure of Theater*：*Shaftesbury, Defoe, Adam Smith, and George Eliot*（New York：Columbia University Press,1986）,chap. 7,以及 Griswold, AVE, 48—58,63—70。

密还将自己的例子建构成生动的小故事（比如，TMS 84，149—150，177—178）。《国富论》中遍布各种让人过目不忘的小故事，这些故事也都旨在就某些重要方面拓展我们的道德想象能力（下文将详述）。

现在让我们回到格列斯伍德和马歇尔提出的判断，即我们应该将斯密著作本身看成是一场剧场演出。斯密明确指出，我们应该以"无偏私旁观者"（impartial spectator）的立场做出道德判断，他也暗示我们应该成为他关于道德判断研究的"旁观者"。马歇尔写道，"对亚当·斯密而言，道德哲学已经登上了舞台"。他还很有见识地指出，斯密是以完全剧院化的方式，理解我们与他人以及我们与自己的关系：我们"一直想象自己出现在他人的眼中"。① 格列斯伍德对斯密著作中的剧场属性强调尤甚。《道德情操论》开始，"幕布升起"，格列斯伍德写道，"演出开始"（AVE 44）。他还指出"强烈的观众感……贯穿《道德情操论》始终"（49，51）；斯密将人类生活描述为可供观察的"景象"（62，65，68—70）；斯密提出研究伦理学应该采用文学评论的模式，或许更为确切的来说是戏剧评论的模式（65）。希腊语中理论（theoria）一词的意思之一就是"观看"（viewing），就像观众和评论家观看一场戏剧一样，而道德情感"理论"就是一个例子（69—70）。格列斯伍德不仅引用了马歇尔的例子，还在《道德情操论》中找到了自我的"剧院"概念：在斯密的论述中，我们不断戴上这种或那种面具，因而与自己和他人保持一定的距离（AVE 110 and n37）。格列斯伍德指出，这种关于剧院的解读还可以延伸到《国富论》（67，70）中。他还指出，在《天文学史》中，斯密将所有"哲学体系"（其中包括自然哲学，即我们今天所称

---

① Marshall 在页 169、174，尤其是页 171—177，精彩呈现了斯密在多大程度上认为自我这个概念来源于"行为者"和"旁观者"立场之间的往复切换。

的"科学")都看成是"想象的发明"。在《天文学史》以及《国富论》开头很简短的一段话中,斯密都将玄思性的或哲学性的思想,看成是对"万物的观察",然后将"距离及性质相距最为遥远的对象的力量联系在一起"(WN 21)。当其他人参与到这个或那个活动中时,哲学家就坐在观众席上,将这些部分联系成一个整体。哲学家就是戏剧的观众,只是这次是世界剧院(theatrum mundi):如果他是牛顿那样的自然科学家,这出戏就是整个宇宙;如果他是斯密那样的社会科学家,那么这出戏也至少是整个社会宇宙。

　　格列斯伍德为我们研究《国富论》提供了一个非常有意义的视角。《国富论》呈现给我们的是政治经济学这一景象,在其第一章结尾就出现了明确的"观察"(Observe)字眼;而这一章及其他许多章都是以喜剧式英雄人物华丽退场的方式结束;还以一种局外人的方式研究了整体社会经济生活及其根源以及对社会政治的影响。[14]整个作品的结构也与戏剧有些类似:首先在第一幕和第二幕中引出尊贵、自由的"自然自由体系"(system of natural liberty);在第三幕、第四幕则让其遭遇各种挫折以及竞争对手;在第五幕和最后一幕,"自然自由体系"光荣地赢得了胜利(或是向我们展示如果其能够光荣获胜,将会怎样)。正如悲剧通常的做法一样,高潮在第四幕结尾出现,彼时"所有体系,无论是出于偏好还是限制"都"被逐一驳倒",而我们的主人公得以"自然而然地确立"(WN 687)。

　　上述讨论至少应该让我们意识到,对《国富论》的文本解读,不应只停留在当今意义上的社会科学著作的视角。就斯密热衷于政治说服,使用对话文体或通过独白压制对话,或运用戏剧和其他源于虚构文学的形式,去阐述或建构他的政治经济学著作而言,阅读斯密的著作都要求比阅读米尔顿·弗里德曼(Milton Friedman)或肯尼斯·阿罗(Kenneth Arrow)的著作更为用心细致。① 在这里,我不会花过多的篇幅讨论这些话题,但它们是我们下文讨论的背景。在斯密这里,学者们最近对于其作品文学效果的关注,并不会像对其他学者作品那样,仅仅只是昙花一现。斯密在后来的一封书信中,这样描述自己的写作,"一位缓慢、非常缓慢的作者,我总是写了改、改了写至少五六次,才能让自己稍微满意"(Corr 311)。看一眼格拉斯哥版《道德情操论》的注释,斯密在修改自己的道德哲学著作新版本的过程中,"写了改改了写"的大部分都是这里改动一个单词,那里修改一下措辞。我们都知道斯密重复"写了改改了写"多遍的篇章是《国富论》的开篇(参见 LJ 338—349,489—492 和 ED 562—570),然而,在十三年的时间内,唯一得到真正修改的,也只是斯密观点和论据的呈现方式,即斯密将制针厂、劳动分工有用性的三个理由、制造工人外套需要的工种以及贫穷工人与美洲印第安人国王或非洲国王的对比等串联在一起的修辞结构。因而,即便抛开斯密早期对修辞学的兴趣不提,我们也完全有理由相信,斯密认为自己论证的文字呈现方式对他正在做的工作而言至关重要。

现在我们简短讨论下隐微主义。一些学者认为,在某种程度上,斯密在整本著作中都掩藏了自己真正的宗教信仰:将自己不诚实地刻画成自然仁义的信奉者,或是遮掩了其真正的无神论或强烈的道德怀疑主义立场。尽管我认同斯密确实为了政治目的有时闪烁其词,他在《国富论》中也确实回避了那些他认为可能会惹怒(或令其失望)商人、贵族以及他希望能够阅读他著作的

---

① 正如迪尔德丽·麦克洛斯基(*The Rhetoric of Economics*, second edition [University of Wisconsin, 1998])所阐述的,所有经济学家都在某种程度上使用修辞技巧,因而阅读时应加以留意。我想强调的是,斯密比麦克洛斯基所讨论的绝大多数经济学家更为自觉地使用这些技巧,将这些技巧更充分地融入自己的论证方式中。最为重要的是,斯密并不像麦克洛斯基很有说服力的论述所指出的现代经济学家那样,力求去除修辞,或是用修辞来试图去除修辞。他与克利福德·格尔茨这样的社会学家更接近,在自己的著作中拥抱并有时明确发挥叙述的作用。

政客的讨论,但是,我并不认为应该就斯密著作中的"隐微"教义进行更为彻底的探索,也不认为这些"隐微"教义与斯密的字面表述存在冲突。施特劳斯学派以及其他一些学者认为,斯密特别出于惧怕受迫害而压抑了自己的无神论信仰。对这一种说法,我只想简单地回应以下几点:[15](1)无论是在《道德情操论》还是在《国富论》中,斯密事实上都充分表现出了异端,也公开对异教分子表达了自己的喜爱之情,以致激怒了某些宗教组织,而他也确实不受很多宗教组织的待见。(2)在斯密辞去格拉斯哥大学校长职务后,他就更没有理由担心表达异端学说可能会招致迫害。(3)无论在斯密公开出版的和未出版的著作中,或是关于他私下谈话的任何记录中,我们都无法找到任何对无神论、霍布斯式自我主义或道德怀疑主义的确信。第三点尤为重要。众所周知,斯密曾私下就某些话题表达过非常离经叛道的观点:据说,他曾为约翰·威尔克斯(John Wilkes)欢呼喝彩,宣称"基督教贬低了人类的心灵",称鸡奸"本身并不值得大惊小怪"。但是,从没有任何记录显示斯密宣称信奉无神论、自我主义或是道德怀疑论。斯密也从未在自己的著作中,像他的朋友休谟那样指出,"日常生活"的信条与哲学家的观点间存在差异。因而,试图寻找斯密著作中的隐微学说或拒绝相信斯密著作所表达的内容(比如仁慈的重要性和不可还原性),我将其都看成仅仅是某些学者自己成见的投射。他们试图将斯密拉入他们认为必定适合斯密的框架,而无视事实情况并非如此。

3　文　体

就《国富论》的文字表述,还有一个能够引发非常尖锐争论的话题,那就是斯密在《国富论》中到底认为自己是在使用什么文体。《国富论》将论战檄文和历史概述进行了并不那么容易做到的融合,这中间还包含政策建议、人性洞见以及不可或缺的一系列经济科学基础原则。这些截然不同的要素是如何拼接在一起的呢?在这种貌似杂乱中,我们应如何看待斯密对经济分析的理解?斯密的政策建议又如何受到历史和论战语境的影响?为什么这位当时已经以自己的道德情感专著蜚声海内外的道德哲学家,要着手撰写这样一本经济学著作,而道德问题在文中仅仅只是间接地一笔带过?《国富论》存在一个"文体"问题,而相关政治问题和道德问题的模糊不清仅仅只是问题的表象而已。

这些问题会一直是本书关注的焦点。这里关注的问题只有一个:斯密的科学目的和论战目的之间的张力。一方面,《国富论》就整体经济如何运行做了大量分析,这些分析被认为超越了其所处的历史时代,是引领了好几代人的教科书;另一方面,这又为当时历史情况下的具体论战观点服务:重商主义和重农主义那种想要对国家发展进行控制或引导经济生产的企图都是错误的。我们或许可以说:这一著作同时既是"论文"又是"檄文"。这种混杂文体的先驱有:孟德斯鸠《论法的精神》(*Spirit of the Laws*)或哈奇森的《道德哲学体系》(*System*)以及约翰·劳(John Law)或托马斯·孟(Thomas Mun)[16]这些现在已经不为人所知的学者撰写的许多关于谷物或货币的小册子,《国富论》偶尔会援引这些作品。西蒙斯将《国富论》与约翰·洛克(John Locke)的《政府论下篇》(*Second Treatise on Government*)进行了比较,指出洛克不仅将自己的《政府论下篇》看成既是"为'光荣革命'撰写的檄文",同时也是完全可以与亚里士多德的《政治学》或格劳秀斯和普芬道夫的法理学相提并论的一般政治理论。① 然而,洛克的小册子经常要么被看成是檄文,要么是论文;要同时处理这两种文体却并非易事。

---

① Rothschild, ES 55, and Thompson, *Customs in Common* (London: Merlin, 1991), 201 n5, citing Anon, *Thoughts of an Old Man, of Independent Mind, though Dependent Fortune, on the Present High Prices of Corn* (1800), p. 4.

毕竟,洛克想要为某一具体事件辩护,这一事实会让我们心生疑窦,他的政治原则到底适用于多大范围;而如果他的原则确实适用范围很广,我们则又会困惑在具体的政治斗争中,其为某方立场所做的辩护又到底能产生多大作用。现在大多数学者的判断似乎是,洛克的作品作为檄文非常成功,但是作为论文则差强人意。对斯密而言,这种判断却应该颠倒过来。《国富论》本身的长度及综合性就使得它读起来明显更像论文。许多政治家一旦发现书中的结论与他们现在的计划不符,就把《国富论》搁置一边,总结说这书太过"理论化"。然而,鸿篇巨制的《国富论》同时也是一本论战檄文,正像洛克的著作也是论文一样。事实上,两者在这一点上非常相似(就像他们同样在文中都提及了亚里士多德、格劳秀斯和普芬道夫)[1],他们都想跨越论战和哲学之间的鸿沟,尽管这绝非易事。

　　我在其他著作中已经指出,《国富论》的这一特点也正是它吸引人的原因之一——政治哲学家如果想要言之有物,绝不可能脱离现实的政治争辩。[2] 政治总是事关具体的情境,而政治原则只有在适用于具体的案例后,才能为将来的政治决策提供参考。因而,当斯密拒绝接受那些忠告,即认为《国富论》最后关于英国与美洲矛盾的评论过于"时事化",我们可以说正是斯密而不是那些批评家,才真正理解了政治哲学的内在本质。斯密明白,只有就一个具体问题做出评论,才能将自己的原则解释得更为清晰、具体。[3] 但是,我们也可以完全反过来说:讨论如此具体的政治问题,会使《国富论》丧失跨时代的意义。而且,《国富论》并非仅仅只是偶尔,在讨论诸如美

① Simmons, *The Lockean Theory of Rights* (Princeton: Princeton University Press, 1992), p. 9 以及同一页的注释 4。里面的引用来自 Andrei Rapaczynski, *Nature and Politics* (Ithaca: Cornell University Press, 1987), p. 15。

② Fleischacker, *A Third Concept of Liberty: Judgment and Freedom in Kant and Adam Smith* (Princeton: Princeton University Press, 1999), pp. 210—212, 191—203。

③ 参见 ASP 146—147。

洲危机等问题时，才介入论战。几乎《国富论》的任何一处都可以被看成要么是"檄文"，要么是"论文"，而"檄文"的出现则更为频繁。《国富论》有整整五分之一的篇幅（第四部分）非常明确是在进行论战（然而，这其实是严重的低估，因为针对各种重商主义措施和态度的论战在《国富论》第一部分和第五部分几乎随处可见），而看似"中立"纯理论的开篇两部分，也可以很容易就被看成是在为后面的论战效果做铺垫。

请允许我就最后这一点再做些深入阐述。斯密在《国富论》中针对的主要论辩对象是重商主义。斯密认为，重商主义体系基于对货币（也即"每样商品都愿意与之交换"的贵金属［WN 438］）重要性的过度强调。[17]重商主义者的文字经常会让人以为这些金属就是财富；尽管他们自己也明白财富和货币并不是一回事，他们还是会利用人们对这两个概念常见的混淆，增强自己观点的说服力。① 但是，不管怎样，他们都认为政府手中需要掌握大量贵金属，如果一个国家手头有不少这种流通物，就能在对外贸易中占到便利。而由于这种贵金属产量有限，按照这种观点，各个国家将永远被锁定在零和竞争状态，每个国家需要不断采取措施，确保自己货币的储量或对制造货币资源的控制，能够优于其他国家。重商主义者推荐了几项措施：首先（1）派遣国家考察队，获得黄金白银矿产；以及（2）优先鼓励制造业而非农业，为本地产业与其他国家产业竞争提供尽可能多的优势。他们之所以提出第二条，是因为他们认为相比于农产品，制造业产品更容易换取外币。他们之所

---

① 但是有时，斯密认为，他们成了自己利用的混淆的牺牲品：

在通常用法中，货币……往往表示财富；这种词义的含糊使我们如此熟悉这一流行的见解，以至于即使那些确信其为谬论的人也往往会忘记自己的原则……英国有几个研究商业的优秀作家在作品一开头就指出，一个国家的财富不仅在于金银，还在于它的土地、房屋和各种各样可消费物品。但在他们推理的过程中，他们却似乎把土地、房屋和可消费物品统统忘记了；他们的论证往往认为一切财富在于金银。（WN 449—450）

以倡导第一条,是因为他们认为白银和黄金随着时间推移必定会贬值,因为富裕国家的白银和黄金数量会增加。因而,每个国家都会需要越来越多的金银,以便维持同样的购买力水平。这两项措施都意味着国家不得不时刻为战争做好准备,也会经常卷入战争之中。为了控制金银矿藏,就需要征服那些矿藏丰富的地区。为了在贸易上能够与邻国抗衡,就需要拓展自己的市场,限制其他国家的市场;如果一个国家能够以武力保护自己的航运,则将会有很大助益。因而,重商主义的经济发展必然带来殖民主义、民族主义以及对军事征伐价值的极端推崇。

　　斯密在《国富论》中讨论了所有这些问题。斯密自己反对殖民主义、追求国家荣耀、军队征伐(参见第 12 章 60 节),也并不认为国际关系,无论是经济关系还是政治关系,一定是零和竞争。与重商主义相对,斯密提出的自由贸易体系,能够使国家间的紧张关系得以缓解,战争频率下降,从而有利于国家的发展(WN 493);自由贸易会取代征战成为国际关系的首要模式。但是,这些主题仅仅明确出现在第四篇和第五篇,因而,我们可能会认为《国富论》是在就经济如何运行这一事实进行中立的描述后才开始成为一篇檄文的。然而,这种假设是否成立还值得商榷。第一篇貌似中立的讨论,其实似乎自始至终都指向了斯密下文将要批判的重商主义者。在第一篇中,斯密将篇幅很长、文风犀利的一章,用于驳斥重商主义者认为贵重金属价格必定下滑这一假说(I. xi)。① 第一篇的前面部分就有一章直接攻击"商人和制造业者的鼓噪和诡辩"(WN 144)推动实施的贸易限制;另一章结尾则批评"商人和主要制造业者"如何不诚实地陈述经济事实(WN 115)——什么才能使一国产

①　斯密写道(WN193),甚至正相反,贵金属的实际价格应该随着时间的推移而略微上升,因为除了交换价值(珠宝、餐具等)外,它们只有很小的使用价值,而随着国家越来越富裕,各种奢侈品的使用会增加,贵金属的使用也会增加。

品在国际市场上具备竞争力的事实，也绝非巧合。[18]第八、九、十一章将话题转向了工资、盈利或租金与整个国家财富之间的关系，与重商主义者之间的论战色彩稍有减弱。鉴于第一章到第七章逐步讨论了经济分析的要素，我们会期待后面的第八章到第十一章将专门讨论价格要素，而将如何评估整个经济这一问题留待后面章节讨论。事实却是，价格的每一要素都是从与整个社会财富的关系角度来讨论的，这似乎表明整本书的经济分析都指向同一个问题，即到底什么会促进、什么会妨碍"国民财富"。

事实上，这一问题可以追溯到《国富论》的开篇。《国富论》开篇就提出，劳动分工而非任何自然资源是财富的基础；第二章针对重商主义者的零和竞争概念，提出人类在贸易中可以实现互利共赢。第三章解释了贸易的扩张自然会使劳动分工的细化成为可能，进而使得整体财富也得以增长；第四章和第五章为后面论证贵金属的价格不会下降反而会上升，提供了至关重要的分析概念，即"真实"价格和"票面"价格之间的区别（考虑到 WN 205—209、219、236、253—255 对"真实价格"概念的使用）。第七章论述了斯密将在下文一再重申的观点，即自由市场无需政府帮助，可以自行发现使得供需平衡的"自然价格"。因而，整个第一篇都间接指向与重商主义者的论战（不那么明显的还有与重农主义者的论战），即便在没有明确指出的地方也是如此。后面的两篇也是同样的情况。第二篇继续与夸大货币重要性的言论展开论战，明确表明商品存量的增加而不是货币，才能使得国家财富和实力得以增长；第三篇深入展示了几个世纪以来，错误的法律如何导致经济偏离其自然轨道，无法获取本应获得的财富。

因而，通过前面理论分析的铺垫，第四篇针对重商主义和重农主义的明确批判，也就水到渠成了。这也引发了一个较难回答的问题：斯密的论战是其理论的逻辑结果，还是斯密为了自己的论战目的而构建了理论？ 在研究了斯密十多年后，我仍

无法找到这一问题的答案。我唯一有信心说明的是,人们将
"理论"和"论战"分离是有道理的(尽管最近有针对这一区别的
批评),论战的时效局限以及具体语境依赖的本质,通常都与哲
学或科学理论应具有的广泛的、超历史的关怀存在一定的张
力。这一张力贯穿《国富论》全书,我认为斯密自己并没有解决
这一问题,也没明确说明,《国富论》阐述的理论能否或在多大
程度上可以跨越斯密所处的时代局限;在驳倒了重农主义和重
商主义之后,到底还具有何种程度的相关性。[19]例如下述这
点就体现了这一问题的重要性:重农主义和重商主义提出的建
议措施,都针对政府应该如何增加商品产量这一问题,而斯密
整本著作所关注的焦点也几乎都是生产。然而,斯密过世时几
乎就已经发端并一直持续到现在的政治经济学转向,却将更多
注意力转向了分配而不是生产。我们能从斯密所说的政府不
应试图主导生产(整个国家的"蛋糕"大小),推导出他会就政府
试图控制分配(蛋糕该如何划分)做何阐述吗? 正如我在下文
将详细论述的,我们无法做过多类似的推导。就政府在财富重
新分配中应该发挥怎样的作用而言,无论是"左翼"还是"右
翼",都可以引用(也已经引用)斯密的总体观点作为支持。这
两种观点貌似都有道理,也都对斯密真正阐述的观点进行了很
大程度的推演。如果能将《国富论》涉及的主题进行更为抽象
的组织概括,或许可以让斯密更明确地回答这一问题,从而可
以让斯密的理论在将来的讨论中发出更清晰有力的声音。

4 文风和哲学方法

现在让我们暂时将斯密写作中的复杂性、微妙的文学效果以
及文体问题放在一边,回到斯密最受赞誉的清晰甚至一目了然。
然而,即使是这种清晰和简明也都蕴含特定的哲学道理和寓意,绝

非那么简单。

翻开《国富论》，重读最初的三段文字，我们能发现什么？首先是整本书最重要的观点之一，即劳动分工，而绝非自然资源，是经济生产增长的主要原因所在。这一重要观点是如何得到论证的？我们看到了一个被认为是来自生活的例子，即制针厂里的情况。讲述这一例子的段落，一开始描述一位"未经训练的"工人，一天能够制作多少枚针，而绝大多数读者都未经此种训练，自然会开始想自己一天能够制造多少枚针。如果我猜得没错的话，斯密料想绝大多数读者会说：即便我们"全力以赴"，也几乎无法"一天制成一枚，更别提二十枚了"。然后，斯密具体罗列了一旦制针成为一门具体的"手艺"，其制作过程会涉及的各种不同工序。而这些工序——扯金属线、拉直、切割、打磨针头等等共"十八道程序"——也验证了我们关于制针过程复杂、光靠一个人一天做不了几枚的最初猜想。接着，斯密告诉我们，他参观过某个制针厂，那里只有十个工人，因而分工也并没有达到最高的精细程度。高潮终于来了：即便在这种并非最理想的状况下，劳动分工仅限于十个人，而不是最佳的十八个人左右，这所工厂也能"一天生产多达四万八千枚"，[20]也即每人每天四千八百枚。这一数目是令人震惊的。我们认为自己能够制针的数目，与作为十人团队之一的制针数之间的差别是如此巨大，以至于如果不是斯密向我们保证这绝对是他亲眼所见，我们都完全无法相信。这样一来，我们立刻就信服了斯密关于劳动分工重要性的观点，而无需任何其他赘述。尽管斯密还是顺着思路再做了些额外阐述，但他其实已经成功了。通过短短三个自然段，本书最重要的观点之一已经阐述到位。

这到底是怎么一回事呢？论证一个重要观点，却只提供了一个论据，即一个数据，任何一位有自知之明的经验主义者都不会认为这样就能令人信服。我们或许会期待更多来自历史或斯密自己观察到的例子，抑或是从更基本的心理、生理或物理原理推演出劳动分工的重要性。而事实却是，精彩的修辞呈现将一个单一的例子转换成了一个理论原理的完整案例。斯密诉诸我们的想象（斯密认为想象无论对于科学还是道德哲学都是必不可少的），而不是大量的证据或是从一般的原理或原则出发进行推导。而在后面的段落中，斯密这两方面都有所涉及：在第四段，阐述了"原始"国家和"发达"国家之间劳动分工程度的区别，以及在生产力方面存在的相应差异，并在第六至八段罗列了几条理由，解释为什么劳动分工能够提高生产力。尽管这些段落本身很有说服力，因为它们都诉诸我们的常识观察（"一个人从一个工种转向另一个，通常总会浪费一些时间"），而非是对历史详尽的调查，但是这些都处于阐明劳动分工重要性的主体段落之后。制针厂是《国富论》中最著名的段落之一，这也很好理解：这是斯密精心打磨的修辞之作，从 18 世纪 60 年代在他的讲义中出现到 1776 年最后一版，这一段不断得到修改。斯密的修辞关注的核心是清晰：斯密通过让读者联系他们自己的生活经历发挥想象，将这一例子简化为他最需要的要点，突显了这一例子所展示的和我们想象结果之间的对比差异，最后得出自己的结论。不仅如此，短小的篇幅也使得读者能够用他（她）的想象力，将所有内容整合在一起。这种将观点简化集中，并与读者自己的经历联系在一起的方法，贯穿了整本著作，使原本深奥的经济学现象显得熟悉，易于理解。

　　《国富论》一直以清晰为人称道。《国富论》一经问世，爱德华·吉本（Edward Gibbon）就盛赞其"用最通达的语言……表达了最深刻的思想"；休·布莱尔（Hugh Blair）也说，政治经济学的其他学者总是让他一头雾水，[21]而斯密的文风却是"特别清晰明了"。① 谢尔本勋爵（Lord Shelburne）也认为，从爱丁堡到伦敦

---

① 关于 Gibbon，参见 Frances Hirst，*Adam Smith*（New York：Macmillan，1904），p. 165；关于 Blair，参见他与斯密的通信 April 3，1776（Corr 187—188）。

的旅途中,自己与斯密关于政治经济学的一席交谈,是其"生命中光明与黑暗更替的美好时刻"①。在 20 世纪,尽管约瑟夫·熊彼特(Joseph Schumpeter)指责《国富论》的思想毫无新意,但是他也承认斯密呈现的材料清晰而有条理。② 最近,马勒也指出《国富论》的影响"在于将得到了清晰阐述、概念上相互关联、令读者印象深刻的诸多理念融为一体"。③

这些赞誉斯密无疑当之无愧。无论是剧院比喻的使用,抑或语气模棱两可的处理等,都表明了斯密所展开的经济体系分析是极其精准并组织严密的。其准确性尤其引人注目。文中的很多部分似乎都像是有文字处理软件协助似的,某些词组组合成了功能键,可以整块地从一个地方复制到另一地方,这使得篇幅很长的文本中相似的思想表达方式保持了一致。④ 这种精确,尽管文采不够,但或许正是斯密最重要的哲学特色,也确保了斯密抽象的分类模式能够贯彻始终,进而读者能够一目了然地明白某一观点或证据是如何与其他观点和证据衔接在一起的。在许多章节,斯密先在开头的简短引言中,介绍本章的主要观点(参见 13,25,105),并在任何他认为读者可能迷失(如 288,§11)或遗忘(如 286,§1)的时候,适时对长段论证进行简短的总结。在分点论述时,斯密也会明确用数字表示("首先,……""其次,……"),其论述顺序也总是遵循上文或明确或含蓄总括所介绍的两点或三点的顺序,用两段

---

① Lord Shelburne,转引自 Kirk Willis,"Ideas of Smith in Parliament",*History of Political Economy* 11(1979),529。

② Joseph Schumpeter,*History of Economic Analysis*,ed. E. B. Schumpeter(New York:Oxford University Press,1954),pp. 184—185.

③ Muller,*Adam Smith*,27.

④ 因此,劳动分工让工人获得的"灵巧",使其最初看起来,几乎就像机器一样;在书中随后的两处,斯密明确将产业工人与机器进行了比较,"灵巧"这个词又被用来表示产业工人的那种类机器特质(参见 WN 18—19 和 118—119)。同样,"辛苦和麻烦"被赋予了一种专门含义,将它们与"技巧"、"灵巧"或"勤勉"等劳动者更为正面的面向区分开来(47)。

或三段话进行阐述（如 17—20 或 294）。用这些方式实现的表达清晰，对斯密而言非常重要："我总是很愿意冒着冗长啰嗦的危险，确保表达的清晰"，斯密写道，发誓自己"尽了最大努力使行文清晰"（WN 46；还参见 309，354，449）。

当然，绝大多数作者都致力于行文清晰，但我想说，对斯密而言，清晰是其著作最重要的目标，尤其是《国富论》。他并没有宣称自己发现了任何新的经济事实或力量——他也确实并没有做到这一点，如果熊彼特是对的话——也没有宣称自己是经济学界的牛顿，发现了所有经济体系中的基本数学原理。相反，斯密将众所周知的社会经济学思想和常识理解中隐含的思想进行组合。通过组合，彰显这些思想以及彼此之间的关系——试图将这些思想组成一个体系。在《天文学史》中，斯密清晰界定了"体系"："所有哲学体系都是通过想象创造的，以便将原本互不相关、不协调的自然现象联系在一起。"（EPS 105）

我认为，这种对于清晰以及相应的体系概念的强调背后是一种复杂的认识论。斯密的著作出版紧跟在怀疑论者休谟的著作之后，而在常识论哲学家托马斯·里德（斯密的格拉斯哥大学教职的继承者）著作之前。[22]我觉得斯密的哲学立场也介于这两人之间。休谟和里德本身之间的思想差距也并非那么遥远。休谟通常被认为是一位否认关于人格同一性、因果关系和客观现实等日常信仰的怀疑论者，而里德认为常识能够削弱休谟的哲学方法，被视为对休谟的一种回应。但是，这种概而言之低估了休谟对于他所谓的"日常生活"信念的理解，夸大了里德在重新恢复这些信念方面的影响。正如 19 世纪爱丁堡哲学家托马斯·布朗（Thomas Brown）所言：

　　　　"是的，"里德大喊道，"我们必须对外部世界抱有信念。"同时他又轻声补充说，"我们无法为自己的信念找到理据。"休谟喊道，"我们无法为这些理念找到理据！"但是同时轻声低语，"我拥有的是我们无法摆脱的。"①

当然，休谟和里德在许多方面存在差异。里德通过诊断那种他认为可以（确实可以）削弱休谟式立场的"观念途径"（way of ideas），支持自己对休谟怀疑论的驳斥。而休谟，不同于里德，认为我们至少可以暂时搁置日常生活理念，因而，哲学并不完全需要像里德所阐述的那样"植根于常识理论"，我们的日常信念完全无法自成一个自洽的体系。② 对休谟而言，我们可以采取一种在某种程度上独立于我们日常信念的哲学立场，即便我们无法也不应该将这种立场贯彻到我们的现实生活中。对里德而言，任何哲学立场本身是而且必须是植根于常识。即使休谟和里德实际上得出了相似的结论，但两者还是存在重要的哲学差异。然而，事实上，无论是休谟还是里德都召唤我们从哲学返回到常识。斯密并不赞同这种召唤，但是也并没有清晰表明在里德和休谟存在分歧之处，他到底是何立场。斯密作品中确实有一段，带着明显的里德式思想，将道德哲学描绘成一门"假装研究和解释"那些能用"有组织的次序"，将"日常生活准则"串联在一起的原理的学科（WN 769）。但是，就整体而言，斯密只是简单地将休谟和里德的差异进行了微妙的协调。休谟曾将哲学界定为"系统化的修正过的日常生活的反省"（E 162），我们或许可以发现斯密比休谟本人更严格地执行了这一定义。休谟对日常生活的态度通常是一种寒暄，其怀疑论

① 转引自 Stewart R. Sutherland，"The Presbyte rian Inheritance of Hume and Reid"，in R. H. Campbell and Andrew Skinner，*The Origins and Nature of the Scottish Enlightenment*（Edinburgh：John Donald，1982），p. 132。

② "哲学……除了常识这一原则外没有别的根源；它生长自这一原则并接受其滋养"（*Thomas Reid's Inquiry and Essays*，R. Beanblossom and K. Lehrer，eds.，Indianapolis：Hackett，1983，p. 6）。

不时跳将出来，提醒我们日常信念的空洞无意义。最近一些学者将斯密也解读为类似的怀疑论者，但是并没有充分的证据能够支持这一观点。① 斯密从没有支持过休谟的怀疑言论，也没有建构自己的怀疑论。他很少会超越日常生活信念，从哲学层面提醒我们这些信念最终是空洞无意义的。在另一方面，不同于里德，斯密从未宣称自己深信常识与哲学相对的理念。② 斯密从未肯定或否定日常生活信念的最终真理性；他只是在这些信念范围内做研究。

　　[23]在休谟与里德产生分歧的问题上保持缄默，可以解读为一种迹象，即斯密忽略了或不关心那些会导致人们质疑常识可靠性的问题。或者考虑到斯密对于哲学史（尤其是休谟的作品）了如指掌，以下这种解读似乎更为合理，即斯密深刻地意识到了企图为常识辩护本身，就错误地预设了常识需要辩护。也就是说，斯密可以被解读为维特根斯坦思想的先驱。在《论确定性》(On Certainty)一书中，维特根斯坦指出，他的同事摩尔(G. E. Moore)以里德式的方式为常识提供哲学辩护，只是引发了完全不必要的问题，而这些问题一旦提出，又无法用常识自身的工具加以解答。假如常识真的是不证自明的，能够真正为我们所有的信念提供合适的根基，那么就应该顺其自然，允许其用自己的方式提出观点和论证。真正理解并信任常识运行的人，不会从更"深刻"的哲学角度批判或赞颂常识——这个角度（被假定不能更"深刻"了）要么是完全无

---

① 将斯密解读为怀疑论者的最彻底和最有力的是格里斯沃尔德，AVE 155—178。然而，格里斯沃尔德承认："斯密从来没有称自己的立场是'怀疑主义'"(170；另见160 n18)。我认为他关于斯密是怀疑主义者的观点非常勉强——无论如何，这至少与斯密对日常生活信念的完全拥护冲突。我在"The Philosopher of Common Life", *Mind*, 109, no. 436(October 2000)，916—923 中批评了格里斯沃尔德这方面的论述。

② 里德说，如果哲学不能消除自己制造的疑问，那么"我鄙视哲学，放弃它的引导——让我的灵魂和常识一起居住"(同上，第6页)。斯密有某处表达了类似的观点："除了哲学和思辨等领域之外，粗浅的诡辩对于人类的见解几乎没有任何影响；可是对哲学和思辨方面的见解，它的影响却往往是最大的。"(WN 769)

法让人理解的,要么本身就是常识的另一个产物。

斯密从未就应该如何看待常识进行阐述。当然,就我对他的理解,他确实不应该对这一问题进行阐述,也完全不应该为自己的不辩护做任何辩护。但是,我并不认为斯密的常识方法论只是基于靠不住的所谓"默证"(argument from silence)。我出于三个理由将斯密对待常识的态度视为维持根特坦的先驱:(1)无论是《道德情操论》还是《国富论》,几乎斯密所有的论证都是以常识观察开始,以日常生活实例作为证据;(2)斯密总是要么将"真正的哲学"看成是关于某种可以对生活怀有怎样期待的智慧,那就意味着笛卡尔或休谟的那种哲学有些"不够真实"(用维特根斯坦的话语,就是"语言休假了"),要么将"哲学的提炼"与我们"自然"获得的理解进行对比,表明"哲学的提炼"并不是那么回事(TMS 287;另参见299);而更为重要的是(3)这种态度符合贯穿其作品的核心思想,即为普通大众的判断辩护,警惕哲学家和决策者企图用知识分子发明的所谓更好的"体系"代替这种判断。在斯密最早的某部作品中,他驳斥了那种将普通大众看成是二等公民的观点(EPS 141—142);在《天文学史》中,斯密将哲学阐述为一门试图将日常经验素材连接并规律化的学科(EPS 44—47);在《道德情操论》中,斯密批判了那些没有对道德情感真实体验方式进行仔细考察的道德哲学理论(TMS 89,291—293,303),并谴责那些热衷于"体系"的学者(185,232—234);在《国富论》中,斯密将辩论的矛头指向了政府必须引导普通大众的经济选择这一理念。他还不止一次地提及,要论证自己的观点,人们只需求助"一目了然的""简单的"或是"显而易见的"日常观察,而无需"冗长或可疑的计算"(WN 91,142,374)。① 同样地,斯密经常通过将大型国家经济的运作原理与日

---

① 上文的三个引用来自 ASD 195—196。布朗与我的观点类似,但他认为斯密诉诸常识是一种修辞策略而不是认识论信念。

常的家庭经济运作原理做类比，以澄清复杂的观点。[24]例如：

> 正像一个人的资本有一定的限度一样，国内全体人民的资本亦有一定的限度，只够用于某几方面。要增加个人资本，须从收入内节省而不断蓄积；要增加国民资本，亦须从收入内节省而不断蓄积。（WN 366）

或：

> 如果一件东西在购买时所费的代价比在家内生产时所费的小，就永远不会想要在家内生产，这是每一个精明的家长都知道的格言。裁缝不会想制作他自己的鞋子，而向鞋匠购买……在每一个私人家庭的行为中是精明的事情，在一个大国的行为中就很少是荒唐的了。如果外国能以比我们自己制造还便宜的商品供应我们，我们最好就用我们有利地使用自己的产业生产出来的物品的一部分向他们购买。（WN 456—457）[①]

斯密想要经济学浅显易懂；他想要证明那些基本的原则仅仅只是我们已经普遍所知内容的外推。对斯密而言，这具有方法论意义上的重要性，即读者只需诉诸常识就可以证实他的观点，就像以下这一点具有政治学意义上的重要性一样，即国家应该履行的三项职能"一目了然，能为普通人所理解"（WN 449,687）。从这一点出发，似乎完全可以将斯密看成是"常识哲学"的先驱，同时相关地还可以把他看成是对哲学本身提出质疑的第一位现代哲学家——至少是对从基础主义立场（即跳出所考察的思想和行为模式的立场）

---

① 还可参见 WN 109,286,290,316,347。

出发建构的哲学的质疑。

这并非就意味着斯密全盘接受日常的思考和行为模式。很重要的一点是斯密几乎总是把他反对的那些观念称为是"荒谬"、"愚蠢"、"幻想"或"偏见",而不仅仅只是错误。①"荒谬"或"愚蠢"的特性就决定了它们与其说需要被驳斥,还不如说需要加以澄清:当真相得以澄清后,荒谬就原形毕现了,也就会自行消失了。荒谬和愚蠢不仅仅只是错误,而是离谱的错误。只要一经指出,任何有理性的人都不会再继续接受。幻想是一种病态的感受、想象、幻觉,只要一个人的感受能力回归正常,这些也会自行消解。偏见则是那些会阻碍或预设判断的无意识的成见。这些都是典型地会对常识产生干扰的问题,而并非通常哲学家或科学家会碰到的认知错误,比如,论证中的错误或是对某些关键实验证据的无知。(如果你已经能够鉴别论点和证据,你就不再会被认知性幻觉愚弄)那么处理对常识的障碍的方法,就是简单地指出这些障碍,阐明其之所以产生的具体环境。这正是斯密的做法。比如,斯密不断表明"国家真正的财富和收入"在于土地和劳动产出,而不是一个国家所拥有的贵金属的数量。[25]斯密把前者称为"普通的正常人都能理解的",而后者是"粗鄙的偏见才会持有的"(WN 340)。接着,斯密把后者称为被"日常语言"供在神龛的"流行观念",只要稍加仔细思量就会显现其中的"荒谬"(WN 449)。在这里,日常语言表达的思想,就可以纠正日常语言造成的错误。斯密用一个很有意思的例子表明保护主义的愚蠢:

> 通过建造玻璃房、温床和暖墙,苏格兰能培育出上好的葡

---

① 除了下文的引用,还参见 361,396,440,488,523,555,563,631,637,640,755,865,902。

萄，并酿造出上好的葡萄酒，但其费用大约为从国外所购买的至少是同等品质葡萄酒的三十倍。如果只是为了鼓励在苏格兰酿造波尔多红葡萄酒和勃艮第红酒，就禁止进口所有的外国葡萄酒，这样的法律难道是合理的吗？（WN 458）

斯密写道，这个例子中"显而易见的荒谬"应该能够彰显所有保护主义措施同样的（如果不是更隐蔽的）荒谬。这一缩影很好地展示了斯密的整个方法论。通过从日常生活经历举例，斯密展示了我们日常拥护的原则的荒谬性。

因而，说斯密较之哲学原则更看重常识或日常经验，并不意味着斯密仅仅罗列了常识信念或将它们以吸引人的顺序加以安排组织。对任何常识哲学的一个重要反论是，它无法提供空间让我们批判日常观点，有可能会沦为死守我们社会上碰巧出现的各种信条。这种反论在斯密这里完全不成立。斯密在《道德情操论》中批判了我们日常道德原则的许多方面，而在《国富论》中更是针对当时主流的政治经济观点（以及许多当时的体制，从定居法到长嗣继承制和奴隶制）进行了彻底的批判。① 但是，斯密将自己的批判立场建立在他所批判的常识信念和态度的范围之内。斯坦利·卡维尔（Stanley Cavell）为自己设定的哲学任务是"集合自己所处文化中的标准，以便随着我追求和想象它们时，我能用我的言语和生活遇见它们"。我相信斯密一定赞同这一哲学观念，尤其会首肯卡维尔所宣称的他的目标是"沿着文化与我的切面，让文化与它自己相遇"。② 展示文化的常识是一项至关紧要的工程，因为这使得文化开始面对自身信念中的矛盾，或是文化本身没有意识到的半公开

---

① 斯密将 WN 描述为"对英国整个商业体系……非常猛烈的攻击"（Corr 251）。
② Stanley Cavell, *The Claim of Reason*（Oxford：Oxford University Press, 1979），p. 125.

的偏见或愚昧。事实上,卡维尔和斯密所谓的常识本身是一种批判性思维模式,而不是教条的集合。我们看待事物的一般方法是流动的并具备自我纠正功能(我们在日常生活中常常批判自己的和彼此的信念)。斯密利用我们某个日常观念,驳斥他认为代表迷信或幻想的其他日常观点。或者,斯密会在这里或那里,呈现他用日常信念建构的整体画面,并展示某个具体信念如何不能融入整体,以及我们整体的信念会如何削弱这个信念。[26]这就是《天文学史》和《国富论》(WN 21—22)所阐述的哲学家的职责所在,即通过整体画面的呈现,通过用清晰的"体系"或"理论"将不同的信念连接在一起,帮助我们思考。因而,《道德情操论》所描绘的有关我们的宗教原则如何从道德情感中演化而来的整体画面,可以帮助我们清晰地意识到,上帝更希望我们履行宗教仪式而不是践行道德义务这一信念的荒谬性;而从《国富论》整体的经济体系来看,斯密有关"批发商和供应商控制价格的行为"如何有效防止饥荒发生的清晰解释,可以消除大众对谷物商人怀有的偏见。①

在后一个例子中,斯密明确将"大众对批发商和供应商控制价格行为的恐惧……与大众对巫术的惧怕和怀疑进行了比较"(534),并宣称政府的政策能够助长或是消灭这种恐惧。在文中其他地方,斯密宣称自由贸易的优势是"如此明显",没有人会对这一政策提出质疑,除非别有目的的商人及制造商的诡辩混淆了人们的视听(494)。这些论证都表明日常信念(即普通人的信念)是会出错的;握有实权的人物(上述例子里的政治家和商人,其他地方则是政治领袖[TMS 133—134,177—178])用法律的权威或宗教的约束支持那些若非如此就会成过眼云烟的想象,为这些想象背后起支撑作用的抽象而非自然的"体系"提供可信性,因而相当于在常识的自我纠正过程中插入了一个木塞,妨碍了判断的形成,而

---

① 还有类似的解释应该是用来消除对药剂师的偏见:128—129。

不是接受和听从判断，这就是真正意义上的"偏见"。针对这一木塞的正确做法，应该将其与其他那些阻碍思想自由发展的障碍一起消除，以便让我们日常的观察和推理模式发挥作用。斯密非常清楚地意识到那为数不多的善于辞令的人在"引领和指导"（有些时候是错误引领和错误指导）其他许多人的常识方面的能力（TMS 336，LJ 202，211—212，WN 651）；斯密试图在自己的著作中提供事实和清晰的解释，以纠正这种影响。斯密没有想要针对偏见或其他错误，建构一个数学模型，以展示普通人的直觉是错误的。他也没有像两个世纪后的边沁和康德那样建构抽象的道德原则，并以此为基础发展出反直觉的道德哲学结论。斯密是我们常识理念的批评者，而且是一位内生的批评者，而不是形而上的批评者，即斯密彰显常识中的内在合理性，在必要的时候，用常识自己的工具，从内部出发清理纠错，而非试图从"更高的"立足点出发进行论证或纠错。这一思想目标与斯密的政治旨趣不无关系，在重要性上也完全旗鼓相当，即确保斯密认为普通大众本应享有的思想和行动的"自然自由"。

　　因而，即便我们将斯密的写作中远比表面看起来更为复杂的方方面面弃之不顾，其写作之简明本身也反映了一种关于人类知识的基础以及人类知识如何才能得到修正，进而是关于哲学家之恰当职责的复杂观点。下一章我们将具体探究斯密如何理解哲学家的这一职责。

第二章　认识论和科学哲学

5　认识论

[27]令人惊讶的是,斯密很少直接谈及认识论。与休谟不同,斯密几乎完全不谈知识的本质或正当性,甚至连"论外部感官"章节也主要是讨论我们的感官如何运作,而不是严格的哲学问题。同样地,在"古代逻辑学和形而上学"一文中,尽管斯密综合而准确地介绍了柏拉图的、亚里士多德的、斯多亚的以及中世纪关于宇宙及其本质的相关阐述,但却几乎没提及自己对这些主题的看法。① 在这些文章或其他任何地方,斯密都没有明确表明,自己对于

① 拉尔夫·林格伦(Ralph Lindgren)在对这些文章以及《天文学史》和《关于语言最初形成的思考》所进行有趣而简练的解读中,声称找到了一个"主要是约定主义的认识论立场"和斯密反实在论的,如果不是完全观念论的,形而上学倾向(Lindgren,"Adam Smith's Theory of Inquiry," *Journal of Political Economy* 1969, pp. 900—901)。尽管林格伦有一些非常敏锐的洞见,我也赞同他所强调的,语言对于斯密关于所有人类活动(从理论建构到商品交易)理解的重要性,但是,他对斯密约定主义和反实在论的判断,却让他忽视了(1)《外部感官》一文坚定地假定存在一个外部世界(尤其参见 EPS 140);(2)观察之于《外部感官》和《天文学史》两篇文章论证的重要性,而斯密(请林格伦恕我直言)是以实在主义角度理解观察的;(转下页注)

休谟在因果关系、客观性以及个人同一性等问题上的怀疑主义到底持何种态度。最近有学者找到了表明斯密持有怀疑主义立场迹象的文字①，事实上这些文字主要并非关于诸如物质现实或因果关系论证的元科学问题，而是关于任何科学理论的最终本质。斯密指出，即便是我们之中"最具怀疑精神的人"，也会被牛顿的科学所打动，只要想象一下牛顿的理论，不同于以往天体物理学历史上的任何理论，拥有"任何其他体系所不具备的可靠和坚实程度"（EPS 105）。斯密还提醒读者，每种科学体系都只是想象的创造物，在想象中努力将我们感官的感受联结在一起；没有任何体系完全与描述对象一致。但是，这种对于科学理论与其描述对象之间的距离以及伴随而来的不可靠性的警惕，并不意味着质疑对象本身的现实性或物质性，以及引导这些理论的认识论原则。也就是说，这并不等同于任何形而上或是认识论的怀疑主义。不管斯密对于怀疑论到底是持有我在上文指出的（§4）维特根斯坦式的态度，还是斯密仅仅只是对休谟提出的问题不感兴趣，斯密都避免了就这些问题表达某一立场，避免了卷入当时主流的形而上学和认识论论战中。

　　尽管如此，斯密似乎对认识论的历史了如指掌（我上文提及的两篇文章就是最好的例子），并清晰表明了自己的经验主义而非理性主义立场。因而，斯密将马勒伯朗士（Malebranche）称为"古代逻辑学和形而上学历史"上"天才式的伟大哲学家"，但是抛弃了后者关于普遍原理都过于不现实的假设，而在《天文学史》的一开始

（接上页注）(3)斯密在《语言的起源》中做出的"那个……事实问题"和我们描述那个事实问题的人为方式（LRBL 216）的区分隐含着实在论。事实上，林格伦为了阐述自己的观点，严重地歪曲了《古代逻辑学》中的一段话：他认为斯密声称，"我们思想的结构'似乎更多地来自语言的本质，而不是来自事物的本质'（Lindgren，908）"，但是，在斯密自己的文本中，"从……语言中产生"的东西是某些柏拉图以及其他"抽象哲学"（EPS 125）践行者提出的教义，而不是人类的一般观念。

①　AVE 168—169. 还可参见上文第一章原书脚注 27，以及随之附上的文本。

就改述并接受了休谟关于"观念联结"的阐述。[28]斯密还在《道德情操论》伊始就采纳了休谟的术语"印象"（impressions），用以指称直接的感官感受①，随后很快还给出了一个非常有意思但并未进一步说明的暗示，即他认同休谟关于信念的看法：信念"更多事关我们本性中的感性部分而非理性部分"。② 斯密之所以感兴趣的是心理学而不是认识论，部分原因就是斯密对科学观察和实验更感兴趣，斯密喜欢诉诸事实（关于心灵、社会或者政治经济的事实），而不是先验的原则以支持自己的道德理论和政治经济学观点。他重视（经验的）"想象"胜过（先验的）"理解"。相比笛卡尔，斯密与休谟更接近，这也是为什么斯密在自己的政治经济学著作中不采用数学模型的很大一部分原因所在。

因而，这种对于经验主义的信奉对斯密的社会科学方法论至关重要，而对于上一章末尾所阐述的斯密关于常识的认识也同样重要。常识具有动态的自我纠正能力，如果可以这么说的话，因为其能对通过经验得到的素材做出快速而准确的反应。普通人，即便是没受过任何教育，都会根据周围的见闻不断调整他们的理念，而斯密认为这就足以让他们获得了解人类所需的必要知识，尤其是对那些他们经常观察的对象而言。因而，"每个个体都是自己处境最好的决策者，远比任何政治家或法律制定者要好"（WN 456）。我们这里所提及的就是哈孔森所谓的"背景知识"（contextual knowledge），"那种从具体情境中获得并能够产生关于生活在一起的人们会如何行为的常识"（SL 79）。正如哈孔森指出，斯密所谓的关于人类社会的"系统知识"，即科学知识，必定总是源于"人们关于自己及他人"的背景知识，并对后者做出

---

① TMS 9，§3. 休谟在 T 2n 和 E 18 中，宣布了其在使用"印象"一词时的新意。

② T 183. 斯密认为，"赞同另一人的意见就是采纳这些意见，而采纳这些意见就是赞同这些意见"（TMS 17），这不仅使得相信成为某种"赞同"，而且在此背景下，使得共同的信念完全与共同的情感一样。

解释(SL 81;cf. WN 768—769)。斯密的经验主义非常具体化；他认为，我们最靠得住的知识是具体事例，概括的可靠程度就得视其从具体事例细节抽象的程度，而受或多或少的影响。① 在《道德情操论》中，斯密告诉我们，一般道德规则"基于在具体事例中，我们的道德感官……赞同或不赞同的经验"(TMS 159)，而也"只有是在具体事例中"，行为的合宜或不合宜才是清晰无误的(188)。在《国富论》中，斯密一次次地告诉我们，经济行动者只有在他们"对微小的储蓄和收益也能给予准确的注意"(385)时，当他们对存货的"具体数量"特别留意(928)时，当他们的利益像谷物商人那样，"使得[他们]研究"如何可以"尽可能准确地"开展某项具体任务(534)时，他们才算是成功的。利益和精准的注意力在最后一段被联系在一起，就像亚里士多德的运动理论将感知和驱动人们行动的情感联系在一起一样：我感知那些细节，它们与我想要达成的目标相关②。一般而言，判断需要"精准"而"警觉"的注意力(385,530,755)，而判断就是斯密所谓的我们日常生活中最需要的那种知识。③ 在下文合适的地方，我们再讨论判断对社会科学的重要性。

---

① 斯密关于语言的阐述都渗透着这一假设：尤其参见 LRBL 204—205,214,215—216,218,224。正是在这方面，我认为林格伦正确地指出了斯密的语言理论是他对研究(inquiry)的解释的一个模型(见原书 27 页第一个注释)。

② "对于[亚里士多德]来说，实践智慧的标志就是关注具体事物，而实践推理中的一些前提就是关于具体事物的前提……正如动物被赋予了需求、欲望和自愿运动的力量一样，我们依靠感官认识，察觉具体事实。动物通过本能感知或者说是理解它们行动所需了解的东西，以便得以生存和繁殖。因此，如果一个人了解自己所处情境的具体情况，就已经是一个行动者或是一个初级行动者"。Sarah Broadie,"The Problem of Practical Intellect in Aristotle's Ethics", in *Proceedings of the Boston Area Colloquium in Classical Philosophy*, vol. 3(1987). 还可参见 Terence Irwin, *Aristotle's First Principles* (Oxford: Clarendon Press, 1988), pp. 118—120,261—263。斯密关于利益和注意细节之联系的更多例子参见 WN 833,836,838—839,844,885。

③ 参见本人著作《第三种自由》(*A Third Concept of Liberty*)的第六章。

[29]我们还可以从另一个角度研究斯密的认识论立场。斯密似乎接受了休谟关于因果关系的阐述,但同时对他的怀疑论学说持保留态度。在《天文学史》中,斯密用与休谟非常相似的口吻,阐述了这样一种观点,即想象创建了通常相关印象间的联系:"当两个对象,尽管并不相似,却经常能看到彼此相随出现……它们在想象中被紧密联系在一起,以至于提起其中一个,就自然而然会想起并引出另一个"(EPS 40)。然而,斯密从未提及休谟对归纳所持有的怀疑主义立场,我们并不清楚斯密是否会赞同休谟提出的所谓因果关系无非是一种将相关印象联系在一起的心理倾向。① 在《国富论》中,斯密似乎经常想要阐述一种比休谟认为的更强得多的因果概念。在文中某处,斯密指出需要将偶然和因果关系加以区分(WN 255—256);在另一处,斯密认为很重要的一点是,人们在看待一系列具体经济事件时,混淆了它们之间的因果关系(WN 373)。这些包含了某些斯密反对重商主义的核心论点的段落,很好地利用了事件间的偶然联系和规律联系之间的区别:这正是休谟将因果关系简化为常见的联系所想要消除的区别。② 当然,休谟自己也似乎相信,这种区别在他的认识论中可以存在,只要恰当注意常见的和不常见的关联事件的差异③,斯密或许也接受这种

_____

① 感谢大卫·希尔伯特(David Hilbert)向我指出这一事实,即斯密接受休谟的心理学,其本身并不表明他就接受了休谟的形而上学。一旦完全从联想主义角度解释因果心理学,就很难找到理由将因果实在论视为一种形而上学观点。但是,当然,心理学和形而上学主张,肯定不是一回事。

② 还可参见 WN 第 313 页,斯密使用了书名中的用词声称,由于"取现、再取现"的做法而陷入困境的苏格兰银行家,之所以感到困惑,是因为他们并不了解自己所处困境背后真正的原因("性质"、"原因")。对书名的回应表明,当斯密想要解释"国家财富的性质和原因"时,他意在澄清那些恰恰由于没有把这一对差异区分清楚而产生的混乱,即偶然联系在一起的现象和真正的因果规律。

③ "在我们关于人类事务的研究中,没有什么比精确区分什么是偶然的,什么是因果关系所致的,更需要我们精确的辨识力……假若要我定出一个普遍规律帮助我们进行这种区别,其内容必然如下:凡取决于少数几个人之事在很大程度 (转下页注)

观点。

　　无论如何,斯密确实明白无误地接受了休谟关于因果关系既适用于人类事件也适用于非人类事件这一观点。休谟认为,摒弃因果间的"必然联系"(将一者与另一者用因果关系绑定)可以彰显一点,即宇宙只有同一种类型的原因,人类以及其他自然事件展现的是同一种因果规律。休谟指出,一位被判刑的罪犯,想象自己即将到来的监狱生活,会将阻却他逃跑的自然因素和人为因素一起考虑,将"监狱官的顽固"视为与监狱围墙同样重大的障碍(E 90)。休谟认为,认识到我们无需在物理原因和物理结果之间寻求任何神秘联系,就可以将这种关系与动机和行为的关联完全等量齐观。[①] 这一洞见为历史、社会、政治和经济的自然主义研究提供了坚实的基础。如果一般的因果关系无非是事件间的"联系"(这种联系在频率上包括从毫无例外的物理规律到更少规律性的整个范围),[②]那么,旨在寻求原因的科学,就完全可以对人类事件进行同样的研究。某些概括,即使在某种程度上无法达到我们本来认为应该达到的严谨程度,也可以被称为"科学"。我们将从这位宣称要告诉我们国民财富的"性质和原因"的作者笔下看到一些存在许多例外的规律,而不是一些描述普遍力量的普遍法则。

　　《国富论》题目中与"原因"(causes)并列的"性质"(nature)一

(接上页注)上可以归之于偶然,或归之于某种隐秘未知的原因,而起因于大众之事则常可用确切已知的原因作出解释。"("Of the Rise and Progress of the Arts and Sciences", *Political Essays*, ed. Knud Haakonssen, Cambridge: Cambridge University Press, 1994, p. 58)T 173,休谟关于通过结果判断起因的第三条规则(即坚持"原因和结果之间永恒的结合")也暗示了上述看法。

① E 92—93. 如果这一章确实影响了斯密(正如我认为的那样),那么休谟通过经济交换中因果规律例子阐述自己的观点,就也许并不是完全毫不相关的:E 89。

② 休谟在《人类理解研究》关于神迹的章节中,精细地描述了这些不同水平的规律,这一章紧跟在关于人类事务中的因果关系的那章之后。

词同样并不那么严谨，或语义强度存在一定的波动。[30]Nature
是《国富论》中使用频率最高的单词之一。① 书中在某处连续两段
出现了 Nature 一词，第一段（1）描写了根据"事情的自然发展路
径"，"每一个正在发展的社会，大部分资金首先流向农业，然后是
制造业，最后是对外贸易"；第二段（2）指出这种自然路径在欧洲所
有现代国家中都被"完全颠倒"这一事实（WN 380）。这样的前后
排列，立即会引发一个问题，即为什么能够被完全颠倒（事实上作
者在下文即告知在所有情况下都被颠倒了）的路径，仍可以被称为
是"自然的"？ 第一种解答是斯密确实在我引用的两句话之间指
出，所谓的"自然"路径被所有拥有土地的社会"在某种程度上……
遵循"。尽管斯密并没有对此提供任何证据，但是他显然意识到要
把某事称为"自然的"，就意味着在绝大多数情况下事实确实是这
样发生的。对这一问题的第二种解答是，斯密这里所谓的"自然"
是指，人类不强行人为干预、事情本来的发展路径。斯密在下文继
续提供具体的证据，证明"欧洲现代国家"所实施的法律改变了经
济发展的自然秩序。第三种解答，也是更为深刻的且能为第二种
解答提供支持的是，斯密所谓的"自然"并不是牛顿式物理学家所
认为的"自然"，那种必然始终如一会发生的事情，而仅仅只是根据
某种高度可预测的模式通常一般会发生的。因而，某个事物的"自
然"无需是其亘古不变的内在结构，只需是描述了它在绝大多数情
况下的表现特征即可。在休谟之后，自然到了斯密手中，原因亦是
如此，具有了弹性和不完全可预测性。

　　对休谟和斯密而言，"自然"不仅取决于外在世界，而且还有赖
于人类的心灵。世界万物本身不在我们心中，但是我们所发现的
其运行模式，构成休谟以及随后的斯密所谓的"观念的联结"（as-

---

① 参见 Anthony Waterman, "Economics as Theology：Adam Smith's *Wealth of Na-
tions*", *Southern Economic Journal* 68, no. 4。

sociations of ideas)。斯密在休谟的基础上补充指出,不同的人群完全可以对何谓"自然的"有不同的理解:"同样的先后序列,一些人看来完全符合事情的自然路径,并不需要任何中介连接它们,但是对另一些人而言,则是完全不连贯和断裂的。"(EPS 44)对斯密而言,具体先后序列的常见性(usualness)就构成了所谓"自然的",他意识到这种常见性会因为人们经验的不同而发生变化。拥有不同经验的人会将不同的事情认为是自然的,而哲学家所做的不过就是要熟悉尽可能多的经验,找到那些几乎可以让拥有任何经验的人觉得自然的规律。当且仅当哲学家将其他尽可多的不同类型经验结合到自己的经验中,哲学家所认为自然的那些规律才能在更完全的意义上比其他任何人所认为的显得自然:哲学家在积累了"常识观察所能获得的最大范围的经验后"开始工作(EPS 45,着重号为作者所加)。[31]哲学家之于普通人的优势既不在于他在某种程度上超越了经验范畴,也不在于他获得了一种非同寻常的、特别真实类型的经验,而仅仅在于哲学家在尽职地完成自己的工作时,他调查并收集了不同群体通常会拥有的各种不同经验。对哲学家而言自然的事情,仍然对应事物在他那里的常见程度,然而,如果哲学家的工作完成得出色,那么这些规律对绝大多数人甚至所有人而言都会是同样自然的,而非仅仅是对某个独特群体而言才是自然的。就这样,斯密在上文讨论的《国富论》相关段落中,将某种具体的经济发展次序称为"自然的",是因为在广泛考察了各类经济经验后,他认为这一次序符合人类绝大多数将会经历的经济世界,如果他们能够超越自己所处历史阶段的某些特殊情况。

6　科学哲学

我认为科学哲学与认识论是两个不同的概念。认识论关心一切知识的基本原则,探究诸如我们的思想是否反映现实、哪些方面反映现实、知识所依据的一般原则(如因果关系)是否可靠等等这类问题。科学哲学则认为这些问题不证自明,它讨论怎样的方法论才能产生最好地反映经验现实世界的理论。这一区分并非泾渭分明,但确实清楚地表明,为什么由认识论而不是科学哲学来讨论我们能否获得关于上帝的知识;为什么科学哲学而非认识论会追问为何某些科学研究项目比另一些更成功。认识论在一个比科学哲学更抽象的层面运作;它们之间的关系或多或少像是政治哲学与法理学的关系。

有了这一区别,我们可以说尽管斯密并没有很多关于认识论的阐述,但他确实拥有自己的科学哲学。在《国富论》中,斯密指出"哲学家或思想家""的任务不在于制造任何实物,而在于观察一切事物"(WN 21);《早期手稿》和《法理学讲义》相关段落也清晰地将物理学家、天文学家、化学家以及政治和经济分析家与道德哲学家和形而上学家一同置于"哲学家"的范畴内。这一描述存在一个悖论。斯密此处正忙着解释劳动分工,解释各种职业如何日益分化。在这个语境中,将哲学家的具体工作界定为观察"一切事物"的杂家,总显得有点怪异。就我们现在的讨论而言,这一悖论的关键是哲学家或科学家的职责似乎并不主要在于观察新鲜事物,发现那些其他人未曾经历的事情,而是收集人人都曾有过的经历。斯密确实指出,正是这种观察收集,使得某人"能够将相距甚远、千差万别的对象联系在一起",进而发现能够发明新机器的方法。[32]但是,对斯密而言,科学家发明新的科技似乎只是其工作的副产品,而不是主要的目标或成功的标准。斯密似乎并不认同弗朗西斯·培根有关科学的主要任务在于更好地控制宇宙这一著名论断。

相反,对斯密而言,科学是想象在面对大量"相距甚远、千差万别"的观察时,解决眼前问题的努力。科学体系就是想象借以缓解人们面对经验断裂时的不安的建构物。在《天文学史》中,斯密指出,"哲学"(斯密这里所谓的哲学仍旧包括物理学、天文学和化学)

是"将自然原理联系在一起的科学"。自然"似乎充斥着孤立的、与已知世界完全脱节的事件",它们"会扰乱想象的轻松运作"。自然哲学家试图缓解这种不安:"哲学通过找到将这些彼此并不相关的对象联系在一起的看不见的链条,试图在熙熙攘攘、并不协调的表象中找到秩序,减轻想象的混乱。"(EPS 45—46)斯密因而强调,自然哲学"可以被认为是处理想象的技艺",他进而阐述了天文学史如何由一个接一个"安抚想象"的努力组成,"使自然这个剧场比原本看起来的样子,变得更为连贯一致,因而也成就了更恢宏的场景"(EPS 46)。科学家建构"体系",这些"想象的机器"将现实生活中已经发生的事件"在想象中联系在一起"(EPS 66)。这些体系(理论)像机器一样将复杂的部件连接在一起,整体地运作:它们足够复杂,可以反映相当多的现象,然而又足够统一,让我们能够意识到现象之间的联系。它们的目的是协助想象的运作,我们对其的判断标准在于是否新颖以及"优美和简单"(EPS 75)。牛顿之于笛卡尔、笛卡尔之于哥白尼、哥白尼之于托勒密的优势,都在于更新的体系能够比之前的体系更好地满足想象,并为旧体系下造成"困扰"的现象提供更为优美和简单的解释。

正如安得烈·斯金纳(Andrew Skinner)指出的,这一关于科学的阐述与后来托马斯·库恩(Thomas Kuhn)的科学观有着惊人的相似之处,[①]而我们绝不会想到 18 世纪中叶会这样看待科学家。斯密眼中的科学家的主要任务并非进行准确的观察,也不是开展深思熟虑的实验,或是找到数学规律解释观察到的现象。一位优秀的科学家或许会像牛顿那样发现数学规律,但是对斯密而言,科学家的工作一般可描述为提出解释,"安抚"想象,无论是否使用数学公式。不仅如此,优秀的科学家不仅关注事实本

---

① Skinner, *A System of Social Science*, second edition (Oxford: Clarendon Press), p. 41n.

身,而且关注前人用于理解这些相关经验事实的体系;[33]他的
工作很大一部分取决于其在所处学科史中的位置,而不仅仅取决
于其与经验现象的超历史关系。对斯密而言,科学安抚的对象是
想象遭受的困扰,这种困扰由以下两个原因造成:(1)先前的解
释不够清晰或连贯;(2)感受到先前的解释与现在的观察不一致
或存在矛盾。因而,每一种解释的有效性总是与能否成功克服原
来解释中存在的问题相关;除非联系原先的解释模式,否则找不
到任何绝对的永恒的标准,可以衡量理论解释与观察的现实是否
相符,或是判断其正误。正如我们所知,尽管牛顿提出的体系被
斯密认为"击败了所有反对意见……进而创建了哲学史上最具普
遍解释力的王国"(EPS 104),斯密在《天文学史》的最后,甚至也
还是对其是否真的确凿无疑持有保留。斯密所怀疑的并非是牛
顿提出的具体原理。斯密在阐述天文学体系史时指出,科学体系
就是这样前赴后继不断突破。这个关于各种科学体系的体系(这
个科学哲学体系)就是要质疑,某个科学体系可以为某个主题提
供最终结论,可以为相关问题提供无懈可击的解释。

这一关于科学体系的体系引发了一个有趣的问题,即斯密在
《国富论》中阐述的体系又该被置于何种位置。斯密奉行自己提出
的理论,联系前人的政治经济体系阐释了自己的"自然自由体系",
认为这一体系的优势在于可以解释重商主义和重农主义存在的问
题(参见上文§3)。这就意味着相比于斯密所处时代的其他体系,
斯密的体系在解释经济事实方面更好地"安抚了想象"。然而,这
并非就意味着斯密的体系是政治经济学的最终真理,其阐述的原
理颠扑不破,斯密期待它们可以永恒地解释每个时代的经济现实。
因而,我们中那些想要证明斯密的原理可以用来解释当今各种经
济现象的学者,违背了斯密本人所期望的后世读者应该解读《国富
论》的方式。或许,他们与其说是维护了还不如说是背离了斯密的
方法论立场。

　　斯密关于诸体系的体系之于《国富论》的意义,还在于其将科学主要看成是回溯性而不是前瞻性的事业。正如培根所指出的,今天人们通常认为科学是为了"解释、预测和控制",①衡量一种解释好坏的标准是其能否成功地进行原本无法做到的预测,能否拓展我们对环境的技术控制。斯密并没有完全忽略预测在衡量一个科学理论方面的重要性(EPS 103)或是这些体系在科技进步方面可能发挥的作用(WN 21),但是这一标准被置于能够优美而简洁地解决前人体系所存在的问题这一标准之后。② 因而,[34]斯密所认为的科学家的主要任务是将所有已知的知识结合在一起,而不是研究新的事实。斯密认为科学解释的首要任务是往回看,能够对前人体系与观察到的事实的矛盾进行解释,而并非前瞻地预测未来将观察到的事实或创造新工具。当然,通过回溯性解释得到的澄清,有助于关于将来的预测以及有用的发明,但这并非是解释的主要目标,也不是检测其是否有效的主要标准。③

7　社会科学哲学

　　从威廉·狄尔泰(Wilhelm Dilthey)开始,"关于人的科学"

---

① 比如可以参见 Charles Taylor,"Rationality", *Philosophy and the Human Sciences* (Cambridge:Cambridge University Press,1985)。

② EPS 75 在优美与简洁的基础上,补充了"新奇和出人意料",但并没有包括预测能力。还可参见 Deborah Redman,*The Rise of Political Economy as a Science* (Cambridge:MIT Press,1997),p. 85:"[Dugald Stewart's]对斯密的批评之一就是没有将可预测性作为科学的目标。"但埃里克·席塞尔(Eric Schliesser)认为可预测性对斯密而言非常重要,并引用了 EPS 103 作为证据支撑:*Indispensable Hume:From Isaac Newton's Natural Philosophy to Adam Smith's "Science of Man"* (Ph. D. dissertation,University of Chicago,2002),第三章。

③ 比较麦克洛斯基(McCloskey)关于可预测性作为科学标准的讨论,并且指出这并不是衡量经济学科学地位的好标准(Rhetoric,150—151)。在这里及其他一些地方,我都发现麦克洛斯基关于经济学应该是什么样子———种人文的、历史的和自觉的科学——与斯密所希望的经济学非常接近。

（*Geisteswissenschaften*）和"关于自然的科学"（*Naturwissenschaften*）之间的分野日益扩大，部分原因是康德将具有自由意志的人类与自然的其余部分进行了分离。斯密从未明确将人的科学与自然的科学相分离，而且我认为，总的来说，我们能够从斯密对于一般科学的阐述中读出他对今天所谓的"社会科学"的大致看法。不过，我们有理由认为，就斯密而言，相比于自然科学，想象和回溯导向在社会科学中扮演更重要的角色，而斯密的某些观点也预示了两者的区分。

回溯导向帮助我们解释斯密为什么会致力于构建一个社会科学体系，这原本是一个令人困惑的问题。毕竟，斯密的政治经济学中最著名的是"非预期后果"（unanticipated consequence）学说，即在斯密看来，社会和政治政策有很强的倾向，偏离制定这些政策的初衷，产生政策制定者不曾意料的后果。这里涉及斯密所强调的认知特殊主义，即对"背景知识"的强调：关于人类生活我们掌握最准确的是当下环境中的具体事实，而当我们试图从这些具体环境中推导出人类行为的一般原理并应用于将来时，我们就会经常出错。然而，想要设计出长时间运行的体制和政策，就必须考虑这种一般原理。而这些体制政策之所以经常以失败告终，就是因为它们的设计者没能预见到那些最终会破坏其运行的细节。

《道德情操论》非常著名的某个章节中的一个说法进一步强化这个效果：与无生命的对象不同，社会事实关乎社会这一实体：其中的每颗棋子都"有自己的移动原则"，完全不同于社会规划者"想要强迫它们接受的原则"（TMS 234）。斯密以此驳斥那些充满"体系精神"、想要在社会实施宏伟计划的政治家。但是，这可能给社会科学家带来同样难以解决的问题。如果无法具体预测人类行为的后果，那么社会科学还有什么用呢？在预测及科技方面的回报上，我们当然不会期待社会科学能够做到像詹姆斯·瓦特（James Watt）或者约瑟夫·普里斯特利（Joseph Priestley）的研究那样。

[35]如果我们认为"科学"的有效性取决于其能否带来预测能力的提高及科技水平的进步，那么"非预期后果"这一学说就意味不可能存在社会科学。但是，正如我们上文所指出的，斯密并不认为科学的首要目标是预测和控制。如果我们能意识到斯密熟悉并推崇瓦特和普里斯特利，但并不将科技革新看成甚至自然科学体系的首要目标，而是次要的副产品，意识到他认为甚至自然科学体系也必须具有回溯导向，即解决前人体系存在的问题，那么显而易见，对斯密而言，是否存在研究人的科学完全不是一个问题。社会科学完全可能存在，只要它是回溯导向而非前瞻导向的。

如果我们去看《国富论》，整本书处处可见回溯性解释。在说明了能够解释市场和价格本质的一般原则后，斯密进而解释了诸如货币的发展、增长和盈利之间的关系等问题，并通过将一般原则应用于大量事实，找出其中的模式，以阐明银行的作用。接着，斯密继续讨论了欧洲经济发展史，解释了由于当权者的错误而导致的自罗马帝国灭亡以来欧洲对于农业"不自然的"忽略。这些历史反思，自然会导致对斯密所处年代那些主要倡导通过政治控制经济的学派（即重商主义和重农主义）的广泛批判。在书的结尾，斯密提出了中肯的建议，指出当权者应该把收入花在哪些方面，怎样获得这些财政收入，才不会对经济运行产生过多的干扰。因而，《国富论》一书相当于是对那些自认为可以预测和控制经济的狂妄学说，以及经济科学会带来真正的经济技术的想法提出了警告——其论证方式，更多的诉诸历史事实，而不是提出跨越时空的一般原则。自始至终，大家被敦促接受《国富论》的观点，主要是因为它改善了斯密的那些前辈所做的分析，理清并抚平了其中存在的张力。坚持这种回溯导向，就能够解释过去行为在实施时未曾预料的后果，但是，这并不表明斯密的体系能够充分预测现在实施的行为的后果，也没有理由就此期待多少"技术"回报。然而，斯密确实为改进自己所处的政治经济环境提供了不少建议，他或许完全相信这些建议与瓦特这样的科学家的发明一样，可以通过对自然现象穷尽式的理解而得到（参见下文§58）。但是，这些建议都是小范围的，并以英国历史和传统为指向；众所周知，斯密完全反对任何彻底重塑社会的革命性方案。

不仅如此，斯密提出这些建议的口吻也是很谨慎的，甚至是试探性的——很少以政治经济学研究专家的结论呈现。[36]考虑到上文提及的斯密关于体系精神的警告，这一立场就非常容易理解了。如果社会跟棋盘不同，由各自"有自己的移动原则"的"棋子"组成，那么社会科学家就应该像政治家一样，只应期待他或她的提议，最多作为建议被每个"棋子"采纳，而不是"棋子"要达成自己的目标就必须怎么做的论断。承认他人自由的社会科学家（斯密的"移动原则"所间接指向的当然是自由）会意识到，自己作为社会科学家，仅仅只能作为一个相同的自由人来发言，而不能觉得自己具备专业知识就比读者自己更了解他们。社会科学家与自然科学家不同，其描述的体系由自由个体组成，这些体系的目标读者正是这些个体，因而他必须争取这些研究对象赞同他关于他们是如何运作的阐述。就他的著作能够在何种程度上引导他们的行动而言，外行的读者也完全可以基于下述理由对他的提议加以质疑，即：尽管他们的提议建立在广泛研究的基础上，但是这些理论与读者真正想要的东西完全背道而驰。因而，如果想要在自己的著作中得出切实可行的建议，作者最好以见多识广的外行人视角写作，而不能在这一领域过度地强化"专家"和"外行"之间的区别；应该以与读者进行实际交谈的平等伙伴视角写作，唯一超越读者的方面在于，他将自己的思维模式拓展到了读者所知事实之外的更大领域，并对这些事实间的联系有着更为宽广的视野。

这一关于社会科学人文的和人文主义的理解，弱化了专家和外行之间的区别，为斯密的常识化写作风格提供了一种道德理由。

这还有助于缩小所谓的事实陈述和价值判断以及科学思维和道德思维之间存在的鸿沟。在普通的对话中,一个自由个体与其他自由个体对话,一般并不会将"事实"的描述与他或她关于这些事实的道德判断分离。试图剔除道德标准判断的"纯粹客观",与我们日常看待问题的方法产生了奇怪的背离。① 而这种虚假的做作如果成功,将会把作者与作为读者的普通人远远拉开。如果斯密试图将社会科学作为日常对话的延伸加以处理,把它看成是自由而平等的人之间正常的交谈,那么他就应该完全摒弃休谟所强调的事实陈述和价值判断的明确区分,在整本著作中将规范性评论与事实描述完全混合在一起。正如我们下文将要指出的,斯密正是这样做的。

8　证据类型

正如上文第五节所指出的,斯密强调在人类事务评判中判断力的重要性,并支持哈孔森的观点,认为相比于理论或"系统知识","背景知识"(经常是对复杂具体事物的含糊把握)更为重要。对判断力[37]的强调以及对具体个案复杂性的尊重的结果之一就是,斯密在建构自己的经济理论时,更愿意运用具体的例证,而对抽象的数据持怀疑态度。斯密通过西塞罗的文字推理古罗马利率的相关信息,却避免用准确的数字直接解读自己所处时代的经济现象的企

---

① 比较一下马丁·海德格尔(Martin Heidegger)关于始于感官材料而非普通对象的那种经验主义的论述:"我们从未首先感觉到一堆感觉,例如乐音和噪音的涌逼……;不如说,我们听到狂风在烟囱上呼啸,我们听到三马达的飞机;我们听到与大众汽车迥然不同的奔驰汽车。物本身要比所有感觉更切近于我们。我们在屋子里听到敲门,但我们从未听到……纯然的嘈杂声。为了听到一种纯然的嘈杂声,我们必须远离物来听,使我们的耳朵离开物,也即抽象地听。"("Origin of the Work of Art", in Albert Hofstadter(trans.), *Poetry*, *Language*, *Thought*, New York: Harper & Row, 1971, p. 26)

图。也就是说,斯密的方法与其说与今天的经济学家相似,还不如说与历史学家更接近。这或许部分归因于斯密当时无法获得我们今天泛滥成灾的经济数据,但是,我认为这更是斯密基本方法论立场的体现。斯密的经济学更像我们现在所谓的"历史",并不属于他所处年代人们所称为的"政治算术"(political arithmetick)。① 仔细考察斯密在《国富论》中使用的证据类型能使我们更好地理解斯密关于经验主义的看法。②

首先,斯密尽量回避了他所谓的"枯燥或不可靠的计算",而是将每位读者经验中的普遍特征作为自己的论证证据。因而,在"枯燥或不可靠的计算"所在的这段文字中(WN 91—93),斯密试图用以下两点证明自己的下述观点,即工人的工资一般总是要高于仅仅维持生存所需的水平:(a)最低可能工资水平是维持生存所需这个毫无争议的假设(否则工人们无法生存);(b)夏天的工资通常要比冬天的工资高,以及排除生活所需物资的价格因素,工资随着年份及地域的不同而不同等事实。如果工人能够依靠冬天的工资,或是在给定物资价格前提下的最低工资生活,那么夏天或其他工资更高地区和年份的工资,就必然使他们不仅仅只能做到维持生活所需。斯密喜欢采用这种间接的方式论证自己的观点,而不

---

① 对政治算术史的非常有帮助的论述,以及斯密与其关系,参见雷德曼(Redman),*Rise*,pp. 142—151,215—218,250—253。但是,我并不赞同雷德曼的观点,他认为斯密在宣称对政治算术缺乏信心时,只是担心"对不可靠数据的不负责任的使用"(雷德曼251)。当雷德曼声称斯密认为数学系统"体现了对[社会]现象极度简单化的解释",而斯密认为社会科学家"必须更紧密地关注凌乱的事实,而非一味追求融贯和优雅"(雷德曼217)时,她的观点更接近事实。我对斯密持有的对政治算术的保留态度的论述,与"更紧密的关注凌乱的事实"有很大关联。

② 我在本章所述,并非要证明斯密的经验主义是独一无二的。我们可以在休谟的著作中,找到类似的对待古典文本的方法,也可以在其他许多更早期的学者中,找到类似的对权威材料/资料过于信任的担忧。然而,斯密与同时代人的区别,至少体现在他所强调的和淡化的东西。比如,相较于其他同时代的政治经济学家,他对统计学证据的使用抱有更多的怀疑,相较于哈奇森和休谟论述社会的著作,他更相信自己的观察。

是直接计算工人家庭的收入，因为他认为后者提供的信息"无法确保无误……，即使在同一个地方，支付的工资通常也存在差异，不仅会因为不同工人的工作能力差异而发生变化，而且还会因为掌握这门技艺的难易程度不同而有所变化"（WN 95）。出于类似的原因，斯密更喜欢通过一个国家的利率大致计算资金的平均收益，而不是直接统计这些收益（105）。斯密也没有用"很准确的计算"论证自己有关工业比农业更具优势的观点，而是用"非常简单显而易见的观察"，即整个欧洲从事贸易和制造业发家致富的人远多于从事农业的人，加以证明（142；还可参见 374）。在这两个例子中，正如斯密自己所宣称的，他对"政治算术并不抱有多大信心"（534）。我们看到了他对所有人都知道的事情而不是专家所知之事的信赖，以及相似的对于观察而非计算的偏爱。

　　即便如此，斯密还是在很多地方引证了诸如魁奈、坎蒂隆、孟德斯鸠、查尔斯·斯密（Charles Smith）和托马斯·孟（Thomas Mun）的观点。但是，与此同时，斯密不断提醒我们这些专家也会犯错。书中某处，斯密用好几页的篇幅讨论哪些因素误导了前人对于银价历史的理解，其中包括"懒惰的誊写员"在抄写古代法令时"懒散"的作风（WN 201）。斯密会在引用一位作者观点的同时，评论说这位作者或许"所知有限"（WN 175）；也会承认自己研究中的失误（201），[38]或是做了"错误的"的对比（170）。另一方面，斯密向我们保证普瓦夫尔先生（Monsieur Poivre）是一位"非常仔细的观察者"（173），麦桑斯（M. Messance）是"知识渊博、充满创意的作者"（102），而理查德·波恩（Richard Burn）"非常智慧"（156）。①

---

① 同样，在 226 页梅格斯先生被称为是"审慎的"，在同一页上另一位没有说明名字的学者，也被称为是"雄辩的，有时也是消息灵通的"，而在第 257 页，麦桑斯也再次被称赞为是"非常努力和忠诚的"。在第 227 页，某些手稿的论述被描述为"非常真实的"。斯密即使是在引用时，也同时在不断地对这些来源进行评估；更多例子参见 169,317,320,426,506,739,755,899,905,918,922。

这些批评和保证会使我们保持警惕。斯密总是希望我们能自己评价他的引证，而不是盲从。甚至是在引证专家观点时，斯密也从不鼓励我们过于轻信他们。①

　　除了引证其他政治经济学家的观点，斯密还从游记以及历史著作中收集信息。斯密尤为经常引证旅行者的游记，②有时还进一步说明旅行者"受人敬重并见多识广"(187)，或比起自己的同僚"更敏于发现神奇之处"(730)。③斯密乐于从并非专门讨论经济问题的历史著作中获取经济信息，比如从威尔士王子的传记中获知 17 世纪早期肉铺出售的肉类大致价格(167)。同样地，斯密还将文学作品看成是了解那个写作时期经济生活的窗口。《荷马史诗》中阿伽门农(Agamemnon)和阿喀琉斯(Achilles)的对话，可以让我们了解古希腊君主如何获得酬劳(717—718)；《荷马史诗》的另一处则展示了牛被当作货币使用(38)。尽管亚伯拉罕(Abraham)的舍客勒(shekels)据说是"与商人交易的通行货币"，但是，在亚伯拉罕付钱给艾芙隆(Ephron)时，他仍称了重量，这一事实作为证据，证明当时的硬币面值标示了硬币的精致程度而没有标示重量(41)。从西塞罗的书信中，斯密推导出了古代塞浦路斯(Cyprus)的利率(111)，而从普鲁塔克(Plutarch)和普林尼(Pliny)的作品中，了解了古代教师所处的经济地位(149—150)。④

　　这种对于历史和经典文本的引证很有意思，但是对斯密而言，更为重要得多的书面材料是法令。一次又一次，斯密都用法令证

---

①　在之前的经验主义者中，描述所引用材料/资料的可靠性是很常见的做法，至少最早可以追溯到培根那里；参见 Steven Shapin，*A Social History of Truth*（Chicago：University of Chicago Press，1994），第五章。

②　比如：89，173，186—188，191，205，240，247，568，571，574，576，680，730。

③　这最后一句话让人想起了休谟的《论神迹》("On Miracles")中的警告：旅行者倾向于用"神迹"事件包装他们的故事：E 117。

④　其他经典文本的引用，参 235—236，241，587，685—686。最后一处是根据古代雕塑做出的经济推理。

明自己的观点。当然,《国富论》主要旨在讨论的就是那些政府试图形塑和干扰经济运行的方法,绝大多数都产生了不好的影响,因而,法令自然会成为其经常涉及的话题。但是,斯密还通过法令获取日常经济活动的证据。他从法律规定的利率中推导出了16世纪和17世纪的市场利率,推导的基础就是法律规定的利率要想有效,必须反映市场利率,"所有这些法令法规似乎……都追随了市场的利率,而非预先加以规定"(106;参见356—357)。在其他几处,斯密引用针对教区官员腐败贪污行为的法令,证明这种贪污腐败在法令出台前确实存在(153),或是引用禁止普通人穿着每件超过2先令衣服的法令,证明人们在这之前经常穿比这贵的衣服(262)。所有这些都是非常合理的推断,今天的历史学家也仍然使用这类证据。但是,法令,尤其是出现在这些著作中的法令,并非是完全可靠的实际反映。立法者可能对实际现实情况并不了解,却试图阻止并不存在的现象,也有可能是某些现象已经如此司空见惯,已无法有效加以阻止。除此之外,某些法令并无法获得真正的执行,有些甚至根本就不是为了要加以执行而制定的。出于诸如此类的原因,斯密在阐述定居法时过度依赖成文法令的做法受到很多诟病。①[39]然而,较少有人注意到的一个简单事实是,那个作为经济事务中立法干预主要反对者的斯密,却通过法令考察经济现实。斯密当然是法理学领域一位伟大的学者,早于布莱克斯通(Blackstone)十年就做了一系列影响深远的法学讲座,这些讲义就是后来《国富论》的雏形。这一点真是有些匪夷所思,即一位如此坚决主张立法者不应参与商业运行的政治经济学家,却又如此倚重于通过法令这个窗口解读经济的真正运行情况。然而,斯密的这一做法刚好为内森・罗森伯格(Nathan Rosenberg)等学者提出的观点提供了有力的证明,即斯密所理解的经济活动,绝不

①　参见编辑对 WN 152 的评论,n5。

是什么人类关系中自发产生的"自然"事件，而是受到制度环境形塑的行为。① 在另一方面，或许正是通过法令这个窗口解读经济这一做法，使得斯密更加确信法令带给经济发展的通常是坏处而非益处。

　　然而，这绝不意味着斯密所有的信息都来自二手资料，或只是从法令中推导而来。偶尔，斯密向我们展示了他自己从公共记录中研究得出的信息（WN 102，204，211）；斯密也经常引证他自己通过观察所得的信息，或是从观察过相关问题的亲历者口中获得的信息。在描述穷人的做法和境况时，斯密尤为经常依赖这类信息：

　　　　一位普通的铁匠，……我确信他一天做不出两三百枚，而且还是质量很差的钉子。（18）

　　　　现今在苏格兰有一个村庄，我听说有工人会带着铁钉而不是货币，走进面包店或啤酒店。（38）

　　　　我听说，在兰开夏的某些地区，人们声称，对劳动人民来说，燕麦面包比小麦面包更为营养丰富，我还常常听说，在苏格兰人们也持有相同的观点。（177）②

在其他一些地方，斯密所阐述的有关劳动者的信息，尽管没有明确表明来自他个人的所见所闻，但是很难想象除此之外，他还有任何其他途径获得这些信息；一个最为典型的例子，就是对苏格兰"草民"阶层生活的具体描述（133）。在《国富论》第一章，斯密还告诉我们他曾亲眼"见证一个小型[制针]厂"，只由十个工人组成，也没有足够资金在生产过程中使用任何机械（15），在这一章的下文，斯

①　Nathan Rosenberg，"Some Institutional Aspects of the *Wealth of Nations*，" *Journal of Political Economy* 68（1960）.

②　不出所料，斯密基于自己的经验和访谈的阐述都与苏格兰有关：比如，参见 69，92—93，97，99，107，121，133。

密写到他曾碰到"几个二十不到的年轻人,他们一辈子就从事制钉业,没从事过任何其他职业"(18)。这两处都向我们表明,斯密在两页篇幅后所说的"经常参观这些制造业"的人,就是指他自己(20)。这句话的措辞以及斯密在第一章描述的经历都表明,斯密在下一章中提到的那些"因为正事或是好奇,让他们有机会"与无论城市还是乡村的底层人们交流的人,也指的是他自己。[40]因而,斯密通过两种途径获取穷人的生活信息,一种是与他们的雇主交谈,还有就是与穷人交谈或亲自拜访。① 在某种程度上,我们会吃惊地发现,斯密似乎从事的正是我们所谓的关于穷人生活的"田野调查"。

但是,斯密所仰仗的经历通常并不能被拔高到"田野调查"的高度。斯密只是作为自己所处时代日常生活的普通参与者随意地使用身边的例子。既然斯密经常引用自己的生活经历或谈话作为证据,证明自己关于周遭世界的观点,那么我想我们完全有理由假设,任何他所宣称的关于英格兰或苏格兰的观点(也许还包括关于法国的某些观点),如果没有提供其他任何证据,那么斯密就是采用了这类证据。因而,当斯密告诉我们伦敦的木匠"精力鼎盛期不会超过八年"(100),伦敦城中及附近的"一般劳动力价格"是 18 便士,而爱丁堡城及附近的价格是 10 便士(92),这些数据的来源应该是斯密自己关于这两个地方(斯密在这两个城市都定居了相当长的时间)的"背景知识"。同样的,当斯密引用人们"通常"所说或所相信的内容时,他应该也是基于自己的生活经验,将读者的生活经验作为一种外部确认:例如他谈及"常见的关于奢侈之风已经甚至蔓延至最底层的抱怨"(96),以及白银的价格会随着时间走低的

---

① 当然,并没有多少书面资料可以为他提供这方面的信息。伊登(Frederick Eden)1797 年出版的《穷人的境况》(*The State of the Poor*)通常被认为是调查穷人状况的第一次认真尝试。按理说,这一荣誉应该归于《国富论》。

"主流看法"(200)，或"商人和制造业主"常见的抱怨(108,115)。

如果说作者这样一种对日常生活经验的频繁使用，并没什么大不了，那么让我们对比下今天的社会科学家，如果他敢在相当程度上依赖日常所见所闻，将会显得非同寻常。今天的社会科学著作，几乎任何一个事实阐述，无论如何显而易见，都得加注解释来自哪些专家的研究和著作。当然，在斯密所处的那个年代，事情还不完全是现在这样。但是，斯密似乎仍然表现特别突出，完全不担心自己所谓的"通常的"感受或观点会带有偏见或局限。有时，斯密似乎确实会挑战读者在这一点上可能产生的怀疑。因而，斯密告诉我们，那些通过公共慈善事业获得学徒身份的男孩，"通常会非常游手好闲和不中用"(139)。又如，作为论证土豆营养价值的证据，斯密引用了伦敦街上的搬运工和妓女作为例子，认为他们更多是爱尔兰人，因而基本都是吃土豆长大的，"是英国上下最为强壮的男性和最美丽的女性"(177)。这里斯密公开作为证据使用的，不仅仅是他自己对"中性"事实的观察，而且还有他自己对于游手好闲、强壮和美丽的判断，而诸如此类的判断无疑充满了价值色彩。对斯密而言，对生活经验的依赖就是对通常或日常经历的事实的依赖，这些事实只要是通常或日常那样即可，无需剥离所有的价值判断，或通过能将客观意义的素材从主观臆断中区分开的哲学手段进行筛选。这样斯密似乎是在对我们说："社会科学家日常生活的经历必须是其信息的重要来源。除此之外，还有任何其他标准，能够让社会科学家用以判断他正在阅读的书籍或是听到的报道吗？"

[41]如果斯密确实想要表达这样的意思，那么斯密似乎为那些人提供了一个有益的矫正，他们相信社会科学应从如下两点入手，对每一观察者开放的原始感觉材料和独立于文化（"日常生活"）意义的纯粹感性事实，就像休谟的哲学心理学一开始所讲的鲜红或橙黄或雪白的大理石带来的感受(T5,25)。因为社

会科学家确实无法从这类原始的、未经社会化的素材着手，他们无法通过这种具有如此浓烈个人色彩的方式获得的经验，拼凑出社会实践的样貌。尽管休谟在《人性论》开篇就运用了基本的、未社会化的鲜红和雪白的大理石的感受，但是，事实上，休谟是第一位提出下述观点的人，"在［社会］科学中，我们必须……通过仔细观察人类生活收集经验数据，将这些经验数据置于世界正常运转范围中，观察人类在同伴中、事务中以及他们的娱乐中的行为举止"（T xix）。在关于奇迹的文章中，休谟阐述了判断哪些证据能够进入令人满意的历史学和社会科学（两者在当时差不多）的依据。"在下述情况下，我们对任何事实都持有怀疑"，休谟写道，"当见证者的陈述互相矛盾；当见证者数目有限或是品格可疑；当他们与自己想要确认的内容利益相关；当他们的证词犹豫不决，或是相反过于决绝肯定"（E 112—113）。休谟在下一句就清晰表明这个清单是无法穷尽的，但即便仅仅局限于上文所枚举的情况，我们也可以就一则历史证言提出一系列非常有意义的问题：

　　1. 是否与我们已有的其他相关报告一致？

　　2. 此类报告数量是否足够？

　　3. 这些报告者的品格是否值得信赖？

　　4. 报告者是否与报告无利益瓜葛，或是提供了与他们的利益冲突的报告？

　　5. 报告者的态度是否显得不安，也许他意识到自己并没有道出全部真相？[①]

　　在《国富论》中，斯密在论证自己的观点时，脑中似乎想着这一系列问题。斯密喜欢堆积大量的证据，这些证据都指向一个方向；

---

① 夏平（Shapin）将这一关于标准的清单一直追溯到了 17 世纪，认为洛克预示了休谟的做法，尤其是 *Social History*, pp. 228—238。

他不断考量证据来源者的智力,将自己对他们不尽相同的技能的理解展示给读者;他很是关切商人和制造业者的利益,尤其是他们提供的信息与他们自身的利益关系。休谟的标准中,斯密唯一不看重的是第五条,但是这并不奇怪,因为文本记录很难体现说话者的说话方式,而且我们完全可以假定斯密已经摒弃了那些在他看来有不诚实倾向的口头证据。

休谟关于可信证据的标准当然是常识性的,斯密会采用它们或其他类似的标准,也毫不为奇。但值得一提的是,这些都是历史性证据的标准,而不是天文学或生物学使用的标准,也不是能够帮我们区分统计研究是否可信的标准。这些标准旨在帮助我们解读证据材料,而不是为了数据的收集或是为数学目的服务。因而,这些标准在相当程度上具有所谓的"诠释学循环"(hermeneutic circle)的部分特性:[42]它们假定其使用者总体上非常了解人类的一般知识,或许对产生这些证言的社会也有充分的了解,足以知道具备何种品格的证人是可靠的,或是证人证词中可能的利益关系。那些主要采用休谟筛选标准的人,将自己的工作更多看成是对事实的解读,而不是收集事实。

这引出了我最想强调的一点:斯密的经验资料在成为证据前,需要对其做出相当程度的解读。为了得出在亚伯拉罕(Abraham)时代,货币是以精细程度标刻面值(WN 41),斯密不得不对"商人正在使用的货币"这一短语做出机智但却无法完全确定的解读。斯密经常对前人的文本或法令进行这种解读式推导,并经常提醒读者注意他正在这么做。当斯密引用弗吉尼亚商人的证词,即他用24—25先令每一百单位重的牛肉为船员提供伙食时,斯密补充说只有"最好的牛肉……适合腌制,供应给这些远航的船只"(168),因而弗吉尼亚商人支付的价格高于牛肉的平均价格。有时,斯密明确指出了漫不经心地处理历史材料将导致的错误。通过引用某条法令得出14世纪的谷物平均价格后,斯密接着评论说,由于这里谷物价格只是顺便提及,所以它"相比于由于价格特别昂贵或者特别低廉,而被历史学家或其他作者记载入册的那些特殊年份的价格,无疑是证明那时一般谷物价格更为理想的证据"(195—196)。斯密继续引用了1309年一餐食物的账单,并指出这一账单上的食物价格,"并不是因为它们特别昂贵或特别便宜而被记载入册,而只是顺便被提及"(196)。①

斯密对如何恰当解读这种经验材料的关注,并没有因为引用的对象从他人的文本转到他自己的观察而终止。斯密引用以下这些稍显复杂的事实作为部分证据,得出穷人孩子的高夭折率这一结论:(1)"好几位经验丰富的军官"向斯密指出,他们无法用联队内生的孩子完成新兵的征兵任务;然而,(2)他自己很少"在其他地方看到比兵营附近更多的可爱孩子"。据此,斯密得出自己的观点:兵营附近的小孩,很少能"活到十三或十四岁那么大"(97)。显而易见,(2)这点本身能得出与斯密相左的论断,尤其是当我们认为小孩的夭折率主要是指婴儿的夭折率时。但是,斯密从不单独就(2)这样的证据得出结论;他总是与(1)这种无法直接观察到的事实或一般原理放在一起,进而得出结论。

斯密还喜欢通过讲述小故事,解释观察到的事实——具体阐述了为什么挖煤工比运煤工挣得少(121),为什么药剂师收费如此昂贵,为什么港口小城市杂货店要价比其他地方的零售商高得多(128—129)。斯密进而[43]提出,观察到的事实本身无法说明任何问题。在《道德情操论》中,斯密一开始就阐述清楚的一个观点是,如果我们无法想象自己身临其境,我们就无法完全理解其他人,即与他们"同情共感"(sympathize)。如果仅仅只是观察其他

---

① 在其他几处,斯密对待口述信息和对待书面信息一样,对自己听到的部分内容持怀疑态度,这种怀疑或是基于他自己的观察,或是基于信息提供者所证实的问题本身的争议性。(177,261)

人行为的外在表现,我们会被误导,无法真正理解这些行为的本质。事实上,观察并不是斯密主要的研究工具,尽管为了自己的著作,斯密比绝大多数哲学家,无论是他之前的还是之后的,都更多地进行观察研究。对斯密而言,把握这些经验信息的最主要的工具是解读或判断,①而不是观察。这与斯密对于背景知识的强调完全一致,也服务于我所认为的《国富论》的一个要点:让读者关注一个经济行为与另一个经济行为之间难以记数的细微差异。一旦注意到相似事物之间存在的诸多细微差异,而这些差异又进而对这些事物经济上的运作影响重大(如,黄金和白银的使用(189),兽皮和羊毛的可运输性(250),抑或针对壁炉与窗户的繁重税负(845—846)),人们就会认识到政府试图控制经济的企图不易成功。而这一认识自然会引出一个信念,即政府应该收敛自己野心勃勃的目标,即便是为了实现这些收敛后的目标,政府也必须制定非常精细的政策加以实施——这就是斯密的主要观点。如果对斯密而言,关注容易忽略的细节如此重要,那么我们就非常容易理解,为什么斯密自始至终小心翼翼解读每一个即便是显而易见的经验证据,无论这证据来自我们自己的经历还是他人的文本。

　　现在我们就可以理解,为什么斯密对于经济事实的计算,即"政治算术",抱有怀疑的态度。那些想要知道一般而言,"一户劳动者家庭的必要开支"的人,很容易就忽略具体劳动者家庭间存在的差异(WN 95)。那些想要获得准确的一国平均收入的人,就不得不忽略或搁置由于地理或风俗的特殊性而引发的收入上的众多差异,更别提由于"工作能力"或是"掌握某项技能的难易"导致的收入差异了(95)。如果想要知道一个国家人们的平均收入,就不能过于担忧这样一个事实:商人通常都会有意隐瞒自己真正的收入水平(77)。

---

① 在《第三种自由》第二章中,我讨论了这两者的关系。《国富论》中判断的重要性是《第三种自由》第六章的主题。

在每种情况下,想要从一系列的数据中得出数字化的结论,就要求对收集的事实进行一般化处理,将事实间的差异轻描淡写或直接忽视,摆脱解读和判断事实来源时遇到的所有困难。关于人类活动的事实嵌入在叙述中,要从中将之剥离需要慎之又慎。事实本身并不适合一般化处理;它们需要各自单独对待,只有这样每个事实的独特性才能得到充分考虑。在处理每个单独情况时,我们还需要关注这个事实的来源,无论是来自某位著作家还是自己的判断,然后决定来源上的缺陷,是否要求我们暂时搁置自己对这个事实的确信。斯密在整本著作中都试图培养读者仔细甄别证据的习惯,[44]那种想要借助斯密的名义,推行以计算以及将人类事件简化至"原始数据"为核心的社会科学研究的做法,其实是对斯密的一种不公。

9　天命论

至此,我们讨论了斯密关于知识和科学的一般观点。这一部分我想要探讨斯密对待科学解释的态度中更具体的一面:斯密是否暗引无所不知的上帝支持自己的这个观点,即市场可以通过自我运行造福社会?

最近一位学者阿瑟尔·菲茨吉本斯(Athol Fitzgibbons),指责斯密仰仗斯多亚主义信仰,支持自己关于自由市场运作的"看不见的手"的论述。如果斯密确实仰仗这样一种信仰,那么他的分析对我们这些缺乏与他同样信仰的人而言,当然就没有多少意义了。菲茨吉本斯认为当代对斯密思想的复兴都将"看不见的手的神秘一面"束之高阁,这一点就显得尤为重要。① 但是,我认为,菲茨吉

① Athol Fitzgibbons, *Adam Smith's System of Liberty, Wealth and Virtue* (Oxford: Oxford University Press, 1995), p. 194. 对菲茨吉本斯观点的有益纠正可以参见 Emma Rothschild, ES 131—136。还可参见下文 §37。

本斯的观点是对斯密思想的误读，尽管斯密的著作确实比较容易造成这种误解。

首先，我们需要清除一些会混淆视听的问题。问题的关键并不在于斯密是否信奉上帝，也不在于他是否信奉万能的上帝（上帝以为人类谋福利为宗旨运行着整个世界），而在于斯密是否将万能上帝的存在作为其社会科学理论的前提。更大的可能性是斯密确实信奉上帝。正如下文将要提及的（§15），《道德情操论》多次提及上帝，上帝是斯密学说中非常重要的部分。但是就其本身而言，这一信念可能与科学实践无涉。如果斯密信奉的是，比如斯宾诺莎（Spinoza）眼中的那种上帝，一个宇宙背后与人类的目的无涉的理性原则，这一信念并不会导致他对社会现象做出人类中心主义的过于乐观的解释。但是，我们有理由相信斯密眼中的上帝是无所不能的，为人类社会的每一位成员谋求福利。不时地，斯密使用"神意"（Providence）一词作为上帝的同义词（如 TMS 185），在某处斯密告诉我们"人类以及其他所有理性造物的幸福，似乎是造物主把他们带到世上的最初目的"（TMS 166）。有待回答的问题是：这种对于无所不能的上帝的信念，是否为斯密关于社会现象如何运行的某些阐述提供了担保。

我想这一问题的答案只能是一个谨慎的否定，但同时承认斯密确实有时会说些令人误解的话。比如，斯密暗示，正义有助于保存社会这一事实反映了"上帝的智慧"（TMS 87）；他还写道"无所不知的造物主……教会了人类尊重自己同类的情感和判断"（TMS 128）。[①] 然而，[45]这些对上帝的援引与完全自然地、世俗地解释相关现象并行不悖。因而，斯密并不是简单地说上帝赋予

---

① 还可参见 TMS 87,128,165,166,185。斯密似乎也常常把自然拟人化，把其描述为似乎具有有意识的意图，而这些意图仿佛是明智的和仁慈的，"自然……劝勉人类行善"（86）。"自然，当她为社会造人时，就赋予了人一种想要取悦其同胞的根本欲望"（116）。

了我们正义的观念以便社会得以持存，他还展示了正义的体系如何源于愤恨这种自然情感，而且其成功运行部分归功于我们意识到：不遵循正义原则，社会将分崩离析（86）。因而，斯密在详细阐述了我们"尊重他人的情感和判断"的倾向，如何服务于我们的生物需求和社会需求后（13—23，85，104—105），才提及这些自然过程背后"无所不能的造物主"在某种程度上参与其中。不仅如此，尽管斯密有将"自然"拟人化的倾向，似乎自然怀有自己的意图和目的，但是，斯密关于自然现象发生和运作的阐述，几乎总是可以用自然选择演化的话语重新表述——当然，斯密当时还未完全了解这种话语。斯密确实在几个场合都提到了神学并援引上帝，在我们的道德生活中发挥着重要的作用，赞同将道德规则视为"神的命令和旨意"的看法（TMS 165），并对信奉上帝将在来世通过奖惩"完成他教会我们启动的……整个［正义］计划"（TMS 169）的信仰，怀有一定敬意。但是显而易见，这种对一位无所不能的上帝的信念是一种信仰，无法用实验证据加以证明，这些信念与其说是发挥科学作用，还不如说是发挥一种道德作用。在我看来，《道德情操论》的经验论断的证明都并非一定要提及上帝或造物主，更别提《国富论》了，《国富论》甚至完全没有使用任何宗教或神学语言。《道德情操论》中用以支持经验解释的宗教话语或许仅仅只是一种修辞，表达对时代常规观点的认同，或是想要信奉宗教的读者能够明白，斯密关于人性的世俗经验阐述与上帝创建并统治整个自然的观点相容。但是，斯密从来都不需要信仰上帝作为他的经验解释得以成立的前提条件；他从不认为任何人类天性或人类制度的某些特征来源神秘，或必须用奇迹加以解释。因而，我赞同哈孔森的观点，他认为斯密的学说"与目的论解释无关"，"斯密学说中出现神学的地方，我们都必须从动力因的角度……找到'真正的'解释"（SL 77）。这一点在后面讨论"看不见的手"的问题时尤为重要（§34）。

第三章　道德哲学

10　道德情感主义

[46]斯密的道德哲学在《道德情操论》中得到了详细阐述；本书的主题是《国富论》，因而无需详尽讨论其道德哲学的细节。但是，简略看下《道德情操论》的内容还是非常有帮助的——甚至对于为什么《国富论》甚少涉及道德哲学这一问题也不无助益。

斯密同他之前的哈奇森和休谟一样，认为某一行为道德上究竟是恶还是善，起决定作用的是促成这一行为的情感而非这一行为可能带来的后果，而判断这种情感的正当标准是无偏私旁观者是否会赞同这一情感。较之两位前辈，斯密将无偏私旁观者这一概念进行了很大程度的细化，展示了那些促成我们行为的感情和我们用以判断他人情感的感情是如何紧密地互相依赖，而两者都产生自我们在想象中将自己代入他人所处的情境。当我们想象自己处于他人所处的情境时，我们就会感同身受他人的感情，并不仅仅只在看到他人欢笑或痛苦时才能感受到。这种想象投射，斯密认为，正是所谓的"同情共感"（sympathy）。人类同情共感的能力不可避免地依赖于想象能力，这一阐述将斯密区别于休谟及哈奇森,也使得斯密比他的前人更加强调想象性文学在培养我们的道德能力方面能够发挥的作用。相比于前人,斯密还更为详细地阐述了我们的道德能力如何在社会交往中得到发展,它们如何体现人类平等的理想,我们如何在观念上将社会对于道德行为的奖赏内化,努力寻求值得赞赏的东西而非只是获得赞赏。在《道德情操论》最有意思和最富创见的部分(第三部分,其中数次援引了从巴特勒主教(Bishop Butler)布道中得到的启发),斯密展示了我们的幸福在很大程度上依赖于能否按照道德标准生活,以及我们如何渴求将我们原本认为社会施加给我们的道德标准内化,并由此感到幸福。这样斯密就对曼德维尔做出了当时那个世纪最为深刻的回应。曼德维尔的德性概念是自利性地追求赞扬,而如果按照斯密的阐述理解所谓"自利"的真正含义,这一概念会受到很大削弱。没有任何人能获得真正的幸福,除非成为真正有德性的人:人类这样的社会化生物,其幸福在于赢得他人的爱戴,途径就是无论是内在还是外在都能符合他人的期盼。

　　[47]这一论述有四大特点尤为值得我们关注。首先,斯密将道德上善的情感定义为无偏私旁观者所赞同的情感,而非某种仁慈。对斯密的老师哈奇森而言,德性即仁慈。因而,指向自我利益的情感可以被认为是道德上的善这一点,在斯密看来完全可行,而对哈奇森而言则绝无可能。斯密写到无偏私旁观者对于人们认真打理自己的生活和健康,并不会仅仅保持中立,而是会表示积极赞同,反对任何形式的自我忽视或是自杀(TMS 304,287)。

　　第二,斯密的道德理论完全反对功利主义,尤其是边沁后来阐述的那些理论。斯密反对休谟理论中的一些初级功利主义要素,这些因素使得正义主要因其带来好的结果而不是相关行为意图而得到证成。对斯密而言,一个行为如果其动机是一种邪恶的情感,那么即便其带来了很好的结果,增加了人们的福祉,这一行为仍然是恶的。因此,尽管斯密在《国富论》中颇为赞许地提到,某些行为会增进公共利益,尽管其行动者从未有此意图,但我们必须要小心,不要将这种支持混同于道德赞同。如果自由市场社会值得道德上的赞同(斯密的道德理论是否真的允许对整个社会进行道德判断并不十分清楚),那么理由就绝不应该仅仅只是自由市场机制所产生的良好结果。当然,在斯密看来,旨在为他人谋求福利仍是一件道德上的善事,但是值得道德赞赏的应该只是意图,而不是结果。

第三,斯密的自我概念比前人更具深刻的社会含义。哈奇森和休谟都认为人类具备自然倾向,关心社会福利,而对斯密而言,我们所有的感情,不管是自利还是慈善,都是通过社会化过程塑造的。相比于休谟,斯密认为人类并没有那么唯我,也没有那么彻底的自我主义,休谟在他关于"明智的恶棍"(sensible knave)的著名讨论中发现的这种自我主义让人无从辩驳(E 282)。同时,斯密将自己关于自我的社会化概念与每个个体的绝对重要性,以及每个个体独立抉择的能力融合在一起。伦理的自我转化尽管受社会压力的激发和引领,但最终都得由个人自己独立完成;"无偏私旁观者"最开始是社会的产物和表现,然而,一旦内化后,就成为道德判断的一个来源,凭此个体能够独立于他或她所处的社会,甚至对其加以批判。对斯密而言,个体的行动自由和自我的社会建构完全相融,甚至彼此互相依赖。

最后,斯密把道德发展看成是一项自我转化的任务,经常与追求社会地位或物质财富背道而驰。斯密解释了我们评判品格的标准,如何在我们平衡自己作为情境的"当事人"和情境的旁观者的感受中形成。双方都在寻求"同情共感",[48]即共情,但是,当事人对所处情境的情感总是更为强烈,只有在当事人降低情感强度,而旁观者调高情感强度时,才能达到平衡。斯密认为,通过这两个过程,我们获得两类德性:一方面,"令人敬畏的"或"令人敬重的"德性,即克己和自制的德性,使得人们试图缓和自己的自然反应;而另一方面是"亲和"的德性,体恤并敏于感受他人的情感。这两类情感都需要训练培养，尤其是第一类，因为和我们的天性完全背道而驰，更是难以掌握。不仅如此，正如上文已经提及的，斯密认为我们应该在内心践行这些标准，让这些标准与自己融为一体："那个真正坚强和坚定的人……并非仅仅假装心怀无偏私旁观者认同的情感，而且真正采纳了它们。他几乎认为自己就是那个无偏私旁观者，几乎把自己变成那个无偏私旁观者，并且他的所有感觉甚至很少不是遵照那位伟大的行为裁判者指示他那样去感受的。"（147）

　　"所有感觉甚至"都是德性要求我去感觉的：斯密认为道德的最终目标在于转化，以至于连想要从事罪恶、残忍或不义的想法都不再有。事实上，斯密提出，有德性的人较之没有德性的人，看待问题的角度是不一样的，尤其是在看待他/她的幸福问题上。有德性的人会认为，自己的幸福很大程度上来源于德性，而非仅仅受到德性的限制（TMS 115—117，146—148）。这点格外值得我们关注，尤其是当我们思考在《国富论》中，斯密到底在多大程度上真的认为仅仅只是物质财富的获取就足以带来幸福时。《道德情操论》中这些关于幸福和德性的论述意味着，如果斯密真如许多人宣称的那样，认为物质上的自利是我们的唯一动机，且对其加以满足是唯一的善，那斯密就不得不在很大程度上忘却自己的道德理论或是将其改头换面。

11　《国富论》和道德哲学

　　上文的讨论引出了这一问题：斯密在《国富论》中关于政治和经济的论述是否涉及道德要素。一整个世纪以来，人们不停在追问：为什么一位道德哲学家会撰写《国富论》这样一本著作？一个经常听到的答案是：《国富论》表明斯密放弃了道德哲学，选择了社会科学。但这一答案并不正确。斯密在写完《国富论》后，并没有放弃道德哲学。相反,斯密把 18 世纪 70 年代的很多时间用于将《法理学讲义》整理出版。而斯密最后一项重大工程就是大规模修订《道德情操论》,这在他离世前才得以完成。这一问题及回答迂回引出了更为深入的一个观点,即《道德情操论》将人类看成是具备不可化约的道德冲动,而《国富论》所持的主要观点是人类是完全自利的(所谓的"亚当·斯密问题"),然而这种观点并不正确,这一点将在本书的第二部分加以阐述。但是还有第三种观点有其合理之处,即最近由布朗(ASD 43—54,162—164)提出,将《道德情操论》看成是关于道德的著作,而将《国富论》看作去道德的论著。这也正是我们将在下文讨论的。

[49]我们不应接受布朗对《国富论》的定性。下列这种说法在《国富论》中俯拾皆是:

> 只有那些为全体人民提供食物、衣服和住所的人,也能分得自己劳动产物的一部分,使自己的食物、衣服和住所勉强过得去时……那才算得是公平。(WN 96)

> 如果雇主们总是听从理性和人道的指令,就不应常常鼓励劳动者勤勉,应当要他们适度地工作。(100)

> 完全为了我们自己,而不为他人考虑,似乎一直是我们这个世界每个时代人类精英们所遵循的粗鄙的行为准则。(418)

> 欧洲人野蛮的不公正行为,使得这样一种本来对各方面都有利的事件,变得对几个不幸的[美洲]国家起了毁灭性的破坏作用。(448)①

---

① 注意这里精彩地用"野蛮人"来形容在美洲的欧洲人!比较第 636 页,荷兰在印度尼西亚的政策被描述为"野蛮的"(savage)(在第一版中是"未开化的"[barbarous])。

这些话语在道德上并不是中立的,它们预设了这些批判的对象能够去追求平等、仁慈、大度、正义等道德规范。斯密对于社会科学的理解并没有将道德排除在外,完全不同于 20 世纪中期的实证社会科学。后者认为混淆"事实"和"规范"是对科学事业的背叛。不仅如此,布朗之所以将《国富论》看成是去道德的,很大一部分是因为她认为正义(书中自始至终将正义看成是对经济交换的一种限制)对斯密而言是"低端的"德性,因为正义以规则而不是无偏私旁观者的内在对话为基础(ASD 46—49)。但是,布朗关于斯密论正义的解读是有倾向性的。尽管确实对斯密而言,仅仅只是杜绝不义行为"似乎并不值得任何奖赏",斯密认为对正义心怀敬意——正如下文将看到的(§16),亦即对人人平等这一点心怀敬意——是崇高德性的标志。《国富论》经常要求"君王"、政治家、立法者以及法官展现对正义的敬意,而不是仅仅杜绝不义行为。

不仅如此,在整本《国富论》中,我们还应该看到斯密的这一倾向背后存在某种道德冲动,要将我们自己想象性地投射到经济交往的各个参与者所处的具体情境中。与之相关,斯密还提出:要想与他人同情共感,想象自己处于他人的情境至关重要,只有这样才能够对他人怀有真正的仁爱、正义等情感。因而,在下文这种详尽描述他人所处情境细节的段落中,我们应该对其中隐含的(如果不是明示的话)经常会被忽略的道德意味保持敏感:

　　　　以铜和铁为原料的人,所使用的工具和所运用的原料其性能总是一样的或者几乎是一样的。但是,役使一队马或牛来犁地的人,这些牲畜的健康、力量和脾性就会随情况不同而有很大差异。他所使用的原料也和所使用的工具一样变化多端,[50]这两者都要求更多的判断力和灵活性。普通的庄稼汉,尽管通常被认为是愚笨和无知的典型,但是他很少缺乏这种判断力和灵活性。诚然,他比居住在城市的机械工人更不习惯于社交礼仪。他的声音和语言更为粗鲁,更难以被那些不习惯他们的人所理解。然而,由于他习惯于思考的事物种类更多,他的理解力通常要比那些从早到晚只关注一两项非常简单操作的机械工人高明得多。(WN 143—144)

　　要通过改良土地来获利,也像所有其他的商业计划那样,需要密切关注小额储蓄和小额得利,一个出生在富豪家庭的人,即使天性节俭,也很难做到这一点。这种出身的人,自然更会关注满足他喜好的装饰,而不是关注他没多大需要的利润。追求衣着、陈设、住宅和家具的华丽,是他自幼养成的目标。当他想起改良土地时,这种习性养成的心态自然流露出来。他或许以十倍于土地改良以后的价值来装饰住宅周围四五百英亩土地……。(385—386)

　　在现代军队中,和士兵们使用武器的熟练和技巧相比,纪律、秩序和迅速服从命令是决定战斗命运更加重要的品质。但是,火器的轰鸣、硝烟,以及一旦进入大炮的射程,每个人常常在战斗真正开始以前很久就感觉到的每时每刻都面临着的看不见的死亡,使得要维持任何较大程度……纪律、秩序和迅速服从非常困难……。在古代战斗中除了人声没有别的噪音;没有硝烟,也没有看不见的造成死伤的原因。每个人,直到某种致命的武器实际上向他袭来,都可以清楚地看到在他附近没有这种武器。(699)

这仅仅只是《国富论》中的几个例子,斯密简短但非常精细地呈现了他人的生活情境,引导我们想象自己身处那样的情境。考虑到斯密对道德判断中想象力重要性的强调,说这些想象力的运用并没有任何道德目的,就非常不合常理了。事实上,非常明显,上文的这些摘引可以帮助我们理解,并进而克服常见的对貌似愚蠢、貌似不够资格的贵族以及貌似怯懦的士兵怀有的偏见。斯密用自己超过常人的对于细节的关注以及过人的想象力，澄清了常见的一些观念，借此我们可以得出结论，斯密在整本《国富论》中是具有道德观照的。

但是，如果要说《国富论》在道德观照方面是失语的，还是有些道理的。书中的分析不仅绝大部分都预设了主体的行为动机仅仅是物质利益最大化，而且还有好几处，我们本来期待会提及道德问题，结果却只是出现了关于实际利益的讨论（参见下文§41）。也诚如布朗（ASD 43—46）所言，《国富论》的整个基调与《道德情操论》相比，更具有"独白性"（monologic），更少进行内在的辩论，尽管这一差异并没有布朗所指出的那样截然不同。《国富论》并不避讳偶尔使用规范性的话语，但是，整体而言，这种规范性话语隐在了背景中，[51]只在与主要的纯描叙性主题的对比中出现。要想更好理解斯密何以用这种方法隐去道德话语，我们最好再回到斯密的道德哲学。

斯密的道德哲学具有两个突出特点。首先，斯密非常强调自我判断的难度。《道德情操论》的第4版，有个副标题——"关于人类自然地用以判断首先是他人，然后是自己品格的原则分析"（An Essay towards an Analysis of the Principles by which Men naturally judge concerning the Conduct and Character, first of their Neighbours, and afterwards of themselves）①。至少从这一版看，这一著作可以分为两个主要部分，从对他人的判断转到对自己的判断，而在所有的版本中，这也正是第三篇（这一著作最为深刻的一篇）的呈现方式。我们首先对他人做出判断，随后将这些判断应用到自己身上（TMS 109—113）。正是因为我们有时能够将自己看成似乎是"他人"中的一员，我们才能对自己加以批评，进而改变自己的行为。斯密写道，自我具有逃避性，并不会自然审视自己。

---

① 编辑导言，第40页，着重号为我所加。

只有在追求他人的赞同一些时日后,才会对无根据的赞同心生反感,改为追求"值得赞扬"而非赞扬本身(110—112)。然而,要想明白是否值得称赞,必须将原来评判别人的倾向转向自身,必须培养"良心",而这极为不易。"当我们即将行动时,激情往往急切到不容许我们像某个中立之人那样坦率公正地考虑自己将要干的事情",斯密写道,而当我们已经做完某事后,经常"企图努力重新激起那些……曾经误导过我们[最初行为]的不当激情"(157—158)。在任何一种情形下,我们都无法诚实地评判自己的动机:"认为自己品行恶劣是如此令人不快,以至于我们常常故意不去正视可能导致于己不利的评判的那些情况。"斯密将诚实地审视自己与给自己做手术加以对照:我们不愿"揭开自我欺骗这层神秘面纱",就像不愿割开自己的身体一样。自我欺骗是"人类的顽疾",也是"人类生活一半混乱的源泉"。

除了巴特勒主教铿锵有力的两个布道外(斯密或许有所参考),18世纪的道德哲学就再没有关于自我欺骗的深入研究了。但是,如果自我欺骗是人类一半恶行的根源,并且如此极为难以克服,那么道德哲学家(或任何其他人)怎样才能从道德上改变人们,让他们认识到自己的行为是错误的?最终,如果真要人们发生改变,就必须让他们自觉意识到这一点,他们才会抵制这种错误。人们通常会"拒绝面对"任何哲学家指出的他们的错误行为,也"总会再次激发"哲学家要求他们摒弃的那些激情。至少,这就意味着要想成为一名成功的道德批评家,就需要做到间接表达批评,或许最好能用让人们自己意识到错误的方式来描述他们的行为,其中并不夹杂任何道德判断。如果你想要指出我做错的地方,[52]但同时认为我会将你的任何道德批评看成是对我的敌意行为,或是无法理解我的感受的表现,那么你可能就会尽量避免对我的行为进行任何直接的道德评判,而是只会通过用真实但是充满想象的细节,简单描述我的行为会对受害者造成的影响,以唤起我自己的道

德判断。基于斯密对自我欺骗的论述，就会需要各种间接话语，①
包括明显去道德的话语，以触发他人从道德的角度看待他们自己。
这就为斯密撰写去道德化的政治文本提供了道德角度的解释。只
是陈述"事实"，而不妄加判断，或许常常是打开人们的心灵，形成
自己判断的最好方法。在某种程度上，《国富论》是间接伦理学，是
那种能够真正成功改变读者的伦理教义的一种胜利，因为《国富
论》明确避开了伦理术语。

    我想讨论的斯密道德伦理思想的第二个特点是斯密为"道
德"所下的定义。我认为，斯密整个道德研究方法的基石理念
是，在我们通常对"道德的"使用中，道德判断就是无偏私旁观者
会赞同的判断。斯密研究方法的一个特点是试图从常识中得出
哲学定义，在《道德情操论》中，斯密一次次地引用"我们认为"
"我们钦佩""我们赞同"作为自己观点的证据（如 TMS 17，24，
62，178，323）；尤其，斯密用这种方法论证"我们"不会赞同哈奇
森将道德定义为仁慈（304）。斯密关于为什么德性并不等同审
慎或社会效用的论证，最好理解为基于下述观点，即我们所说的
"道德的"，通常情况下，并不是指符合行动者的私利或社会效
用；道德语言并不等同于审慎的或效用的语言。而当我们说某事
在道德上是正确的，我们是在说这是无偏私旁观者会赞成的行
为。这种关于道德定义的论述与斯密关于无偏私旁观者起源的
论述非常吻合。我们通过内化真实旁观者对我们自己行为的反
应，并同时纠正他们的错误信息（116）和偏见（129，135），建构自
己内心的旁观者。真正有德性的人"并不根据［他人］实际认为
他应该采取的行为行事，而是根据他人在知晓全部情况后认为他
应该采取的行为行事"（TMS 116）。因而，道德并不是社会的判

---

① 再一次，正如克尔凯郭尔所说：*Concluding Unscientific Postscript*，68—74，246—
  247，320—322。SL 77，哈孔森在斯密和克尔凯郭尔之间做了有趣的对比。

断,而是剔除各种偏向后形成的判断。

基于这一点,斯密关于道德的定义,意味着我们所处的社会所谓的"正确"和"错误",要成为事实上的正误判断标准,必须满足下述条件:社会成员(a)具备足够的信息做出合宜的判断,(b)不受激情或自我利益的蒙蔽。无偏私旁观者是我们社会的道德判断模式的一种延伸或理想化。正如许多斯密道德哲学批评家所指出的,这一立场的弊端在于很容易就会转向相对主义,危险地将德性近乎等同于每个社会持有的道德。[53]尽管内心的理想旁观者规避了因为信息失误和激情造成的错误,但仍只是外在真实旁观者的延伸。尤其,内心的理想旁观者与真实的旁观者采用的是相同的评判标准。斯密道德哲学的批评家指出,如果一个社会的道德标准(基本道德情感)自身从根本上就是败坏的(比如对于非洲人或犹太人的憎恶,与道德情感混为一谈,导致社会对于这些人的判断也在整体上出现了偏差),每个个体内心的无偏私旁观者会接受这种败坏,而不是对此加以矫正。不得不承认,无法对社会标准本身进行批判正是斯密道德理论的重大弊端。① 然而,这同时也正是斯密道德理论的重大优势之一。因为,相比起人们假定的"更高级""更深刻"的哲学观点,即人们可以据以规定是非却毫不顾及邻人说法的那些观点,在整体上规定我们行为对错的社会是非标准更符合现实道德判断的现象学表现。这里我们并不是要讨论道德相对主义的利弊,但这一观点尽管受到哲学家的嘲讽,却获得人类学家广泛认同的一个原因就是,几乎任何社会的任何个人,事实上都在直接的"本能"层面上受到其所处社会道德态度的影响,即便

---

① 斯密有时放弃了下述类康德的思想,即对每个人平等价值的关注是所有道德情感的基础(TMS 90, 107, 137。参见 Stephen Darwall, "Sympathetic Liberalism: Recent Work on Adam Smith," *Philosophy and Public Affairs*, 1999, pp. 153—154)。这一观点,如果可以被证实,就可以为如何解释无偏私旁观者纠正地方性偏见、保持普遍主义的愿景提供一个思路。然而,斯密几乎并未对此进行论证。

他(她)宣称自己信奉某种以哲学为基础的道德准则,甚至他(她)在某些时候还用哲学思辨压制自己的本能认同。无论一个美国人如何"开化",直到最近都并不会觉得同性恋在道德上是可以接受的;而今天几乎任何属于"开化"群体的人,都不会觉得同性恋在道德上是错误的,即便他们的宗教或政治立场有可能得出相反结论。因而,斯密将道德观点与社会态度结合,抓住了道德中的深层直觉,同时斯密坚持认为社会观点中的错误信息和偏见需要得到纠正,这为批判地看待社会态度而不仅仅是保守认同提供了一定的空间,尽管这空间或许还不够大。让内在的无偏私旁观者成为我们道德判断的仲裁者,使得斯密能够忠实于"道德"在日常语言中的意义。

但是,斯密将合宜的道德判断与日常生活中人们实际的对错判断如此拉近,这一事实意味着我们无法期待斯密会就社会的实践提出外在的或超验的批判。这里我们再次看到,当批判不可少时,斯密更偏好对日常生活进行内在批判。如果每个人的道德标准深受所处社会的形塑,那么一个问题是,斯密会认为,谁会根据完全不同于其所在社会教导他的道德标准提出对这个社会的批判?另一个问题是,斯密或任何一个未来的道德批评家,如何才能让其所处的社会听从他们的言论,如果他仅仅抛弃了社会标准,而没有展示无偏私旁观者将会如何使用自己的标准谴责这个或那个具体行为或制度?

[54]我们从斯密的道德思想理念着手,找到了两个理由,说明斯密为什么在《国富论》中采用了最为去道德化的话语模式,甚至当他想要批判自己身处的社会制度时也不例外。根据斯密自己的逻辑,除非使用所处社会自身道德话语的评判标准,否则他无法真正在道德上具有说服力。斯密并不认为通过直接的攻击,就能够改变发端于不道德欲望的做法以及关于这些欲望的自欺行为。因而,斯密整体上试图通过简单陈述相关事实,揭露诸

如奴隶制或对穷苦劳动者的压迫这些做法的罪恶（比如描绘劳动人民的生活，以揭示其所处的困境和非人的待遇），让读者得出自己的道德结论。间或，斯密会从效用的立场，展示某些制度的错误所在（奴隶制的低效），而并不强调其内在的罪恶。偶尔，斯密才会允许自己直抒胸臆，进行道德臧否，但这样的情形相对较少。

当然，《国富论》之所以整体上采用去道德化的话语模式，还有一些更简单的解释。其中之一是道德问题通常与书中的话题并不相关。[1] 价格要素、自然价格和市场价格的关系并不关涉道德问题——尽管即使在这些问题上，曾经还是有"公平价格"这一传统的讨论热点，但是斯密刻意保持了缄默。另一种可能性是，斯密调整了自己的言辞以适应《国富论》中他想象的读者群。斯密认为能够真正改变这些机制的人是政治家以及能对政治家施加影响的商人，而这些人一般都是老于世故的现实主义者，他们并不喜欢道德说教（他们认为自己是"实干家"），因而斯密并没有对经济关系中的道德方面进行广泛的探究，相反强调了长子继承权、限嗣继承、奴隶制等的低下效率。正如马勒已经指出的（参见 §2），斯密总是有很强的读者意识，调整自己的信息表达方式以适应读者的偏好，而《国富论》的读者不可能会对道德说教有好感。

最终，正如我所言，斯密确实在《国富论》的描述性叙述中，掺杂了为数不少的规范性论述。显而易见，斯密并不认为社会科学需要在事实和价值间做出泾渭分明的区分。我把这看成是我所谓的斯密式常识方法的一个标志。这是我们常识的一部分，我们理解世界正常方式的一部分，即在事实性描述和道德判断之间顺畅切换。在大多数人们日常不加反思的观点看来，描述一个非常

---

① "亚当·斯密问题"的标准答案，参见 TMS 编辑的引言，20—21。

不义的情景却没有多少指出其不义将是一种糟糕的描述,就像没搞清事实就做出道德判断通常会被认为在描述上和道德上都存在不足。严格的实证主义者(受到斯密朋友休谟的影响)要求我们在社会科学中,将我们自己从相关事务的日常观点中剥离出来,将这种观点搁置,以便实现所谓更高的"客观剥离",而这正是斯密拒绝做的。我认为斯密在这一点上是正确的:不管在自然科学中情形如何,想要在社会科学中做到完全的"客观剥离",就会要求科学家在对人类做出反应(或是假装做出反应)时,好似并非其中一员一样。即便从科学角度看,这两点都不仅几乎完全不可能(被压制的价值观无论怎样都会渗透进去),而且其作用也完全值得怀疑。[55]如果我们假装自己并非人类一员,难道我们真的能够将人类看得更为清晰吗?如果我们在探究其他人类时,剥离那些能够让我们理解他人所作所为的感觉机能,如同情共感、互相分享情感、兴趣、观点的能力——狄尔泰所谓的"了悟"(Verstehen)以及伽达默尔所称的"视野融合"(fusion of horizons)——以至于丧失了人的特性,难道不正像为了看得更清楚而摘除眼球一样吗?

12   对资本主义的道德评价?

现在简要讨论下斯密赞成我们所谓的"资本主义"经济体系(斯密称为"商业社会")的原因。斯密的赞同似乎基于四个主要原因:

(1)自由市场的扩张会降低食物以及人类其他基本必需品的价格,进而提高境况最糟糕人群的生活水平。(WN 96)

(2)国际自由贸易增进和平以及不同民族间的友好关系:"商业……自然应该像个人间那样,成为各国团结和友谊

的纽带。"(WN 493)

（3）商业经济要求也有利于法治以及工人间互相依赖程度的降低："商业和制造业逐渐引入了秩序和良好的政府管理，以及与此同时，也为这一国家的居民带来了个人自由和安全。这些居民过去几乎一直生活在与邻人不断的战争以及对上级的奴性依赖中。这……是带来的所有结果中最为重要的。"(WN 412;还可参见 LJ 332—333,486—487)

（4）参与市场交换有助于培养自立和自治等德性，而这些德性总体上对于良好品格的发展至关要紧。(LJ 333)

当我最早计划撰写这本书时，我希望能够展示斯密赞成自由商业经济的主要原因是（4）。我计划论证，斯密认为，现代社会经济世界的去个人化，能够训练我们"令人敬畏的德性"(awful virtues)(TMS 23,63)，正是通过这些德性，我们控制自己的欲望和情感。我可能并不热爱屠夫和面包师，甚至对他们毫无情感可言，但是为了从他们身上获得我想要的，我必须至少控制自己的自我中心倾向，直到我能够表现出大致理解他们的需求，并愿意帮助他们满足这些需求。如果斯密提出的这个唯有通过他人才能触及自我的悖谬方法在发挥作用的话，我们有理由相信，通过迫使自己在他人面前降低要求，可以更恰当、更平衡地认识自己的价值和应得。我需要诉诸屠夫的自爱这一事实，就有助于我达到自制。[56]而在我寻找工作时，就更需要控制自己的激情。因而，通过要求我们诉诸他人的自利，市场可以替代战争，成为自我控制的现代训练场。这个论点特别吸引人，因为这里存在一个绝妙的讽刺，即一直以来人们眼中斯密的一个道德缺陷变成了一个优点。

我现在仍然认为，在斯密的所有著作中都可以找到这类论证。在《法理学讲义》中，斯密明确表明，商业的发展有助于培养正直这样的德性（LJ 333,528,538），在《国富论》中，斯密也暗示，我们的某些尊严，源于我们愿意不依赖他人的仁慈过活。① 但是，如果把这一观点推向极致，就不免有些夸大其词了。斯密自己将商业有助于引入"秩序和善治"，并因而有助于自由和独立这一点，看成是市场"最为重要的"效果。这是自由市场产生的政治而非道德影响，而且整本《国富论》首要关注的是政治状况而非道德况状。对斯密而言，"独立"确实与自制存在某种联系，但是两者并不完全等同。前者是政治况状，使得后者这种道德状况成为可能。但是，即便实现了独立，许多人也没有培养出相应的道德德性。不仅如此，而且斯密对商业社会的道德优势持矛盾态度。众所周知，斯密在第五篇谴责了劳动分工带来的道德成本；第二篇的某处谈及用商业社会替代封建主义意味着"大度或慷慨的精神"让位给了"斤斤计较……低贱和自私的性情"（349）。格里斯沃尔德认为，斯密对现代性的态度始终是矛盾的（AVE 20,24—26），我认为至少在商业价值问题上，格里斯沃尔德的观点完全正确。

尽管一些段落将自由和安全描述为商业社会带来的最重要影响，但《国富论》的其他地方似乎认为（1）、（2）、（3）也同等重要，说明了商业对于国家财富增长的贡献，尤其在许多地方提及了改善最贫穷人口的生活水平这一点，而且斯密对重商主义者的批评较多集中在他们将国家拖入战争这一点，他对此深信不疑（参见下文§60）。商业与财富的关系可以被认为是整本著作的核心观点，如果我们认为这本书有核心观点的话。

因而，我不想评判这前三个理由中哪个是斯密赞同资本主义的主要理由，但是，我认为显而易见，所有这三个都比第四个理由即直接的道德理由更重要。自由商业的三个政治优势有利于道德上善的生活（一个人如果处于忍饥挨饿、冲锋陷阵或失去自由的状

_____

① 参见下文§22以及《第三种自由》，154—156,170。

态，很难或几乎不可能培养良好的道德品格），但是它们并无法直
接使任何社会个体变成道德上善的，也无法（没有任何其他东西）
能使社会作为一个整体变成道德上善的。斯密写道，我们最初对
社会整体的福祉并不感兴趣，而只对社会中个体的福祉感兴趣：
"[57]我们对大多数人的关注，由我们对组成这一群体的不同个体
的具体关注叠加而成"（TMS 89—90）。整个社会无所谓善还是
恶：道德评价适用于个体，个体拥有情感和动机，而不适用于个体
的集合。但是，社会或多或少有能力使其中的个体过上体面生活，
正是社会的这一道德功能，而非其将消费品增至最大的能力，才是
最令斯密着迷的。由此，我们从另一个方面再次看到，斯密并非功
利主义者：将去道德化的快乐最大化并分配给最大多数人，并不是
斯密关注的焦点。好的社会之所以是好社会，就在于其为人们提
供了自由以及满足了基本需求。"在只有个人自由的处境中"
（TMS 150），人们会发觉几乎任何快乐都值得拥有，而一个管理有
序的社会相比管理混乱的生活，其优势在于让人们"住得更好……
穿得更好……吃得更好"（TMS 186）。商业能自然而然带来自由，
并提高最底层人们的居住、衣着和物质生活水平。有了这些基本
善就足以过上体面的生活，也就足以使得商业社会值得我们为之
努力并将其维持。

第二部分 人 性

第四章　概　述

13　哲学与人性论

[61]每一位政治哲学家或道德哲学家都有自己关于人性的理论，这些理论通常会得到相当有深度的阐述，如柏拉图《理想国》(Republic)中关于三重灵魂的讨论、康德通过长篇论述就我们的"人性"与"理性"所做的对比。① 有哲学家会认为，人类在本质上是理性的，而也有哲学家指出，人类究其根本是感性的；有的会认为人类与其他动物非常相似，也有的认为他们迥然相异；有些哲学家寻求与上帝合二为一以获得另一种愉悦以及第三种自由。对每位哲学家而言，人性论为道德期望设置了上限——我们无法期望人们完成他们无法办到的事——也有助于设立道德和政治目标。如果人们真正追求的是自由或哲学启蒙，那么把物质快乐最大化作为国家的目的就毫无意义；如果人们仅能对物质快乐感兴趣，那么将自由和启蒙作为国家的中心目标同样荒谬。

因而，人性论在道德和政治理论中占有重要的位置。但是，在

---

① 参见《单纯理性限度内的宗教》，以及《实践理性批判》第一卷第一部分第三章。

上文所引述的例子中，人性论是关于人类本质的理论。当我们寻求人类的"本性"时，我们寻求的是表面的各种光怪陆离下，人类"真正"想要的东西。我们要问的是"什么才能满足我们心底最深的渴望"，而这对我们中的绝大多数而言，或许答案并不清楚。我们的天性（与我们自己这种或那种偶然特征相对）会导致我们具有怎样的欲望和追求呢？这些问题并非纯粹的经验问题；它们也是规范性问题，是关于人类应该是怎样的和实际是怎样的问题。

我们也许会认为关于人性的科学理论不应该是这样的。像亚当·斯密这样的社会科学家，在《国富论》这样的著作中，应该对人类实际是怎样作出纯经验的说明，避免规范性概念。毫无疑问，要想对人类实际是怎样作出科学说明，只需研究历史证据，或是开展心理学和社会学研究，无需引入哲学家所喜欢的各类道德范畴。我们可以诉诸数据调查，或开展对照实验，或根据生物学家的研究作出推理，或只是从个人经历或历史中获得一些观察，但是，无论在哪种情况下，我们都希望对人类实际是怎样的说明能反映某些经验数据，仅此而已。

[62]但是，要将社会科学家与道德哲学家区分开来并不容易。首先，正如我们在第一篇中提及的，研究社会就是研究一个体系，这一体系的每一部分都有自己的"行动原则"，每一部分都是自由的。社会科学家在研究工作中必须将这种自由考虑在内：总是可能存在下述情况，即那些问卷回答者、实验参与者或日常生活中的观察对象，可能会欺骗自己或有意不向科学家展示真实的自己。社会科学研究的对象不同于天文学或物理学的研究对象。我们无需担忧一颗行星会故意错误地展示自己，或它对科学家的想法也许会影响科学家对它的想法。正是这一差异决定了两种科学不同的证据处理方式。由于社会科学家需要考虑蒙骗和自我蒙骗，因而支持其人性观的任何证据必须根据某个有关人类言行的最佳解释理论进行筛选。然而，即使仅仅只是为了确定人类何时有可能

会错误呈现自己这一问题而言,这种解读理论又反过来取决于某种关于人性的阐述。这就是所谓的"诠释学循环"(hermeneutic circle)中的一种,其在社会科学中的重要性,在近些年已经被汉斯-格奥尔格·伽达默尔(Hans-Georg Gadamer)和查尔斯·泰勒(Charles Taylor)等学者不断强调。①

　　第二,即便是在社会科学领域,我们也希望我们的人性观可以告诉我们人类能够做什么,而不仅仅只是他们实际做了什么。当然也有可能(或许很有可能),只有为数不多的人能够实现本来每个人都能够实现的。经过合适的训练并具备合宜的社会条件,每个人也许都能成为苏格拉底或甘地。如果真是这样,我们应当将每个人都成为那样的人作为目标——然而,几百年来,我们都一直接受不利于人生繁胜的糟糕状况。毫无疑问,我们忍受这些状况的原因之一是,我们中的绝大数并没有想要成为苏格拉底或甘地。但是,有没有可能是因为我们都错误地相信我们永远无法成为他们那样的人呢?甚至当人们说"不,即便我能成为苏格拉底或甘地,我也不想要"时,我们也不能确定他们这么说是不是真的。这也许是他们的一种自我欺骗,他们并不清楚,自己如果掌握更多的知识、对自己了解更透彻、持有更好的哲学理念等等,他们会想要什么或下意识地会想要什么。我们所有人也许都会因为教育程度不够,或自甘堕落,抑或其他一些原因使我们并不清楚自己真正想要什么和能够做到什么。如果真是这样,我们的自我陈述就并不能代表人性的真实情况。当然,我们的自我陈述也许相当可靠,我们或许有充分的理由相信,我们确实不想成为苏格拉底或甘地。但是,我们这个充分的理由以同义反复的方式源于某个人性论,后者通过人类事实上做了什么和没做什么来界定

---

① Taylor,"Interpretation and the Sciences of Man," *Philosophy and the Human Sciences* (Cambridge: Cambridge University Press, 1985).

人类能或不能做什么。我们也不希望,仅仅通过假定人们只可能拥有自己明确宣称的志向,将拥有艰难远大的志向这种可能性排除在人性图景之外。

　　尽管关于人性的论述应该经得住关于人类行为经验数据的检测,[63]但是在解释这些数据时应抱持一定的猜疑,考虑到人们对自身产生不同理解时可能会追求和实现什么。斯密的人性论,跟他的老师哈奇森一样,遵循这个模式。哈奇森引领着读者经过一系列想象,证明了我们并不像霍布斯和曼德维尔所宣称的那样是纯粹自利的物种。在《关于美和德性概念起源的探究》(*Inquiry into the Original of Our Ideas of Beauty and Virtue*)一书中,哈奇森要求读者思考下述事实:即使他们自己是一些历史英雄人物的敌对方或是从这些人物的牺牲中获利的人的后裔,他们仍会倾向于同情这些英雄人物(OV, I. iii)。通过这种想象,哈奇森希望向每位读者可信地证明,他/她能够超脱私心,对德性心怀景仰:"对道德善恶的认知……不同于那些对自然利益或好处的理解,每个人都必须说服自己,想一想这些事发生在自己身上,自己会有何种不同反应"(同上,I. i)。哈奇森暗示,这种内省式的发现能够被用来解读历史人物的行为动机,这些历史人物(我们自己也一样)的行为动机既有自利的一面也有仁慈的一面。同样地,斯密也运用内省法证明,我们会将自己的情感调低到他人能够同情共感的层面(TMS 21—2),以及我们最终追求的是值得赞扬而不是仅仅被赞扬(114)。正如我们所知,斯密还认为我们只有通过想象自己处于他人的情境中会有的感受,才能更好地做到与他人同情共感,这就要求我们不能局限于聆听他人关于他们自己感受的陈述,或是观察他们外在的行为表现。运用这种内省和想象代入的方式解读人们的行为动机,为斯密提供了一种判断标准(完全有别于关于人性的纯粹行为证据),使得斯密能够对某些所谓毫无私心的行为抱有怀疑,还使他能够提出，某些行为者其实比他们表面的样子更能够做出毫无私心的行为。因而，斯密在《国富论》的某个著名章节中，既告诉我们，商人声称他们在为公共利益进行贸易是一种"矫情"；但又告诉我们，立法机关的审议可以好于他们通常的样子，着眼于"公共利益"（WN 456，472）。因而，相似地，斯密还告诉我们，"绝大多数人"通过增加自己的物质财富来改善自身境况；但同时也暗示（在《道德情操论》最终版中明确阐述）还存在另一种"改善自身境况"，一种道德上的改善，与物质利益无涉的对自己品格的提高（WN 341；TMS 62）。斯密并不认同当代经济学后辈对"明示偏好"（expressed preference）的偏重。对斯密而言，人性总是包含着人们有志于怎样的那一面，而绝不仅仅只是人们碰巧具有的欲望。

关于方法论的最后一点。斯密并不想要将自己的人性观完全基于经验数据，这[64]就使他摆脱了历史决定主义，或像行为主义和理性选择理论那样的实证主义变体（在斯密所处时代之后，这几乎成为了社会科学的通病）。斯密对不同时代人类生活方式的差异非常敏感，事实上，他一直被认为是"历史发展四阶段论"的重要理论来源。"历史发展四阶段论"认为随着人类从狩猎到畜牧再到农业，最后到商业这四个阶段经济基础的发展，人类的风俗、道德、法律以及其他各种社会制度都发生了变化。① 在《道德情操论》（第二卷）的一章中，斯密还就道德方面的文化差异展开了非常敏锐的论述；斯密的法理学也着重强调了社会、文化对我们的预期所产生的影响。然而，斯密认为某些基本的人类动机结构适用于所有时代和国家。我认为这正是斯密理论的长处，绝非弊端，因为这反映了一个事实，即如果不是放在某些基本相同点的大背景之下，我们无法识别人类在不同文化、历史阶段存在的差异。通过勾勒

---

① Ronald Meek, *Smith, Marx, and After* (London: Chapman & Hall, 1977), chap. 2.

出关于人类动机和抱负的整体框架，斯密区别了哪些社会状况违背了我们的自然天性，哪些则符合我们的自然天性。斯密采取的立场，使他可以将某些社会活动视为对人性的压迫、欺瞒或是挫败。而某些做法是对人性的压迫或挫败这一事实，即便我们只是想要以"局内人"的视角观察其成员如何体验一种文化，也是必须要了解的。因而，对人性超历史的阐述相比相对主义的教条式说教（即人们总是看重他们的社会教导他们看重的东西），能够让我们对历史本身拥有更为敏锐的理解。

我认为斯密赞同人的基本一致性这一点具有方法论作用。如果真是如此，斯密就是在依赖于对休谟深刻但却错误的认识。

> 你能理解希腊人和罗马人的情感、倾向以及人生轨迹吗？认真研究法国人和英国人的脾气和行为；如果把关于后者的绝大多数观察转移到前者，应该并不会有多大问题。无论处于什么时代什么地方，人类都非常相似，而历史也无法提供多少新鲜或奇特的信息。历史的主要用途也只是让我们找到人类天性中亘古不变的普遍原则。（E VIII. i. 65；83）

这段话，经常被广泛地误解成对文化差异的否认。原文用着重号强调的"绝大多数"常常被忽略，一起被忽视的还有休谟在下文几页向我们提出的许多告诫，如不要对人类的一致性抱过大期望，以至于抹杀了所有"个性、偏见、观点"的差异（85）；而且人们实际上没看到，休谟明确表示，这里谈的是方法论原则而非事实陈述。这段话所在章节论述的观点是，因果规律对我们解读他人的行为而言是必不可少的。事实上，我们总是也必须将人类动机理解为具有超越时空的基本一致性，因为只有这样来解读历史记录——区别哪些记录可能是准确的，而哪些是具有欺骗性的（84）——并"收集关于人类的一般观察和思考"，[65]我们才能够对人类生活的未来做出预判（85；还参见 90）。休谟指出，我们全都"很乐意并普遍……承认"人类行为存在某种程度的一致性。我们之所以这么认为，部分原因是基于这一认识得出的一般观察构成了"理解人性的线索"（84—85）：一致性原则这里显然是收集证据的假设前提，而非从这些证据中得出的结论。这就与当代哲学家唐纳德·戴维森（Donald Davidson）的善意原则非常类似：两者都首先是不可或缺的经验法则，用以判断那些所谓的人类行为证据。①

当斯密宣称所有人类都能在"宁静和享乐"的平衡中找到幸福（TMS 149），或人类都是焦躁不安的生物，在从摇篮到坟墓的过程中无时无刻不在寻求改善自己的处境时（WN 341），我相信斯密也同样假定了基本一致性，也正是以此为背景来解读和解释明显背离这种一致性的历史例外。检验这一假定的方法，就在于（比如）斯密能在何种程度上，借此解释农牧社会慷慨大度的特征，或将幸福等同于安宁的斯多亚原则的有限吸引力。如果我们认为，斯密的解释有道理，那么斯密对于人类一致性的假定也就在某种程度上得到了证实。如果他的解释站不住脚，那么我们就有理由质疑斯密的方法论。事情本来就应该如此：经验证据可以帮助证实或是驳斥方法论原则，即便这些原则也同时被用于阐释这些证据。这里构成了一个循环，但并不是一个恶性循环，而斯密也不会想要（也不应该想要）仅凭先验的观点来解决是否存在某些跨时空的基本人性的争论。

我们或许已经注意到了，在我们讨论的这段话中，休谟主要关注的是摒弃对人类事件的奇迹化解释。历史学要想成立或政治要想成为一门科学（E 90），人性必须像其他自然事件一样遵循相同的因果规律，而这意味着我们必定能够在人类的经验中找到某种一致性。任何其他的设想都相当于宣称，每个人类行为是一个奇

---

① Donald Davidson, *Inquiries into Truth and Interpretation* (Oxford: Oxford University Press, 1984).

迹,一种超自然的而非自然的事件,将解释人类行为的任务留给了
信仰。如果人类行为真的如假想的上帝运作原理一样神秘,我们
就无法理性判断关于人类行为的各种陈述是否合理;人们就只有
凭借信仰本身判断是相信这一种而非另一种关于人类行为的陈
述,接受一个人行为背后是这一种而非另一种动机。这一观点带
来的一个重要具体结果就是,休谟(基于科学理由)拒绝承认,人类
曾经或将会比他们现在更利他;也不承认在任何其他情境下(也许
是史前的"黄金岁月")他们曾经在劳动力和财产纯粹公有的社会
中繁荣昌盛。跟他之前的普芬道夫①一样,休谟拒绝相信人类曾
经与现在的样子有很大的区别,也不相信人类可以没有私人财产。
人们想象建构的或旅行者声称遇到过的乌托邦,[66]在那里"人
们……完全摆脱了贪婪、野心或报复;满心只有友谊、慷慨和公共
精神"(84),被人类一致性原则证明无非是谎言。斯密赞同休谟关
于乌托邦以及公共精神的有限性的观点,并因此赞成其有关私人
财产的必要性的观点。

14 斯密的人性图景

将方法论问题先搁置一边,现在我们勾勒一下斯密关于人性
的主要观点。

首先,斯密认为人们受到自爱和仁慈的双重激励,他们也能够
用多种不同的方式控制自己的情感,并通过想象投射,即斯密所谓
的"同情共感",感受他人的情感。那些能够让我们克制自己情感
完全流露的德性能够激发敬畏和尊敬(这些就是"令人敬畏的德
性"),而那些鼓励我们向他人流露的同情或友好的德性是"可亲

---

① 普芬道夫牵强附会地对莫尔和坎佩拉的乌托邦进行评论:"我认为……完美的人更
多存在于想象中,而非现实世界。"(LNN IV. iv. 7;541)

的"、人道的德性(TMS 23)。通过这两类德性,我们变得既社会化,同时又享有自由:我们获得个人的自我意识,以及随后做出道德判断的能力,即便当我们发现我们的欲望和计划是在迎合社会需求时也一样。而对这两种德性起到引领作用的是审慎这种理智德性,凭借它,我们可以对行动方式做出良好的判断,这是斯密对亚里士多德所谓"实践智慧"(phronesis)的翻译。很难严格地说审慎到底是自利的还是利他的德性:在"更高"层面上,审慎包含了仁慈的行为,而就其本身而言,它确实是理智而非情感的一个特征。

斯密认为自爱和仁慈都有各种不同的程度。我们都有道德上的义务,对自己怀有足够的自爱以便能够照顾好自己的生活和健康。比这更多一些的自爱在道德上也是可以接受的,但是极端的自爱,尤其是那种会导致违反正义义务或仁慈纽带的自爱,是无偏私旁观者谴责的对象,也是我们通常试图抑制或摒弃的对象。自爱也可体现为对自己物质利益和社会地位的关切,或是对自己道德水准发展的关切。只有第一种关切才可能与德性构成冲突:道德上值得自我赞许是"每个人都应该关注的""首要对象","对此关切即是对德性的热爱"(TMS 117)。① 这后一层面的自爱甚至会导致自我牺牲,如一个人为了将他人救出火海而牺牲自己的生命,因而这种德性上的自爱与物质上的自爱无疑有着天壤之别。如果不是斯密指出,导致我们在物质上自爱的欲望结构通常也会导致德性上的自爱,人们也许会说,将"自爱"同时用于这两种情况是把它当成了一个同形异义词(TMS 113—117)。

这些不同程度和形式的仁慈具有同等重要性。[67]与斯密同

---

① 汉利(Ryan Hanley)就斯密著作中自爱的不同类别展开了深入的研究,参见"Magnanimity and Modernity: Self-Love in the Scottish Enlightenment," Ph. D. dissertation, University of Chicago, June 2002。

时代的许多思想家一样,其中包括斯密的老师哈奇森,斯密追随斯多亚主义,相信仁慈会随着每个个体社交半径的逐步扩大而逐渐减弱。因而,我们对自己的家庭成员怀有最强烈的爱和关注,对我们经常碰面的朋友和邻居则在某种程度上弱一些,而对整个国家就要更弱很多了,至于"浩渺的宇宙"(即全部"无辜的可感的存在"的幸福)那就是最弱的了,但并非完全无足轻重。斯密将这种随着交往半径的扩大,对距离越来越远的可感的存在的关注不断减弱,看成是有其正面作用的自然事实。我们的仁慈会随着我们对需要获得帮助的人了解越少(因而也将对什么能帮助到他们了解越少),随着我们帮助他们的能力减弱而递减。我们的仁慈随着我们能够做的"好事的效果"的递减成比例地减弱(235)。我们认为具备一定的普世仁慈是重要的:它使得宗教经验成为可能,因为只有对"浩渺的宇宙"怀有一定程度的关注,我们才能信仰普世的上帝,而且它使我们能够克服国家间的仇恨,超越国际交往过程中引发战争和不公的爱国之情。[①] 但是,我们觉得这种普世的仁慈要比爱国之情弱很多,爱国之情通常总能战胜对世界的爱,而政治家想要说服任何人接受他的方针政策就必须考虑到这些。这也是《国富论》的作者,他将自由贸易看成既对所有国家,也对每个国家个体有利,必须时刻牢记的一点。而我们更应该牢记,对理解斯密的论断也颇为要紧的是,即便爱国之情("公共热情"或是"对公共利益的关注":WN 852,456),相比对于家人和邻人的爱,也还是要弱得多。正如下文将会更为详细论述的(§23),斯密之所以认为经济主体最主要受自利动机驱动,并不是因为他认为绝大多数人不具备仁慈之心,而是因为,他认为我们对不相识的他人的广泛仁慈

---

① 最近关于这一主题最重要的文献是 *For Love of Country*,eds. M. Nussbaum and J. Cohen(Boston:Beacon Press,1996)。还可参见 Nussbaum,*The Cosmopolitan Tradition* (New Haven:Yale University Press,待出版)。

（包括整个国家或所有与我们从事买卖生意的人）过于虚弱，通常并不足以推动经济交往的发生。

　　我们随后还将讨论反对意见，即认为将人类动机看成是介于自利和仁慈之间的看法过于简单和狭隘，还有许多其他动机被忽视了。现在我们应该注意到的是，事实上，自利到仁慈这个光谱，并非是斯密定位人类情感的唯一参照。他认为人们可以自发地因为他们自己或因为他人而感到愤恨，而这种愤恨尽管经过恰切的引导可以成为正义的基础，也会使人们做出损人损己的事，比如，死于一场毫无意义的世仇决斗。斯密还指出，勇气既能够激发高贵的行为，也能导致不人道和不审慎的举动（TMS 153，239—240，252—253）。于是，人们所感受到的对各种宗教的敬畏或激情，同样既可以对其他道德承诺起到补充作用，[68]也能脱离道德约束，激发危险的狂热计划（155—156，176—177）。在《道德情操论》中，斯密详细讨论了所有这些不同种类的情感，而在《国富论》中，出于各种原因，斯密并没有给予这一主题多少篇幅，但即便是在《国富论》中，斯密还是提及了自我毁灭的（当然不是仁慈的）"人类骄傲使得他们总想压人一头"，以及人类对于"华而不实的东西"的热爱使得他们偏离了对物质和社会自我利益的追求（418—421），以及宗教狂热主义的力量（795—796）。

　　现在，我们从推动我们行动的情感过渡到我们所追求的目标：幸福。对斯密而言，幸福在于宁静和享乐的平衡（更多的强调宁静），还有实现德性，以及意识到，对于达至宁静至关重要的人类生活的各种"永久处境"，它们之间并不存在多大区别。幸福首先取决于我们对自己心灵的控制；外在的东西是次要的。斯密反问道："还有什么能够增加一位身体健康、没有任何债务、良心无愧的人的幸福吗？"对这样的人而言，"财产的增加可以被看成完全是多余的"（TMS 45）。斯密在某章节还阐述了一个心理学理论，根据这个理论，只要我们有机会调整自己去面对痛苦的根源，即便是经历了最大的痛苦，我们仍能找回宁静(148)。在这一语境下，斯密认为，斯多亚的生命观"几乎完全正确"，并阐述说"人类生活中的悲惨和混乱，很大一部分来源于高估了一种永久处境与另一种永久处境之间的差异"(149)。一些处境确实比另一些更值得人们青睐（不想摆脱囚禁或赤贫状态肯定是愚蠢的），但人们将过多的精力花在了试图离开一种处境、进入另一种处境，将过多的激情和时间花费在渴望自己处境能够获得某些不容易实现的提高上，却并没有意识到"在人类所有平常的处境中，有修为的心灵都能做到同样的镇定、同样的高兴、同样的满足"(149)。追求物质财富的增加、社会地位的提高几乎总是会削减我们真正的幸福，而不是有所助益。我们确实需要一些物质财富，如首先最为重要的食物、衣服和居所，以及更为笼统地说就是那些能使我们"保持健康、免于债务"的物质，但是，这些都是相对而言容易获取的："收入最为菲薄的工人工资就能够满足"(50)。对幸福而言，最重要的外在条件是非物质的，如当之无愧地享有朋友的爱和钦佩。"人类幸福最主要来源于意识到自己是被爱的"，斯密写道(41)，所有人都能感受到友谊对于幸福而言的重要性，而爱"抚慰并安定心灵，似乎有助于生命运动，并且促进人体的健康"(39)。斯密在下文补充说"一位具备真正定力和坚强意志的人"能够满足于他的自我评价，只要他知道他人对自己的谴责是错误的。但是，尽管在原则上对幸福而言，只要做到"值得赞扬"就足够了，而来自他人不该得的赞扬也当然无法带来深度的满足，[69]但是，就绝大多数人而言，绝大多数时间我们都需要他人的尊重和友谊(122，126—128)。在整本著作中，尤其是《道德情操论》最后一版修改的篇章中，①斯密强调对人类

---

① TMS 335—336. 菲利普森(Nicholas Phillipson)讨论了斯密道德理论中对话的重要性，参见"Adam Smith as civic moralist," *Wealth and Virtue*，I. Hont and M. Igna-tieff(eds.)(Cambridge: Cambridge University Press,1983)，pp. 188—189。

而言对话所具备的内在价值：我们仅仅坐在一块，互相聊天就可以获得愉悦。这里斯密自己生平的一个细节或许有助于我们理解这一点：18世纪中叶，俱乐部生活在苏格兰盛行，斯密也加入了为数不少的俱乐部——政治俱乐部、思想俱乐部以及纯粹的社交俱乐部等等。①

　　这种对精神的和社交愉悦的强调，并不应该让我们就此得出斯密鄙视所有物质财富的结论。斯密不断表达自己对于剧院的喜爱，对于能从中学到知识的尊敬，怀着同样的热诚，斯密谈及高雅的音乐、精美的诗歌、"平原的坦荡之美、高山的巍峨之美、建筑的装饰之美以及绘画的表达之美"。② 事实上，斯密在《道德情操论》中还融入了些美学理论，以回应休谟早期理论中的功利色彩。休谟将美简化为效用，认为所谓的美其实就是看起来有利于效用，尽管事实上可能无甚用处。③ 某些事情如果以某种方式排列，似乎有利于效用，在《法理学讲义》中，斯密简短地阐释了这样的一种排序，"某种统一，同时夹杂着一定程度的变化，为（我们）提供了愉悦，正如我们在观赏房屋或建筑的结构时，那些让我们心生喜欢的，既不会是呆板的完全一致，也不会是组成部分的完全凌乱"（LJ 335）。④ 斯密援引文学以及建筑学中美的例子，似乎也丝毫不曾怀疑，艺术作品一旦能够满足我们对美的渴望，也就能够满足我们深层的需求。在《道德情操论》和《天文学史》中，斯密也清楚地

---

① 　Ibid. , 198—200.

② 　TMS 19. 关于剧院，参见 TMS 107，123，143，176—177；关于诗歌，参见 LRBL 全书，TMS 123—125，143，以及 EPS 194，243；关于音乐，参见 EPS 187—207，尤其是194 和 204—205。

③ 　我认为"没有实际效用，但是对效用有利"这一思想，是康德美学著作中"没有目的的目的性"思想的鼻祖（Fleischacker, *Third Concept*, 147，190—191）。康德前面有几位德国人将《道德情操论》运用于美学领域：编辑的引言中提到了在这一方面对莱辛与赫尔德的影响（30—31）。

④ 　哈奇森认为美在于一致性和多样性的平衡（OB, chapter II）。

表明,哲学和科学的成就具备其固有的令人钦佩之处,同时也能满足有思想的人(TMS 134;EPS 46)。但是,艺术、哲学以及科学的成就不仅仅直接需要物质条件(纸张或羊皮纸、油彩和帆布、乐器、戏剧道具、实验器材等),而且正如斯密自己强调的,还需要发达的经济才能繁荣起来,因为只有发达的经济才能产生出足够多的"必需品",人们也才能负担得起"奢侈品"(WN II. iii;EPS 50—51)。因而,斯密跟卢梭不同,并不认为文明的进步对人类幸福贡献有限或几乎没有贡献。① 同时,斯密与同时代的法国和德国哲学家不同,他们将文化(Bildung)看成是人类发展所必需的,更有别于他之前和之后的某些哲学家,他们将艺术或科技看成是人类成就的全部意义和目的所在。

因而,斯密认为人类幸福首先是一个社会问题,而不是每个人他或她自己可以成就的东西;更多依赖于某种道德善,而非物质善;同时也会由于某些物质善的存在(至少在社会层面是这样,如果在个人层面未必如此的话)而得到增强。对斯密而言,我们并非是"效用怪物",也不是冷酷的消费者或原子个体;我们一直以来就是被认为的那样复杂的、首先是社会性的、道德的和智慧的存在。这与斯密信奉的常识方法论吻合,斯密对于人性的刻画也与我们通常的直觉相符:斯密没有提出一种有关人类根本面貌的反常识理论。[70]事实上,我们都知道,斯密意在通过驳斥各种挑战,验证我们关于人性的常识看法是对的,而非提出另一种看法。

15 宗教情感

其中一种挑战来自许多启蒙运动思想家,其中包括斯密的

---

① 让-雅克·卢梭,《论科学和艺术的复兴是否有助于使风俗日趋纯朴》(所谓的《第一论》)。

密友休谟以及伟人伏尔泰,他们提出,人类之所以信奉宗教完全是出于愚蠢的恐惧,并会引发偏执和暴力。斯密自己被他的敌人认为是宗教的猛烈攻击者,我们今天也把斯密解读为无神论者,[①]但是,我认为这是一个错误。斯密当然批判宗教狂热主义以及绝大多数教会教士的行为,但是,他同时努力从启蒙批评家手中拯救宗教信仰的基本冲动。尽管斯密并没有将自己的论断建立在任何宗教的前提之上,也没有说宗教信仰是德性不可或缺的条件,[②]但他一直认为宗教在道德中发挥着重要作用。斯密将道德情感看成是"上帝安置于我们内心的代理人"(TMS 165—166),斯密写道,"在这一方面,也像其他许多方面一样,我们是按照上帝的形像被创造的"(130)。这稍微改变了过去犹太教和基督教哲学家对《创世记》(Genesis)1:27 的解读;[③]使得斯密为自己的观点,即寻求赞扬也意味着更深层次对值得赞扬的追求,找到了宗教上的共鸣:想要获得赞扬的欲望是想要获得绝对的、超越世俗的善的欲望的"形像"。[④] 斯密还写道,除非一个人"完全相信这个宇宙所有的居民,无论是最伟大的还是最卑贱的,都受伟大的、仁慈的、无所不能的、掌管着自然界一切的上帝的恩宠和保护",否则绝对很难做到普遍仁慈。而在另一方面,如果我们信奉这一点,那么当我们让其他人感到幸福时,我们就

---

① By Peter Minowitz, in *Profits, Priests and Princes* (Stanford: Stanford University Press, 1993).

② 事实上,众所周知,斯密认为,休谟——一个人尽皆知的不可知论者(可能还是无神论者)——是"人类脆弱的本性所可能允许的最为接近[……]拥有完美智慧和德性的人"(Corr 221)。

③ 对这段文字更为标准的解读是,上帝的形像在我们的理智而非情感中,但是,由于斯密把道德的重点从理智转移到了情感上,相应地也就将上帝的形像置于我们的情感中。

④ 同样,他用"心中的半神"形容我们内心的无偏私旁观者,说这是"部分神性……部分……人性的结合"(131)。只要我们公平地相互判断,我们就站在了宇宙的"神的视角",这一视角超越了我们自己以及接受评判的人的利益。

可以把自己看成是"在与神合作"（166）。① 最后，斯密进行了详细的阐述，论证了为什么把宗教规则看成是神的律法以及相信来世等信仰对道德有所助益。斯密写道，我们迷信的希望和恐惧，再加上我们天性中"最高贵和最优良的秉性"，使得我们对"未来的状态"抱有信念（169）。而无所不能、无所不知的上帝会在来世修正此世的不公，这一信念会赋予道德的一般规则以"新的神圣性"（170）。②

这里我们必须记住，尽管斯密和休谟都使用"神圣"形容正义的法令，但是斯密的"神圣"一词的含义比休谟丰富得多。对休谟而言，"神圣"仅仅意味着"不可违背"（E 200—201）；之所以将一条规则看成是"神圣的"，仅仅是因为这一规则不允许例外存在（T 501，531—532）。但是，说一条规则不可违背，并不意味着这条规则就值得敬畏、尊敬，或是任何"神圣"一词通常会在我们心中唤起的其他心理意象。自然规则，比如牛顿的万有引力定律，无法违背，但是我们并不会感到这是神圣的。休谟明确将[71]围绕财产

---

① 请注意，最后两句中的所有引文都来自《道德情操论》最终的 1790 版。我赞同《道德情操论》编辑的判断，即斯密终其一生信奉自然神学，尽管对基督教的信仰不断减少（19—20，383—401），在这种背景下，编辑指出，在休谟去世前不久，斯密在给韦德伯恩的一封信中，鄙夷地讥讽"发牢骚的基督徒[们]"。沃特曼（"Economics as Theology"）则更认同更为信奉基督教的斯密形象。

② 在这次讨论中，斯密用三段文字阐述了自然严重的不公正这一主题，强调了"暴力和手段胜过真诚和正义"的程度，并引用克莱蒙特（Clermont）主教的话说，我们的世界是普遍混乱的，"恶人几乎总是胜过正义的人"（TMS 169）。与查理斯·格里斯沃尔德一样谨慎的学者，都不会认为这是斯密对于上帝的存在感到绝望（Aves 325—6）。格里斯沃尔德写道："斯密既没有为[主教的]爆发做好铺垫，也没有对此作出任何回应……主教的……话语打断而非确认了斯密关于自然宗教的阐述"，但实际上，这一引言的上下文清楚地表明，对于斯密而言，这些话语只是帮助说明为什么那些相信万能上帝存在的人，也还需要相信来世。如果遵循整体的论证流程，即要展示人性"最高贵和优秀的天性"——我们的道德情感——而不仅仅是我们个人的恐惧，促使我们相信这不是唯一存在的世界，上帝会为所有人"在来世"建立正义，那么我们就会发现主教的话完全没有打乱斯密的观点阐述。

权的显而易见的迷信,与围绕宗教仪式的他认为是真正的迷信做了对比,并清晰表明没有理由不将正义规则与敬畏或任何禁忌联系在一起(T 197—200):正义法令是(也应该是)尽可能理性的一项事业,而不是笼罩在神秘情感中的东西。因而,我们完全可以理解,休谟不会将这些法令称为"神圣的"法令。然而,斯密完全有理由反其道而行。斯密写道,我们为自己制定不可违反的规则(如正义规则),以便制衡由于"盛怒愤恨"或过于强烈的自爱而导致的"关于怎么做才是合宜并合适的……错误判断"。这些规则正是通过其产生的"敬畏和尊重"发挥作用。它们划出了一块行为领域,这些行为好似被更高一级的存在所禁止,被标记为禁忌,是我们甚至连想都不应该去想、去触犯的(160—161)。因而,当斯密将自己的正义规则称为"神圣的"时(《道德情操论》138,161,330),他所表达的意义与这个字通常的含义吻合:这些规则具有的令人产生敬畏的特性,而不仅仅是它们的不可侵犯性,才是其核心所在。这些规则是我们自己想出来的,即我们"自己制定的"这一事实,不会丝毫有损于将它们视为上帝的律法。如果我们的道德情感是上帝"在我们内心的代理人",我们完全有理由将这些由道德情感制定的规则,看成上帝自己意志的彰显。

因而,斯密关于宗教的论述和宗教语言的使用一起构成一个整体的宗教观,与稍后康德阐述的宗教观很相似,认为对保佑人类的神灵存在以及来世的信仰,能够强化和丰富人们的道德,而且从"宗教强化了自然义务感"(170)这一角度而言,这一宗教观也是完全合理的。跟康德一样,斯密所反对的是宗教神职人员将宗教仪式或信奉教义等同于道德行为。斯密相当严厉地谴责那"把琐屑的宗教仪式看成是比正义和仁慈的行为更紧迫的责任"(170)的人,以及那些认为"僧人无聊的禁欲"比活跃的、对社会有用的政治家、诗人和哲学家更重要的人(132—134)。斯密更为严厉地控诉"错误的宗教观念"导致人们杀害对神的本质持不同看法的人

(176—177;还可参见 155—156)。因而,说斯密具有反教权的一面是正确的。斯密在《国富论》讨论政府为教会拨款时,建议如果非要确立一个宗教的话,就给神职人员低薪酬,这样才能更加彰显他们的德性(WN 810)。[1] 但是,反教权并不一定意味着反宗教,而这显而易见也是斯密的立场。《国富论》中有一段非常著名的话,谈及"纯粹而合理的宗教,不受荒谬、欺骗或狂热等杂物的影响,这种宗教是世界上一切时代的贤明人士希望建立的"(WN 793)。斯密在《道德情操论》(包括所有版本)中谈及的上帝和宗教,都与 18 世纪作家所认为的"纯粹而理性的宗教"完全吻合。斯密当然不是传统意义上的基督徒(他从未说过支持"三位一体"的教义)。[72]在那封著名的书信中,斯密写道,休谟面对死亡比"任何呼天抢地的基督教徒"更镇静,斯密也提及了《道德情操论》最后一版中(92— 3n)间接指向耶稣的那段话。但是,斯密是一位想要建立普遍道德宗教的启蒙思想家,希望保存犹太教、基督教、伊斯兰教中具有道德价值的那些部分,摒弃其中繁缛的宗教仪节以及截然不同的教义。

16　无偏私和平等

在 §14 中,我们讨论了不能被完全置于自爱到仁慈的光谱中的情感。斯密认为,道德情感和愤恨都属于此类情感,因而,两者都能够让我们做出高度无私的好的行为,也可以让我们做出高度无私的恶的("狂热的")行为。在斯密看来,另外一个人性要素超越了自爱和仁慈,却只会产生尤其好的行为,这就是我们站到"无偏私旁观者"立场的能力。无偏私也许意味着我们对自己正在做

---

[1]　在这一整章中,他关心的是教会和神职人员,通过身体力行和创建提供他在《道德情操论》中强调的社会赞同和反对机制的社区,来培养德性的能力。

出的判断,没有任何情感;也可以意味着我们只是压制了自己自利的情感,感受我们正在试图判断的情境所涉及的每个成员的情感。斯密有时表达的是第一种含义,将无偏私旁观者看成是"理性的",认为这一声音"能镇摄我们最放肆冒失的激情"(TMS 137),但是,就整体而言,斯密似乎意指后者。无论如何,斯密认为我们能够超越自己的自爱情感,以及我们需要做出判断的情境所涉的自己的利益,而这么做是道德所不可或缺的。事实上,在斯密看来,无论是自爱还是仁慈都不是真正道德的态度,除非它们事先经过了无偏私旁观者的中介;除非我们怀有的这些情感的程度和方式业已获得了我们内心无偏私旁观者的赞同。

就无偏私的立场而言,有两点值得注意。首先,这一立场无论在《国富论》还是《道德情操论》中都有所涉及。在《国富论》IV. ii的结尾,斯密写道,立法机关对于垄断的建立要更为小心"不为片面利益吵吵嚷嚷的要求所左右,而是受对普遍福祉的全面认识的支配"(WN 472),还在其他地方谴责了"党争"和"派系精神"。①在整本书斯密还始终呼吁,经济交往应该受到正义的制约(而正义是一种尤其需要无偏私立场的德性),统治者也应该对"利益所涉各方"同等对待(471—472)。斯密在这一章节呼吁立法者应该超越"片面利益",尽管对他们能在多大程度上做到这点抱有很大怀疑("如果这成为可能的话……"),但是,斯密似乎至少对他们能偶尔做到这点,还是抱有希望的。如果他们真的丝毫都做不到这一点,如果他们总是毫无顾忌地将某个或某些片面利益的要求强加给其他人,那么他的自然自由体系将完全不可能在政治上得到实现,甚至算不上奋斗的梦想和理想。②

---

① WN 944—945;这里他使用的也是"无偏私旁观者"。

② 布朗把正义作为一种不那么重要的德性的有趣解读,在我看来,是有些过分了,因为她没有看到,斯密将无偏私的立场看成是所有德性的基础;这就表明,她将《国富论》解读为"去道德"著作存在一些问题。

[73]第二，斯密对无偏私的强调，带出了人人平等在他思想中的核心地位。① 根据斯密的阐述，无偏私的立场就是将他人的利益看成与自己的利益在价值上等同：

> 出于人性中自私而原始的激情，同另一个和我们没有特别关系之人最关切的事情相比，我们自己的毫厘得失会显得重要得多……。只要从这一立场出发去审视他的那些利益，他的那些利益就决不会被看得同我们自己的一样重要……。在我们能够对这两种相对立的利益作出恰当的比较之前，必须先改变一下自己的立场。我们必须既不从自己所处的立场，也不从他所处的立场，既不用自己的眼光，也不用他的眼光来看待这些利益，而是从第三方所处的立场和用第三方的眼光来看待他们，这个第三方与双方都没有什么特殊的关系，他在双方之间无偏私地作出判断。（TMS 135；cf. 109—110，228，129）

要将他人看成与我们自己平等，我们需要站在无偏私的立场上。不仅如此，更为重要的是，我们之所以要采取无偏私立场的主要原因似乎就是，这样一来我们就能平等地看待他人。通过超越自爱，我们能够获得人与人之间真正的平等。斯密在《道德情操论》中描写"我们内心的"无偏私旁观者"能够震慑我们最放肆冒失的激情"的那个段落中紧接着写道，当我们自以为是的激情受到抑制，我们就意识到"我们仅仅是芸芸众生中的一员，相比其他任何人，并无任何优越之处"（137）。斯密写道，我们认识到了"自己真正的渺小"。斯密还一次次用类似谴责的语言指出，当我们试图将自己凌驾于他人之上时，我们就犯下了最严重的道德错误。在"对财富的追逐"中，每个人都可以"尽其所能地奋力奔跑，竭尽所能超越所有

---

①　参见 Darwall，"Sympathetic Liberalism"。

竞争对手",但如果他"推搡,将任何其他人推倒",旁观者就不会容许这种行为:"对他们而言,这个被推倒的人,在任何方面都与他一样的好:他们无法认同他将自己凌驾于这个人之上的那种自爱。"(83)再一次:

> 伤害和侮辱我们的人使我们勃然大怒的主要原因在于他似乎不把我们当回事,他对自己不合理的偏爱,他那荒谬的自爱,似乎使他认为,为了他的便利或一时的兴致可以随时牺牲别人的利益。(96)

"伤害"和"侮辱"是斯密用以指称由不公导致的危害的术语。这里跟前一章节一样,斯密是在描述,愤恨,无论是因我们自己还是因他人,是正义这一德性的基石。这段话的要点是,解释为什么甚至是微小的不义行为似乎也应该受到惩罚,理由是即使这种不义所带来的物质伤害很轻,但是不义行为本身就意味着受害者在某种程度上不如行为人,因而构成了重要的有象征意义的伤害。这段文字字里行间透出的愤怒,事实上很好地展现了当有人似乎认为"为了他的便利或一时的兴致可以随时牺牲别人的利益"时,我们内心的感受(我们也可以猜想斯密自己经常会有这种感受)。[74]我们是如此愤恨这种有象征意义的对我们的贬低,不认为我们享有我们认为与所有其他人共享的平等价值。

斯密还阐述了一些完全不同的思想,如非常精英主义的论述,认为只有为数不多的人才真正能够成为有德性的人,而绝大多数人过的是一种低级的二流生活。我认为相关章节(至少是绝大多数)可以与斯密平等的思想相容,但值得一提的是,即便是在这类精英主义的论述中,斯密也总是指出,最令人钦佩的是那些总是非常乐意平等看待他人的人。斯密在描写完美的圣人(即在自己身上尽最大力趋近人类的理想模型)时写道,这个人或许意识到了自

己"在趋近人类通常能够达到的理想状态"方面胜人一筹,但是:

> 由于他主要的注意力总是被引向前一条[理想的]标准,
> 他从与前一条标准的对比中所感到的贬抑,必然远甚于从与
> 后一条标准的对比中所可能得到的抬高。他从来不如此洋洋
> 得意以致傲慢地看不起别人,即使他们确实不如他。他十分
> 清楚自己的不足,他十分清楚自己实现完美正直是多么困难,
> 哪怕只是遥远的近似,因而不会抱着轻视的态度来看待他人
> 更大的不足。(248)

对亚里士多德而言,真正德性圆满的人(亚里士多德始终把他看成
一个人)不仅真的胜人一筹,而且对自己的胜出怀有一种情感;这
种情感事实上是他德性的一部分。对斯密而言,即便真的区分"高
等的"和"低等的"人,作为高等人的标志之一是他们并不认为他人
低人一等;他们德性的一部分就是谦卑,能够认识到人与人之间的
差异并不显著。他们之所以高人一等的很大一部分是,他们并不
认为自己高人一等。有德性的人站在良心的立场上,从无偏私旁
观者的角度出发,认识到"自己真正的渺小",即他们无非是"芸芸
众生中的一员,相比其他任何人,并无任何优越之处"。

　因而,斯密有非常强烈的人人平等意识,将其作为规范性原
则,认为所有人都应该平等。他确实强烈暗示,从道德立场出发,
我们应该将所有人都看成是平等的。(无论是对平等的高度强调,
还是将承认这点与道德立场联系在一起,都与后来康德的思想相
似。①)当然,这种"平等"在某种程度上是"原则上的平等",某种价

---

① 这是斯密和康德之间的诸多关联之一:参见 Darwall,"Sympathetic Liberalism",以
及我的文章"Philosophy and Moral Practice: Kant and Adam Smith", *Kant-Studien*
1991 和"Values Behind the Market: Kant's Response to the *Wealth of Nations*,"
History of Political Thought, Autumn 1996。

值上的基本平等,并不直接预设人们在德性或智力上的平等,并不意味着人人都得在财富、政治或社会地位上平等。然而,这种规范性原则确实为我们应该怎样看待人类生活中的事实提出了挑战。很难相信人们真的能够享有原则上的价值平等,如果他们事实上似乎在有价值的特质上无可救药地存在不平等;也很难想象如果人人平等真的是基本规范,物质上的巨大不平等如何能得到证成。如果许多他人事实上在智力或德性上,确实显而易见地低我很多,为什么我要认为自己"并没有在任何方面优于"其他人? 如果实施不义行为的人,事实上确实更智慧、更具创造力、更优美或(整体上)更具德性,为什么他要将受害一方看成是"在任何方面,都与他同等优越"? [75]而在另一方面,如果我们真的认为人人在价值上都是平等的,那么我们怎么可以容忍他们的生活品质存在如此巨大的差异呢? 规范性平等主义者必须面对两种事实上的不平等:人类各种特质的不平等,这直接对如何证成人人平等这个说法提出了挑战;人类得到回报的不平等,要求那些认为人人平等的人,要么为现有的物质分配方式致歉,要么提供一个改革方案。① 因而,宣称人人生而平等的思想家必须(1)想办法为那些表明人们似乎具有不同价值的事实做出辩解;并且,要么(2)为人们获得回报的明显不平等做出辩解;(3)承认回报的不平等是有问题的,但争辩说其他道德善可将其抵消;要么(4)支持某些可能修正回报不平等的措施。我认为斯密这几方面的工作都做了。

　　人类事实上是平等的,至少在德性和智力的能力上是平等的,这一主题贯穿了《道德情操论》和《国富论》始终。这一方面最为明显的例子莫如《国富论》I. ii. 4(28—29):

───────────

① 这两类问题的区别并不十分明显,因为人类获得回报的差异的一个重要原因,就是有些人从孩提时代开始,就比其他人获得更好的智力和德性的发展手段。斯密对这一事实既不是不知情,也不是不担忧,但是我认为,为了更好地组织他的论证,我们可以坚持这个区分。

　　　　不同的人所具有的自然才能的差异，实际上比我们所想象的要小得多；人在成年时从事不同职业所表现出来的非常不同的才能，在许多场合，与其说是劳动分工的原因，不如说是劳动分工的结果。最不相同的人物之间的差异，例如一个哲学家和一个普通的街头挑夫之间的差异，与其说是源自天性，还不如说是源于习惯、风俗和教育。他们生下来，在七八岁以前，彼此或许非常相似，他们的父母和玩伴都看不出他们有什么显著的不同。大约在那个年龄，或随后不久，他们开始从事非常不同的职业。于是，才能的不同开始被注意到，并且逐渐扩大，直到最后，哲学家们因虚荣心驱使而不愿承认他们之间有任何相似之处。

我想强调这段文字的三个特点。首先，斯密在例子中提及"哲学家"并非偶然。在文中许多其他地方，当斯密想要说明人类的某些心理或社会特性具有普遍性时，都会用哲学家作为例子（比如，TMS 34 或 LJ 349）。在斯密看来，证明自己并不例外于普通人非常重要，如果想要读者摒弃虚荣，自己得首先做到。因而，斯密在宣扬平等的规范性及其实际相关性的过程中亲身践行。

　　其次，这段话支持了斯密的下述观点，即劳动分工并不能反映人类天分上的自然区别，而仅仅只是促进人们最大程度地发挥生产才能，为所有人谋取更大福利的方式。斯密一直弱化人与人之间在天生才能上的差异。在《国富论》I. vi(65)斯密告诉我们，"非同寻常的灵巧和创造力"通常是"长期训练的结果"，才能的不同其实是训练的不同，[76]而非天赋才能的差异。事实上，这一观点的论证在这本书一开始就已经埋下伏笔，那里介绍了劳动分工的价值，但是没怎么提及人与人之间才能的差异。人与人之间才能的差异并不重要，正相反，是劳动分工创造了才能差异，这是斯密最具争议性的观点之一。柏拉图已经提出劳动分工对经济生产的发展是不可或缺的(《理想国》369e—370b),但是他认为劳动分工反映了人们才能的自然差异,而斯密之前及之后的许多学者,在这一方面也大多追随柏拉图,而不是斯密。甚至连社会学家卡尔·波兰尼(Karl Polanyi)也更赞同柏拉图而不是斯密,"劳动分工……源于天生的性别、地理以及个体差异等事实"[1]。然而,斯密似乎在非常强的意义上信奉下述立场,即人们的能力从根本上看是平等的。斯密看起来最不合理的一个观点,即制造业中使用的机器"很大部分"是由工人发明的(WN 20)[2],其中的不合理性,恰恰反映了斯密想要将最卑微的工人看成是具有创造性的这一强烈愿望。不仅如此,正如我们已经在上文提及的,斯密很强烈地暗示,他个人"更习惯参观……制造工厂",在那里见证工人做出的贡献,他也特别愿意与穷人攀谈(§8)。在《道德情操论》中,有一段话提及斯密对身份卑微的人怀有浓厚的兴趣。斯密写道,"任何人如果费心仔细考察"智障人士的生活,就会明白他们远比自己认为的能干,接着详细提供了与智障人士交谈的细节(TMS 260—261)。无论是这一观点的内容本身,还是他寻求这些对话的做法,都展示了斯密对我们今天都通常会忽视的群体怀有非同寻常的敬意。因而,有关哲学家和搬运工具有相似性的观点,应该被视为将人的能力差异最小化这个更大、更积极的努力的一部分。

第三,斯密经常强调早期儿童教育在形塑品格方面的重要性,我认为斯密这是在努力证明人们事实上比他们通常被认为的更为平等。如果只有通过柏拉图和亚里士多德所描述的那种高深教育,才有可能完全实现德性,这种教育就会(像柏拉图所

---

① Polanyi, *The Great Transformation* (Boston: Beacon, 1944), p. 44.

② 还可参见第104页("[资本家]努力为[工人]提供他或他的工人所能想到的最好的机械"——重点系我所加)以及 LJ 346, 351。

述)需要并非所有人都具备的数学和逻辑技能，以及必须要投入普通劳动者无法负担的时间，那么每个社会有德性的人必将只能是很少一部分。在柏拉图和亚里士多德这两位当之无愧的社会精英看来，这完全没有问题。然而，现代平等主义者也经常认为某种文学和哲学的更高教育，对人类能力的充分发展而言必不可少（康德、席勒和密尔是其中最好的例子）。这些人不得不尽很大努力调和他们原则上信奉的平等主义和他们教育理念中隐含的精英主义。斯密认为德性所必需的教育包含在所有人的早期儿童教育中，故而无需面对这个问题。斯密告诉我们［77］柏拉图和亚里士多德这样的哲学家所描述的通向德性的唯一路径，即"最严苛和深奥的哲学训练""人为设计的精细的教育"，学习"模棱两可的辩证法所演绎出来的深奥难懂的理论"（TMS 139，145）是不必要的，而事实上也远逊于"自然为……德性的习得而设立的伟大的训练法"（145）。自然设立的训练法是那种几乎所有小孩都能在自己家庭中获得的。斯密描述了保姆或父母如何在需要宝宝控制自己的怒气时，教导宝宝进行一定程度的"自我控制"；而再大些，宝宝们是如何更进一步学会自我控制这一核心德性，宝宝们必须"不仅仅控制自己的怒气，而且控制其他情绪，把它们调控到让玩伴和朋友感到愉快的程度"（145；还可参见 LJ 142—143）。斯密写道，小孩在家庭范围之外的这种玩耍，是"自制这一伟大学校"的开始（145）。道德教育的其他主要部分是小孩在家通过与父母手足互动交流习得的：

> 你愿意把你的孩子们教育得对他们的父母孝顺尊敬、对他们的兄弟姐妹们亲切友爱吗？那就把他们放在必须孝敬父母、友爱兄弟姐妹的地方吧，也即在你自己的家庭中教育他们。如果合适且有益的话，他们可以每天离开自己父母的房子去公共学校接受教育，但要让他们一直住在家里。对你的

敬重,必定总是会对他们的行为施加一种非常有用的约束;而对他们的尊重,也常常会使你自己的行为受到并非不无助益的约束。(222)

斯密旗帜鲜明地指出,道德教育最重要的在于置身训练情感的具体语境,能够收到对自己行为的某些情感反馈,见证并努力模仿道德楷模,而决非是接受明白无误的指令或是牢记某些哲学原则。斯密所赞赏的全部教导都是润物细无声的:从没有要求父母为小孩阅读催人奋进的书籍,或是教导他们道德的或精神的真理,而小孩在学校接受的直截了当的教育被认为并不那么重要。同样地,在《国富论》中,斯密描述了希腊人的信念,即艺术的教育①能够"使人的心灵人性化,……温和脾性,并……使之能够履行……社会和道德责任",接着指出罗马人并没有这样的信念,然后郑重其事地评论:"罗马人的道德……相比希腊人的道德,不仅仅做到了不相伯仲,而且整体上要优越很多"(WN 774)。在小孩的道德品格养成过程中,斯密将父母同伴间的非哲学化"教导"的重要性,置于我们从文学和哲学体系中学得的内容之前,进而意味着体面家庭的每个小孩都有机会养成德性,绝不是只有受过正式教育的精英才能获得。事实上,是否受过教育的精英更易于养成德性还远不是可以下定论的事。也许他们更可能像过于注重艺术教育的希腊人,在某些方面的学习上出类拔萃,却完全缺乏德性养成所需的恰当情感结构。

　　针对斯密这些平等主义论述,有人可能会提到他关于"群众"(mob)不具备辨识力的论述(如,TMS 226,253):[78]斯密有时将"群众"与智慧之人和德性之人做对比,尤其是斯密评论道"他们主

---

① 他所使用的是"musick"一词,在希腊语中包含了所有的艺术:"音乐"归缪思女神掌管。

要是明智而有德性的一群人，精英①但恐怕人数并不会多，他们才是智慧和德性真正坚定的推崇者"(62)。但是，这最后一句话也不能过于强调，原因有三：首先，嘲笑"群众"是18世纪学者常见的做法，斯密可以轻易就将其归为自己时代修辞的一部分。第二，对斯密而言，"智慧"几乎总是与"德性"相伴而行，似乎绝大部分都体现在能够意识到不应该对生活期待过高。因而，斯密的"精英……一小部分人"并不是那些受过良好教育、智识技能过人的人，而只是那些对德性之美有足够切身的体会，因而将体面生活而非获取财富和名声作为自己生活目标的人。并不是所有人都可以达到这种

---

① 在某些章节中，斯密似乎并没有这么彻底的平等主义。其中最重要的就是TMS 161—163，布朗就是以此为论据，证明"只有修养高的小部分人"才能达到斯密所认为的真正的德性，而其余的人类至多可以生活在二流的道德中（ASD 83, 208）。在第161—163页中，斯密确实写道："构成绝大多数人类的粗胚"无法被塑造达成真正完美的德性，只能期待他们"以说得过去的体面"行事。斯密写道，实际上，每个人都可以"通过了解重视一般规则"，这就足以让他们以说得过去的体面行事，但真正的道德伟人，成为"[我们]人类中的翘楚"，而不仅仅只是二流的，在于随时遵循无偏私旁观者"美好而微妙"的指导，而不仅仅只是遵循既定的规则。

　　我对这段文字所倾向的处理，与我下文提议的，对著名的《道德情操论》IV. i关于虚荣的段落的处理一致。这两个段落都来自这一著作的第一版（第164页编者按指出，III. 5中有个段落必定来自斯密早期版本的讲义，而且与《道德情操论》的其他部分存在冲突：而我要指出的是，这一观点适用于整个章节），并且两者都表达了斯密在那一段职业生涯中所持有的强烈的斯多亚主义思想。在《道德情操论》的最后一版中，斯密弱化或放弃了许多自己早期的斯多亚主义，而同时（我认为也并非巧合）表明了更为突出的平等主义立场。可能是因为斯密后来更多从事的是政治经济学研究，而不是道德原则研究，他也更多地关注劳动人民的生活，所以原先的精英主义立场在他看来似乎越来越站不住脚。

　　无论如何，"粗泥胚"那段的精英主义，与斯密无偏私旁观者机制所隐含的，以及《道德情操论》多次明确表达的强平等主义立场格格不入。除了上文已经讨论的，再举一例：第一篇最开始的第一至四章和第三篇开始的第一至三章指出，每个人都能自然而然地将他或她遇到的旁观者的态度内在化，也自然而然地会在他或她自己内心确立一个无偏私旁观者，并自然而然地认识到值得赞扬优越于赞扬本身。这就是说，每个人，而不仅仅是有修为的少数人，通常都会接受那些影响，使他们能够达成最高的道德修为。这一关于道德发展的阐述明显与III. 5.1对立，在III. 5.1中，大多数人被描述成仅仅通过理解"既定的行为规则"以学习合宜性。

智慧和德性(只有"精英……一小部分人可以"),但是,不管阶级或正规教育程度如何,每个人都有能力达到,而原则上每个人都达到也并非不可能。

由此可以推出第三点,斯密将德性局限于小部分精英,更多的是针对社会条件,而不是人性。人们在德性和智慧方面具备同等能力,并不意味着他们将在事实上获得同等的德性和智慧。各种各样的社会条件和机制或许会妨碍人们做到这一点。斯密认为,劳动分工的细化"消灭剔除了"很大一部分人身上品格高尚的一面(WN 784)。斯密还认为教士生活奢靡的教会,无法成为我们效仿的行为模范,而像苏格兰长老会那样的教会,教士由于薪水菲薄,只有通过"最模范的道德言行"才能赢得尊严(810,还见 809—810,814),有助于激励人们谦逊和体面。社会机制能够促进或阻碍人们发挥他们本来具备的平等能力。尽管每个人都从相同的水平出发,但是随后却被形塑成具备不同智力或道德能力的人,可能造就容易迷失、盲从或在很多方面无法做到他们本来能做到的事情的"群众"。

对规范性平等主义者而言,这就引发了另一个问题,即人们之间事实上的不平等。我们已经讨论了斯密在面对人们之间明显的价值不平等与他所宣称的作为规范的人与人的价值平等之间的矛盾时,他将前者最小化,以缓和两者的矛盾;我们现在需要讨论,斯密如何让规范性平等与人们获得回报事实上的不平等并行不悖。我已在上文提及,斯密使用了我所能想到的解决这一问题的所有三种策略:(1)将回报上的不平等最小化;(2)认为这些不平等可以被其他善抵消,即便对劣势方来说也一样;(3)倡导更大程度的平等。下面我们简略地分别看一下这三方面的策略。

斯密宣称人们在绝大多数人类生活的"永久处境"中都能够感到幸福,这就使得人们之间物质财富、社会地位的差异显得相对不那么重要。如果想要幸福,我们首先需要获得内心的安宁,[79]那么一种物质财富状态或社会地位与另一种之间的区别就完全不重要了。我们还是可以承认某些情境确实很糟糕,斯密这里所言没有想要贬低穷人和受压迫者的苦难(参见第六章)。但是,对斯密而言,夸大更多的物质财富或更高的社会地位对于人们幸福的重要性,是严重的道德错误,也是很多不幸的来源。

斯密还宣称社会地位的不平等对所有成员都有利,包括那些地位最卑微的人。在《国富论》第一章,斯密展示了商业社会经济地位的不平等促进了生产力水平的提高,使得即便是处境最糟糕的人,也比更平等的狩猎采摘社会的国王生活更富裕。(斯密写道,在狩猎者之间,"普遍的贫困……导致了普遍的平等"[WN 712]。)斯密还写道,社会经济的不平等有助于维护政治秩序的稳定,进而有助于确立强大公平的正义执行体系(710—715;还参见 TMS 226)。对社会底层人民而言,没有什么比强大公平的正义体系更为重要的了,因而社会等级同样也服务于社会最底层人民的利益。不仅如此,通过摒弃下述观念(斯密经常这样做),即那些处于社会等级机制顶端的人并不一定在智慧和德性上面出类拔萃(参见,比如,WN 713—714),斯密将社会和财富地位的分隔看成与劳动分工非常相似:一种用来满足所有人需要的机制,一种平等的人基本上会赞同建立的机制;而不是人与人之间本质上的不平等的反映。

最后,斯密呼吁社会为建立更为平等的体制而努力,尽管比起随后的思想家,程度没有那么强烈。在整本《国富论》中,斯密对于正义重要性的强调本身,就是对平等重要性的呼吁:正如我们已经看到的,正义的规则以一种特别强烈的方式体现了人与人之间的平等。[1] 违反正义规则会激怒无偏私旁观者,因为受害者"在他们看来在任何方面都与那位"实施伤害行为的人一样的好(TMS

---

[1]　然而,正义并非体现平等的唯一德性:《道德情操论》第 137 页认为合宜的慷慨也来源于认识到"自己真正的渺小"。

83)，即便在微小的不义行为中，行为人通过他"荒谬的自爱"表示他比我们任何人都优秀，从而侵犯了我们。因而，当斯密坚持，就像他在《国富论》中一再坚持的那样，统治者必须确保所有公民获得正义，他是在坚持实施一种体现法律面前人人平等的法制。事实上，有时斯密将这两个概念连在一起，斯密告诉我们，一项政策"仅仅为了维护某个阶层的利益，而损害了另一个阶层公民的利益，明显有违统治者应给予所有不同阶层臣民的正义和平等待遇"（WN 654，强调为原书作者斯密添加）。① 斯密这里所指的平等是政治平等，但是，斯密还建议削弱社会经济地位的不平等。斯密呼吁废除长子继承制和限嗣继承权，这些制度几个世纪以来，维持了大量不劳而获的财富。斯密还提了以下几条建议，认为这些措施能够使穷人尽快提升社会地位：取消学徒制的要求和定居法，改革一些税收政策等（135—159，831—834，842）。他甚至在好几处建议，政府应该管理好税收，[80]以便使"富人的怠惰和虚荣"能够为穷人谋福利（725，842）。在第六章，我会再次讨论这些政策以及斯密对我们今天所谓的"分配正义"所持的态度。现在，我们仅仅需要了解斯密的规范性平等主义似乎确实对他的政治建议产生了影响。人人平等的规范不仅仅引领了斯密对人性事实的解读，而且也主导了斯密对何为好的政治实践的理解。

17　文化和历史

现在回到本章开头提出的一个方法论问题，即斯密的人性图景在多大程度上具备普世性，可以用来描述不同文化和历史时期的

---

① 斯密反对扶持一种贸易胜于另一种贸易的政策，这种反对主要基于这样一种观念，即这类政策违反了主权者"平等对待"每个阶层公民的义务（例如，参见825，877，905）。

人？我已经提出的观点是斯密紧随休谟，接受社会科学的一条普世经验法则，即其他文化和历史时期的证据，必须根据我们对此时此地人们情况的了解进行筛选，就像我们对今天英国人和法国人的了解，必须成为我们了解古代希腊和罗马人的基础。以我对这一原则的理解，它是可以被辩驳的，如果证据堆积到足够多、足够可靠的程度，可以证明人与人之间的显著差异，但是，它当然也可以被用来将自己的当地文化特色傲慢地融入到对任何人的解读中，忽略所有人与人之间的差异，以此建构出一幅人性图景。斯密的理论是否会陷入这一窠臼？是否正如沃尔特·白芝浩（Walter Bagehot）曾经嘲笑的，斯密仅仅试图展示"人类怎样从野人进化为苏格兰人"[①]。

　　我并不这么认为。首先，斯密理想中的人，无论是就宗教信仰而言，还是就寻求一种植根于愿意接受自己的命运而非追求商业成功或社会地位的幸福而言，都更像罗马斯多亚派人士，而不是他自己的苏格兰同胞。第二，斯密将《道德情操论》的整个第五篇用于讨论文化（斯密所谓的"风俗和时尚"）对道德的影响，并认为道德标准跟美学标准一样在不同文化中有不同表现。斯密写道"不同时代和国家的不同情境……赋予身处其中的全体人员某些特性"，并引用了俄国和法国的不同礼仪标准以及文明国家和未开化国家在温和的德性和令人敬畏的德性之间不同的平衡作为例子。在美洲原住民身上，高尚但是严苛的豪迈和自制的德性得到发展的程度，斯密在这里写道，"是欧洲人几乎无法想象的"（TMS 205）。在斯密所处的时代，由于德性在不同文化中有不同体现这一想法，还远远没有获得广泛的认同（现代人种志意义上的"文化"，直到 19 世纪初才被引入），[②]而斯密将著作的很大部分用于

---

① 转引自 Muller, *Adam Smith*, 163。

② 参见 Fleischacker, *The Ethics of Culture* (Ithaca: Cornell University Press, 1994), chap. 5。

讨论这一主题的做法本身,意义就非同寻常。不仅如此,斯密在《法理学讲义》中也有类似的阐述,详细列举了不同历史时期不同社会在法律、政治体制和风俗习惯上的差异。[81]有些资料还出现在了《国富论》中,其中至少有一段讨论了道德品质随着社会经济环境的变化而变化:"慷慨的精神"在封建社会更常见。而"卑鄙自私的个性"在商业社会更司空见惯(WN 349)。斯密还在其他地方讨论了风俗对时尚和体面的观念产生的影响(113,869—870)。"在任何地方,风俗习惯都影响着时尚",斯密写道,荷兰的风俗要求人们从事某种商业活动(113),而英国的风俗要求人们租下整幢房子,而不是仅仅一层(134—135)。《国富论》中不同地区和时代的人们绝不是千篇一律的。

　　最后,斯密无论是在关于道德发展还是关于幸福的论述中,都考虑了社会影响所产生的作用,如果还要说斯密忽略了人性中的文化差异,就的确太怪异了。社会,对斯密而言是"镜子",通过它,我们首先看到的是自己(TMS 110);只有当我们开始"以[另一个人的]眼睛和视角"观察我们的行为时,我们才能开始对自己做出判断,为自己设立应该如何感受和行事的标准。(据说罗伯特·彭斯[Robert Burns]正是从斯密那里获得灵感,期望"能像他人看待我们一样看待自己"。)①但是,如果斯密所理解的人性,如此依赖于我们如何通过他人的眼睛观察我们自己,而斯密竟然忽略了不同的他人组成的群体之间的差异会导致人们具备不同的品格和抱负,就太说不过去了。《道德情操论》的第五篇以及《国富论》各处关于这些不同种类差异的讨论,清晰表明斯密并没有忽略这一点。

　　因此,我提出:《道德情操论》描绘的人性图景,最好应该被解读为一张草图,需要不同文化及不同历史时期细节的填充。斯密

①　Ross,*Life*,166.

描绘的情感类型、罗列的德性以及幸福的构成要素，其命名都非常宽泛。如果我们认为处于所有文化、所有历史时期的人类，都具备某种程度的"自爱"、"仁慈"、"无偏私"，"勇气"以及对"神圣"规则的"敬畏"；都看重感恩和自制；都认为幸福是"宁静"和"享受"的某种组合，应该是完全合情合理的。这些宽泛的名称，留有很大的空间进行不同的说明，尤其是其中还有相对立的要素（自爱和仁慈，宁静和享受）需要平衡，也为完全不同的细微差别以及侧重处理提供了可能。一种文化或许会侧重德性中高贵但严酷的要素，如斯密援引的美洲原住民，而另一种文化则可能会突出同情，允许较低程度的勇气。一种文化或许侧重幸福构成中的"享受"，而另一种文化则侧重"宁静"；这里过于片面地侧重某个方面都会付出代价（过于重视"享受"会导致不安和不满盛行；过于重视"宁静"会导致改变困苦处境的动力不足）。

　　这一将文化差异看成是对不同要素的强调的观念，[82]对那些将不同文化看成是完全不同人性的体现或是认为不同文化不具可比性的学者而言，也许显得不够精细。斯密认为非常极端的文化差异是不可能存在的。斯密写道，风俗会让我们对某些做法感到震惊，如杀婴行为（斯密认为这是一种严重的道德变态，尽管在某些具体的社会环境下是可以理解的），但是，这绝对无法成为社会生活一般谱系中具有参照意义的道德类型，"如果社会中人常见的品行风格，与我刚才提到的那种可怕恶习属于同种性质的话，社会绝无可能须臾存在"（TMS 211）。人性受到任何社会持存必需的一般条件制约；幸福和道德只能在这些限制条件下变化。这非常有道理：没有社会，就不可能有不同的社会变体。斯密很合理地指出，文化变体只有在普世人性范围内才可能存在，正是这种普遍人性（基于其社会导向）使得此种变体成为可能。这是一种非常合理的关于社会和文化差异之重要性的折中立场，而非教条地坚持适用于任何时空的人类普世性。

18　从道德人到经济人

　　总的来说,斯密的人性图景最非同寻常的一点就是它毫无非同寻常之处:并没有任何违反我们直觉的论述,也许(我之前分析的)他有关人类平等的极强立场可以除外。斯密关于我们动机的论述,尤其没有任何违背我们直觉的地方。人们有自爱的一面,也有仁慈的一面;人们的仁慈随着他们对仁慈对象了解程度的不同而不同;人们需要自制以恰当地运用自爱和仁慈;人们能够超越对自己及对他人的情感,达到一定程度的无偏私;当人们以这种无偏私的眼光看待人们并将他们看成是与自己平等的对象时,他们就是公正的;人们拥有宗教情感、愤恨、勇敢的能力,这些既能为自爱和仁慈情感服务,也可能与之脱离;人们最大程度的幸福,来自德性,不抱过度的期望以及他人的高度敬重,这(在诸多"外在"善中)最需要的是健康、朋友、交谈的机会,以及有机会体验自然及艺术的美。最后,所有这些特征构成了人性的基本图景,在相当大的程度上随着文化、历史阶段以及经济环境的不同而变化。这似乎看起来过于中庸,过于四平八稳,与我们通常的直觉相去不远。我们甚至会对此感到失望,如果这样,我们就是忘了或是拒绝接受斯密自己对哲学家的界定,即哲学家就是对我们已经拥有的常识进行提取,其长处在于能够将我们已经信奉的东西进行连贯而清晰的呈现和组织。斯密并不赞同违背我们直觉,[83]将所有类型的幸福都化约为某种愉悦情感的不同程度及组合,边沁的功利主义让边沁骄傲地宣称"图钉和诗歌"所带来的幸福感并不存在内在差异。① 斯密也无法接受曼德维尔很喜欢的将人类所有动机都反直觉地化约为自爱。

---

① Bentham,*Works* (Edinburgh: Tait, 1843), vol. 2, pp. 253—254.

　　斯密满足于或受驱迫于理论需要，勾勒了一幅常理之中的人性图景，自爱仅仅是我们天性的许多组成部分之一。这一观点与我们绝大多数人在高中或大学第一次听说斯密时所获得的印象形成了强烈的冲突。在《国富论》中，斯密难道不曾阐述人类是纯粹自利的吗？事实上，难道这不是斯密对经济学作为科学的伟大贡献之一吗？所谓"伟大"贡献是指界定了整个研究领域，以至于如果否定这一立场，就可能要否定这个研究领域。如果斯密在《道德情操论》中采取了不同的立场，难道不是表明斯密在自己的两本著作中改变了立场，而《道德情操论》在思想上更为保守，斯密还不具备足够勇气为了能够以真正科学的态度研究世界而放弃自己的道德主义？

　　毫无疑问，我认为所有这些问题的答案都应该是"不"。我不认为斯密在《国富论》和《道德情操论》中，对人性持有不同的观点，也不认为斯密为了将经济学作为科学加以研究，需要这样一种不同观点。我之所以不这么认为，部分原因是斯密在写完《国富论》后，继续对《道德情操论》进行了修改，并没有在其后的多版修改稿中转向对人性更为自利的理解；另一部分是由于为了支持纯粹自利的人性图景，斯密将不得不放弃我认为是斯密所有著作根基所在的常识方法论；而还有部分原因是我不认为《国富论》的文本解读支持纯粹自利的人性图景。在这一章，我讨论了拒绝对《国富论》进行"纯粹自利"的解读的历史原因和方法论原因；下一章将讨论文本方面的依据。再下一章讨论摒弃另一种对斯密经济学的更巧妙的解读——认为它基于一种反直觉的人性图景——的文本依据：这种解读主要依赖于《道德情操论》并主张，斯密认为激发人们从事经济活动的动机涉及自然对我们施加的"欺骗"或"幻觉"。在这两种情况下，斯密的标准看法都是将经济人理解为一种完全不同于道德人的动物。而相反，我认为从道德人（homo moralis）到经济人（homo economicus）是（也应该是）水到渠成的。如果斯密确实是一位如他所展示的那样周到细致的哲学家,那么他会希望在道德和经济领域活动的是同一种动物。我希望这一部分的其他章能够证明,为什么道德人和经济人可以毫不费力地合在一起。

第五章　自　利

[84]"《国富论》是一座建立在自利这块花岗岩上的庞大宫殿。"①乔治·斯蒂格勒（George Stigler）就是这样（随后其他学者只是在这里或那里稍加调整，尤其是经济学家）开始了对亚当·斯密思想长达两个世纪的误读。宣称斯密支持自利控制着所有人类关系这一理念，是对《国富论》的一种严重误读，尤其是就其与那一时代其他关于人类动机的理论之间的关系而言。这一宣称适用于霍布斯和曼德维尔，而非斯密；斯密在《道德情操论》中花费了不少心思，驳斥霍布斯和曼德维尔这方面的观点。《国富论》中也没有任何地方暗示，当斯密开始写经济学时，改变了自己这方面的观点。在这一章，我们首先讨论《国富论》产生的具体语境，随后研读《国富论》文本，以便更准确地把握斯密对经济领域中自利所产生作用的理解。

19　语境中的《国富论》

在 18 世纪，人类本性是"不安和自私的"这一思想，深入

①　George Stigler, "Smith's Travels on the Ship of State," in *Essays on Adam Smith*, eds. Andrew Skinner and Thomas Wilson(Oxford: Clarendon, 1975), p. 237.

人心①。如果我们就关于自利重要性的早期现代观点进行光谱排列，那么霍布斯和曼德维尔会在一端，而斯密则完全处于中点过后的另一端了。洛克尽管不赞成霍布斯的很多观点，但是却并不反对霍布斯的人类动机自利中心论。他想当然地认为，我们扩展后的自利的（将上帝的奖惩同其他要素一起，纳入是否要成为一个好人的考量中）会清楚地显示人类倾向于德性一边，即便是在没有政治主权者的情况下。② 洛克的学生沙夫茨伯里勋爵（Lord Shaftesbury）当然就是这样理解洛克的，并批评他需持有如此自利的人性论。相反，沙夫茨伯里的立场是认为我们拥有一种自然的、无法化约的"道德感"，我们通过它赞成还是反对某一行为做出判断，而无需诉诸我们的自利，并宣称如果我们行道德之事，就能赢得这一道德感赞许所带来的独特（sui generis）愉悦。③ 哈奇森发扬了这一理论，提出一系列的论证，证明无论是道德赞同还是道德动机都无法化约为自利；他认为沙夫茨伯里对自利论作出了太多的让步，承认我们人类之所以想成为一个有道德的人，就是为了获得自我赞许（OV，introduction）。斯密也许就介于沙夫茨伯里和哈奇森之间，他赞同哈奇森提出的对他人的关心是人性的基本特征，但是反对[85]将人类自我赞许的欲望归结为自利（TMS 117，178，303）④。但即便将斯密归为与沙夫茨伯里而非哈奇森一类，斯密也并没有像洛克那样倡导自利，更别提霍布斯了。斯密绝非是人

---

① 文中的引用来自 Bernard Bailyn, *The Origins of American Politics*（New York：Vintage，1968），p. 41。

② 参见 Locke，*Essay Concerning Human Understanding*，II. xxi38，43—44，62，II. xxviii. 5— 8；Jerome Schneewind，*The Invention of Autonomy*（Cambridge：Cambridge University Press，1998），142—155；Stephen Darwall，*The British Moralists and the Internal"Ought"*（Cambridge：Cambridge University Press，1995），pp. 149—171。

③ 关于沙夫茨伯里及其与洛克的关系，参见 Darwall，*British Moralists*，pp. 176—178。

④ 毕竟，追求自我赞许的欲望会让人牺牲所拥有的一切，甚至包括自己的生命。

类生活自利中心论的主要代言人,而是这一观点反对阵营中的一分子。

不过,甚至连哈奇森,整个 18 世纪最坚决的仁慈论提倡者,也表示"普遍仁慈本身,并不是足以产生勤勉的动机,能够让我们去承受与自爱相违背的劳作、辛劳以及其他各种困难"(OV VII. vi-ii)。人类是仁慈的,但是并不足以让人们努力工作:"那些人尽管天生活跃,但是他们更喜欢从事更轻松、更令人愉快的活动,而不是缓慢而不间断的、高强度的生产生活必需品和便利品必需的劳作,应该有其他更强烈的动机让他们从事这些更严苛的劳作。"(SMP I: 310)

因而,在经济领域,自爱不可或缺。既然不可或缺,那么在道德上就是可以接受的:"自爱和仁慈一样对于整体的福利而言不可或缺;正如使得部分的衔接成为可能的吸引力,之于整体的正常运行而言,如万有引力般不可或缺。"对哈奇森而言,这一观点是自然神学的一部分。自爱之于自然体系的必要性,解释了为什么仁慈的神会在我们身上植入这样一种去道德的行为动机。自爱就宇宙整体而言是好事;但并无法使依此动机行为的主体成为值得称道的对象。出于自爱的行为仍是去道德的。只不过,某些去道德的行为对人类社会的运行而言必不可少,而上帝赋予我们这样一种动机源泉去实施这些行为也是件好事。

不仅如此,对哈奇森而言,程度不够强烈、无法促使人们勤勉的情感是"普遍"仁慈,即对所有人类的仁慈,而不是我们对朋友和家人怀有的"特殊"仁慈。哈奇森认为我们对朋友和家人的关爱与我们的自爱是属于同一强度的情感,但是"普遍仁慈"却要弱得多:

> 剥夺任何人通过自己清白劳动获得的成果,会使人丧失出于自爱或更亲近的关系而勤勉的动机;唯一留给我们的是普遍仁慈这一动机……勤勉将会局限于满足我们此时此刻的

必需品，一旦这些需要被满足，勤勉就会停止；如果不允许我们将超出此刻必需品的那部分储存起来，也不允许我们按自己意愿处置必需品之外的那一部分，或是用于交换其他种类必需品，或是服务于我们自己的朋友或家人，那么唯一剩下的就是并不强烈的普遍仁慈这一动机了。（OV 182，重点为作者所加）

自爱在这里与"更亲近的关系"和"服务于我们自己的朋友或家人"放在一起，而在其他地方哈奇森谈到了"友谊这种微妙的关系，会使一个高雅的灵魂如此依恋另一个，以至于会非常乐意为他忍受所有的辛劳"（SMP I：322）。我们对自己所爱的人怀有的情感可以与自爱一样强烈；事实上，有时我们为了他们的利益而牺牲自己。正常情况下我们并不会为不认识的人（比如我们偶然碰上的屠夫或面包师）做这一切。正如我们在上一章所讨论的，斯密[86]完全追随了哈奇森的思想，区分了普遍仁慈与更为亲近的关系。也和哈奇森一样，斯密认为在经济领域，自爱是不可或缺的，在这一领域我们主要接触的对象是不认识的他人，然而，重点是斯密并没有将自爱看成是人类每个领域中关系的基础。

哈奇森还在其他地方表达了另一个顾虑，即亚里士多德针对柏拉图（*Politics* II. 5）提出的：即便我们想成为仁慈的人，我们也希望是出于自己的意愿这么做，因而也是希望使用我们自己的物质手段，而不希望仅仅只是客观分配物资的仁慈政治体系的一个组成部分。至关重要的是，我们每个人都可以自己决定我们是否以及如何成为仁慈的人，"相比起当每个人成为自己所获财物在其所爱之人中间的分配者时，没有任何对官长明智分配的信心，能够让人们带着如此的喜悦和衷心的善意忍受任何程度的劳累"（SMP II. 6. vi，322）。遵循自己的道德情感主义，哈奇森运用我们的情感突出自由的价值，"我们所有人都能感到一种自由感，即想要根据自己的意愿行事、满足自己情感的强烈愿望，不论这些意愿或情感到底是自私的还是慷慨的"，而想要在没有最重要的公共利益要求进行干预时，阻止人们按照这种"自由感"行事是"恶意而残忍的"（SMP II. 6. v, 320）。哈奇森写道，"当人们被迫做出善意的、仁慈的、感恩的行为时，这些行为将……不再显得可亲"（OV VII. vi）。因而使得德性行为无法赋予人们合理的愉悦。正是由于这些行为"并非是强迫的"才使得有德性的人"能够有机会展现他们的德性，并获得他人的尊敬和爱戴"（SI II. iii）。官方对物质财富的分配剥夺了我们践行和展现德性的机会。所以我们青睐的体系应该能够允许每个人都有自己获得物质财富的机会，然后自主决定是否要做善举，而不是那种由"官长"分配物质的体系。一个能够让我们选择是否做善举的体系，当然是允许我们以自爱为出发点行事的体系，而允许我们以自爱为出发点行事的体系是赋予我们自由的体系——哈奇森的主要关注就在于我们拥有自由：用哈奇森自己的话语是"自然自由"（SMP II. 5. 2; 294）。

因此，我们甚至在哈奇森这样一位从未被指责将自爱置于仁慈之上的思想家那里，也能找到几处论证，认为在经济领域中自爱享有中心地位。这应该成为第一个理由，反驳斯密在《国富论》中赋予了自利崭新而矛盾的突出地位这一假定。而反驳这一假定的第二个理由则是，我们可以注意到《国富论》出版后很长一段时间内，人们并没有关注《国富论》中自利的角色。据我所知，《国富论》的首批读者中，不管是在英格兰、苏格兰或是在德国、法国、美国，无论是在褒扬还是批评这一著作的时候，都没有指出本书的这一特征，也没有任何人指出《道德情操论》和《国富论》间存在尖锐的断层。《道德情操论》无论在欧洲还是美国，都享有非常高的知名度，正是斯密这一早期作品享有的声誉，才为《国富论》赢得了最初的关注。如果这两本著作存在断层，那么我们会期待在当时的斯密读者群看来这一断层会显得尤为突出。然而，一直要到更为后来的 19 世纪，[87]当更多的读者了解《国富论》，但却对《道德情操论》最多只是一知半解时，人们才开始提出这两本著作对人性有着完全不同的解读这个看法/观点。这是很好的间接理由，证实我们的怀疑，即，所谓《道德情操论》和《国富论》存在断层，是那些误解了其中一本或两本都误解了的人持有的观点。下面用《国富论》的文本对这一怀疑加以证实。

20　《国富论》II. iii 中的"改善自身境况"

首先，我会引用《国富论》中的两段话，它们被人认为意在证明，在人类生活中自利是普遍存在的。第一段话来自第一篇第二章。这一部分至少可以被合理地理解为是支撑整本书其余部分的人性论的组成部分之一。第二段话出现在第二篇中间的位置且穿插在关于其他话题的长篇论述中。这一事实就表明，它并非斯密人性一般理论的最好解读来源，而仔细研读这段话更加证实了这一点。因而，我会先从简要讨论第二段话开始，然后将更多的时间花在对第一段话进行解读。

两段话的引用都脱离了语境，然而，对斯密而言，语境通常是理解话语意义至关要紧的背景。因此，我们一开始就应该注意到第二段话穿插在关于节俭的重要性以及真实或想象的过度消费的危险性的详细讨论中。奢侈禁令的倡导者认为过度的奢侈花费会毁掉一个国家。斯密认同私人的"过度挥霍"有损国家财富，但是指出政府无需对此担忧，"这很少发生……个体的挥霍妄为会在很大程度上影响到一个大国的境况；另一部分人的俭朴慎重，总够补偿这一部分人的奢侈妄为有余"（341）。奢侈禁令完全没有必要（在 346 页斯密将这些禁令称为"不当的"和"自以为是的"），因为绝大多数人都是节俭的。有什么理由能让我们相信绝大多数人是节俭的呢？斯密写道：

> 就奢侈而言,促成浪费的是追求当下享受的激情,它虽然有时是强烈的和非常难以控制的,一般却只是暂时的和偶然的。然而促成节俭的动力,是改善自身境况的欲望,这种欲望虽然通常是冷静和沉着的,却是我们从出生到进入坟墓所一直具有的。我们一生到死,没有一刻会完全满足于自己的处境,而不想做某种改变或改进。(341§28,重点为作者所加)

也许斯密是沉醉于自己的修辞天赋,或自己斯多亚式关于"虚空"的津津乐道,斯密这里说明节俭天性普遍存在的文字表述,使得他被冠以自利在人类动机中享有至高地位这一观点的极端倡导者。[88]从摇篮到坟墓整个"过程"中,几乎没有任何一个瞬间,人类是无私的。斯密先生自己是这样的人吗？当然不是——一些更不怀好意的批评家甚至恶意嘲讽说,恐怕只有苏格兰是这样的。但是,斯密先生从未宣称这样的观点,甚至将着重强调的部分脱离语境来看,也不是这个意思,而将其置于语境中,就更不是这个意思了。

即便脱离语境来解读:我们想要"改善自己"的欲望的恒定不变,并不意味着要排除其他欲望的存在。文本本身就阐明了,比如,"强烈而很难抑制"的当下享乐的激情,也许会与改善自身境况的意愿同时产生,尽管两种欲望相互冲突。更别提那些与我们的改善长期处境不冲突的欲望,包括绝大多数想要帮助家人、邻居以及更大社团的日常冲动,会与我们想要改善自己境况的欲望同生共现,甚至还会对后者起到阻遏作用。我们也许可以说,改善自己境况的欲望是一个恒长的主旋律,在这一背景下,各种各样的兴趣和欲望各据其位。我们是否可能会为了其他人的利益,或正义,或职责的履行,抑或某种精神追求而产生其他欲望,并不是讨论的重点,因而也不是文本支持或反对的对象。不仅如此,斯密并没有任何赞扬或甚至描写最初级的和消费至上主义的"满足你自己的欲望"这个态度,斯密这里阐述的是,在人类身上延迟满足,将想要满足自己欲望的即刻冲动推延的能力,通常比与之冲突的"当下享受的激情"更为强烈。我们应该将这理解成是对人类动机结构的褒扬,而非谴责:与斯密在其他地方的阐述一样,自然的人类状态是成熟的、社会化存在状态,而非任性胡为的儿童状态。但是,无论如何,斯密所对比的两种激情都是自私的。在追求即刻享受的激情中,并没有任何利他的、正义的或职责履行之类的因素,而我们也不能认为斯密是在说,我们受到改善自己境况的欲望的支配,不受某种更社会性或德性的东西的支配。

　　置于语境中解读:所引段落之后,斯密继续写道"财富的增长"仅仅只是"绝大多数人想到……改善自身境况"的方式,也是"最为粗鄙……和明显"的自我改善。既然这仅仅只是"最粗鄙的"自我改善方式,那么就意味着还有其他方法——不那么"粗鄙"或"明显"的方法。但凡读过《道德情操论》的人,都会想到道德发展这个方法。在《道德情操论》中,斯密清晰地表明,尽管道德发展和社会认同之间的密切联系,使人们经常追求社会地位提升而非道德发展,然而,德性(在自己的激情中做到适度与和谐)是比社会地位提升更深层的自我改善方式。因而,通过追求财富提高自己的社会地位是一种错误和混淆。斯密并没有声称"改善自身境况的欲望"必定会带来这样一种混淆。斯密也并没有主张,[89]如果绝大多数人倾向追求道德提升而非社会地位提高,财富的积累将会消亡。事实上,他们更有可能比现在还要节俭,更有可能寻求明智的方式,将金钱用到有益于社会的花销上。在《国富论》的下文,有一段不那么为人所知的语篇,斯密事实上描绘了人们为他们的后代储蓄(917),而这是一个善行。与节俭产生冲突的并不是明智的善行,而是自私的浪费。斯密在《国富论》II. iii 中所想要指出的是自私的浪费不是一个重要的公共问题。

现在,让我们把从 II.iii 中长段引用话语中的着重部分作为这一整体观点的一部分进行考虑。斯密这里所开展的论辩,针对的是这样一些人,他们认为"当下享乐的激情"是如此危险,对整个国家资本具有如此大的毁灭性,以至于政府必须通过法律限制这种激情。斯密敦促自己的对手意识到这"通常只是暂时的和偶然的"。相反,节省背后的欲望,"尽管通常是冷静和沉着的",却一直会伴随我们从摇篮到坟墓的整个过程。这一欲望是"统一的、恒定的和不间断的",能克服政府制定的最糟糕的政策和对资源最糟糕的破坏(§31,36)。① 斯密将这一观点阐述透彻,把将丑恶的物质主义人性论作为反驳的对象,并指出,即便根据这个观点,对社会地位丑陋的物质主义追求,也最终会击败对短暂快乐的丑陋的物质主义追求。在这一论辩过程中,一次次出现非常玩世不恭的语言,或是为了追求表达的生动,冷酷地将人生看成是生与死之间的幕间休息,也并不足为奇。而这样的话语既没有出现在《国富论》的开篇(那里斯密至少谈及了一种人性理论),也没有出现在书中的其他任何地方,也同样不足为奇。我们必须将斯密想象成(就像他自己也许也是这么想象的)正在同伪善的政客论战。他们声称极为忧虑穷人的浪费放纵。"愚蠢的、暴力的和自我毁灭的激情会压垮这些意志薄弱的人",他们

---

① 这些政策中最糟糕的,即导致资源最大破坏的政策,是"昂贵而不必要的战争"(344—345;另见 925 和 929,其中重复了 II.iii 中的许多要点)。此外,我们应该注意到斯密多次告知我们,与生产性劳动者不同的是,士兵容易染上"懒散和放荡"(470)的恶习,这就清楚地表明,斯密就追求社会地位这一主题论辩的目的之一,是要与追求军事荣誉的意愿进行对比。与突然爆发的喧杂的战争形成鲜明对比的是,"统一的、恒定的、不间断"的想要改善自己社会处境的愿望"悄无声息地、缓慢地"进行;这就要求并由此导致持续一辈子"勤俭节约、行为端庄"的生活模式(341,342,345,929),与士兵浮夸、漫不经心的行为形成对比;而激励军人征战的仅仅只是极度的虚荣心,以获得赞美而不是值得赞美为目的。因此,与那些导致国家在战场上摧毁自己的暴力、浮躁、鲁莽,以及最终几乎毫无高尚可言的动机相比,商业性的所谓的"低级的和自私的"(349)天性就要好多了。斯密对待战争的态度,另见下文第 60 节。

哀叹，"我们必须为了他们长远的利益控制他们的花费"。针对他们，斯密写道："事实并非如此，先生们，即使没有他们的帮助，他们想要成为他们这样的人的愚蠢想法也会限制他们。"他们清楚知道——也许他们并不清楚——①任何重大的浪费或放纵将会让他们失去任何可以长期提高社会地位的机会。从他们已经获得的社会地位中跌落的威胁时刻出现在他们的眼前；同样出现在眼前的还有最终社会地位得到晋升的希望，尽管这一希望是如此微弱。因而，比任何政府能够施加的惩戒更为有力的限制（在绝大多数时候）会让他们节省而不是花费。斯密所采用的语言充满力量，着重描述了绝大多数人想在社会中往上爬这一欲望的稳定性，而这些都可以从斯密正在进行的是一场论辩这一点中得到充分解释。对当时的知识分子和政治家而言，他们最不愿接受《国富论》中的一种观点是，普通人完全可以自己决定消费什么以及消费多少。同时，这却也是最重要的观点之一，因为这驳倒了商人们提出的一个重要论断，即政府应该控制经济。人们总是并仅仅一味追求物质上的自我利益这一点，无所谓对错，但是，从《国富论》II. iii.[90]我们并不能得出结论说，斯密持有这样一种观点。斯密支持的观点仅仅是，长期的物质利益相比短期的物质利益是一种更可靠的动机来源。

21　《国富论》I. ii 中的自爱

现在我们转向斯密《国富论》中最为人熟知的话语：

> 我们并不期待从屠夫、酿酒师和面包师的仁慈中获得自己的饭食，而是从他们对自己利益的考量中获得。我们不说

---

① 关于穷人比富人更为克己的可能性，参见 TMS 63—64 和 WN 794。

唤起他们人道的话,而说唤起他们自爱的话;我们不对他们说
自己有需要,而说对他们有利。除了乞丐,没人会选择主要依
靠同胞的仁慈过活。(WN 26—27)

这些话语经常会被引用,作为证据证明斯密在《国富论》中持有
人性极端自利的观点。事情真的是这样吗?我们当然是从屠夫和
面包师能从我们这里获得什么的角度与他们对话!谁又会有其他
不同的看法呢?如果斯密持有的观点是人们总是受自利动机的激
发,那么他应该引用一个不那么明显的例子,比如,也许像曼德维尔
那样,向我们展示慈善的行为其实也是受自利动机的激励①;或者,
像当代的经济学家加里·贝克尔(Gary Becker)一样,证明父母在对
待子女的问题上,也受自利动机的激励。在一般情况下,没有任何
一个有自尊的人会想到要进一家肉铺去乞要一块牛肉。② 斯密也
并没有否认在特殊情形下,有人确实会乞讨:"除了乞丐,没人会选
择主要依靠同胞的仁慈过活。"但是,乞丐确实选择这么做了。因
而,整段文字论证的观点不可能是,人们的行为完全受自利动机的
激励。如果斯密真的想要进一步支持曼德维尔的这一观点(斯密
在其他著作中费力要将其驳倒[TMS VII. ii]),斯密就不会引用
这么一个人们已经公认自利在其中起作用的范例来论证。

如果这段话并不能很好地证明人类都是自利的,那它就更不能

---

① "如果一个人为了其侄子或侄女的利益行事,并且声称由于他们是我兄弟的孩子,
我这么做完全是出于善心,那么他是在欺骗你:因为如果这是他能力所及的,就是
他被期待应该做的,他这样做部分是为了自己:如果他重视世上的尊严,也顾及荣
誉和名声,那么他必须对他们比对陌生人更为关照……"Mandeville, "An Essay on
Charity, and Charity Schools," in *The Fable of the Bees*, ed. F. B. Kaye(Oxford:
Clarendon, 1924), p. 253(亦参见这一整章)。
② 一位自尊自爱的屠夫也不会白白把肉就给具备购买能力的消费者。格洛丽亚·维
文萨(Gloria Vivenza)完全有理由"怀疑无偏私旁观者是否会……赞同那位把肉白
送给人,哪怕只是比本应售卖的价格更低出售的屠夫",Vivenza, *Adam Smith and
the Classics* (Oxford: Oxford University Press, 2001), p. 63。

为人类应该是自利的这一观点提供什么论据。我们从这段文字获取了一幅关于人类关系的颇为吸引人的画面,这种关系无需诉诸仁慈,反映了我们绝大多数人与屠夫和面包师之间那种可靠而独立的关系,与之相对的是乞丐那种令人倒胃口、屈辱并总是不确定的生活状态。这里的核心是我作为屠夫顾客的生活与乞丐的生活之间的对比,而不是与屠夫自己的生活或自爱的对比。这里的主角(我们被认为与之同样的人)仅仅是一个诉诸自爱的人:他是"如果……就更有可能占据优势","提出……交易","期待获得"自己的饭食等等这样的一个人。而这个角色是否是自利的就完全不清楚了(他或许是为慈善晚宴买肉),不管怎样,这并不是重点所在:重点是阐述他的策略,他知道用一些东西作为交换可以从屠夫那里获得肉。与这段前文中"讨好对象"的乞丐或小狗不同,[91]屠夫的顾客能够诉诸其他人的需要,而不是自怜自爱地诉说自己的需求。因而,不管屠夫是否是自利的,这段文字的论证基于屠夫的顾客具备感受和诉诸他人利益的能力。我们现在或许能清晰看到,这些广为人知的话语并不是艾恩·兰德(Ayn Rand)那种对自爱的拔高,而是主要关注我们以他人为导向的能力。

这让我们回到了这些话语所在段落的中心思想:人类甚至可以一起追求他们各自的个人利益;没有仁慈的社会也不一定是充满敌意的社会;经济交换,即便是在完全自利的人之间,也并非零和博弈。在每个案例中,重点都在于"公平"。如果人们之间存在的纽带是本能或爱,那么他们共同合作从事某些活动,是不足为奇的。令人惊奇的是没有这种纽带,这样的共同合作仍然可能。"小狗讨好主人",小狗和主人之间的内在联系(用我们今天的话语来说),使得他们之间以这种方式一起合作。当非人类的动物之间不存在这种将小狗与主人联系在一起的本能的或爱的纽带时,它们就很少会在一起工作:"在几乎任何一个其他动物种族中,每个个体长到成年后,就完全独立了。"最多,它们只是看起来似乎在一起合作。斯密写道,两条灰狗有时似乎看起来是在一起合作追杀一只野兔，但这仅仅来自"在某一特定时刻，它们的激情对于同一对象的一致"。相反，我们人类是有目的地合作，共同追求我们的利益。把我们与灰狗区别开来的是不同的认知：我们知道其他人类追求相似的目标而一起合作，而不是从一人那里攫取，给予另一个人，才能够改善我们每个人的生活。灰狗和小狗完全与我们人类一样自利，但是，我们人类知道自利容许合作，而它们却并不懂这一点：这正是人类的特性，"所有人都具备的这一特点，却是其他任何动物种族所欠缺的"。这一点正是为《国富论》整体的论辩服务：展示无论是城镇与乡村、一个国家与另一个国家、一个产业与另一个产业，并不是处于对财富的霍布斯式争斗中。也许从日常生活层面看，他们是在互相竞争，但这种竞争最终服务于人类共同致力于实现每个人的财富增加这一目的。[①] 因而，重商主义对贸易实施限制毫无意义，而是会适得其反。

　　想要加深对这段描述"屠夫和面包师"的文字的认识，可以结合其开头："至于这种倾向是不是人性中无法进一步解释的初始秉性之一，或者更有可能的，这种倾向是不是理性和言语这些能力的必然结果，并不是我们现在所要研究的问题。"这一段话会让我们认为，这里的意思是要从我们的说话倾向中推演出交换的倾向。在这一部分的早期版本中，斯密确实也是这样表达的。斯密认为，交换的天性的基础是"想要说服他人的初始秉性，而后者在人性中占据如此重要的地位"（LJ 493）：

　　　　拿出一先令这一行为，就我们看来其意义如此直白简单，

---

① 试比较 Patricia Werhane, *Adam Smith and His Legacy for Modern Capitalism* (New York: Oxford University Press, 1991), p. 94："斯密指出，经济交往无法在自利的'真空'中运作，而是需要合作与协调……自由交易需要双方或两个国家间的合作。尽管商人之间存在竞争关系，但他们还是经常一起工作，有时甚至是合谋。城市居民和农民之间也存在这种合作关系……在所有这些情况下，合作既是自然的，也是我们自身利益所要求的。

事实上却也是在提出论点,[92]说服对方要这么做,而这么做也是符合他的利益。人们总是试图说服他人接受自己的观点,即使事情本身完全与他们无关。假如有人提出任何关于中国或更遥远的月球的观点,而你认为这一观点是错误的,你也会立即试图说服他改变想法。从这一角度看,我们每个人一生都在练习如何说服他人的口才。(LJ 352)

《国富论》中的观点没有这么极端,并没有轻易在交换和言语之间划上等号,而是留有余地,认为可能存在交换的冲动这么一种基本动力,就像牛顿提出的重力,"对此我们无法做进一步的解释",并说无论如何这与"我们当下的主题"无关。① 尽管如此,随后的段落却也并没有如这一早期版本那样,稍微说了一下这个问题。"从来没人看到动物会通过姿势和自然呼声,向其他动物示意:这是我的,那是你的;我愿意用这个交换你那个",斯密写道。他继续告诉我们,动物互相讨好,获得自己想要的东西,因为它们没有"任何其他说服对方的方式"。在稍后,斯密告诉我们"无论谁向另一个人提出交换",事实上是在说,"给我我想要的,你就能够获得你想要的"。最后,我们开头引用的那段广为人知的文字,展示了我们如

---

① 我并不想完全无视斯密的否认声明;他在《国富论》中加入了这一点,并删除了原来《法理学讲义》中就交换和言语之间进行的详细类比这一事实本身,就表明斯密对其合理性产生了怀疑。但是,我认为这一怀疑也并非那么至关重要。他大概认识到,经济往来实际上并不总是伴随着谈话,甚至也无需两个人之间进行直接接触。此外,在绝大多数情况下,给屠夫一先令,并不是真正的劝说:这是一种传统的做法,双方都不需要进行说服。建立这一活动所需的交谈或任何劝说,在很久以前或是其他场合就已经完成了。但说话和说服的能力,当然是建立交流体系的必要条件,而交流本身就像言语一样,是人类与其他人共同行动、共同完成计划的一个基本倾向。那么,交换和言语可能仅仅只是彼此类似,或者它们可能都是源自共同的冲动根源,或者交换也可能源自言语。在《国富论》中,斯密并没有明确信奉其中任何一种可能性(尽管他确实认为交换源于言语的"可能性"最大)。这并不重要。没有说服,市场互动几乎是不可能进行的;交换可能不完全是言语,但绝对依赖于言语。

何与屠夫和面包师"说",我们"对他们说"什么。尽管在一开始就声明,并不深究商业与言语之间的联系,但是斯密这段文字的要点似乎非常依赖这种联系。

为什么言语如此重要? 在《法理学讲义》中,斯密强调了在人类一生中说服能力的重要性——"每个人在他一生中都在练习如何说服他人"——并在这一语境中引入了"交换"与"契约"。这之后,斯密描述了动物出于自利聚集在一起,但是缺乏交流的语境,将会发生什么:

> 这就是物物交换,[人类]诉诸对方的自利,几乎总能即刻就能达成自己的目标。动物并不具备这样的概念:正如我上文提及的,当灰狗的视野中出现共同目标时,会合作出击,但是,它们绝不会达成任何契约而行动。在好望角的猴子抢劫果园这一例子中,这一点就更为明显了——当它们非常有技巧地摘走苹果后,由于它们之间没有契约,它们互相争夺(甚至战死),现场死伤无数。(LJ 352;重点为作者所加)

没有契约,没有讨论,自利的动物只会自相残杀;通过讨论,他们可以一起合作。只有能交谈的动物才能意识到交换如何可能达成双赢的局面,并建构一个框架——正义和契约的框架——在这一框架下,他们可以相信彼此会公平竞争。《国富论》中描写的灰狗或许碰巧在追逐同一个目标,但是,它们这么做不是"契约的结果"。它们还可能碰巧抓到了一根已被嚼过的骨头,但是它们却无法将自己获得的骨头进行"有意且公平的交易"。《国富论》后面的篇章指出,交换是否"公平"取决于交换的物品是否价值相当。而交换价值取决于一个物品通常可以对等交换到的对象。但是,[93]如果任何物品的公平交换对象,取决于这一物品在日常生活的其他地方一般能够交换到的对象,那么公平交换这一观念在本质上就是一个语言观念。即便两只狗碰巧交换了骨头,它们无法将自己的交换称为是"公平的",除非它们知道在自己的街区,对其他狗来说相似的骨头值多少。很难想象没有交谈能力的狗能够获得这种知识。

这一将言语强调为我们人类区别于其他动物的特征,让我想起了政治理论中最古老的观点之一。亚里士多德曾指出,人类是政治动物。他用如下方式论证自己的这一观点:

> 人类相比于蜂类或其他群居动物更具备政治性,原因也是明显的。自然……所创之物无一不有其用途,而人类是动物中唯一具有言语能力的物种。其他动物所具备的仅仅只是用来表示愉悦或痛苦的声音……而言语的力量在于能够阐述某事物是否有利或有害,以及是否合乎正义或不合乎正义。而具备善与恶、正义与非正义感等也是人类独有的特征,正是这样的人联合在一起,才构成家庭和城邦。①

就这一点,比较斯密的观点:

> [交换的倾向]是所有人类共有的,也是其他物种动物所不具备的……[猎狗协同行为的出现]并非契约的结果,只是在某一特定时刻,它们的激情对于同一对象的偶然一致。从没人看到狗与狗之间公平审慎地交换骨头。也从没有人看见动物通过姿势和自然呼声,向其他动物示意:这是我的,那是你的;我愿意用这个交换你那个。(WN 25—26)

---

① Aristotle, *Politics* I. 2, 1253a7—18, Jonathan Barnes(ed.), *The Complete Works of Aristotle* (Princeton: Princeton University Press, 1984).

很重要的一点,斯密认为交换而非政治社会是人类的天性使然,但在其他方面,斯密的观点与亚里士多德非常接近。两者都通过以下两点论证人类社会交往的独特性:(a)动物的交往仅仅是对内在冲动的回应(亚里士多德那里是"苦乐的感受",而斯密这里则是"激情"),而非基于言语;(b)动物其他貌似言语的表现(两人分别说"仅仅是声音"或"姿势和自然呼声")也并非真正的言语,因为这只是冲动的表达,而不是理性引领的过程(亚里士多德)或任何真正"有所指的"(斯密)。亚里士多德将言语与(充分意义上的)"理性"联系在一起,从这里立即得出结论说,并非交流本身,而是关于"善与恶……正义与非正义"的交流,才是人类的天性使然;斯密则更为谨慎,仅仅指出即使最幼稚的自利的人类争辩,也基于指称(signification)和某种理性推理("这是我的,那是你的;我愿意用这个交换你那个"),而这种最低水平的智性交流也超出了我们能够归于动物的水平。

　　指称,即使并非用于高端的推理,也是这样一个过程,其中,任意的声音或符号(a)与可能不存在于说话者所处当时情境中的对象和观念相联系;[94](b)能够从真假的角度进行判断时,串联在一起才有意义。① 因此,参与这一过程就需要从当下所处情境中抽离出来的能力,并努力符合意义与真理的规范,而不只是释放声音表达的冲动。要具备意义,即成为符号、标记,就需要一个标准,一个使用它们的规范,而不仅仅是一个诱因。把我们自己理解成是在使用语言,在沟通,我们必须将自己看成是在合乎理性地以这些标准为目标,最终达成或没达成自己的目的,而不仅仅是与这些标准是否碰巧相符。即使是决定论者也必须承认,人类享有最显著自由的生活领域之一,貌似就是我们的话语能力。这一点无疑

---

① 从索绪尔起,欧陆语言哲学流派强调其中的第一个;英美语言哲学流派,尤其是由唐纳德·戴维森所发起的,强调第二个条件。

是正确的,不管言语所涉的是善恶、正义和非正义,或仅仅是我们自己和他人的物质利益。

因而,把交换与言语联系在一起,并通过指称和说服把言语与动物的呼叫区别开来,斯密将交换与人类自由的可能性在其中占据核心地位的那样一个领域关联在一起。这一关联就意味着,市场关系的本质蕴含着解放的意味。强化这一印象的是"说服"(persuasion)一词在《国富论》出现的其他场合,传递的是褒义,并与贬义的同义词"权力"(power)形成对比。比如:

> 人类的骄傲使得人类喜欢支配,而不得不屈尊说服下人则是最让他感到羞辱的事。因此,一旦法律允许,工作的性质允许,那么,他通常会选择用奴隶的劳动而不是自由民。(388)

> 尽管管理和说服总是政府最容易和最安全的手段,正如武力和暴力是最糟糕和最危险的,然而……人类与生俱来的傲慢几乎总会使得他不屑于使用好的手段,除非他不能也不敢使用坏的手段。(799,两处引用中的重点都为作者所加)

去说服他人让我们感到尴尬,然而,其他方式不仅令人不快而且无效。在两种情况下,斯密都强调依靠武力的无理性。他将说服与把其他人看成是"自由的"和"独立的"而非奴隶这一观点联系在一起。因而,当斯密将市场交换追溯至说服,他就将话语所要求和彰显的自由引入了其中。通过与我们的同类交谈,无论是在市场上还是其他地方,我们都承认各自是独立的,而同时也表明了我们摆脱了动物式冲动;我们对他人的利益和自己的利益表示尊重;我们克服了也预先压制了自己想要支配他人的冲动;这为合作,而不是奉承、欺骗和武力铺平了道路。因而,斯密在一点上胜过孟德斯鸠:商业的好处不仅仅在于国家间和平相处,还提供了个人自由和相互尊重的道德基础。

22　自利 VS"普遍仁慈"

[95]将自爱在解释《国富论》I. ii 时通常占据的主角位置上赶走后,我们现在必须承认其确实扮演着重要的支撑角色。斯密将"公平的、有意的交换"与"这是我的,那是你的;我愿意用这个交换你那个"的言语论述联系在一起,然后将这种契约式/对话式关系与小狗献媚讨好主人以及猎犬摇尾乞求食物加以对比。这些"奴颜卑膝和奉承谄媚"如果成功,会引发"善意"行为。然而,人类并没有那么多时间,每次需要他人帮助时都讨好献殷勤,因而他们转而诉诸他人的自爱。这就意味着这一段开头的契约式/对话式的关系以自爱为基础,而它们将是经济运作方式的核心。重申一遍:重点是人类能够合作共同追求自利目标,然而,这并不意味着人类比其他动物更自利(小狗和猎犬也是自利的)。在人类生活中,很大的空间被留给了"善意"(猎犬的主人出于善意行事),而整段的措辞表明,完全依赖善意的关系存在道义上令人不齿之处(其中一方"奴颜婢膝和奉承谄媚",而另一方就得"趾高气扬和颐指气使"),而基于双方自利的更为平等的关系,则呈现令人钦佩和尊敬(甚至是"敬畏")的一面。即使我们承认这一切,有一点仍然准确无疑,斯密在告诉我们,自爱而非仁慈是绝大多数经济关系的基础所在:

> 在文明社会中,[人类]无时不需许多人的合作和帮助,然而终其一生,人却交不上几个朋友。……人几乎总是需要同胞的帮助,若他想仅仅依靠他们的仁慈获得这种帮助,那将会徒劳无功。如果他能够激起他们的自爱,使之朝向他想要的方向,并告诉他们,这么做也对他们自己有利,他就更有可能得偿所愿。

这里的重点,当然是仁慈在经济交换中扮演着微不足道的角色。① 但是,为什么仁慈在经济领域如此无足轻重? 因为我们在获取物质利益时,需要从他人那里获得的"合作"或"帮助",那种涉及经济的合作与协助,是需要来自"广大人群"的合作和帮助。人类生产和交换众多物质财富的网络扩展至各个大型社会,有时甚至整个人类。与此同时,即便是在一个小镇,要想与绝大多数成员搞好关系,以便从他们身上获取"特殊仁慈",也是不现实的,因而,如果我们的经济交换以仁慈为根基,我们所需要仰仗的是普遍仁慈,即对陌生他人的善意,而这是非常微弱的人类情感。对陌生他人的善意有两种表现形式。[96]当这种爱局限于自己国家的人民时,斯密称之为"爱国之情"或"公共精神"(TMS 191,228—232),而扩大至全世界所有人类时,则是"普世仁慈"(235—237: see §14)。因而,当斯密选择自爱而不是善意作为经济交换的基础时,他其实是选择了自爱而不是公共精神和普世仁慈。类似地,在 IV.ii 讨论"看不见的手"那一段,斯密会说商人无意促进"公众利益",而不是说商人没有任何仁慈的意图。斯密认为在经济领域,我们完全可以忽略的不是一切仁慈,而是这种公共精神,这种对"大众"福祉的关心。在这一点上,他与意见相左者詹姆斯·斯图亚特终于意见一致了。斯图亚特写道,政治经济的基本原则是,"每个人都可以从公共利益,或是私人利益出发,采取行动……任何政治家能够要求其臣民遵守的唯一公共精神,仅仅只是严格遵守法律"②。

　　正如我们所看到的,斯密这里也对哈奇森,当然还有洛克、曼德维尔、休谟等其他作家的观点表示赞同,他们比斯密更加突出自

---

① 但即使在这里,第二句话中的"仅仅"一词,限定了仁慈完全被排除在外的程度。编辑在本页末引用的曼德维尔类似的论点中,却并没有出现这样的限定;而斯密在本段落末尾,也类似地指出,乞丐并不"完全"依赖于"慈善",而曼德维尔在这一点上则将"慈善"本身都归因于捐助者本身的自利考虑。

② James Steuart, *Inquiry into Political Economy* (London: Cadell & Davies, 1805), p. 212,重点为作者所加。

利在人们生活中所扮演的角色。那么斯密所驳斥的对象又是谁呢? 答案也许是卢梭,当然还有柏拉图、托马斯·莫尔,以及其他乌托邦主义者,他们提出,存在着这样一个社会,即每个人都出于对公共利益的热爱,从事工作并进行交换。哈奇森在这方面明确批评了柏拉图和莫尔(SMP II. 6. vi,323—324)。斯密之前不久的学者摩莱里神父(abbé Morelly),在其著作中想象有这么一块大陆,每个人都觉得"有义务使[国家]变得富饶",并一起快乐地工作,彼此间只有"友好的竞争"。① 托马斯·坎佩拉(Tomas Campanella)则在一个世纪以前描述了一个想象的"太阳城",那里的居民纯粹出于公共精神从事工作;到访过那里的旅行者报告说,他们"对祖国怀有如此深刻的热爱,以至于连我都怀疑这几乎不可能是真的"②。对此法学家塞缪尔·普芬道夫尖锐地指出,"想象一个完美的人容易,现实中却很难找到"(LNN IV. iv. 7,第 541 页)。斯密宣称人类的普世仁慈很微弱,我想他是站在了普芬道夫的立场上,否认可能存在坎佩拉笔下那种具有至高公共精神的公民。我们在上一章中描述的休谟经验法则,在这里发挥了作用:我们应该抱着极度的怀疑精神,对待那些向我们展示了与我们在日常生活中交往的人迥然不同的人的报告。休谟自己就用这个规则,完全否定了那些所谓每个人都是仁慈的这一遥远国度故事的真实性(E 84)。正如我们在上一章中看到的,斯密把人性的文化差异视为在一般相似性的大框架内运作,而且认为,他人对陌生的微弱关心这一人类基本特性,并不会在不同文化之间存在多大差异。

斯密对公共利益关切的否定,针对的可能是今天被称为"公民

---

① 翻译为"Nature's Domain,"in *French Utopias*,ed. and trans. Frank E. Manuel and Fritzie P. Manuel(New York:The Free Press,1966),pp. 93—94。

② Tommasso Campanella,"City of the Sun"(1623),trans. Thomas W. Halliday,in Henry Morley(ed.),*Ideal Commonwealths* (New York:The Co-operative Publication Society,1901),p. 148。

共和主义者"的观点。斯密拒绝接受公民德性的理想愿景,而是提出了私人德性。个人应该"仅仅只是伟大社会的组成部分,是祖国的孩子"①或"为了[97]国家的利益,牺牲自己的所有,乃至生命"②,这并不是斯密会认同的观点。在《国富论》IV.ii,斯密写道:"我从来没有看到,那些声称出于公众利益而进行贸易的人,做了多少好事。"与之形成呼应的是,埃德蒙·伯克(Edmund Burke)在1775年给斯密的一封信中,谈到约西亚·韦奇伍德(Josiah Wedg-wood)为了试图阻碍潜在的竞争对手进入陶器业:"[韦奇伍德]假装……他的动机……仅仅是出于维护公共利益。我不得不承认,与之相比,我更敬重那些商人口里说出的,最卑劣的诚实的自利动机。"(Corr 181)与伯克一样,斯密质疑任何声称是出于公共利益而进行交易的商人的诚意,更喜欢他们坦白承认自利的动机。而且,斯密还指出,追求自利行事的商人"往往比他真正抱着促进社会福利意图行事时,更能有效地促进社会福利"。显然,这里的关键是,与伯克认为的一样,政府应该忽略商人所谓的出于公共精神,提出需要政府保护的请求。这些观点部分地指向商人这一特定群体,因为他们是一类经常向政府要求为他们的企业提供不应得和不适当援助的人,但有一个更普遍的观点,根植于斯密关于人类认知的特殊化主义观点:相较于非常宽泛的公共利益,人们对自己的具体情况总是更为了解。因而,直接以促进公共利益为目的的尝试常常是无效的。由于人类的知识是高度特殊的,而同情共感,即我们想象处于别人的情境去理解别人,更加具有特殊性,因而想要促进公共利益的愿望,即使真的有,也可能会事与愿违。实

---

① 法国大革命初期的律师盖伊-让·塔格特(Guy-Jean Target)转引自 Simon Scha-ma, *Citizens* (New York: Alfred A. Knopf, 1989), p. 291。

② Gordon Wood, *Creation of the American Republic* (Chapel Hill: University of North Carolina Press), p. 69. 正如罗斯柴尔德所指出的,对斯密而言,政治"并不需要太多的公民德性"(ES 233)。

际上，我们所有人都更清楚在自己所处的具体情境中，如何能够更有效地帮助我们自己及朋友，却并不是很清楚如何能够帮助我们整个民族或全人类。斯密关于道德认知和政治认知的论述是平等主义的：对于怎样才能更好地促进整个人类的福祉，专家比他们自己声称知道的要少，而普通人则要比人们所认为的知道的更多。正是这种对人类认知的平等主义观点，而不是对人类动机性质的任何其他主张，是斯密与同时代人最大的区别所在，也为他反对政府干预经济的论点提供了基本前提。斯密的老师哈奇森、他的对手詹姆斯·斯图亚特以及许多其他政治经济学家，并不认同这种对普通人的判断力怀有的信心，因此期望能有一个政府，其中明智之人指引投资，并控制穷人的劳动和消费选择。与之相反，对于斯密而言，个人在自己当地情况下做出的决定，几乎总是比直接指向公共利益的任何计划更能有效地促进公共利益。

23　自利作为《国富论》的一个假设

当然，评论者在把《国富论》中的人类动机直接归为自利时，并不仅仅取证于上文我们讨论的这两个段落。相反，他们认为这一简化贯穿于整本著作。事实上，[98]《国富论》承认除了自利之外，还存在一些其他动机。斯密提到了"慈善和友谊"可以是借钱给他人的动机(113)，他还在另一处指出，"热心公众利益"有时也会让人们做出巨大的财富牺牲，以援助自己的国家(852)。斯密还预设，当人们谴责非人道、吝啬、残酷、不公正等等时，这些被批评的行为者是可以遵守正义、人性、慷慨和善良等准则的(见上文§11)。然而，《国富论》中对行为的绝大多数分析都假定行动者是自利的。斯密写道，"任何资本的所有者在决定将资金到底是投资于农业、制造业或某一具体的批发或零售分支时，对他自己私人利润的考虑是唯一的动机"(374)。在这之前，他告诉我们，在一个安全尚可的国度,如果一个人不将他的存款应用于"或现在的享受或未来的利润",那么"这个人肯定是完全疯了"(284—285)。

我们关于 I.ii 的思考能够为我们提供钥匙,去理解《国富论》中为什么自利会无处不在。首先,我们应当牢记,斯密在《国富论》中主要担心的是认知而不是动机,是关于如何才能最明智地利用自利,而不是我们到底是以自利还是其他动机行事。上下文语境清楚表明,那些不将储备物应用于当下享受或未来利润的人,之所以"肯定是彻底疯了",是因为如果不这么做,那就只能让金钱无谓地堆积在那里,或者把它埋在地下,而并不是因为理性之人会完全拒绝自利以外的任何其他动机。《国富论》几乎总是将一种类型的自利行为与其他类型的自利行为相对照(自利的挥霍和自利的节俭形成对照,或投资于农业和投资于制造业形成对照),而不是将自利行为与仁慈行为相对照。

第二,整本《国富论》中,与自利形成对照的主要是公共精神,而不是私人性的仁慈,因为与我们做交易的是海量的陌生人。当斯密说资金的拥有者完全受"自己个人利益的考虑"的驱使时(374),他立即又说明,这意味着资本家从来没有考虑过他的投资对"社会的土地和劳动的年产量"的影响。经济主体不太可能关心整个公众,同样,即便他们真这样做了,整个公共利益也通常并不会得到多大改善。除了自利和公共精神之外的动机(尤其是仁慈、愤恨、宗教情感)都与经济贸易无关。事实上,所有的情感,甚至自爱,可能都与经济无关。斯密通常谈论行动者的"利益",而不是行动者的"自利",更别提他的"自爱"了。所谓行动者的"利益"其实不是诸如自爱那样的情感;相反,它指的是行动者追求的物质,无关乎这些物质的用途及其能够满足的情感渴望。与行动者的自爱不同,行动者的利益是客观的、可观察和可衡量的。在这个意义上,"利益"是为了实现自己的个人计划所需物质的总称,这个计划可以(也通常)包括照顾自己的家人和朋友以及与自己的邻居友好相处。[99]关键的一点是，这些个人计划所涉及的情感，通常并不包括对屠户、面包师和银行家这些我们赖以获得物质的人抱有的任何感情。因此，从屠夫或银行家的角度来看，我也可能是纯粹自利的：我对其他人的兴趣并没有延伸到他身上。从经济学家的角度来看，我们不妨将所有的相关行动者看作是纯粹自利的。唯一可能与我们相关的另一种动机是对与我们进行交易的个人或团体的关心，而斯密认为这至少在大型社会中是不可能出现的。

第三，我们通常不会出于仁慈而与屠夫和面包师进行交换，这一事实为他们同时也为我们提供了一种重要的自由。回想一下哈奇森提出的，为什么我们都想首先拥有自己的物品，然后以我们认为合适的方式再进行分配的理由。我们得到我们的面包；面包师赚到钱；这就需要一种私人财产制度和无涉情感的相互交换体系；然后，如果面包师是朋友或是急需帮助，我们也可以仁慈相助。如果面包师不是朋友，也不需要帮助，就没有理由对他行仁慈之事。他也不会指望我们这样做，如果我们真的这样做了，他很可能还会不高兴：如果能通过自己的劳动挣得自己的面包，他会感到更大的"快乐和更由衷的善意"（哈奇森），并在他自己自愿的情况下行仁慈之事。我们都希望生活在一个能够拥有自由选择权的体系中，自己决定到底是要成为一个自私的人还是仁慈的人。斯密对这种自由的坚持，最早表现在 I.ii 将有尊严的交谈与"奴颜卑膝和奉承谄媚"之间进行对比。而在整本《国富论》中，斯密一以贯之地颂扬了自由和独立精神。

第四，我们应该着重关注《国富论》中的私人利益以及斯密对政治家的宏伟设计的怀疑态度。《国富论》针对的读者群是立法者及那些能够对他们施加影响的人，这些立法者可以选择究竟是否干预经济事务。如果他们将经济世界的行动者都看成几乎总是出于私人利益而不是公共精神行事，那么这就应该会让他们放弃任何想要重塑或引导这些行动者的想法。他们应该更加确信，试图"督管

［⋯⋯］私人行业 ”（WN 687），指引“个人 ⋯⋯ 如何使用资金”
（456），或以更伟大的国家利益名义（947）启动宏伟的“帝国项目”，
都是痴心妄想。而且，由于这些引用的话语都出自《国富论》的核心
段落，这就表明这也是斯密的重要目标之一。他想刺穿满口“体系
精神”的政治家的傲慢，这些政治家认为自己可以自上而下布局人
类棋盘的所有部分（TMS 234）。斯密想把他们从妄想中“唤醒”，让
他们接受自己“处境的真正平庸”（WN 947）。除了一遍又一遍地提
醒他们，所有这些人类棋子都是由他们自己的私人利益而不是对国
家福祉的关注驱动的，因而这种或那种能够增进公共利益的宏伟计
划只会让人充耳不闻，除此之外，还有更好的办法吗？斯密试图让
傲慢的政治家降低他们的自爱，控制自己对荣誉的渴望，而他的同
情共感理论也让他明白，最好的办法就是［100］向他们（非常生动
地）展示，他们的计划涉及的人将会如何冷漠地看待这些计划。《国
富论》不仅强调了市场所不断强化的那些令人敬畏的德性，而且其
本身也正是在教导令人敬畏的德性：放低自己的“体系狂热症”，以
及放低认为自己才知道什么对所有人才是最好的这一倾向的德性。

最后，到底斯密的经济分析模式是否必须基于较强的自利假
设，也并非完全明确。斯密确实假设（也必须假设）的是：（1）人们
在经济活动中，怀有理性的动机，他们不会太多受到禁忌或迷信的
影响；（2）作为经济主体，他们绝大多数几乎很少或完全不关心其
他经济主体。如果人们进行生产和交换，在很大程度上是出于对
社会的爱，或者对社会规范的盲目尊重，或者是相信神或神灵要求
他们生产某些物品，那么他们的交换将无法构成这种斯密在市场
中发现的复杂信号系统。如果人们出于对社会的爱，或者害怕违
反某种传统禁忌，而购买比自己所需要的更多或更少的谷物，那
么，按照斯密在《国富论》（524—534）的分析，食物的价格就无法正
确反映饥荒的程度和范围。如果我是出于关心你，或者因为相信
支持你的面包店对社会有好处，而从你那里买面包，那么我支付的

价格，也无法反映我或我的家人和朋友想要你的面包的程度。我也不会在价格高时，被引导减少我的面包购买量，省着吃，或者在价格低时，增加购买量，尽情享用。市场要能够有效提供信息和分配产品，进行交换的主体必须理性追求某种利益，而不是遵循礼仪或禁忌规则，并且互相不感兴趣，对正在与他们进行交换的人的计划不感兴趣。但是，他们并不一定就得是自利的。他们可以关心家人和朋友及所处的宗教社区，或任何其他政治和社会项目。重要的是，这些关心并不会显著影响他们从谁那里购买或出售产品，以及他们购买或出售的价格。① 正如斯密所说，在一个庞大、匿名的社会中，经济关系通常独立于其他更为个人的关系。处于这种社会中的人通常进行经济交换的对象不会是家人、朋友、共同参与"抢救鲸鱼活动"的同伴等。如果市场要有效地反馈信息和分配产品，市场参与者不能对他们的贸易伙伴产生兴趣就非常重要；而他是否只对自己感兴趣则完全不重要。斯密假设了前者，而非后者。

24　斯密和霍布斯：对克罗波西的回应

约瑟夫·克罗波西（Joseph Cropsey）告诉我们，"斯密可以被理解为霍布斯的门徒，用霍布斯主义解读社会秩序"（PE 34）。这似乎意味着，对于斯密而言，自我保存是人类的首要目的（3—5），[101]尤其是，当两者发生冲突时，斯密认为自我保存高于卓越。克罗波西写道："斯密选择将生活基于自我保存，而非追求卓越"

---

① "亚当·斯密对自利的强调，其中一个重要内容在于，与这个人讨价还价的那个人（用斯密的话来说）不关心对方利益（non—thism）。他并不关心——也许会关心但不一定关心——与自己讨价还价的那个人在为其家人做什么。他所感兴趣的可能是那些对他家人和社会更大范围内有利的各种事。"Lionel Robbins, *A History of Economic Thought*, ed. S. G. Medema and Warren Samuels（Princeton：Princeton University Press, 1998），p. 132. 斯蒂格勒将《国富论》描述为"建立在不关心对方利益这块花岗岩之上的宏伟宫殿"，或许更为贴近事实。

（115），同时在一个脚注中指出，人们完全可以用战争中勇敢士兵的行为作为证据驳斥斯密，因为事实上，在某些情形中，人们会自然而然地牺牲生命以追求卓越（116n）。因而，在克罗波西的解读中，斯密将人类的自利置于所有其他欲求之上。

但这种解读恰恰反转了斯密实际表达的意思。斯密是霍布斯的门徒？！恰恰相反：斯密在《道德情操论》中专辟一章反驳霍布斯，结论是："基于从甚嚣尘上的自爱中推衍而来的所有情感和感情……做出的关于人性的整体描述……在我看来，似乎是产生于对同情体系的某些混淆和误解。"[1]在《国富论》中，霍布斯出现了一次，被引用的文字乍一看似乎是赞同的语气，"财富，正如霍布斯先生所说，就是权力"（WN 48）。但再仔细一看，斯密几乎是逆转了霍布斯的观点。霍布斯认为，财富"加上慷慨"就是权力，因为一个乐善好施的富人，可以买到"朋友和仆人"，他们联合起来的力量可以帮助他抵御敌人（Leviathan I. x）。相反，斯密明确否认财富有助于"任何政治权力，无论是民政的还是军事的"。他说的是，财富就是购买力（purchasing power）——它使得人"对当时市场上所有的劳动产品……具有某种控制权"。这种无害的经济观暗中破坏而不是支撑了霍布斯的下述看法，即财富会导致人们陷入一切人对一切人的无尽战争。

至于认为斯密将人类自我保存置于卓越之上的立场：斯密实际上却说过，"明智而有德性的人"总是愿意为更大的公共利益牺牲他自己的私人利益（TMS 235—236）。他反复强调说，我们有需要也有能力，出于道义要求（例如，TMS 25，83，90，228）压制自利的欲望，并将人类生活的主要目标描述为"被爱"（41），"控制我们自私的情感，而放纵我们仁慈的情感"（25）或"成为值得赞赏的人"（117）——而不仅仅是为了生存。他还多次明确承认，人们应该并

[1]　TMS 317：这段话附和了他在 313 页中对曼德维尔思想的驳斥。

且完全具备能力，真正做到英勇士兵那样的理想状态（90—91，206，236，282）。事实上，他尖锐批评商业社会使得"勇气"——"一个人的品格中最重要的组成部分"（WN 787）——在大多数民众那里泯灭。

在克罗波西的解读中，正确的是，斯密把我们自己和人类的保存视为自然为我们设定的首要目标（TMS 77），并把自我保存作为总体上支配自然对象运作的一项原则（PE 2—4）。但是，人们并不需要到霍布斯那里去寻找这个教义——几乎每一个笛卡尔以降的哲学家都持有这一观点。除非我们想将所有现代哲学家不做区分地归类在一起，否则我们就仍需注意在这个一般框架下，不同哲学家之间存在怎样的区别。关于克罗波西所谈及的问题，我们会注意到，许多哲学家虽然都赞同自我保存是［102］自然的基本目标所在，然而，就自我保存是否是我们人类首要目标这一点，不同哲学家持有不同观点。例如，康德毫无疑问认为，自然将自我保存作为我们追求的目的，但却宣称，作为理性存在而不仅仅是自然存在的人类，相比于生存，我们更看重自由。在这一点上，斯密更接近康德而不是霍布斯——他在真正的人类目标和纯粹的自然目标之间设置了一定张力——尽管对于斯密，真正的人类目标是社会性而非自由。克罗波西事实上承认斯密学说的这一特征："人类天生就会扭转自然的［德性排序］。在某种意义上，人类是自成一格的，而不仅仅是自然的一部分，人类能够部分地否定或拒绝自然。"（PE 46）这不仅很好地概括了斯密的立场，也代表了许多其他现代道德哲学家的观点，包括那些对斯密产生了重大影响的人，比如哈奇森、沙夫茨伯里和巴特勒（Joseph Butler）。然而，对于克罗波西来说，斯密所持有的是"可疑的立场"，斯密既想要守住高贵和低贱的区分，"同时又承认自然对高贵完全淡漠"（46）。虽然斯密的这一立场在我看来并无多少可疑之处，但我不并想在这里就这点展开辩论。即便假设这一立场是可疑的，仍然并不意味着斯密就不可以持有这一立场。当然,如果仅仅因为霍布斯的观点比斯密的更具说服力,就将斯密解读成霍布斯,必定是错误的做法。

还有一点:在提出自己观点(即斯密"用霍布斯主义解读社会秩序")的过程中,克罗波西将"社会"和"政治体"(polity)等同起来。比如他写道:"斯密将正义比喻成政治生活的支柱,仁慈比喻成政治生活的装饰。"(PE 38)但斯密实际上说的是,正义和仁慈分别是"人类社会"的支柱和装饰(TMS 86)。同样,在下一页,克罗波西谈到了尽管《道德情操论》整篇都在描述仁慈如何在社会运作中发挥核心作用,但斯密还是"将慈善排除在了社会原则之外"。这本书就是避免将仁慈看成是政治体的运作原则之一(TMS 79—81)。在同一句话中,克罗波西谈到"社会"的原则和"政治联合体"的原则,似乎将它们看作同一个东西。① 霍布斯确实是将社会和政治混为一谈。然而斯密恰恰在这方面与霍布斯存在重大差异。对于斯密而言,社会和政治领域存在着关键的区别。在政治领域,武力被用来确保实现某些规范,因此政治应该(并且通常也)只关心保护确切的权利,而在社会领域,不仅仅包括政治领域,同时也包括使我们变得仁慈、勇敢、自制并在其他方面具备德性且值得赞赏的自由流动的情感关系。

事实上,从道德的角度来看,斯密的观点最为有意思的是,斯密由此区分了社会德性与政治德性,将政治限定为人类通过相互影响,维护规范并追求理想的部分方式。这使得斯密持有的自由主义与那些坚持为了自由我们不得不牺牲卓越的人持有的自由主义有所不同,甚至是对后者的挑战。[103]对于斯密而言,追求卓越并不需要政治,我们可以通过非政治的、更为微妙且温和的力量成功地实现这一点,正是这些力量使得每个人都在寻求他人的赞美和赞赏。因此,没有"民政和教会"统治的社会——克罗波西正确认识到了这是斯密的主要政

---

① 在 PE 110—111 和 113,这种"政治体"和"社会"的交叉使用还有好几处。

治目标(112)——也完全有可能仍是一个由体面的甚至令人钦佩的人组成的社会。我想要强调的是,尽管这是可能的,但却并不是不可避免的,甚至也无法说是"或许的"或"很可能的"。斯密深知自己所倡导的自由商业社会,可能导致人们远离德性。但他还是不时指出,自由商业社会可以在某些方面帮助人们获取德性,[①]并在绝大多数时候表示,追求卓越似乎至少与不受限制的商业相容。今天,我们所处的时代跟斯密当时一样,无论是左派或右派的学者,都倾向于赞同自由市场与追求德性无法相容,双方也都有一些人主张,为此应该通过法律限制某些市场行为,而另一些人(特别是那些右派)似乎很高兴能将德性的追求抛诸脑后。因而,克罗波西将斯密与霍布斯拉在一起使他错失了斯密的作品如何通过一种极为有趣的方式,对无论是斯密之后资本主义的批评者还是支持者而言,都构成了一项持久的挑战。要想使得我们大多数人关于商业和德性之间关系的假设站得住脚,就必须对斯密就这一关系所表达的不同立场做出回应,即无需政治力量的帮助,社会力量本身——"无政府的"社会力量(就是字面意义上的"无政府的")[②]——就足以引领我们走向卓越。

[①] 参见上文 § 12, Muller, *Adam Smith*, 133, and AVE 294, 296—300。

[②] 参见作者的"Insignificant Communities", in Amy Gutmann(ed.), *Freedom of Association* (Princeton: Princeton University Press, 1998), pp. 275—278。

第六章 虚 荣

[104]格里斯沃尔德认为,对于斯密而言,自我蒙骗,即"我们对幸福的重大错误理解"是经济发展的动力所在(AVE 224,222)。事实上,财富与幸福无关,追求财富只会让我们陷入"无休止的工作"和常年的"不满"状态。尽管如此,格里斯沃尔德认为,"斯密明确指出,绝大多数人并不完全幸福这一事实有利于'人类以及全部理性存在者的福祉'"(AVE 225)。

我认为斯密并没有明确表示或暗示这一观点。首先,在格里斯沃尔德第二处引用的段落中,斯密说的是,当我们遵循"道德感官的命令"时,而不是说当我们追求财富时,我们对人类及所有其他理性存在者的福祉有所助益(TMS 166)。其次,斯密完全没有支持这一悖论,即绝大多数人的不幸会对人类的更大福祉有所助益,相反,斯密说道,"如果社会中大部分成员都是贫穷和悲惨的,那么这样的社会完全无法被称为是繁荣和幸福的"(WN 96)。第三,格里斯沃尔德的解读,几乎完全基于《道德情操论》的这单独一段话(尽管非常有名)(IV.i.10)。格里斯沃尔德写道,《国富论》就是在这段话语(AVE 222)的"框架内展开的",每当他阅读斯密其他关于幸福与"改善我们的境况"之关系的著作时,他脑海里总会浮现这一段话。① 但《道德情操论》IV.i.10 是斯密最早发表的关于政治经济学的文本,后来斯密对其中的许多观点做了相当程度的修改。尽管斯密确实在《道德情操论》以后的修改版本中,保留了这段话,但更为合理的做法是,应该根据斯密后来关于经济动机的文本去解读这一段话语最终的意义,而不是根据这段话去解读后来关于经济动机的文本。

　　我将用整整一章的篇幅讨论这个问题,因为如果格里斯沃尔德是对的(他代表了绝大多数学者的观点②),那么即便不是在自私的问题上,斯密的道德和经济观点之间也存在着非常严重的道德裂口。如果格里斯沃尔德的解读是正确的,斯密在整本《道德情操论》著作中都敦促我们将追求财富看成是道德上的败坏,不利于幸福,但同时又褒扬依赖并鼓励这种追求的社会体系。这完全无法自圆其说。如果斯密真像格里斯沃尔德所说的那样强烈反对追求财富,我们就会期望他从道德的角度批判商业社会,并建议相应机制纠正商业社会所造成的错觉。③ 斯密也确实提出[105]了关于类似机制的建议,以纠正商业社会对贫困劳动者勇气和智力的"损害"。那么又是什么导致斯密没有针对消费主义的弊端提出纠正措施?

　　还有一个问题至关要紧:斯密难道跟斯多亚主义一样,认为外部财富对人类幸福毫无影响吗?在格里斯沃尔德所援引的《道德情操论》篇章中,斯密似乎在说,"大路边上晒太阳的乞丐",已经拥有了人类所想追求的所有东西。从这里我们可以得出结论,物质

---

① 比如,参见 AVE 225,263,326。

② 跟菲茨吉本斯(168—169)、克罗波西(PE 133—134)和马勒(134)一样,ASP 91—92 更多认为《国富论》是在《道德情操论》的 IV.i.10 的"大框架下展开的"。

③ 格里斯沃尔德本人强调,与更为斯多亚主义的解读相反,斯密并非完全赞成追求财富:尤其参见 AVE 226—267(包括第 226 页注释 56)和 265。尽管如此,在格里斯沃尔德看来,斯密对追求财富是一种败坏的坚信程度,足以让人们期待,斯密会对商业社会展开比他真正做的更为严厉的道德批评。

上的剥夺,即便是重大的物质剥夺,都无关紧要。玛莎·纳斯鲍姆
(Martha Nussbaum)认为斯密持有这一观点:"斯密在《国富论》中
对市场运作的描述,深受那个错误学说的影响[即外界的打击无法
触及真正的核心];斯密打算让市场几乎不受限制地为所欲为,部
分是因为他认为穷人最重要的部分,不会受到打击,可以在经受生
活打击后,一如既往地保持自己的尊严。"①我认为这完全是对《国
富论》的错误解读,即便这种误解可以归因于《道德情操论》的相关
章节。

　　因此,有两个重要的道德问题将视下述问题而定,即斯密到底
是否如《道德情操论》IV.i所暗示的那样认为,真正有德性的人既
不会追求财富,也不会为贫困所困扰? 因而,澄清该段落的含义及
其在斯密整本著作中的地位,对于解读斯密对更宽泛的道德问题
的看法至关重要。下文将首先仔细研读文本,然后再回到更宽泛
的道德问题上。

25　《道德情操论》IV.i中的虚荣

　　在这里还是很有必要直接引用这段颇受争议的文字:

　　　　一个穷人家的儿子,由于被老天爷在动怒时赋予了野心,
　　当他开始环顾自己周遭时,他会羡慕富人的境况。他发现父

---

① Nussbaum,"Duties of Justice,Duties of Material Aid: Cicero's Problematic Legacy,"
Journal of Political Philosophy 8,no. 2,2000,199—200. 但是,再参见"'Mutilated
and Deformed': Adam Smith on the Material Basis of Human Dignity", Nussbaum,
Cosmopolitan Tradition。纳斯鲍姆强有力地指出,斯密在《国富论》中比在《道德情
操论》中更不情愿把贫困看作与人类生活质量"无关"。然而,即使在这里,纳斯鲍姆
也没有像我这样认为,斯密在《道德情操论》随后几个版本中,放弃自己原先的斯多
亚主义。关于斯密和斯多亚主义,还可参见 Vivenza,*Smith and the Classics* 第二章
(特别是页 61—64)和后记(特别是页 202—212)。

亲的茅舍太小了,无法容身;他幻想着如果自己被安顿在一座府邸之中,那会更为自在。他对自己不得不徒步行走或忍受骑在马背上的颠簸感到不快。他看到地位比他高的人都坐在马车里,并会想象自己若能坐在其中一辆马车中,旅行时就会少很多不便。他觉得自己天性懒惰,最好尽可能自己少动手;并断定,若有一大批随从侍员的话可以使他免去许多麻烦。他认为,如果自己获得了这一切,就可以心满意足地坐着不动,静静地陶醉在自己那幸福和宁静的处境之中。他被这种幸福的遐想迷住了。在他的幻想之中,这种幸福仿佛是某种更高的存在物的生活。

首先,斯密这里谈论的对财富的渴望并不是每个人想要"改善自身境况"的愿望。这是对巨额财富的欲望,想要获得足够的财富以至于完全不再需要工作的欲望,其实,这只是"穷人家的儿子"的愿景而已,他并不真正知道腰缠万贯之人的生活是什么样子。如果他真的知道富人的生活是怎么回事,他就会明白斯密所要强调的:即使人们获得了巨大的财富,他们也不会就此"心满意足地坐着不动"。所有穷人家的儿子可能实现的是这样一种生活,即"小饰品和小玩意"的财富并不能补偿"由于劳作和疾病带来的身体[106]损害",以及"被无数次的伤害与失望的记忆所肆虐和困扰的心灵"。所以这段文字描写的雄心勃勃的男孩,其野心其实只是一个幻想;他被"迷住了";他不只是抱着普通的、实际的希望,希望将来能比现在好一些,或者比他父母过去要好一些。男孩想要的是宫殿及仆人追随者,而不只是合理预期范围内的这一街区内一座更舒适的小屋。他的希望甚至超越了人类的范畴:他希望加入"某种更高的存在物",成为超人。

斯密告诉我们,"穷人家的儿子"要实现他的愿望需要激烈对抗他自己的"天性懒惰":

为了过上[某种更高的存在物的生活],他将终其一生投身于对财富和显贵地位的追逐之中。为了获得这一切所带来的便利,他在追逐这一切的头一年,甚至是第一个月中所蒙受的身体疲劳和心灵不安,甚于他毕生因为缺乏财富和地位而蒙受的痛苦和不安。

这个希望自己有仆人的男孩自己也不得不奴颜卑膝:

他努力使(自己的)那些才干为众人所知,并且以同等的勤勉,四处为那些才干乞求每一个运用发挥的机会。为了此一目的,他巴结奉承所有人,他服务自己憎恨的人,逢迎谄媚他鄙视的人。

也就是说,这个野心勃勃的男孩将"牺牲……自己在任何时候都唾手可得的真正安宁",只为了他那永远无法实现的"某种做作的、假想的优雅宁静生活的想法"。这是否意味着如果他的目标更为合理,他是否就可以避免辛劳? 当然不是;他是"穷人家"的儿子,不是乞丐,而他跟他父亲一样必须要为谋生辛勤工作。因而,至此,这一故事的道德寓意,并不是所有获得物质财富的企图都建立在虚荣的基础上,并不是所有旨在提高自己物质境况的努力都毫无意义,而是在指出下述观念是愚蠢的错觉,即巨额财富能够使某人超越人类的命运、一定程度的物质财富可以确保人们无需再努力和挣扎。重点在于,权力和财富是"庞大而费力的机器",以巨额的代价获得"微不足道的便利",却无法解决人生的重大问题:

它们是巨大的建筑物,需要毕生的艰辛去建造……当它们还屹立未倒时,虽然可以使[居住其中的人]免除一些小小的不便利,但是却无法保护他免于任何比较恶劣的寒风暴雨。

它们可以遮挡夏天的阵雨，但是挡不住冬天的风暴，而且，总是使住在里面的人同以前一样，有时比以前更严重地暴露在焦虑、恐惧和悲伤，以及疾病、危险和死亡的不幸中。

斯密在这里表达了一位传统道德主义者的警告，警惕过度野心的诱惑，这是每位"穷人家的儿子"早已耳熟能详的，而斯密所说的一切都与他在最后版本的《道德情操论》中对审慎的人的赞扬相一致，这样的人能够"对自己的境况感到知足，[107]这一境况正通过微小却不懈的日益积累，正在变得越来越好"（TMS 215）。除了这种赞扬，还加上了对那些急于"改变这种舒适现状"而去寻求危险的"新事业和冒险"的人的警告。在斯密的整本著作中，他都对巨大的冒险行为持怀疑态度，而IV.i中穷人家儿子的故事应该被视为这个论辩的一部分。没有理由去寻求巨额的财富；人们应该满足而不是追求"虽然微小却持续的"个人物质境况的改善。到目前为止，没有任何证据表明，微小而渐进的改善愿望同样基于某种幻觉。

但这并不是IV.i的全部内容。在穷人家儿子的故事之后，斯密写道，我们大多数人在大多数时候，确实渴望少数人拥有的过度且毫无意义的"财富和伟大"，我们确实在着手追寻它。他还写道，这种徒劳的愿望为人类历史上最重要的发展提供了动力：

> 而且，幸好自然就是以这种方式蒙骗了我们。正是这种蒙骗激起了人类的勤勉并使其永不停息。正是这种蒙骗，最初促使人类耕种土地，建造房屋，创立城市和国家，并且创造和改进了各种学问和技艺，以使人类的生活变得高贵和丰富多彩；正是这种蒙骗，使整个地球表面完全改观，使自然界的原始森林变成肥沃宜人的平原……

因此，导致我们渴望巨大财富的"蒙骗"，激发了人类发展的重大转变，如农业和城市的建立。迈克尔·伊格纳蒂夫（Michael Ignatieff）正确地指出，斯密在这里拒斥了卢梭看待从"原始森林"到农场和城市的转变的方式。① 对卢梭而言，文明的来临还意味着贫困折磨的来临。但对斯密来说，在农业和商业社会，穷人至少能够得到与狩猎采集社会一样的照料。《道德情操论》告诉我们，事实证明，富人的虚荣能够供养穷人：

> 因为人类的这些劳动，土地的自然生产力将必然加倍，从而供养更多的居民。骄傲而冷酷的地主眺望自己的大片土地，丝毫未想到自己同胞们的需要，而只想象着独自消费从土地上得到的一切收获物，但这只是白费工夫的幻想罢了……他的胃容量同他那无底的欲壑完全不成比例，而且容纳的东西决不会超过一个最卑微的农民的胃。他不得不把剩余的食物，分给用最精细的方法来烹制他自己享用的那点东西的那些人；分给为他建造他要在其中消费自己那一小部分收成的府邸的那些人；分给提供和整理显贵在其家庭管理中所使用的各种不同的小玩意儿和小摆设的那些人；就这样，所有这些人由于他的豪奢和任性而分得他们不可能指望从他的仁慈或公正中获得的那一份生活必需品……虽然他们雇用千百人来为自己劳动，所企图的唯一目的是满足自己无聊而又贪得无厌的欲望，但他们还是同穷人一起分享他们所作一切改良的成果。

---

① "The Market and the Republic,"in Ignatieff, *The Needs of Strangers* (New York：Viking,1984)，对斯密和卢梭的精彩比较，还可参见汉利就《道德情操论》IV. i 和其他文本，2002 年波士顿的美国政治学会上提交的"Rousseau's Diagnosis and Adam Smith's Cure"。

[108]最终，斯密在这里引出了"看不见的手"：

> 他们[富人]被一只看不见的手引导着，对生活必需品作出几乎同土地在平均分配给全体居民的情况下所能作出的一样的分配；就这样，他们在没有打算达到这个效果，也不知道会有这个效果的情况下，增进了社会利益……当神把土地分给少数权贵地主时，他既没有忘记也没有遗弃那些似乎在这种分配中被忽略的人。……就构成人类生活真正幸福的那些要素而言，他们无论在哪方面都不比似乎地位远远高于他们的那些人逊色。在身体的舒适和心灵的平静上，所有不同等级的人几乎处于同一水平，一个在大路旁晒太阳的乞丐也享有国王们正在为之奋战的那种安逸。(TMS 184—185)

这段文字的极端斯多亚主义是无法否认的。自然照料着每一个人，而即便是最贫穷人的境况也"绝不逊色"于国王。如果斯密在他的一生中都坚持这样的观点，或者声称对巨额财富的渴望激发了最重要的人类成就，那么格里斯沃尔德对斯密的解读就是正确的，而纳斯鲍姆批评斯密漠视贫穷带来的真实伤害也是合理的。

　　但是，我认为斯密在后来的著作中并没有持有这些观点。《道德情操论》IV.i 的这段话在 1759 年第一版中已完成，并在随后的 31 年时间的五版《道德情操论》修订版中，斯密只进行了一处细微的修改（在 §8 将"would"改为了"could"）。这是一段优美的文字，斯密很可能想在后来的版本中不做任何改动，不管他认为这些文字具有怎样的隐含之义。斯密确实一直赞同其中表达的主要观点——财富和伟大的吸引力主要不在于它们的有用性，而在于它们明显适合达成有用的目的。因而，斯密并没有花太多精力修改这些文字，但是如果他知道后世的读者会误解《国富论》是"在其框架内展开的"（AVE 222）①，他也许就会采取完全不同的做法了。但是在斯密其他著作中，有充分的迹象表明，这段文字只是斯密将自己的道德哲学应用到经济学的第一次尝试，并非为他的所有经济思想提供了框架。我们下文转而讨论这些迹象。

26　从《国富论》看《道德情操论》IV.i

最能表明《道德情操论》IV.i后来很少受到斯密的关注的线索，就是上文所引段落之后的那段文字。为了论证"对体系的热爱"激发人们改善"公共政策"，斯密写道：

> 一个热心公益的人推动修缮道路的工作，通常也不是出于对运货商和车夫的同情。当立法机关设立奖金和其他鼓励措施去促进麻或呢的生产时，它的行为很少出自对便宜或优质织物穿着者的单纯的同情……公共政策的完善，贸易和制造业的扩展，都是高贵庄严的目标。……我们以看到这个如此美丽雄伟体系的完美为乐，而在清除完所有会给它的规律运转带来丝毫干扰和妨碍的障碍之前，我们会一直忧虑不安。

---

① 那些并不信服，斯密仅仅只是在修改《道德情操论》时忽略了这段文字中的这些问题的读者应该注意到，如果想要解释《道德情操论的》IV.i与斯密其他经济著作的关系就不得不采取我所推荐的思路。如果按照格里斯沃尔德所竭力主张的，《道德情操论》的 IV.i应该被视为斯密所有经济思想的"框架"，那么我们需要说明为什么斯密，正如同格里斯沃尔德所承认的那样：在《国富论》中"并不……强调改善……建立在蒙骗之上"（AVE 263）。斯密要么在《国富论》中掩饰了自己真正的观点，要么在《道德情操论》的 IV.i中没有完全表达自己的观点。这两种解读以及任何其他承认《道德情操论》的 IV.i与斯密其他著作之间存在矛盾的解读，都必然要认定其中一个不代表斯密的真正看法。我的解读优势在于，更强调后期著作而非前期的。

[109]"奖金和其他鼓励措施"是"政策的完善"?！①我们在斯密后来哪部著作中能够找到这一观点?② 人们当然也可以解读说,斯密仅仅只是说"热心公益的人"可能(错误地)认为奖励金为政策的完善作出了贡献,但这不是对这段文字最显而易见的解读。将这一错误的政策目标与"修缮道路"这一明显合理的目标并置,至少是对《国富论》读者的一种误导。也就是说,至少我们会期望《国富论》出版后,斯密会仔细重读这一章并做修改,以避免给读者留下错误印象,认为他赞同奖励金。

此外,斯密关于人类的主要进步的解释,从《道德情操论》IV. i 到《国富论》发生了转变。在《道德情操论》IV. i 中,对财富和伟大的渴望,而不是对平常而缓慢的物质改善的渴望,才是农业和城市发展的动力所在。斯密在这里可能赞同卢梭关于自尊(amour-propre),即我们虚幻的愿望,对于文明发展重要性的观点。与此同时,从经济的角度看,斯密赞同奢侈消费支出对经济增长至关重要的说法。这是休谟和曼德维尔都赞同的观点。③ 然而,即便斯

---

① 霍华德·凯吉尔(Howard Caygill)正确地理解了最后一个词组的意思,指的是"为了公共福利从政治上规划财富",并且认为斯密逐渐从这个立场转向了 WN 中的自由贸易主义:Caygill, *Art of Judgment*(Oxford: Basil Blackwell, 1989), p. 91。还可参见 Brown(ASD 155 n35):这段对"政策"的歌颂"与 WN 中的论点不一致",这段文字不可能"出现在 WN 中"。

② 斯密在 WN 中确实曾经说过,奖励优秀工匠的奖金"并不会遭到与奖励金一样的反对"(WN 523),但是他接着明确指出,这些并不是对任何一种制造业的"鼓励推进",明确指出后者被错误地类同为奖金(524)。

　　斯密对奖励金的反对,似乎是他自由贸易理论的最后一部分。在 LJ 和 ED 中,斯密都认为针对谷物出口的奖励金,至少使英格兰获得了足够廉价的谷物供应(WN 第 506 页,参见编者注 7)。在 WN 中,斯密强烈地反对这个观点(506—517)。但即使 WN,在其第一版中,也还是提出了由于"防御比富裕更重要"的原则,某些奖励金还是有必要的;到了 1784 年的第三版,斯密甚至连这一让步也收回了(518—519 页注释及相关引文)。在随后几版中,斯密对 WN 中奖励金相关章节进行的细致修改,与对 TMS 中我刚刚讨论过的那段话语只字未改,形成了鲜明的对比。我认为这表明斯密并没有仔细修改 TMS 这一整个章节。

③ 参见 W. L. Taylor, Francis Hutcheson and David Hume as Predecessors of Adam Smith(Durham: Duke University Press, 1965), chapter IV。

密在撰写《道德情操论》时持有这些观点，在撰写《国富论》时斯密却改变了自己的观点。在《国富论》中，构成巨大经济需求的是穷人的消费，而非富人的消费（WN 887），而且在《国富论》中，各种消费对经济增长来说变得不太重要了。相反，我们一再被告知经济增长来自节俭，"节省"比"勤勉"重要得多（WN 337），以及一个国家（包括那些倡导农业兴盛和城市发展的国家）的巨大经济发展，更多来自众多普通人积累资本的努力，而不是那些寻求财富和伟大的少数人。① 在《国富论》中，野心勃勃的财富和地位追求者就是那些政治领导人，他们的挥霍会比任何其他人给社会带来更大的伤害，他们为了进一步满足自己的野心，会把国家拖入战争，造成比任何其他灾难更大的国家资金损失（WN 344—346，441—443，661）。这些人威胁着国家的资本积累，而社会之所以还能持续发展，只是因为普通人"私人的节俭和个人的良好行为"远远超过了这些政治家带来的破坏（345）。在《国富论》中，正是审慎的穷人日积月累的改善，而不是穷人家儿子的奢侈野心，才是社会进步的源泉。

最后，《国富论》区分了富人为维系穷人的生活做出贡献的不同方式，而这在《道德情操论》中并没有明确说明。这意味着，与《道德情操论》中的观点相反，《国富论》认为贫困人口能否幸福在很大程度上取决于社会环境。《道德情操论》没有区分把钱用在"装修宫殿"及"收纳各种小玩意和饰品"的富人，和把钱用在建造宫殿或制造小玩意和饰品的富人。《国富论》认为前者是非生产性的[110]劳动，后者是生产性劳动。《道德情操论》没有加以区别的还有，地主宴请或为了展示慷慨大方直接分配给仆人和当地农民的食物，和地主通过出售剩余物赚取的食物的货币等价物，地主可

① WN 337，342—343，345，405，513，540，674，925，929. See also Taylor, *Hutcheson and Hume*，pp. 109—117.

以用这些货币支付建筑工人或小玩意和饰品的供应商。在《国富论》中，有一段话非常清晰地做出了这些区别，好似就是为了明确修改《道德情操论》IV.i的相关内容：

> 富人所消费的粮食，并不比他穷苦邻人所消费的多。在质的方面，也许大不相同，选择和烹调富人的粮食，可能需要更大的劳动和技术，而在量的方面，几乎相同。但是，我们且把富人堂皇的邸宅，巨大的衣橱，和贫民的陋屋敝衣比较一下罢；这两者，不论在质的方面、量的方面，都会令人感到极大的差异。各个人食欲，都受胃的狭小容量的支配，而对于住宅、衣服、家具及应用物品的欲求，似乎无止境。所以，对自己所消费不了的剩余食物有支配权的人，一定愿意用剩余食物或其代价来交换足以满足其他欲望的东西。……穷人为取得食物，竭力劳作，以满足富人此等嗜好；而穷人为使自己的食物供给较有把握，往往相互竞争，使其作品益臻完善，益趋低廉。(WN 180—181)

在这里，首先，富人不直接向穷人分配粮食；第二，以富人的剩余财富为生的穷人，通过生产满足富人欲望的产品，而不是通过在富人家里做佣工的方式维持生计。从《道德情操论》到《国富论》的这些微妙转变，反映了斯密思想的两个深刻改进。首先，斯密将食物从所有其他产品中挑出来。这符合斯密所关注的问题，也是洪特和伊格纳蒂夫（在 NJ）指出的《国富论》的核心问题，即农业发展到一定程度，饥荒将永久消失。第二，在《道德情操论》和《国富论》之间，斯密反复思考商业经济体中的较贫困阶层日益增加的"独立性"，并逐渐认识到，佣工以及富有地主阶层的盛大乡村盛宴是封建依附的表现和起因，而不是商业独立的健康要素。更为重要的是，《国富论》III（尤其是其中的第四章）阐明了这一点，但也出现在了《国富论》II.iii，即讨论生产性和非生产性劳动的那章，"有时可以发现，在制造业方面很有进展的大乡村的居民，往往由于公侯贵族卜居其间而变得懒惰和贫困"（336）。

随着这些思想上的发展，斯密的笔触语气也发生了转变。在《国富论》中，乞丐不会在大路边上愉快地晒太阳，神意也不会因为让穷人在富人家帮佣而受到称赞。斯密仍坚持斯多亚主义，并不看重财富扮演着重要作用的"外部"乐趣，但现在意识到了饥饿和依附才是真正的磨难，所以不能像斯多亚主义那样，将其作为纯粹的［111］外部痛苦加以忽略。经济增长缓解了真真切切的人类需求，因为尽管它只能给富人增添虚荣，却为穷人提供了实实在在的帮助。相应地，对经济增长至关重要的欲望并不是基于幻想：节俭代替奢侈成为经济发展最重要的动力，节俭与奢侈不同，可以为现实的和道德上可接受的欲望服务。与休谟、曼德维尔以及斯密自己《道德情操论》中的早期观点不同，在《国富论》中，斯密并不认为，让我们的虚荣心愉悦的奢侈品制造了不少需求，从而为穷人提供了就业机会。比这更为重要的是，改良土地、增加住房储备以及生产日常工具和必需品。斯密不再像曼德维尔那样将"大众福利"追溯至虚荣这种"私人恶"。这里的关键道德意义是，追求财富增长的冲动，不再根植于幻想、蒙骗，不再是自然为了我们的物质利益而施加给我们的真正道德宿命的败坏。对于政治而言，这就意味着，我们关于追求财富真正冲动的认识与追求财富的行为之间不再存在矛盾；曼德维尔所说的下述危险不复存在，即如果大众真正掌握财富增长因素的真相后，经济就会崩塌。

就这样，《道德情操论》中的道德童话转变成《国富论》中清醒的经济分析。这种转变的一个标志是，看不见的手并没有出现在关于使用奢侈品的章节中，而当它在《国富论》IV.ii中出现时，也并没有被称为"神意"。更深刻的标志是，斯密在《国富论》II.iii结束时对《道德情操论》讲述的故事进行了微调：

富人的房屋、家具和衣服转眼间就会为下层和中层民众所用。他们在上层人士厌倦了这些东西的时候能够将其购买下来……全体人民的一般生活条件就会因此逐渐得到改善……昔日西摩家族的府邸,如今已是巴思路上的一家旅馆。大不列颠詹姆斯一世的婚床,是他的皇后从丹麦一起带来的……可是在几年前,它已成为邓弗姆林一家酒店的装饰品。在一些古老的城市,它们或者长期停滞,或者略有衰败,你有时很难找到一所房屋是专为现在的住户修建的。如果你走进这些房屋,你常常会看到许多精美的家具,虽然陈旧一些,但仍十分合用,这些也不可能是专为他们制造的。(WN 347)

相较于《道德情操论》对盛宴及快乐仆人的描写,这一段话显得节制很多。在例举了两个貌似传奇故事,即皇室用品流落民间的例子后,斯密写道,只有富人才能负担得起的华美楼宇,可能也会在几代人之后广泛流落到大众手上。斯密最后更为温和地指出,像凡尔赛和斯托这样的地方既能为国家带来荣誉,也能为大众提供就业机会(347—349)。尽管斯密仍然暗示穷人聚集在富人周围,但是他时而会对这种经济的"扩散效应"提出批评,而不是一味加以支持(例如,上面引用的336),并不再将它作为"看不见的手"的主要论据。

27　《道德情操论》IV. I 与 1790 版《道德情操论》

[112]IV. i 在早期版本的《道德情操论》I. iii. 2 中有一个平行章节,在其中我们被告知,富贵之人的境况之所以看似美妙,仅仅只是因为我们以"想象力描绘的虚幻色彩"打量它,但我们同时也被告知,自然引导我们沉迷于这种幻觉(TMS 51—53)。即使是在早期版本中,也只有两处,斯密将这种"蒙骗"或"妄觉"归于自然。

此外,在 I. iii. 2 中,斯密并不认同野心在推进文明进程中的作用,反而将其视为"劫掠和不公正"的源头(57)。然而,在前五个版本中,该章的内容确实符合 IV. i 中的极端斯多亚主义。一方面,紧随对野心的谴责之后,斯密暗示,"具备智慧和真正哲学思想"的人们鄙视一切地位差异。斯密以这一暗示结束了这一节,紧随其后的一节是关于被认为是真正智慧的"斯多亚哲学"。在第六版中,对忽视地位差异的智慧的评论不再是结论,失去了修辞上的突出位置,而关于斯多亚主义的那章也被移动到了《道德情操论》整本书的最后部分,即关于历史追溯的部分。后者现在的位置不再暗示斯密自己的观点与斯多亚主义一脉相承,而且删掉了貌似支持斯多亚主义的最后一段,并添加了一段讨论,以对斯多亚主义的苛刻批评结束。① 同样地,《道德情操论》第六篇,完全是第六版新添加的,其中有一段关于斯多亚主义"自制"德性的长篇论述,包含了对盲目崇拜自制的警告(TMS 241—242,250—254,264)。III. 3 则警告读者不要对斯多亚主义过分冷漠。② 因而,最后的《道德情操论》1790 版,不断颠覆《道德情操论》早期版本中非常显著的斯多亚主义。

此外,第六版中新增了 I. iii. 3,关于我们羡慕富人的倾向导致我们道德情感的"败坏"。这一节也对自然根植于我们身上的一切都是好的这一观点,提出了深刻的质疑。我们有一种羡慕富人、过

① 参见 TMS 275 注释 K 以及页 292—293。

② 见第 142—143 页的第 14 段,以及编者在第 139 页第 8 段中标记为 r-r 的句子。纳斯鲍姆在"'Mutilated and Deformed'……"中指出,斯密即使在猛烈抨击我们对我们亲友遭受的痛苦漠不关心时,也仍然敦促我们对自己的不幸要采取斯多亚式的冷漠态度。她认为这种不对称是不融贯的:"……如果灾难影响到别人时,这些灾难是不好的;那么为什么当灾难影响到自己时,就不是这样了呢?"但我认为斯密并不是说,只有在影响到他人时,灾难才是坏的;而是说,我们对此种发生在自己身上的灾难,应秉持斯多亚式的态度,而对发生在他人身上的灾难,应该满怀同情。这符合斯密关于道德的一般信念:道德,纠正我们对自己天生的强烈偏爱,促使我们适度调节对自我的关注,并增加对他人的关心(TMS 23,25)。

度与富人产生同情共感的自然倾向;我们道德情感的结构需要这个倾向。但是,这种倾向以混乱为基础,是巨大罪恶的根源:使人们对穷人残酷地麻木不仁,致力追求财富而不是德性(62)。① 这里自然完全没有引导人们走向好的结局,人们应严重质疑在组织和管理这样的自然中,斯多亚主义的神扮演了什么角色。

最后,斯密在《道德情操论》的第六版增加了好几段话,有力说明了这一观点:任何经济生活处境都能为人们争取幸福提供同等的机会。在关于道德情感败坏的新章节中,斯密明确指出,虚荣在于追求过于突出的"财富和伟大",而不在于"改善自身境况"的一般努力(参见,尤其是 64—65)。在对 III.3 的长段补充的开头中,斯密表达了对斯多亚学派不那么坚决的赞同:

> [113]所有人都必然会或迟或早地适应自己的永久处境,不管他们的永久处境是什么样子,这一永远成立的必然性可能也许会使我们认为,斯多亚学派至少在这一点上几乎完全正确,即,在一种永久处境和另一种永久处境之间,就真正的幸福而言,并没有什么本质的差别。(149,着重号为作者所加)

我们不仅看到了许多弱化的短语——"可能","也许","至少","非常接近",而且斯密随后立即强调了斯多亚主义者自己在这一问题上所做的修正:"或者说,即便真有任何差异,那也不过是刚好使某

---

① 纳斯鲍姆(同上)认为,即使在第六版的修订版中,斯密本人也表现出了对穷人的冷酷无情,他写道:"贫穷本身,几乎无法引起半点怜悯",以及"我们鄙视乞丐"(TMS 144)。我认为斯密这里是在陈述一种自然的态度,而不是赞同这一态度,而且当我们读到这段文字时,也应该想到斯密在 I.iii 中对这一态度所提出的批评。但是,从纳斯鲍姆所引用的文字中,很难推断斯密说话的语气,而且我并没有多大的信心,认为自己的解读一定胜过纳斯鲍姆。(关于衡量斯密说话语气的困难,请参阅本书第一章。)

些永久处境成为单纯的选择或偏好对象；但不至于使那些处境成为真诚或急切渴望的对象。"（严格来说，斯密已经偏离了斯多亚学派，因为斯多亚学派并不认为外部境况对幸福有任何影响，仅仅只是其中某些境况是偏好的适当对象。）① 接着，斯密告诉我们，"即使是处于只享有个人自由的最卑微处境"，人们都可以享受到最受推崇的地位能提供的所有乐趣（150，着重号为作者所添加），但前提是必须享有个人自由，这就排除了比如奴隶的处境：斯多亚学派的塞涅卡认为，个人自由只能为德性的习得以及幸福的获得提供条件。② 最后，格里斯沃尔德所引用的段落，表明真正审慎的人，通过"满足于自己所处的社会地位和经济处境"（AVE 225）以求得安宁，事实上是说，这样的人将"满足于自己所处的境况，同时通过持续的努力积累，使其日益得到改善"（TMS 215，着重号为作者所加）。正如我们在《国富论》中已经看到的，对于后期的斯密而言，缓慢的、渐进的"改善自身境况"完全能够带来满足感；只有无休止对财富和伟大过于庞大的胃口，"才可能危害，而不是很好地增进（某人的）……安宁"（TMS 215）。想要逐渐改善自己境况既在道德上无害，又不可避免让斯密对同情共感进行分析。而虚荣并非不可避免，反而是同情共感能力的一种败坏。在斯密后来的著作中，自我改善和虚荣并非一回事。

　　为了从文本角度证明《道德情操论》IV. i 反映了斯密早期尚未

---

① 关于斯多亚思想"对无动于衷的偏爱"这一主题，参见 Glenn Lesses, "Virtue and Fortune in Stoic Moral Theory," *Oxford Studies in Ancient Philosophy*, ed. Julia Annas(Oxford: Clarendon Press, 1989)。关于这点，我受惠于卡姆特卡(Rachana Kamtekar)。

② "德性向所有人开放，接纳所有人，邀请所有人——无论是生而自由的人，还是重获自由的人和奴隶、国王和流亡者"(Seneca, *De Beneficiis* III. 18, translated by J. Cooper and J. F. Procope in Seneca, *Moral and Political Essays*, Cambridge: Cambridge University Press, 1995), p. 256. 同样，在《爱比克泰德论说集》IV. i 中，奴隶出身的爱比克泰德(Epictetus)，也并不在意自由和奴隶之间的差异。

完全成熟的有关经济动机的观点，我们还得说明一个理论体系方面的问题。斯密坚定地信奉人人平等这一规范性原则（参见第16节）。但实现"财富和伟大"的愿望，就是渴望在同类中脱颖而出，希望被认为是"更高的存在物"。^① 可是，原则上不可能让大多数人满足这种渴望：其满足的前提必须是少数人能够实现，而大多数人无法实现。（以现代经济学家的术语来说，其旨在实现的目标就是一种"地位商品"。^②）如果这种欲望是人性的基本要素，即使在原则上，人们的回报也无法平等分配：最多也只有富贵者能得到满足。在斯密看来，即使是这些富贵者，通常也是不快乐的，"虚荣和优越所提供的乐趣，很少与完美的安宁和谐共生，而安宁才是所有真正的和令人满意的欢乐的源泉和基础所在"（TMS 150）。一方面，富人永远觉得自己不够富裕；他们的[114]"优势"总是需要针对潜在的挑战者加以维持，而且即使这样，总还是存在更大的追求优势的空间（149—150）。只有智慧的和有德性的"一小部分人"，能够看穿社会地位诱惑的无聊，将目标转向追求内在的值得赞扬的标准，才真的有机会获得幸福。但是，如果受想要高人一等这一空虚且无法满足的欲望驱使，无论是穷人还是富人的生活都会是凄惨的，而只有一些明智的哲学家才能看穿并克服它，那么人类的生活将极其不平等。毕竟，追求财富和地位的欲望对我们道德情感的败坏绝非微不足道。相反，斯密认为，它破坏了我们的安宁，驱使我们不断为虚幻的希望而努力——这使得幸福（根据斯密对这一概念的界定）完全不可能实现。因而，如果格里斯沃尔德是对的，世界将由两种人组成，大量生活悲惨的人和点缀其间的少数面带微笑的哲学家。这样的人类生活场景，并不会像格里斯沃尔德所说的那样，仅仅只是

---

① 参见上文引用的 TMS IV. i. 10 以及 TMS 50—51。

② 参见 Fred Hirsch, *Social Limits to Growth*（Cambridge：Harvard University Press，1976）。

"滑稽的讽刺"（AVE 222），而是远为深刻的悲剧。于是，人们会期望斯密以他人类平等的一贯立场，向虚荣宣战，与卢梭一起，声讨自尊（amour-propre）的无孔不入，并谴责（而不是心安理得地接受）商业社会的特征，这些特征比任何其他政治经济体系，都更强烈地刺激人们进行消费以及提高社会地位。当然，我们也将很难理解斯密怎么能够将商业社会看成是一种"致力于改善人类命运的社会"（AVE 263）。然而，格里斯沃尔德承认，在《国富论》中，"斯密并没有……强调，[物质]改善建立在蒙骗基础上"（AVE 263），这也符合我的理解，即斯密终于认识到，虚荣，即《道德情操论》IV.i 所述实施于我们身上的"蒙骗"所激发的欲望，对经济发展而言并非必不可少。

看上去更可能的是，斯密持有纳斯鲍姆归于他的观点。正如纳斯鲍姆所指出的，甚至连《道德情操论》IV.i 都指出，外在财富的巨大差异之所以可以接受，并不是因为人类幸福的差异是可以接受的，而是因为外在财富的差异对人类享有幸福并不构成本质影响："在身心安宁的情况下，所有不同等级的生活都几乎处于同一水平。"正如纳斯鲍姆所说，穷人"最重要的部分不会受到打击"。这个观点与平等主义规范性原则立场一致，而且正如我在§16中指出的，它在斯密调和规范性原则与人类生活现实的过程中，确实发挥了一些作用。但它并不是整个调和的全部。斯密在《国富论》中提倡在自己所处的社会中实现更大程度的平等主义，谴责那些极端不平等的社会制度，如封建主义和奴隶制。在《国富论》和《道德情操论》的最后一版中，斯密也越来越多认识到，至少某些"外在财富"对幸福来说是必不可少的，①故而强调自由和独立的重要

---

① 维文萨（Vivenza）引用斯密仍然关注"即使是对更为不幸的阶级，也要确保最低限度的福祉、教育和照顾；但斯多亚学派并不会关心这些"这一事实，作为斯密与斯多亚主义保持着距离的证据（212，n 91）。

性,并赞同渐进的物质和社会改良。

28　虚荣的重要性

[115]综上所述,我并不想否认,斯密在《道德情操论》中对虚荣的分析非常有意思,并对我们理解德性和经济活动的关系提供了非常有价值的启示。我到目前为止想要表明的观点只是,斯密并不认为虚荣,即渴望给他人留下深刻印象的欲望,是经济需求的主要来源。与曼德维尔的观点不同,如果人们遵循自己的道德感,追求值得赞美而非纯粹的赞美,经济并不会崩溃。相反,物质产品需求最重要的来源,即食物、衣服和住房需求的来源,是我们的道德感赞同的东西。经济增长和道德修为并非不可调和。

然而,我们追求物质产品的许多欲望都是徒劳的,虽然斯密确实没有像曼德维尔那样,认为虚荣是经济增长所必需的,但是他确实指出,对虚荣的需求会随着社会财富的增长而增加(参见 WN 181,190,193,235,907—908)。不仅如此,斯密还深刻解释了,为什么我们会怀有强烈的想要高人一等的愿望,以及物质财富的获得如何帮助我们做到这点。正如我们上文所讨论的,对于斯密而言,正是促使我们趋向德性和社会性的同样情感结构,也促使我们追求他人的羡慕,而物质财富可以帮助我们实现这一追求。当我们有许多吸引人的物质财富时,其他人就会羡慕我们,因为他们可以想象自己处于我们的情境,并认为如果他们拥有一样的物质财富,他们就会感到幸福。因此,正是同情共感的机制,使得对社会地位的追求变得同对德性的追求一样顺理成章。由于获得物质财富看起来似乎比实现德性容易得多,而且财富比德性更显而易见,因而更有可能获得他人的同情共感,故而通向财富的道路通常似乎比德性之路更具吸引力。因而本应引导人们追求德性的机制却常常驱使人们追求财富。因此,即使我们能够克服追求巨大财富的诱惑,即使我们国家的经济状况并不要求我们追求财富,斯密仍然认为(事实上,也确实如此),许多人在大多数时候更感兴趣的是,通过他们的物质财富,而不是通过他们的端庄得体或周到体贴打动他人。

　　斯密在对人性提出上述道德批判后,接着分析了那种为其所有者赢得羡慕的物质财富,分析了为何能发挥这种作用的物质财富是奢侈品。首先,斯密将占有与对美的欲望联系了起来:斯密对我们的物质财富占有欲的解释,基于他对我们觉得某一对象具有审美吸引力的解释。我们一直关注的《道德情操论》IV. i 相关段落,其上文是在解释美,而斯密明确表示,他所阐述的我们的审美原则,通常也是他[116]随后阐述的经济和政治机制的"秘密动机所在"(181)。正如格里斯沃尔德切中要害指出的,这表明"对美及和谐的渴望……遍及……人类整个生活"(AVE 358;另见 222,330—335),而斯密对美的解释的一个有吸引力并有说服力的特点就是,他没有把美及和谐化约为有用。斯密的下述看法预示了康德,即一个对象的美在于适用性(suitedness to be useful)(用康德的话语就是"目的性"[purposiveness]),而不是它的实际有用性。斯密举了一个例子:如果一个人发现"所有的椅子都散乱在房间的中央",他会大为恼火,并且开始重新安置这些椅子,这会比让它们保持原样使"他遭受更多的麻烦",因为他想要的"与其说是[容易使用他的椅子]带来的方便,不如说是增进这种方便的那个安排布置"(TMS 180)。康德比斯密更为清晰地分析了,为什么我们喜欢这种合目的性的安排,并且区分了我们对这种安排本身的美的喜好与我们对展现这种安排的对象的占有欲。① 对康德而言,后者是虚荣,而前者是对美的爱。两者相关,但并不相同。这一区别似

———————————————

① 对他而言,前者是真正的"品位",而后者是我们"对美的经验兴趣"(《判断力批判》,§41)。

乎是正确的,而斯密未做类似的区分,或许不得不说是一大失误。但是,斯密的主要观点并未受这一疏漏的影响。我们的虚荣心指向美的事物,即便在康德的分析中也一样,而我们对美的事物的占有欲是虚妄的。

如果我们认真看待虚荣与对美的爱之间的联系,同时将斯密关于美的阐述拔高一点,就可以很好地解释为什么人们对越来越精美昂贵的奢侈品如此痴迷。为什么人们认为,他们"必须拥有"特定类型的计算机软件的最新版本,即使它只是比旧的版本在微不足道的方面功能更强而已? 为什么人们愿意付出大笔金钱,只是为了买一个分辨率高一点的电视屏幕,或者买一台做出口味只是稍微纯正些的咖啡机? 如果我们从斯坦利·卡维尔(Stanley Cavell)和迈克尔·弗里德(Michael Fried)的著作中吸取些有价值的想法,我们可能会发现,我们的审美欲望根植于这样的自然倾向:人们想要扩展自己的能力,尽可能提高任何活动中的技术水平:

> [那些懂棒球的人会认为]"比赛的本质"……在于投手和接球手之间不断的对决,"安打"、"保送"、"三振出局"等都具有特定的难度。正是因为这样,才会有"三振出局"这样的"规定"……但是整个游戏的目的又是什么呢? 我想有人或许会说:它是为了人的比赛能力或比赛的必要性服务,[而]比赛什么……取决于人们既定的比赛能力……可能并不是因为棒球场的大小、击打棒球的平均速度以及人类在各种短距离赛跑中的平均奔跑次数,我们才将90英尺作为棒球场的最佳垒间距离,制造出必不可少的不断上演的紧张刺激场面,例如,这一距离既可以首先保证我们清晰地追踪跑位和击球,而同时两者常常几乎都是同一瞬间完成,之间的时间差可能只有0.01秒……[117]人类的能力没有必要一定按照这样的比例进行训练;但这些比例展示了人类这些能力的极限。没有这

些限制，我们就无法知道其可能性。[1]

卡维尔将艺术家所做的事与这种"比赛"的需要，[2]这种在一系列偶然设定的限制条件下拓展我们的能力带来的快乐联系在一起。艺术的美在于，在某种媒介或风格的偶然因素确立的领域内，达到或超越我们认为的人类创造力极限。弗里德补充说，艺术传统源自艺术家试图拓展由另一位艺术家的作品所开创的可能性，例如，西奥·凡·杜斯伯格（Theo van Doesburg）（我列举的例子）可以被视为就蒙德里安（Mondrian）的抽象色彩研究，如何可以"更为纯粹"或应用到其他几何语境进行探索，而马克·罗斯科（Mark Rothko）和塞·托姆布雷（Cy Twombly）可以被视为试图拓展波洛克（Pollock）开创的用抽象方法表达情绪。通过这种方式，艺术家为彼此的工作建立了规范和范式，彼此相互刺激，对看待世界或自己使用的媒介的某种特定方式，做出更精细微妙的改变。推而广之，人类很可能通过这种方式被驱使着去尽可能精细地鉴赏感官经验的每一种方式：赋予其尽可能多原创的和精妙的变化。我们可以推测，在人类漫长的进化过程中，人类的生存受益于其不断改进感官功能的能力，以至于在需要的时候，我们可以在对象之间进行高度细微的区分。一个人如果能够区分一个葡萄园的葡萄酒和隔壁葡萄园的葡萄酒的差异，或 400 美元咖啡机做出的咖啡与 2000 美元咖啡机做出的咖啡的差异，那么他也能够在其他情况下，识别出环境中所发生的非常微弱的危险信号。基于这个或其他原因，我们已经成为这样一种生物：把体验越来越高程度的精细作为基本的、非常重要的快乐。把这一点与斯密对想要通过拥有美的对象而被别人羡慕的分析联系起来，我

---

[1]　Cavell, *Claim of Reason*, p. 120.

[2]　Ibid. , 123.

们可以说，我们既希望能够拓展自己鉴赏经验的能力，也希望由于这方面的良好能力而受到羡慕。（我们羡慕那些具备精益求精技能的人，而藐视那些缺乏这种技能的人，似乎这也有利于人类作为一个物种的持存。）因此，我们想要拥有显示我们高度精细能力的那些对象，如高品质的葡萄酒或咖啡机或伟大画作，这些都能向世界证明，我们是有"品位"的人。

　　唯一的问题是，一经反思，我们就无法再认同这一欲望。① 只要稍加思考，我们就会意识到能够区分葡萄酒好坏的非凡能力，不管我们如何将其在人类进化史上定位，实际上都对我们人类当下的生存没有多大用处，而它所代表的技能与我们所深刻认同的人类卓越也毫无关系。更为不言自明的是，拥有优质葡萄酒的人并不都真正具备鉴赏它们的能力。与其为获得展现此种品位所需的财富而努力，还不如在稍低一点的物质水平下简单享受自己能力可及范围的葡萄酒（即使只能偶尔享受），这才更为明智。当我们补充说（正如斯密当然也会的），追求巨额财富——并展示比大多数人更珍稀的品位，我们就必须拥有比其他人更多的资源：与普通的经济交换不同，珍稀物品的竞争是一个零和博弈②——通常会意味着德性追求的不足，并且经常诱惑人们陷入彻头彻尾的不公正，似乎正派人士都会压抑自己以这种方式胜过他人的欲望。斯密终其一生都非常清楚地意识到，绝大多数人要么不愿花相关时间在这方面加以反思，要么被想要炫耀的强烈欲望所控制；想要炫耀自己拥有比其他人更高品位的虚荣欲望具备极强的腐蚀力。但是，在阅读斯密的著作时，至关重要的是，区分这种虚荣与对物质的合理欲望。当斯密撰写《国富论》时，他并不认为有德性的人会

---

① 就这一措辞，参见 Christine Korsgaard, *Sources of Normativity* (Cambridge: Cambridge University Press, 1996), pp. 19, 49—89。

② 我们为地位的善展开竞争：参见 Hirsch, *Social Limits of Growth*。

对物质对象完全不感兴趣，并不认为物质财富与纳斯鲍姆所谓的人"最重要的部分"完全无关。

29　再论从道德人到经济人

那么，在斯密看来，为什么有德性的人会去追求物质财富？

首先，他们可能是为了健康而寻求食物、衣服或住处，而在斯密看来，保持身体健康不仅是道德上允许的，而且是道德上要求的（TMS 304）。斯密经常带着赞赏的语气谈及这三大需求。[1]《国富论》开篇就阐述了首先是钉子，然后日常工人的羊毛外套是如何生产出来的，接着又用大量的篇幅讨论了食品的生产。斯密写道，当一个社会大部分成员都处于贫穷和悲惨的境地时，这个社会无法被称为"繁荣和幸福"，随后他又立即接着写道，社会大多数成员都需要能够享有"说得过去的食物、衣服和住房"，似乎和前一句话说的是一回事（WN 96）。这些看法并非微不足道。斯密在这里偏离了严格的斯多亚主义立场，因为人们即使没有"说得过去的……食物、衣服和住房"，仍可以生存，尽管不够舒适，尤其是乞丐，就像《道德情操论》中提及的大路边上晒太阳的家伙，即使没有住处，也可以生存很长时间。与此同时，斯密含蓄地驳斥了政治经济学前辈重视奢侈品消费的立场。在《国富论》中，穷人的日常商品，而非奢侈品，足以驱动经济的发展。对羊毛外套和谷物的需求，而不是富人对无足挂齿的奢侈品的需求，才是经济运行的动力所在。这就意味着即使人们克服了自己对虚荣的热爱，一个全部是由体面而谦虚之人组成的世界，仍然可以拥有繁荣的经济。[2] 斯密这样

---

[1]　TMS 50,186；LJ 334—345,337,377—379,487；WN 96,178,338,340.

[2]　就当代经济学家关于这一点的辩护，参见 Deirdre McCloskey,"Christian Economics?"*Eastern Economic Journal* 25（4，Fall 1999）：477—480。

就让自己脱离了曼德维尔的经济观点，即政治家需要鼓励奢侈品需求，也使他远离了曼德维尔的利己主义及其对德性重要性的否定。

此外，一个有德性的人必须能够满足自己家人的需求，由于[119]"贫穷对儿童的抚养极为不利"（WN 97），有孩子的具备德性的人，即使自己可以依靠最简陋的食物、衣服和住房存活，也将尽力摆脱贫困。对家庭成员的照料，使得每个人都有理由"改善自身境况"，而这完全与虚荣无关："那些[想要]……安居乐业，并……为遥远的将来提供保障的人"必须进行投资，而事实上，斯密告诉我们，这些人构成了买股票的人中"相当大的比重"（WN 917）。体面的人必须有能力满足自己孩子的需求，即使是在他离世或不再能够工作时。

但是，斯密式的道德人还可以合理地追求与物质必需品无关的东西。斯密理解中的有德性的人，享受与朋友们相聚的欢乐，而社会性就需要定期欢聚和慷慨相待。斯密接着也承认，我们从优美的诗歌、音乐、戏剧等作品中感受到的愉悦和道德陶冶（特别参见 EPS 187，194，204—205），这表明体验艺术和创造艺术的欲望并不属于虚荣。对斯密而言，那些无甚价值的欲望对象，不值得过度追求，但也无需躲避。在斯密的《法理学讲义》中，他甚至为酒类消费辩护："人是一种焦虑的动物，必须有一些能够令人精神振奋的东西化解其忧虑。"（LJ 497）因此，"烈性酒""几乎在每个国家都是必不可少的"（LJ 363）。

最后，斯密简要讨论了必需品和奢侈品，提供了一个新颖的视角，帮助我们理解为什么完全由有德性的人组成的世界也能够促进经济的发展。斯密写道，所谓"必需品"，他认为并不仅仅意指身体生存所需的一切，"而且包括一国习俗认为体面的人，即使其处于最低社会地位，为保持体面而必不可少的东西"（WN 870）。亚麻衬衫在古希腊和罗马并非必要。然而，在斯密所处时代整个欧洲大部分地区,"一位体面的白班工人,如果没有亚麻衬衫,就会羞于在公共场合出现,因为没有亚麻衬衫预示了贫困程度,而当时人们假定,除非品行极度不端,没有人会沦落到这一地步"。同样理由,皮鞋对英格兰的无论男性还是女性,都是必不可少的,但在苏格兰,斯密写道,处于最低社会地位的女性完全可以"赤脚行走,而无需觉得羞愧"。斯密因此将一定程度的文化相对主义引入了必需品/奢侈品的区分之中,同时表明某些物质产品之所以必不可少,是因为其代表了道德地位。在某种程度上,社会地位不可避免地反映道德地位,一个好人在意自己不被他人认为是品性不端之人,这很合理,即使他知道他人的看法并不公正时,也不例外。尽管值得赞许比接受实际的赞许更重要,但实际的赞许能够为我们确定自己是否真正在道德上值得赞许提供指引,"朋友和邻人的信任及正面看法……,比任何东西都能使[一个人]免于[道德]怀疑;他们的不信任和负面看法则会增加一个人的道德怀疑"(TMS 122)。因而,即使是人类中的精英,也总是希望自己被人喜欢和尊重,哪怕仅仅是为了接受道德指引,帮助我们维持继续追求德性的心理[120]力量。因此,我们都会看重,自己能拥有至少最低限度的物质财富,表明自己处于值得尊敬的社会地位。但是,如果一个社会在物质上得到了改善,无论是由于新技术的发明,还是对虚荣奢侈品的巨大需求,表征体面道德地位的生活标准也将会稳步上升。在这样的情况下,一个体面的人"跟人攀比",并不是因为他关注社会地位本身,而是因为他看重自己所处社会中表征道德修为的习俗。(这还不包括,社会变迁会以诸多实际方式使一代人需要比前几代追求更多的物质财富。在一个汽车替代了马匹的社会,汽车成为必不可少的需求。)因此,体面的人都需要跟上物质方面的改善,即使他们完全认识到(正如斯密认为他们应该这样),其实只要较低水平的物质财富就足以实现他们的幸福。

　　我并不是要暗示,斯密推翻了他早先的信念,即许多人受空虚的和永不知足的欲望驱使追求财富而非德性,并(错误地)认为富人都过着极为幸福的生活。《道德情操论》最后一版新增的 I. iii. 3 表明,这些是斯密直到临终前一直担心的问题。但是,在斯密成熟的思想体系中,人们还是可以追求物质方面的改善,同时不受到任何幻觉的折磨,也不会危害任何道德原则。我在本节中讨论的对物质的各种欲望都不是虚幻的;都不会自然导致人们贪求巨额财富,或者都没有暗示巨额财富是一种善。但是,它们每一个都清楚地表明,贫穷可以(也往往)是一种恶。道德人需要经济人:对所有物质财富的斯多亚式蔑视是不合理的。

第三部分　经济学的基础

第七章　经济学的基础

[123]这是一本关于《国富论》的哲学指南而非经济学指南，因而，我希望能与经济学家经常争论的话题（诸如《国富论》对货币、租金、资本的论述，哪些是有用的，哪些是误导的）保持距离。[①] 但是，斯密著作中的一些基本术语和原则还是会引发哲学问题，本章将简要加以讨论。

30　自然价格/市场价格

在《国富论》第一卷的第五章和第七章中，斯密设立了价格的两个二分法。这两个二分法都受到了后世经济学家的批评，因为这两种分法似乎都坚持绝对价值的概念，而这一概念至今仍被认为无法存在于严格的经验理论中。中世纪的经济学理论以商品的"公正价格"概念为基础，即每种商品真正"应该"具有的价格，与商

---

① WN 的经济学导读，参见 Vincent Bladen, *From Adam Smith to Maynard Keynes* (Toronto：University of Toronto Press, 1974)。Samuel Hollander's *The Economics of Adam Smith* (Toronto：University of Toronto Press, 1973)，或 Mark Blaug 在 *Economic Theory in Retrospect*, fifth edition(New York：Cambridge University Press, 1997)中关于斯密的章节。Robbins, *History of Economic Analysis* 提供了生动的导论。一个有趣而又矛盾的观点，参见 SD, 第六章和第七章。

人实际上收取的价格相对,而 17 世纪和 19 世纪经济学认识到没有任何商品具有绝对的、真正价格,价格只是稀缺性和需求的反映,因此总是由特定时间、地点,某种商品的稀缺性和需求所决定,这一重大进步被认为使得现代经济学得以形成。如果想从公平的角度谈论价格,人们可能会说,公平价格,即如果每个人都知道整个价格结构会带来的后果而都会自愿同意的价格,实际上是买卖双方的自由讨价还价产生的价格。或者,搁置所有关于公平的讨论,只是说价格永远不能由道德要素决定,而总是并仅仅反映非道德要素,它们将永远只反映无关道德的那些偶然性,正是这些偶然性使得某物品的市场成为可能。斯密关于"真实的"和"自然的"价格的讨论似乎是回到了中世纪的观点,特别是当他这样说的时候:"当……商品是以……自然价格……出售时[,就]精确地代表了……其所值价格。"①正是基于这种思路,一些评论者写道,"自然价格"并非是描述性概念,而是规范性概念,"自然价格是商品应该有的价格"。②

---

① Jack Weinstein,*On Adam Smith*(Belmont:Wadsworth,2001),p. 72. 这一引用有许多省略是有理由的:要说斯密持有中世纪的观点,就不得不忽略斯密实际讲的很多话。我很快会将省略的话语补全,那时就能很容易看出,这个说法是错的。

② Weinstein,p. 74. 想强调斯密与中世纪正义价格理论的联系,他指出斯密的自然价格并不包含利润,因此人们"不得不怀疑利润是不是在某种程度上'不自然',或者这是不是隐含着斯密对贪婪的批评"。然而,说斯密将利润排除在自然价格之外并不正确:"一种商品价格,如果不多不少恰恰可以支付生产、制造乃至运送该商品到市场中的地租、工资和利润……那么该商品出售的价格就可以被称为自然价格"(WN 72,重点为我所加)。正如下一段所明确指出的那样,把东西带到市场上出售的利润,包括"再次出售(成品)的人"的利润——即商人的利润,其从工人那里"购买"商品,并在市场上"再次"出售——斯密称之为"(商人)生活资料的正当资源"。斯密在这些段落中所表达的观点,确实完全与韦恩斯坦认为他持有的观点相左:斯密旨在表明"通常的说法错误地"把利润从商品的成本中排除。只有那些有人愿意定期交易的商品,才会有其他人愿意生产,所以对商品的长期生产而言,商人的利润是关键,因此它们是自然价格的一大组成部分。商业对生产的重要性是 WN 的一个核心教义,也是 WN 最关注的克服长期流行的偏见的一个方式。

　　但如果规范性意指"道德的"，那么斯密有关真实价格和自然价格的讨论，就都没有任何特别的规范性可言。如果先看这两种二分法中的后者，自然价格仅仅是指，商品在其所处的自由市场中经过相当长时间的运行所形成的价格。[124]今天我们称之为"均衡价格"。斯密之所以使用形容词"自然的"，是因为它是在没有"人为"限制的条件下产生的——没有法律强制规定某一对象必须处于某种价格，或是法律或其他力量使得某部分出售者对某产品享有垄断。与中世纪的公平价格不同，自然价格包含商人可以期望在商品销售的特定区域的"普通利润率"（WN 73）。斯密承认，如果商人不能赚取这个利润，他将有理由进入其他生产领域；如果一位商人经常处于比他的竞争对手赚取更少利润的处境，商人最终将在资本和劳动力市场上被淘汰，以至于不得不离开这一行业。自然价格涉及一个思想实验要素——销售条件经常受到限制，而要得到商品的"自然价格"，需要从这些限制中抽象出来，就像伽利略在计算速度时需要将摩擦力抽象出来——这一概念仅仅只是实验意义上的。它提供了一种衡量尺度，可以通过调查某一特定产品在特定区域的租金、工资和利润的"普通比率"加以确定。它在解释自然价格的章节所阐述的下述假设扮演着至关重要的角色，即市场价格不是任意的，它可以在"任何一定长的时间"内自我调整，以反映每种商品的供给和有效需求。市场在不受干扰的情况下会自我清理这一假设，取决于实际价格与反映真实供给和真实需求的价格之间存在差距。斯密通过自然价格确保这一差距的存在。因而，这一概念对于斯密的经验理论来说必不可少，就像在真空中的运动这一概念之于牛顿物理学。斯密使用"受吸引"（grav-itating）一词表达市场价格和自然价格之间的关系，表明斯密确实在脑中将两者加以对照。①

---

① 　但是，请参阅 Schliesser, *Indispensable Hume*，他一针见血地指出，只有（转下页注）

31　真实价格/名义价格；劳动价值论

"真实价格"的经验属性更难说清。斯密写道，"任何一个物品的真实价格，即要取得这物品实际上所付出的代价，是获得它的辛劳和麻烦"（WN 47）。简言之，"真实价格"是劳动价格，即与某个物品在某种程度上等同的劳动量。许多读者根据这个概念，在《国富论》中找到了"劳动价值论"（有人对斯密这一理论大加褒扬，另一些人则提出了批评），而这一理论被认为基于一个规范性信念，即人们应该为了生存而劳作，而非基于这一理论具有某个经验用途。

斯密到底为什么要将交换价值基于劳动？这是个较难回答的问题，但在讨论这一问题之前，我们先驳斥一个不那么重要的对斯密论述的反对意见。一些评论家小题大做，指出斯密明确希望既 [125]从投入到对象的劳动这个角度，又从通过出售该对象可以支配的劳动的角度，界定某一对象的劳动价格，但这两者并非完全一回事。① 然而，斯密并没有将两者混淆：他指的明确是后者，而非前者。斯密写道，任何商品的交换价值，它对于一个想要交换而不是使用它的人来说的价值，就在于"使他能够购买或支配的劳动量"（WN 47）。下一段的第一行似乎看起来与这一定义存在矛盾——"所有商品的真实价格……是获得它的辛劳和麻烦"——但在该段的其余部分，斯密清楚表明，他谈论的是我们想要获得的对

（接上页注）当市场价格和自然价格相互吸引时，引力的类比才真正成立。我认为斯密自己并没有解释清楚，但确实是想用引力进行类比。一个更好的类比方法是：市场价格会相互吸引——买方的价格和卖方的价格将相互吸引到一个均衡点——而自然价格所表示的，不是引力的来源，而是这两种价格相交的点。

在第四章中，席塞尔提供了一个精彩的阐述，说明了"自然价格"如何提供了一个在理论上非常有用的理想状态和经验现实之间的差距。

① 参见 Richard Teichgraeber, *"Free Trade" and Moral Philosophy* (Durham: Duke University Press, 1986), 182n12。

象的"真实价格",而非我们已经拥有的对象的"真实价格"。因而,斯密再次通过我们已经拥有的对象可以支配的劳动,而不是投入到这些对象中的劳动,来定义真实价格。他确实写道,我们为了获得想要的对象而拿来交换的商品"被认为……包含等量的劳动价值",但这里的重点是"被认为"(supposed)一词,斯密在后面的文本中明确说明,只有在社会原始阶段,投入到一个对象中的劳动与该对象能够支配的劳动成"比例"(甚至在这里:也并非等于!),这一社会原始阶段是"在出现资本积累和土地私有之前"的状态(WN 65)。当社会超越这个原始状态时,无法简化为劳动的租金和利润(66—67)将成为几乎所有东西的价格的一部分,因而一个对象能够支配的劳动完全无需与生产该物所需的劳动成比例。不仅如此,在此以及先前的状态中,真实价值在于对劳动的支配,而不在于对象"包含"的劳动:"价格的所有不同组成部分的真实价值……由各自所能买或支配的劳动量来衡量。劳动不仅衡量价格中分解为劳动的那一部分的价值,而且衡量价格中分解为地租和利润的那些部分的价值"(67—68)。

现在讨论更有难度的问题。劳动价值论,即所有价值最终都化约为劳动以及劳动本身在所有社会和时代都具有相同的价值,似乎就这一理论本身以及就其与斯密思想体系中的其余部分的关系而言,都存在巨大的困难。就与斯密思想体系其余部分的关系而言,斯密将收入分为三个不同类别,即租金、劳动和利润,这与他所宣称的劳动是衡量这三类的最终标准(67—68)之间似乎存在巨大的矛盾;劳动提供了普遍的、固定的价值标准(50,54)这一观点则与同一章及其他地方,斯密承认劳动报酬可以有很大差异(53,116—135)存在矛盾。就其本身而言,劳动理论的问题似乎无法克服。劳动怎么可能"自身价值从来不会发生变化",并为衡量所有其他商品价值提供唯一的"最终和真实标准"?(51)一方面,由于每个社会用于生产该商品的技术不同,生产特定商品所需的劳动量难道不会随之发生变化？在狩猎社会，一件羊毛外套可能需要一年或更长时间生产，但在具备先进机械设备的社会，可能只需要几个星期甚或几天。而且，不同人的劳动，即便生产难度一样，对于其他人而言，其价值难道不也是不同的吗？同一个人的劳动[126]在不同情况下的价值又应该如何衡量？起码在我看来，我的劳动在我一生的不同阶段，其价值不尽相同。在我获得学位之前，几乎没有傍身技能，我发现连找到每小时超过 4 美元的工作都很困难，因而认为自己花一两个小时的劳动制造一个物品真的很划算。如今，这个物品会花费许多倍的机会成本，因而如果要我花一小时制作这一物品而不是购买它，肯定不可能只需"放弃同等比例的［我的］闲适，［我的］自由和［我的］幸福"(50)。按照斯密的说法，我会认为此物品对我来说现在更便宜，过去更贵，而不是认为我的劳动价值增加了。但这似乎奇怪而任意地颠倒了我们通常看待这些事情的方式。

　　我们还完全有理由否认，劳动本身能确定其他一切东西的价值。毫无疑问，特定商品的稀缺性及其需求，在价值确定过程中发挥独立的作用。我们不仅仅因为钻石难以找到而觉得其比水更有价值，而我们今天比 19 世纪时（即使当时石油也很难开采）更认为石油有价值，是因为我们为石油开发了更多的用途。如果我在田野里捡到一颗钻石或偶然发现一口金矿，我将不劳而获巨大财富，但如果我付出长期艰苦劳动淡化海水，我的所得完全不可能与付出匹配。人们可能会说，定位钻石和金矿通常需要付出大量劳动，而定位水则通常并不需要，但是定位钻石和金矿的努力至少不足以确定它们的价值，肯定不足以确定钻石和水的价值差异。出于这些原因，经济学家倾向于认为，劳动的价值理论令人困惑（如果并非无用的话）；还倾向于认为，斯密是想让其服务于规范性而不是描述性目的。

　　我想斯密的意思是：

　　劳动确实根据相关任务的难度及其所要求的"灵巧程度和独创性"的不同而获得不同的回报(65)。某类工作带有的不同程度荣誉感或耻辱感、工作的风险、"工作的安定性或不安定性",以及"从业人员不得不负担"的责任程度,也会影响工资高低(116—117),不过,上述不同种类工作的一个小时劳动在不同社会条件下,能够购买的商品数量也存在很大差异。在一个物质丰富的社会,街头搬运工一小时劳动所得可能相当于一品脱啤酒或四条面包,一位优秀的裁缝一小时劳动所得可能相当于三品脱啤酒或十二条面包,而一位律师如果没有相当于五十品脱或两百条面包的东西,就不可能拿出他的笔和记事本干活。而在狩猎采集社会或正遭受某种自然或人为灾难的社会,街头搬运工可能会很高兴为半条面包工作,裁缝为一条半面包就可以,而律师职业则可能不复存在,但如果存在的话,他们可能会发现自己的服务需求量之大,足以让他们[127]要求二十五条面包。斯密写道,关于这两种社会条件,我们不得不称前者的产品便宜,后者的产品昂贵,而不是说前者的劳动昂贵,而后者的便宜。正是在这个意义上,一个小时的"辛劳和麻烦"(剔除辛劳和麻烦的数量和种类)是跨越不同世纪及完全不同社会条件的一个小时的辛劳和麻烦,可以作为一个"其自身价值永不变化的"绝对尺度,据此确定所有其他价值。

　　但为什么非要由劳动来充当这种尺度呢?难道我们就不能与斯密相反,说在这两种社会条件下,前者的劳动更昂贵,而后者的更便宜,而不是说,在第一种情况下产品更便宜,后者更昂贵?对一些经济学家来说,似乎我们确实可以这样认为,即劳动价格是相对于产品价格而言的,就像产品价格是相对于劳动价格而言的,但是这个说法忽视了,我们在合理说明这两种社会条件为何会如此不同时需要注意的解释顺序。除非我们假设人性发生了巨大的变化(这当然是可能的,但至少在工作能力方面,历史记录中并不存在类似证据),我们不可能认定,第二种社会条件下的搬运工,觉得比在第一种社会情况下，搬运货物更为轻松，所以要求少得多的回报。相反，对这种差异的最好解释是，在第一种社会条件下，产品更加充足，因此更容易获得，而在第二个社会中，产品没有这么丰富，因而更难获得。但"便宜"仅仅意味着"丰富和容易获得"，而"昂贵"意味着"难以获得"(50—51)。所以，在第一种社会条件下，便宜的是产品，而不是劳动变得昂贵了，而在第二种社会中，昂贵的是产品，而不是劳动变得便宜了。①

　　我们在本节结尾处将看到，以劳动衡量产品而不是以产品衡量劳动，有助于斯密想要开展的具体历史工作，而且能够使斯密在《国富论》开篇隐含提出的一般性问题，即关于先进劳动分工价值的问题，更为清晰。回想一下，《国富论》第一章的结尾比较了经济发达社会中最贫困的工人与"非洲国王"(即斯密类型学中，狩猎采集社会的国王)的生活水平。众所周知，斯密担心发达经济体中最贫困的工人的生活状况，这将成为第五卷的重点，因此这里的比较对他来说并非不重要。而劳动价值作为实际价值的观点有助于将这种比较清晰化。考虑到在第六章，斯密指出，"租金"和"利润"虽然支配着劳动，但本身并非基于劳动。这一观点将有助于支持斯密对经济的行业分析，以及某些收入(租金和工资)会随着整个经济的增长而上升，而其他收入(利润)则不会的看法。② 斯密并没有说(而如果斯密真的像某些人所认为的那样持有规范性"劳动价值论"，他应该会说)，由于租金和利润并非来自劳动，所以是不正

----

① 这一点有些循环论证。斯密采用通常说法将"便宜"定义为"容易获得"，而将"昂贵"定义为"难以获得"，但同时承认"容易获得"仅仅只是"劳动成本低"的同义词，"难以获得"是"劳动成本高"的代名词(50—51)。然而，这个论点并不主要依赖于这个等式(经验解释的正确顺序这一点才是最重要的)，而我认为斯密会说，通常说法反映了关于我们的自然和社会世界的事实，"廉价"和"昂贵"这类词语的通常含义反映了我们的下述通常理解，即当我们交换产品时，我们只不过是间接通过自己的劳动"获得"它们，我们也可能自己亲自制造，直接"获得"它们。

② 关于行业分析 WN 的重要性，参见 ASD 164—182，196—206。

当的收入形式(尽管斯密确实隐晦指出,租金之所以出现是因为"房东像所有人一样,喜欢不劳而获"(67))。[128]但是,通过将所有价格都化约为对劳动的支配,我们得以提出下述问题:"在一个允许租金和利润存在的经济体中,相比于我们所有人都直接为自己的商品劳动,大多数商品的劳动价格是变高了还是拉低了?"也就是说,劳动价格使我们能够提出关于商业社会的最基本问题:以租金和利润为生阶层的存在,是否能够让我们中即便仅仅以劳动为生的人也从中获利?

在我看来,主要问题是斯密需要劳动价格这个概念。第五章一开始就通过人们获得商品("人们生活的各种必需品、便利品和娱乐品")的能力,界定"富人或穷人"。下一句根据这一定义,讨论劳动分工对贫富产生的影响。这里我们被告知,劳动分工出现后,每个人通过自己的劳动,只能为自己提供所需的必需品、便利品和娱乐品的"很少一部分"。对于必需品、便利品和娱乐品的"更大部分",我们必须依靠别人的劳动,而且只能通过用我们自己的商品进行交换来做到这一点。因而,交换的世界取代了我们最初通过自己的劳动获得产品的世界,而我们所拥有的商品相当于进入我们每个人都必须参与其中的交换世界的门票。正是在这种意义上,劳动被认为是"衡量一切商品交换价值的真正尺度"。

现在我们将这一段置于第一卷整个论证的语境中。"交换"一词将第五章的开头段与其前面的一章联系了起来,后者结尾处区分了"使用价值"和"交换价值"。水具有很大的使用价值,而钻石的使用价值很小,但具有巨大的交换价值。斯密在讨论了只有交换价值的货币之后谈到了这一点,并在第四章结尾承诺"研究支配交换价值的原则",隐晦地将使用价值搁置在与经济学无关的一边。如果我们再往前追溯就会发现,整本书到目前为止都在关注交换的重要性。第一章告诉我们分工是生产扩张中最重要的因素,下一章解释了人类相互交换的倾向如何使得劳动分工本身成为可能,接下来的第三章指出分工的精细程度与市场的范围成正比。最后,第四章告诉我们,货币的发展使得市场范围扩大;依照我们业已了解的发展顺序,市场程度的增加又会进一步提高劳动分工的水平,进而使商品生产的扩大成为可能。因此,到第五章开头,我们已经读到了一系列越来越详细的阐述,说明交换促进了商品生产的增加,交换进而随着社会的进步在人类生活中发挥越来越大的作用。

当第五章的开头部分告诉我们劳动是衡量交换价值的真正尺度时,我们就有了一个能够用来评估[129]整个交换领域的尺度,而不是一个仅限于特定交换或交换制度的尺度。我们被要求(正如我们在此书一开始就被要求的那样)退后一步,审视我们参与其中的整个经济世界,与可能曾经存在过而现在却只存在于我们想象中的世界,即每个人自己制造所有"必需品、便利品和娱乐品"的世界,进行对比。我们被要求思考,如果在我们的生活中,我们使用的所有物质产品都由我们自己制造,而不是通过交换和劳动分工获得,将会是怎样的情形? 这或许意味着,我们应该想象完全依靠自己,在除了我们自己并不存在任何其他人类的前社会世界,从无到有制造食物、衣服、住所和消遣物,或是在尽管所有器械依然存在但其他人却神秘消失的当代社会,自己制造各式物品。我们可以想象,要制作一件外套,需要屠宰山羊、剥皮、将皮清洁和干燥处理等,或者找到一个仓库、选择布料、用相关机器加工等。通过将我们现在为获得商品所做的事与第一种情形相比,我们很快就能明白,几百年以来的技术发展使我们获益了多少(在斯密看来,这是劳动分工的附带产物),其中一件外套就成本("真正"意义上)而言,利用技术制造它要比单个猎人制作它所需的劳动少很多。通过比较我们现在实际做的事与第二种情形——这差不多就是斯密所谓商品的"劳动"或"真实"价格的来源——我们就能明白,参与劳动分工而不是试图自己生产所需的一切,将如何使我们每个人获益,即便在技术发展条件下亦是如此。

因此,在这个意义上,真实价格或劳动价格是思考经济制度的工具,而不是经济制度内部使用的尺度。事实上,斯密有时表示"真实"或"劳动"价格无法表达商品的实际交换价值。"自身价值不断变动的商品,永远无法成为衡量其他物品价值的准确尺度",斯密写道,劳动本身可以给出每种商品的真实价格,因为其"本身价值从不变动"(50—51)。但是,在交换网络内,每件商品本身的价值必然会随着可与之交换的其他商品的供应和需求的变化而发生变化;交换价值本质上是相对的。因而,斯密称之为所有价值的"终极和真正标准"的劳动必须在所有交换中保持不变。根据至少可以回溯到柏拉图的论点,用来判断彼此相对变化的任何一组对象的终极和真正标准,必须在这些对象之外。因此,只有当劳动本身不是交换价值时,劳动才是"衡量一切商品交换价值的真正尺度"。劳动能衡量交换价值,是因为其本身不参与交换;劳动能帮助我们评估市场的整体效果,是因为其本身并非市场实体。劳动能够成为经济的尺度,是因为其本身并非一种经济尺度。

但这意味着这里讨论的劳动,[130]不能是人们在已建立劳动分工和交换系统的社会中,在市场上以不同价格销售的劳动。斯密说,劳动是物品的"第一价格"、"原始"价格(WN 48)。他的意思是,劳动将是一个没有交换的世界中物品的真正价格,它也曾是物品交换出现之前物品的价格——此时,"价格"是对自己而言付出的代价,而不是某种通过与他人的关系确立的东西——而不是说,它在我们现在这个世界依然还是这样一种尺度。在交换制度出现之前或者消失之后(如果像鲁宾逊·克鲁索那样与世隔绝,或者所有其他人都死了),我们可能曾经进行或将会进行的劳动确实会是这样一种劳动,其中的等量劳动"在任何时间和地点"都具有同等价值,而在评估一个小时劳动的价值时,我们只需考虑这一劳动花费了我们的"那部分……安逸、自由和幸福"。当我们被告知劳动是商品的真正价值时,我们被要求脱离某一交换背景,在经济关系之外考量劳动。我们被要求参与一个思想实验,这一思想实验比第七章说明"自然价格"之含义的那个实验,更远离通常的经验检验。

然而,思想实验可以为描述性而非规范性目的服务。斯密这里的思想实验旨在确立交换关系的拓宽会降低商品的价格这个描述性观点,而不是就为了生存而劳作具有的内在善提出某种规范性观点。如果我们接受劳动是货物的"真实价格",而"货币仅仅是其名义价格"这一观念,那么我们可以看到,不管其货币价格如何,产品为何会变得便宜很多,少量劳动就可以让我们买到很多产品。"不论何时何地,凡是难于购得或在取得时需花大量劳动的货物,价必昂贵;凡是易于购得或在取得时只需少量劳动的货物,价必低廉"(WN 50—51)。不难想象,在没有分工或分工有限的世界,就连获得最基本的食物、住所和衣物都需要付出大量的劳动。相反,在斯密读者所生活的商业世界中,甚至连穷苦的工人都很容易就"获得"超过所需的食物、住所和衣物。至少斯密是这样认为的;人们可以对此持不同意见,将某些条件恶劣的城市生活与某些狩猎采集部落的生活进行对比。但是,即便提出不同意见,这种不同意见也只关乎事实,不关乎规范性原则。就目前的讨论而言,也就足够了。斯密引入"劳动价值"或"真实价格"以澄清一个宽阔的历史观点;这一概念是一项历史研究的一部分,而不是为了表达一种道德情感。

当然,目前为止我们所讨论的历史研究,主要是推测性的。斯密关于交换关系起源的解释属于18世纪所谓"推测史"这一文体,想象在其中发挥主要作用。然而在第五章的中间部分,斯密试图将真实价格应用于更为具体的历史问题:研究几个世纪以来货币价值的起伏变化。[131]斯密使用谷物价格作为劳动价格的近似

值,因为谷物①支付着"劳动者的生存所需"(53)。而谷物价格"虽
然几乎在任何地方都没有定期的记录,但总体上"还是比"遥远时
代和地方"的劳动价格"更为人所知"。因而,我们可以"满足于[谷
物价格],并不需要总是与当前的劳动价格完全成正比,而只作为
通常可以获得的最接近的近似值"(WN 56)。因此,假定劳动价值
在几个世纪以来保持不变,像谷物这种维持劳动者生存所需的生
产物可以确立劳动者能够承受的最低价格,谷物价格就能够帮助
我们衡量几个世纪以来货币真实价值的变化。因而,将劳动作为
真实价值的理论,为斯密后来用谷物价格,追溯金银价值从 1350
年到斯密所处时代这四个世纪的历史的做法提供了合理性。这一
历史使得斯密能够提出他反对重商主义最重要的论点之一:只要
没有意外发现新的矿产(如在美洲发现的矿产)使其价值下降,金
和银的价值,并不会像重商主义者所宣称的那样,不可避免地下
降,反而会自然而然地"随着每个国家财富的增长……而增长"
(208)。与之前一样,我更感兴趣的并非这一经验主张有何价值,
而在于它是一个经验主张这一事实。斯密想要进行大范围历史时
期之间的经济现象比较,就此而言,劳动价值或真实价格服务于他
的经验目的;而不是为了提出某种超越市场波动的绝对标准这一
形而上学需要,也不是为了提出有关劳动胜于懒散的道德观点。

32　长期 VS 短期;增长 VS 分配;财富的定义

我们可以从关于"自然的"和"真实的"价格的考虑中,进一步
得出两个经验教训。

首先,斯密对长达几个世纪的经济比较研究的兴趣,与贯穿
《国富论》的一个主题紧密相关:即"国民财富"是在长时间历史进

----

① "或其他任何人们常见和偏爱的蔬菜食物":WN 95—96,206,258—259。

程中非常缓慢积累下来的,无法通过短期政治方案实现。"当我们比较……一个国家在两个不同时期的状况,"斯密写道,"并发现土地和劳动的年产量,显然后一时期超过了前一时期,其土地耕作状况进步了,制造业扩大了、繁盛了,商业推广了,我们就可断言,在这两个时期间,这国的资本,必定增加了不少。"(WN 343)一个国家在两个不同时期的"年产量",既可以做长期比较也可以做短期比较:即便是连续两年,也相当容易就能找到衡量比较的方式。但是,发觉"土地耕作状况进步了,制造业扩大了、繁盛了,商业推广了"[132]则要困难许多,并非一个人可以在短时间内轻而易举完成。斯密说的就是这点:"为了正确判定[这些变化],我们必须比较相距有点远的时期。在相近的历史时期,这种进步经常是如此缓慢,以至于……无法被感知"(WN 343—344)。在"有点远"这里斯密运用了"低调陈述"(understatement)这一修辞方法。斯密在下一段中,比较了英国在1660年查理二世复辟时的状况与1770年代《国富论》写作时的状况。真正掌握"一个国家的财富"以及这种财富到底在增加还是减少,似乎至少需要一个多世纪的时间跨度。当我们站在这样一个高度时,我们就能意识到,一个国家经济的长期健康发展,完全可以自然维系。

　　第二,通过长期比较得出的结论是,自由市场促进国家产品总量增长,而不是促进分配公平或最大限度地增进人们的福祉。斯密的经济理论侧重于产品的生产而非分配。如果人们认为第七章有关市场价格如何"趋向"自然价格的分析是为了证明市场分配的公平性,就会忽视这点。但斯密在第七章所表达的观点只是,自由市场进行产品分配,以刺激有效生产:市场价格所趋向的自然价格,促使生产者尽可能毫无浪费地生产尽可能多的产品。关键在于,市场有效地分配资源,而并非将资源分配给需要它们的人。

　　随后,斯密提出了著名的长段论证,表明自由市场本身就能够充分满足穷人的基本食物需求(WN 524—543)。但是,这一论证却部分基于食物的一个具体特性（即容易腐坏；533）。如果斯密已经证明，市场总体上就能够满足每个人的需求，那么这点就是多余的。斯密关于产品分配的整体观点是，如果产品供应量足够大，那么每种产品往往都会价格便宜且容易获得（24，50—51）——因而，刺激产品不断增量的市场将间接刺激产品在整个社会中流通。但这并不是一种自由市场和最佳分配之间的牢固联系，而斯密也并没有指出市场本身总能满足穷人的需求。

然而，增长和分配确实关系密切，因此布朗最近提出的论点是有问题的，即斯密在撰写《法理学讲义》和《国富论》两个时期之间，放弃了原本持有的财富即"价低富足"的看法（ASD 147—154）。布朗（ASD 147）写道，在《法理学讲义》中，富裕被定义为"低价、高工资的情况，在这种情况下，工人阶层负担生活必需品绰绰有余"。相反，在《国富论》中，"将廉价与富裕联系起来的章节……不见了"（ASD 151），取而代之的是，从社会"年收入"或"年产品的价值"的角度定义国民财富（ASD 179）。然而，这种对于斯密措辞的关注模糊了《国富论》中高"年收入"和"低价、高工资的情况"的联系。此外，即便《国富论》并未明确表示财富等同于"价低富足"，但类似的说法和看法贯穿了《国富论》始终。[133]当"[一个]社会整体劳动力产品产量……巨大"，斯密写道，"所有东西都经常能供应充裕，即便最下层和最贫穷的劳动者……也比野蛮人享受更多的生活必需品和生活便利品"（WN 10）。又如：当一个社会不仅享有充裕的产品，还有运行优良的政府，"每个劳动者……都能够用大量自己的产品"交换他人大量的产品；每个人都能得到"充裕"的供应，于是"整体富足将扩散至社会各阶层"（WN 22）。"富足"一词继续与"产品供应的便宜"（WN 46，92，101）相关联，而高工资也继续被描述为"国民财富增长的自然表征"（WN 91）。在《国富论》中，与在《法理学讲义》中一样，富裕即产品容易"获得"——"不论何时何地，凡是难以购得或在取得时需花大量劳动的货物，价必昂贵"（50—51）——斯密不断指出，收入和资本的增长与高工资和产品供应的富足相关联：即与形成"价低量大"的条件相关（ASD 147—148）。从《法理学讲义》到《国富论》的变化是，对斯密的分析而言，总资本不再像资本的增长那样重要。在《国富论》中，斯密认识到，一个国家可以是"富有的"，即在它的领域内产品供应充足，而大多数人民却还是穷人：他认为，中国就是如此（WN 89—90，111—112）。他现在认为，为了"繁荣昌盛和生活幸福"，一个国家的收入和资本必须不断增长（WN 96）。但这仅仅意味着，在《国富论》中，除满足使每个人都能轻松获得产品的其他条件外，还要加上增长这一条件。因此，《法理学讲义》和《国富论》之间，斯密就最佳经济条件所持的观点没有发生根本转变，两者都认为产品的生产和整个社会的产品分配存在联系。除此之外，在这两本著作中，这些概念都只是被简单地联系在一起，并没有通过自由市场能够像有效确保产品得以生产那样，有效地为需要的人分配产品这样一个论证连接在一起。前者是自由市场的直接结果；而后者最多是一个间接结果。

《国富论》聚焦增长而不是分配，这反映了这本书的论战背景。斯密所反对的重商主义作家认为，一个国家的财富就是一个总量，代表了它的荣耀，并为它提供资源，使其能够战胜比它贫穷的国家。他们认为，促进制造业和商业发展的政策可以增加这个总量，而且在面对零和的国际权力之争中非常必要。重农主义者尽管认为，农业而非制造业和商业才是财富的关键，但他们赞同重商主义者的国家财富"总量"观。我们有理由相信，斯密并没有以这种方式看待国家财富，斯密的财富概念是分配意义上的而不是总和意义上的——例如，在《国富论》的第一章结尾，他就将一位欧洲农民的境况作为欧洲财富的标志——但是，如果他从这个完全不同的角度表述自己的经济观点，就完全无法与对手展开政辩。出于这一政辩的目的，斯密不得不采纳国家财富是一个总和的观点，虽然他自己对一个国家产品总和的主要兴趣[134]在于该总量对分配产生的影响。只要"所有不同产品的生产,都有巨大增长"并存在一个可供这些产品交换的健康网络,斯密写道,"整体富足将扩散至多个阶层"(22)。但是,在整本著作的绝大部分,斯密讨论的是整体富足怎样才能出现,而不是它如何扩散。这使得我们很难去揣测,斯密面对我们今天非常不同的论辩会采取怎样的立场。今天的政治经济论辩焦点在于分配而非生产。我们将在第四部分讨论分配正义时再回到这一主题。

33　生产性和非生产性劳动

让我们想象一下,一年时间,政治家、仆人、娱乐业从业人员,以及"教士、律师、医生和所有文人"(331)继续照常工作,而所有的农场、制造商、货运和销售网点都关闭,将会发生什么? 这种情况几乎无法想象,只要公园的果树上无法奇迹般地自己生产出丰盛的水果或其他类似吗哪的东西,那么所有政治家、牧师、律师等都将无法继续工作。在很短的时间内,每个人家里的食物用品都将消耗殆尽,然后开始忍饥挨冻,而要外出,除了步行别无选择。

相反,如果所有的政治家、艺人、教士等等都罢工一年,而农场、制造商、运输商和零售商正常工作,那么也许我们生活质量会降低,但生活本身肯定可以继续。确实有些社会并不存在任何艺人或文人等,但从来没有一个社会可以在没有食品、衣物和住所的生产与分配的情况下存续。

这就是斯密区分生产性和非生产性劳动者的意图所在,并认为生产性劳动者为自己以及非生产性劳动者的生存提供了保障(332)。非生产性劳动者是一种奢侈的享受,而生产性劳动者是一种必要。斯密写道,非生产性劳动者既包括一些"最不重要的"职业,也包括"一些……最尊贵的和最重要的"职业,而我们从其他著作中也可以获悉,斯密肯定不会对诗人和哲学家这些职业嗤之以鼻(例如,TMS 134)。因此,斯密并不是将"非生产性"与"懒惰"或"浪费"等同起来。他只是认为,一个国家只能依照生产性领域的规模,按比例扩大非生产性领域的规模,不论后者如何有价值。

斯密还想阐明另外两点,其中一点应该会受现代经济学家欢迎,而另一点则非常麻烦。受欢迎的一点针对重农主义者,他们最早提出了生产性和非生产性劳动的区别。在重农主义者看来,只有农业才是生产性的。他们认为所有的生产必须植根于"自然"(physis),而所有其他生产归根到底都依赖于那些从自然提取资源的人。斯密回应说,不仅制造业[135]可以激励农民生产更多,而且一个国家的制造品可以从其他地方交换农产品,而商人的工作,通过将货物从一个货源充足的市场运输到另一个货源稀缺的市场,也同样增加了一个国家的生产,"除非资本被运用于将原生产物和制造品从充足地运往稀缺地,否则它们的产量便不会超出本地消费所需"(361)。所以,商人也是生产性劳动者。让我们回到本节开始时的假想场景,假设所有零售商店(仅以商业部门一个分支为例)将关闭一年,而其他一切保持原样。在这种情况下,只有那些在农场或附近居住的人才能长期生存下来,很快所有商业运输和制造业将与商店一起关闭。因此,在任何劳动分工已经非常细化的经济体中,商业活动绝对都是生产性劳动的一部分。事实上,商业活动也确实是自然的产物,只要我们愿意扩展"自然"一词,将人性的这一倾向(即想要通过劳动分工增加生产,然后交换产品的倾向)包括在内。斯密为经济目的深化了"自然"这一概念,将商人的工作纳入决定国家能够容许多大规模"非生产性"活动的"自然"中,这些做法都值得称赞。

就斯密所做的生产性和非生产性劳动的区分,更为麻烦且激起许多反对意见的一点是,他企图将"非生产性"劳动与"在劳动结束后,至少持续一段时间"的某些产品联系在一起(WN 330)。斯密以家仆提供服务为例指出，非生产性劳动无法在可销售的商品中"固定或实现自己"。你的贴身仆人精心为你准备好衣装，你享受了这一便利并在当天由于衣着得体将得到尊重。但是这位贴身仆人所做的一切不能转售或"贮存起来"，以便为日后转售的东西增加价值。它"不能增加任何价值"。①家仆获得报酬的行为"随生随灭，几乎不会留下任何痕迹或价值，供日后雇用等量劳动之用"。服务只可以出售一次，出售给第一个享用它的人。在他或她享用后，它就消失了，所以它不能转售，不能交换任何其他产品。出于同样的原因，它也无法被加入国家的总产出中。它不能为国家产品的富足以及随之而来的货物廉价作出贡献。

这一分析存在两个问题。首先，非生产性劳动一般并不像家仆提供的服务那样转瞬即逝。第二，转瞬即逝的产品并不一定无法转卖。针对第一个问题，我们可能马上会有一个斯密不会有的想法，因为我们现在有方法保存斯密所处时代只能转瞬即逝的产品。斯密可以将戏剧表演和家仆提供的服务相提并论，因为戏剧与贴身仆人准备衣装一样，只能给实际参加的人提供服务。今天，通过[136]录影和录音，几乎所有艺术和娱乐都可以变成"可售卖的商品"，并多次出售和转售以换取其他产品。一位演员的工作，被拍摄成电影后，在很大程度上"固定并实现在特定物品上"。在斯密所处的时代，事情并非如此，这有助于解释为什么斯密不认为艺术家和艺人的工作，能够产生任何可以交换其他国家食物的产品。然而，即使在斯密所处的时代，"文人"的工作也并非转瞬即逝，律师和医生的工作亦是如此，它们能够永久地改变一个人的法律处境或健康状态。不仅如此，得到增强的健康状态有助于一个

---

① 这并非完全准确：这可能会增加你的价值，如果你去参加求职面试，它就具有实际意义。但是，斯密可能说的是那些不求职或不工作的贵族，对他们来说，他们的贴身仆人的服务可能确实没有经济价值。

人更好地工作,而且得到增强的法律处境使一个人更容易获得投资贷款。因此,能够产生这些结果的工作却被认为是"非生产性的",这一点完全令人费解。

此外,在某种意义上,转瞬即逝的产品可以在某些条件下再次出售。斯密似乎认为,不可能存在一个转瞬即逝产品的常规市场。但事实并非如此。试想当今拥有高度发达旅游业的国家,这里的华丽剧院或服务完善的酒店,完全可以常态地吸引消费者,消费者提供他们的产品换取某个事情的重演(其本身是稍纵即逝的)。戏剧表演或酒店服务确实"留下了痕迹或价值",可用以获得等量的其他产品:留在了剧院或酒店的声誉中,这种声誉可以吸引新的顾客。我们可以将它们生产的产品理解为某件事情在一段时间内的重演。演员和厨师出售的并非这次表演或精致膳食,而是一系列的表演或膳食。以这种方式,服务可以在正常市场销售,就像任何可感知的商品一样,并且可以形成国家产品储备的一部分。今天有一些国家就是通过旅游服务,从其他国家换取大部分产品。

当然,在斯密所处时代,事情并非如此。但我们并不确定是否应该就此为斯密开脱。既然斯密明确将商业活动视为生产性劳动并认识到交换使得生产成为可能(这是《国富论》整个论证的核心观点),那么我们会期待,斯密并不会认为转瞬即逝的产品无法为市场价值做出贡献。对于商人而言,他们也不会在其运输和销售的商品上"留下痕迹"。商人从农场主那里批发谷物,然后以提高了相当幅度的价格,将其卖给零售商。在这一过程中,谷物并没有发生任何变化;谷物没有"增加任价值"。或者更确切地说:除非我们认为,从一个价值较低的地区到一个价值较高的区域的运动增加了产品的价值,否则谷物的价值就是没有任何增加。显而易见,斯密正是这么认为的,否则他不会把商人置于生产性劳动者之列。但同样的逻辑就意味着演员为剧院"增加了价值",好服务员为其酒店"增加了价值"等等。如果"增加价值"包括可以增加商品需求的任何东西,那么非生产性劳动者就应该与生产性劳动者一样,都能够为一个国家的产品增加价值。

然而,斯密在非生产性劳动和转瞬即逝的[137]劳动之间建立的联系,与另一个非常有意思的主题相关。斯密认为,非生产性劳动有助于培养依附和懒散,而生产劳动者一般更为独立和勤勉(332—333,335—336)。这一联系的论证过程似乎如下:因为非生产性劳动者是在某一特定时间做某事以取悦某个人或某群人,因而,他或她就依赖于获得该人或该群人的认可,以获得更多的就业机会。生产劳动者要出售的产品可以卖给某些人中的任何一个。如果他被某个客户侮辱或不公正对待,或者他只是不喜欢那个客户,他都可以将其产品"贮存起来",直到找到其他自己想卖的人。生产性劳动者有许多客户,他的声誉主要建立在自己的工作之上,所以只要他为人诚实并工作出色,他就不会轻易被某个令人讨厌或心情不佳的客户搞垮。正如斯密在稍后一章中指出,一个商人或工匠"从成百上千个不同的客户(而不是一个客户)的雇佣中获得生存所需",尽管他"在某种程度上都得对他们心存感激",但是他"绝不依赖于他们中的任何一个"(419—420)。相反,非生产性劳动者(尤其是家仆),如果他的主人拒绝聘用他,他没有东西可以存储,也无法轻易地向其他"客户"售卖自己的劳动。除非他的主人为他写一份很好的推荐信,否则他确实会发现自己很难再为其他任何人工作。因此,他经常不得不忍受侮辱和虐待,或至少压制自己的独立性,服从主人的意志,而不是他自己的。他显而易见是具有依附性的,他的依附性是他可能懒散的原因之一:他失去了独立意志、自主性以及内在的工作动机。

还有另一个原因。斯密写道(333,336),非生产性劳动者的工资从收入而不是资本中支出,这意味着他们是否被雇佣,取决于人们在特定时刻有多少可自由支配的收入。因此,他们的雇佣具有相当的随意性,而工作的不确定性会强化他们懒惰的习性。"我们

的祖先是懒散的，"斯密写道，"因为他们没有足够的激励，成为勤勉的人。"（335）

斯密所说的祖先是封建时代的普通人，其中大多数生活在对主人的依附关系中，许多是家仆。这是斯密对自己早期支持家奴的斯多亚立场（TMS IV. i）提出责难的几处地方之一，彼时斯密将其视为神将富人的财富分配给穷人的一种方式（见上文第26节）。无论是此处还是《国富论》III. iv，斯密都清晰区分了封建社会和商业社会的典型劳动，前者导致懒散、依附和贫困，而后者鼓励勤勉、独立和舒适的生活水准。II. iii 阐述的观点是，富国拥有大量生产性劳动者，而贫穷国家则充斥着非生产性劳动者（334—335）——在这里，一个国家的财富与其普通工人的尊严和高工资密切相关。

这一令人叹服的规范性结论，是否依赖于[138]生产性和非生产性劳动的区分，或斯密在这一区别与勤勉/懒散和独立/依附之间建立的复杂关联？的确，一些非生产性工人，其工作不够有规律，因此可能形成懒惰的习性，但并非全部如此：斯密更多地考虑了演员和仆人，而较少考虑医生和律师。同样正确的是，许多非生产性劳动者的工作或去其他地方工作的机会在很大程度上依赖于雇主的善意，但这也并非适用于所有类型的非生产性劳动——但对于工厂的生产性劳动者也是适用的。（斯密谈及"生产性劳动者"时，似乎想的主要是从事小规模生产的独立工匠和农民，而不是工厂工人。）不仅如此，当服务业或娱乐业发展成为一定规模的大型市场后，演员、服务员等也更容易让不同的雇主认同自己的资质，因为许多潜在的新雇主可以亲眼看到他们的表现，而不必依赖前雇主的推荐。当然，即使在今天，推荐仍非常重要，在各种环境中工作的工人，其就业都在很大程度上依赖雇主对他们的看法。今天，工人们也倾向于有人为他们制定劳动日程，然后接受其雇主的监督，而不是独立生产；这种外界施加的规训往往会助长懒散的习性,以及在没有监督时不愿工作的倾向。然而,懒散和依附的习性不一定就会导致贫困;它们只是道德败坏。因此,斯密关于雇主和雇员之间关系将如何助长或抑制某些品格特征的分析,在道德上富于启发性,既准确指出了封建的奴性的工作场所的问题,也准确指出了现代的公司工作场所存在的问题。但我们无法确定这种分析是否仍然具有经济意义,如果它曾经确实有过的话。[1]

34 看不见的手[2]

《国富论》处处都在解释这一社会机制,即有利于社会的结果可以在任何行动者都不直接抱有这种意图的情况下达成。在第四篇的第二章中,这种解释模式被用来论证,即使没有任何相关的政府法规,即使商人只对自己的收益而非社会福祉感兴趣,商人也会倾向于投资国内产业。在这个语境下,斯密写道,每个商人"在这场合,像在其他许多场合一样,他受一只看不见的手引导,去尽力达到一个并非他本意想要达到的目的"(WN 456)。斯密的这个生动表达从此处被提炼出来,以表述斯密对经济活动的整体看法。[3]斯密被认为持有如下观点,即当人们各自追求自己的利益时,一只看不见的手会确保他们的行为将有利于整个社会。然后,问题就出现了,斯密是否有任何经验证据或数学证据,表明一定会是这样,或者正如"看不见的手"这一隐喻可能表明的,斯密这里悄悄借用了斯多亚主义或基督教的神的概念,神在幕后对人类所有活动

---

① 但是,请参阅 Bladen,*From Adam Smith*,页 65—67,他对生产劳动和非生产劳动的区分进行了有趣的重新解释,揭示了为什么家仆的劳动在不发达的经济体系中如此普遍,以及为什么这种劳动在发达经济体中更为稀有且回报更丰厚。

② 与本节相关的内容,请参阅罗斯柴尔德关于 ES 中看不见的手一章(116—156)。不仅罗斯柴尔德自己关于看不见的手这一暗喻的本质和作用的解读引人入胜,而且她的注释包含了我所见过的关于这个话题最全面的文献综述。

③ 表达了同样的观点但语言不那么生动的段落,包括 WN 374,524—525,530,630。

进行有利的引导?①

[139]针对这一问题,以及对斯密思想的解读所引发的这个问题,首先要指出,这是对《国富论》IV.ii 的这一名句的过度解读。一方面,其中的"在这场合,像在其他许多场合一样"被忽略了。斯密为我们提供了不少例子,其中毫无节制地追求个人利益,并无法使社会受益。在《国富论》II.ii 中,斯密及"投机者"采用不负责任的方式筹集资金,引发了英国和苏格兰银行业的危机。在 V.i.g 中,斯密写道,只有当教会向其神职人员提供些许薪水且平等发放,以消除否则他们想要在物质上"改善自身境况"的倾向,牧师才能成为真正博学、体面、独立的人。② 在这些例子中,个人的自我利益和社会的福祉存在潜在的冲突,若要使之为社会服务,自我利益必须得到某种指引。更广泛地说,正如安东尼·沃特曼(Anthony Waterman)所言,斯密并不认为在"错误的制度框架"下,基于私人利益的行动会有利于社会。③ 首先,这意味着,社会必须提供一个行动框架,包括恰当的正义规则,但关于教会的讨论表明,斯密允许超出确

---

① 菲茨吉本斯坚持认为,"斯密的看不见的手是上帝之手"(Fitzgibbons, *Adam Smith's System*, p. 89; see also 193—194)。我并不赞同这一观点,下文我会清晰解释。罗斯柴尔德证明,这一观点是 19 世纪斯密的反对者主张的(ES 118),并且认为斯密本人强烈反对菲茨吉本斯认为他所持有的斯多亚主义的"神圣秩序"观念(131—136)。我的观点没有这么极端。正如我在第 9 节中所论述的那样,我认为斯密确实肯定神圣秩序作为道德信仰的一个合理要素的可能性,但他的科学解释(他对我们的情感、社会或市场如何运作的描述)从不依赖这种可能性。正如罗斯柴尔德所说,对斯密而言,"秩序的存在并不意味着设计的存在"(ES 135)。此外,斯密的斯多亚主义信仰似乎也随着年龄的增长而降低了:参见上文第 25—27 节。

② 斯密写道(WN 810):"一个小有产者想保持尊严,唯一的方法就是具有可为人模范的德行",因而,道德上可为人模范的人管理的机构,能够很好地阻止雇员唯利是图的倾向。

③ Waterman, "Economics as Theology," 16. 还可参见 Rosenberg, "Institutional Aspects," and Werhane, *Adam Smith's Legacy*, chap. 4. 沃哈尼(Werhane)对罗森伯格(Rosenberg)提出了部分批评。

立正义之外的制度设计，以可能好可能不好的方式对私人利益加以引导。

因而，斯密没有在《国富论》IV.ii 中阐发一条普遍规则。不仅如此，在这种语境下，出现这样一条普遍规则反而是非常奇怪的。斯密正在阐述一个相对较小的观点（商人甚至倾向于将"转口贸易"在自己本国港口进行），并对商人的行为做出了一些看似合理但有些牵强的归纳，以支持这一点。如果他想宣称有一只看不见的手总在引导个人的经济决定为社会利益服务，我们会期望他在著作一开头就宣布这点，称之为他的经济活动基础理论的一部分。斯密向我们阐述的理论确实支持这样的说法：个人在他们的经济行为中一般会促进社会福利，而无需具备这样的意图，但并没有暗示，这一点在所有情况下都成立，更不用说有经验或形而上法则予以确保。

然而，最近一位学者认为，斯多亚主义的乐观精神，最终为斯密看不见的手的观点提供了理据，这些观点基于这个信念：存在一位慈爱的神使自然为我们的利益服务。[①] 如果真是这样，斯密对经济政策的看法，在许多不信奉斯多亚主义的读者看来，将变得不那么有吸引力。幸运的是，对《国富论》中看不见的手的斯多亚式解读显然是错误的。的确，斯密著作中另两处"看不见的手"具有神学的意味。在早期《天文学史》中，斯密写道，古代宗教将某些事件，但不是所有的事件，归因于"朱庇特看不见的手"（EPS 49）。在《道德情操论》中，斯密认为富人"在看不见的手的引导下"，与穷人分享大部分财富，并随后写道："当神在把地球划分给几位高贵的主人时"，并没有忘记穷人（TMS 184—185）。但是，《国富论》提到一只看不见的手时没有提及神，整本书既没有这个词，也没有任何相关概念。事实上，正如我们所看到的（§26），[140]《国富论》并不持有《道德情操

---

① Fitzgibbons, *Adam Smith's System*：参见上文注释 13。

论》的"看不见的手"相关段落关于经济关系总是既有利于富人,也有利于穷人的乐观看法。无论如何,《道德情操论》中彻底的乐观态度,将使斯密证明自由商业经济将促进物质财富大规模扩张的努力,变得毫无意义。如果无论经济状况如何,人们都是幸福的,那么他们的社会是否有更多或更少的物资储存以及他们自己是否被雇佣,都将是无关紧要的。那么,斯密对于经济政策的看法应该就是,无论是重商主义或重农主义甚至封建经济,都与自由贸易经济一样好的,因为在任何经济体制下,神都会照顾每个人。斯密当然没有这么说。因此,《国富论》关于"看不见的手"的核心观点,即不受引导的经济将比重商主义或重农主义经济带来更大的好处,不能异想天开地被解释为基于一种普遍的形而上的乐观,即神在所有经济体中都将确保一切都是最好的。

那么,这一观点的论据到底何在? 我认为,仅仅基于下述经验性前提,通常情况下,社会将使得每个人都拥有获利的机会。更确切(尽管可能不够简练)的说法是:

> (看不见的手)当人们能够自由行动,而不是受到暴力威胁行动时,社会的需求及需要将使得每个人都拥有使自己变得更好的长期机会。

像蚂蚁或蜜蜂那样,而不是像熊或老虎那样,人类只在社会中获得物质产品,这意味着一个人获利的机会,通常只有当其他人的需要或愿望使其成为可能时才存在。一般来说,只有当人们需要或想要那件东西时,人们才会为此买单。因此,"看不见的手"体现了社会力量,而不是神的力量。个人可能认为,他制造或销售某种商品只是在追求自己的利益,但却是社会的需要创造了他能够制造或销售该商品的契机,因此他的所得将服务于整个社会的福祉,无论他是否有这样的打算和意图。

如果说这一结论看似令人失望地过于显而易见，部分是因为我们对这段关于看不见的手的文字期望过高。斯密自己在写这段文字时，并没有想要提供什么特别吸引眼球的论述。相反，在这里以及整本《国富论》中，他都认为社会赋予我们每个人获利的机会这一事实，应该是无可争议的，只要我们反思一下劳动分工是如何出现的。自利引领商人扮演的角色通常会将他能为整个社会提供的经济利益最大化，这一结论可以很容易地从斯密在此书开篇以来为经济角色所做的阐述中推演出来。难怪，在援引"看不见的手"之后两个段落，斯密回忆起了他在第一卷第二章中关于劳动分工的描述：

> 裁缝不会想自己做鞋，而是会向鞋匠购买；鞋匠不会想自己做衣服，而是让裁缝去做；[141]农民既不会想自己做鞋，也不会想自己做衣服，而是让鞋匠和裁缝去做。他们都认识到，为了他们自身的利益，应当把他们的全部精力集中使用到比邻人更有优势的方面。（WN 456—457）

有关看不见的手的那句话，依赖于《国富论》的基本经济原则：即人类是所有动物中唯一具备理智能力的，他们意识到可以通过参与为所有人而生产的劳动中，让自己获得更多。[1]

此外，看不见的手那句话及其背后的原则都并非无足轻重。首先，句中得出的原则（看不见的手）清楚地表明，只有在人们不受暴力威胁的情况下，这一原则才成立。这就是商业经济相对于封建经济，以及自由商业经济相对于重商主义或重农主义的优势所在。在封建经济中，领主对其农奴具有暴力的威胁，而在保护主义

---

[1]　如果说这是新鲜的论调，那也主要是对霍布斯主义者而言，他们认为人与人的冲突是如此不可调和，以至于不受管制的个人活动，从来不会给整个社会带来任何好的结果。基于这种看法，社会中有一只看不见的手，往往可以把个人的活动引向对所有人有利，就显得很荒谬。就像哈奇森和休谟一样，斯密并不认同霍布斯对人类的反社会性的这一看法，我们可以把他的看不见的手视为其反霍布斯论辩的一部分。

的商业经济中，政府使用暴力威胁以阻止某些种类的贸易发生。对于斯密而言，至关重要的是，只有在政府保护个人免受其他人的一切威胁，并且除非绝对必要，政府也不会使用自己的暴力干涉交换时，互惠贸易才能发生。

第二，不受暴力强迫的人将为了互利而进行交易，这一观点包含一些明显可辩驳的经验假设。我们可以说，人们通常并不知道自己需要或想要什么，因此可能受到狡诈商人的欺骗——以这种方式批评自由市场经济是一个长期存在的传统。或者，人们可能认为财富差异构成了类似暴力威胁的东西，使富有的商人可以迫使较贫穷的人，以比他们想要购买的价格高得多的价格买东西——这也是自由市场长期受到诟病的一点。斯密驳斥了第一种说法，反复坚持认为普通人完全知道自己需要知道的东西，能够做出自己的经济选择（138，346，456，531）。就第二种说法，斯密认为，任何特定商人在特定时间对特定市场可能拥有的任何影响力，通常会被来自其他商人的竞争所抵消，这些商人希望以比第一位商人优惠的价格获得收益（77，329，361—362）。在这里，被可能出现的垄断者所压抑的需求将使得竞争蓬勃兴起。社会需求再次构建了获利的机会，而获利意味着满足原本未被满足的需求。

在最深层次上，斯密从无形之手的角度阐述社会现象的重点在于，社会构建了任何人实现自己目的的可能手段以及他对这些目的的理解。《国富论》的开篇章节表明，个人"改善"自身境况的机会，通常是由其所处社会的需求造就的，而《道德情操论》的 I. iii 和 III. 1—3 清晰表明，某人将什么看作自身境况得到了改善，通常来自他的朋友和邻居通过同情共感施加于他的影响。[142]《国富论》则强调了下述事实，即我们是需要同类帮助的动物，这一点早在第二章就得到了阐述，"在几乎其他各种动物中，每一个体在长到成年时，都是全然独立的，其在自然状态下不需要其他动物的帮助。但人几乎总是需要同胞的帮助"（26）。我们互相帮助，不管我们的意图如何；否则，我们无法生存。在《国富论》I. ii 中，那个想要成为弓箭制造者的人发现，他能够以制造弓箭为生，只是因为相当数量的同胞部落成员需要弓箭，而这个例子被认为概括了他人的需求以及由这些需求刺激产生的贸易怎样决定我们每个人为了增加财富可以做的事情。在《国富论》IV. ii 中，我们还了解到，人类之间的信任和相互理解发挥作用的方式，使我们相比于与之竞争的其他社会更热爱自己的社会。商人自然比外国人更了解和信任他的同胞，因此相比于国外贸易，更倾向于国内贸易（454）。①在《道德情操论》中，我们知道，不仅我们满足欲望的方式，而且我们的欲望本身，都是由我们想要拥有朋友邻居能同情共感的那些感情的努力塑造的。② 因此，正如斯密在《道德情操论》IV. i 所强调的，即使社会力量导致我们误解了自己的目的，我们追求这些虚幻的行为福祉也将有益于这个误导我们的社会。

根据这个高度社会化的自我概念可知，个人通常会促进公共利益，无论他们自己的利益是否会因自己的行为得到增进、损害还是毫无影响。在《道德情操论》IV. i 中，受"看不见的手"引导的行为人，促进了公众利益，但并没有特别促进自己的福祉；在《国富论》第三卷中，封建领主破坏了自己的福祉（对于奴仆的控制），促进了社会的福祉。社会借助使斯密看不见的手得以运作的力量塑造个人，引导他们大体上为彼此的目的服务。社会不这样做就无法生存；达尔文的进化论可以很好地解释斯密描述的这个过程。这里没有什么神秘可言，没有什么是非自然的，也无需将其基于任

---

① 这一论证间接依赖于斯密在 TMS 中对同情共感的分析。我们通过同情共感来建立对别人"品格和处境"的信任和理解，但是同情同感是一个高度情境化的机制，在经常见面的人之间最为有效。因此，人们往往会更信任自己认识的人——比起陌生的同胞更信任邻居，比起陌生的外国人则更信任陌生的同胞。

② 有德性的人"真正采纳"了无偏私旁观者的情感（TMS 147），这种情感正如我们上文所看到的，大体上反映了其所处社会普遍认同的道德情感；德性不那么高的人，则采纳其所处社会也会认同但却是默示认同的不那么崇高的情感（62）。

何自然的神圣"原创者"。

　　当然,斯密就社会对个人拥有的力量的整体观点,并不比任何斯密就这种力量如何为社会谋福祉的具体观点引发的争议更少。对我们来说,重要的不是这些观点是否为真,而是它们的经验属性以及它们的可辩驳性(证明了这种经验属性)。斯密使用看似合理但可辩驳的经验观点,支持他关于看不见的手的解释。他的看不见的手本身是一系列社会力量而非形而上力量。推动个人经济决策导向社会福祉的那些有益趋势,产生于关于人性的一般事实。这些事实都没有形而上的保证。甚至,其中没有一个是放之四海而皆准的:因为这个原因,看不见的手如斯密所言只在"许多场合"(而非一切场合)发挥作用。

第四部分　正　义

第八章　正义理论？

[145]最近,不少评论家都认为斯密的正义理论是他对政治思想发展最重要的贡献,也是他道德哲学和政治经济学之间的核心纽带。[①] 我则认为,斯密的正义理论既不具备这样的核心地位,也没有被认为的那么成功。然而,这些最近的解读及对正义理论的重视,确实是对之前将斯密视为功利主义者的倾向的有益矫正。[②] 斯密当然并非功利主义者,在《国富论》中,斯密写道,人们决不应该为了功利目的而牺牲正义,除非是出于"最迫切的必要性"(WN 539;还参见 188);并在自己的道德哲学著作中,自始至终批评哈奇森和休谟所代表的元功利主义流派。正义法则及其保护的权利,对斯密而言至关重要,绝非以最大多数人的最大幸福的名义就可以被忽略。然而,在《国富论》中,斯密有意淡化了自己正义理论的地位,但最近的评论显然忽略了这一事实,因而评估这一事实到底具备怎样的意义就显得尤为重要。此外,强调斯密正义理论地位的评论家倾

---

① 参见,比如 SL 1,83,89,RP 97,Werhane,*Adam Smith and His Legacy*,44 and 78;或 Fitzgibbons,*Adam Smith's System*,140。

② John Rawls,在 *Theory of Justice* (Cambridge: Harvard University Press,1971),p. 22n,及 *Political Liberalism* (New York: Columbia University Press,1993),p. xiv,引用西季威克的说法,将斯密归入"功利主义传统"。

向于认为，斯密的正义理论为现代自由至上主义对福利国家的批判打下了基础，而我认为这种观点是错误的。斯密没有一个绝对的、前社会的财产权概念，以使运用税收的重新分配功能帮助穷人这一做法成为不公正。我们几乎可以断定斯密会对国家社会主义持反对意见，他也可能会对由大型机构管理的福利计划持怀疑态度，但即使在这一点上，斯密之所以持怀疑态度的理由，也更多并非源于他对正义的看法。事实上，斯密对国家职能的整体看法，可能更接近福利国家自由主义（welfare state liberalism），而非自由至上主义（libertariantism）。由于这两者之间的差异对于现代政治辩论来说至关重要，因而，到底把斯密作为哪个阵营的开山鼻祖，就需要给出详细说明。因此，我将用下文整整三个章节讨论这个问题：第一，斯密对他所谓的"真正意义上的正义"——保护个人的生命、身体、名誉或财产免受伤害——所持的观点；第二，斯密对财产权的观点；第三，在我们今天所谓的"社会"或"分配"正义的发展历史上，斯密应该享有的地位。

35 有关斯密对待正义，一些困惑

i. 斯密在《道德情操论》的结尾指出，正义是一种可以并且应该被精确描述的德性，而"自然法理学"这个主题值得人们给予更多关注。[146]他承诺会另写"一本著作"，阐述所有国家都应奉行的"法律和政府的一般原则"。众所周知，斯密在格拉斯哥大学的讲义中，已经展开了或多或少符合这一描述的相关阐述。然而，以《国富论》为题，斯密只是出版了这些讲义的最后一部分，即有关"警察、收入和军备"的部分，此外，尽管到临终前几年，斯密一直在持续撰写关于自然法理学的手稿，但却在离世前下令烧毁（讲义笔记侥幸得以留存）。斯密为什么要先出版结尾部分，而不是开头和中间部分呢？《国富论》似乎原本打算作为一个三部曲的最后一部分：第一本是关于道德的著作(《道德情操论》),第二本关于法理学,以及第三本,或许是第二本著作的结论部分,关于经济学及其他政策的著作(《国富论》)。在这个计划中,整个结构将从一般的道德关切,到它们的(部分)法律化身,再到它们(更少部分)在政策中的实现。计划中的第二部分和第三部分之间还存在更深的联系。无论是在《法理学讲义》还是《国富论》中,斯密一直都强调,公平有效的司法体系是经济增长的必要条件。他也在《法理学讲义》(333,486—487)中写道,商业经济通过提高穷人的生活水平并为他们提供"独立性",有助于预防犯罪和鼓励正直与自尊等德性。这一观点的简略版也出现在《国富论》(412)中,被称为商业取得的"至今最重要的"成果。

因此,在这三部曲中,斯密有一条明确的主线,即从道德哲学到政治关切,类似于亚里士多德从《尼各马可伦理学》(*Nicomachean Ethics*)到《政治学》(*Politics*)的发展。但是,如果没有中间的衔接,整个研究就会溃散。因而,斯密决定,在写出一部可出版的《法理学讲义》前先出版《国富论》,然后接受海关官员职位,再利用自己余生零星的时间撰写《法理学讲义》,这一决定似乎表明,斯密改变了主意,不再认为道德哲学应该与政治学联系在一起,而开始认为关于政治和经济的思考可以独自成立,不需要根植于道德理论,甚至是关于正义的道德理论。

ii. 上述从结构角度对《国富论》在斯密整个研究计划中的地位的理解,与《国富论》的内容非常相符。《国富论》几乎没有讨论何为正义,也没有在关于正义或任何其他问题上明确援引《道德情操论》。[1] 斯密在许多论证过程中诉诸正义,但他从没有解释何为

---

[1] 有隐含的参照。"无偏私旁观者"这个短语出现在第 945 页,"改善自身境况"这个短语出现在整个 II. iii 中(呼应了 TMS 50),WN180—181 看起来像是 TMS 184 的重写,在 TMS 63—64 和 WN 794 中,都出现了道德标准(宽松的)上层阶级和道德标准(严格的)低层阶级,而"看不见的手"一词当然在两本著作中都出现了。然而,这些呼应都不要求 WN 的读者回头去读 TMS。

正义。斯密在《道德情操论》中已经写道,解释"自然"正义的一般原则是政治哲学家的核心任务,但他在《国富论》中却并没有做到这一点。在《法理学讲义》中,斯密阐述了权利这一概念以及为权利提供保护的正义,但是这些还是没有出现在《国富论》中。"正义"和"权利"等词在《国富论》中使用并不频繁,也没有出现在索引中。① 因而,斯密非哲学著作的许多读者长期以来对《国富论》的印象是,这是一本淡化或忽视道德问题乃至正义问题的著作,而这样一种印象并非毫无依据。

[147]iii. 对斯密而言,存在一般的正义规则,据此可以对每个社会的实定法做出判断,这一点非常重要。这一点之所以非常重要,部分原因是他认为,道德原则应该管辖不同社会之间的关系,战争与和平的法律应该在国际上得到遵守(LJ 545—554,WN 626—627)。另外一部分原因则是,斯密想要批评自己所处社会中的某些法律和制度,他就需要独立于这些法律和制度之外的判断标准。在《国富论》中,斯密批评了长子继承制、限嗣继承制、奴隶制、英国定居法以及针对自由贸易的一系列限制等。如果斯密能运用一些所谓的"自然正义"标准,表明这些法律和制度是非正义的,那将对他大有助益。

然而,斯密道德哲学思想的本质却使他无法这样做。《道德情操论》将道德的功能与社会的存续密切联系起来,因此,道德情感发生的社会和历史差异,获得了很大的正当性空间。令人奇怪的是,斯密竟然会说"存在一般原则,适用于所有国家的法律,并是其根基所在"(TMS 341)。其实就斯密的道德哲学而言,"自然法理

---

① 当它们出现时,他们几乎总是指法律权利而不是自然权利。例如,斯密谈到"长子继承权"(WN 574)或英国议会对殖民地征税的"权利"(621)或教区选举其主教的"权利"(804),在所有这些情况下,"权利"所指的都是某个法律制度授予的特权,而不是行动者凭借自然正义拥有的。他只谈到过一次"人类的神圣权利"(582),还有一两段指代并不明确,可能谈论的是自然权利而不是法律权利(例如 188 和 626)。

学"是一个不寻常的概念。在整本《法理学讲义》中,致力于阐述法律背后的普遍原则与斯密对导致不同文化间巨大法律差异的历史力量的迷恋及同情共感解释之间存在张力这不足为奇。哈孔森认为,在斯密的著作中,正义的自然基础与其历史化身之间存在一种深层而微妙的一致;格里斯沃尔德则认为,斯密的整个自然法理学研究与他思想中的其他元素,存在如此深刻的冲突,以至于根本无法完成。我同意格里斯沃尔德而非哈孔森的看法。[①] 正如格里斯沃尔德所说,斯密在《道德情操论》中,并没有向我们展示,一般的不变的正义原则如何从道德概念中推演而来。如果它们(反而)是从历史中演化而来的,那么

> 问题是显而易见的:历史如何能产生总是相同的一般规范性原则?[从历史中推导出这些原则的]过程难道不是循环论证,或在本质上就是不可能的? 作为一个体系,自然法理学的原则必须是自足完整的。但是,如果依赖于经验或历史,这一体系必定是开放的。(AVE 257)

格里斯沃尔德指出,斯密计划的自然法理学著作从未出版,"因为这是无法完成的任务"(37 n61)。

　　iv.《道德情操论》阐述的正义,有时候似乎是一种完全被动的

---

① 然而,我并不赞同格里斯沃尔德在同一页上的说法,即"[斯密]已出版或未出版的作品(包括学生讲义)中,没有任何地方阐述了某些'总是相同的一般原则'"这样的阐述或第35—37页的相关暗示,即斯密所说的他晚年着手研究的"关于法律和政府的历史和理论",很可能与我们现在在LJ中看到的斯密法理学讲义笔记有很大的不同。关于第一点:LJ确实试图为涉及的每一个法律话题(例如,参见8—9,16—17,63—65,87,92—93,104)提供一个"总是相同的一般原则",即使其方式并不非常令人满意。关于第二点:从我们对TMS和WN的了解来看,斯密著书立说出版都是以讲义笔记的形式开始并以此为主要内容。最后,"理论和历史"确切描述了我们在整本LJ和WN中发现的抽象原理和历史阐述之间的流畅转换。所以我认为,斯密的法理学手稿极有可能将是LJ的一个整齐有序且更为精细详尽的版本。

德性，一个人只要"坐着不动，不做任何事，便可以尽到正义规则所要求的一切责任"（TMS 82）。在其他著作中，斯密建议，我们需要在自己内心建立一种尊重正义律法的脾性（TMS 158—161，174—175），而建立这样一种内心自律，需要的不仅仅是"坐着不动，不做任何事"。格里斯沃尔德用优美的文笔阐述了这一点：

> [148]正义的人，不仅仅一直遵守禁止对他人造成伤害的那些规则。相反，正义的人对正义规则怀有敬畏之心，并有坚定的决心，决不会在没有正当理由的情况下伤害别人，让自己负疚。斯密在这方面的表达令人印象深刻。他一遍又一遍地谈论，正义的人对正义规则……怀有"认真的"、"神圣的"和"宗教的"敬畏。即使静静坐着，一生中没有对他人造成任何伤害，那个正义的人也表现出了对正义原则的"习惯性敬畏"……"在任何时候，都准备彼此中伤和伤害的人"无法构成社会[TMS 86]。正义的人不仅避免伤害别人；他心里从不准备毫无理由地伤害他人，这是一种明确的性格倾向。（AVE 237）

但是，在斯密看来，这与需要强制执行的正义并非一回事。在斯密看来，只有外化的非正义行为需要受到惩罚，这对于支持强制执行正义来说至关重要。只有外化的非正义行为，才对个人造成"真正的和确定的危害"，并威胁社会的继续存在。没有必要或也不应该，强迫对正义怀有敬畏的性格倾向；试图实施这种强迫将干扰正义旨在保护的良心自由。然而，如果正义既包括可强制的不做某些行为的倾向，又包括不可强制的敬畏禁止这些行为的法律的倾向，那么它似乎就是两种德性。我将这两种正义分别称为"政治正义"和"道德正义"，并认为斯密把前者从后者中分离了出来。

36　斯密对正义的不同阐述

"道德的"和"政治的"正义之间的张力,似乎只是斯密对正义的几种不同阐述中的一例。关于正义的阐述:(i)《道德情操论》出版前斯密的道德哲学讲座,(ii)《道德情操论》的不同部分,和(iii)斯密的《法理学讲义》中关于正文的阐述,它们之间存在微妙但显著的不同,以至于很难对斯密关于正义的理解总结出一致的论断。仅仅在《道德情操论》中,斯密对正义的讨论,至少分散在四个单独部分中(78—91,154—163,269—270,329—342),而这些阐述是否能彼此兼容也并不明了。

i.《道德情操论》出版前的讲义:斯密阐述了他的"自由至上主义"正义观,这通常被认为是斯密早期讲义的一部分,可能在《道德情操论》第一版出版前不久写成:

> 如果每个人一旦觉得自己受到了伤害,就用自己的方式进行复仇,那么,市民社会可能就不仅仅是一幅暴力血腥、混乱不堪的景象了。所有政府的官长,获得了相当的权威,可以运用国家的权力执行正义,为受伤害者提供补偿……当我们对待特定人的仁慈,与具体情境要求我们给予此人的仁慈完全相称时,我们[149]以比喻的方式,说我们对他们是正义的,否则我们就被认为对他们不正义。例如,当我们宁愿帮忙一位新认识的人,而不是自己的老朋友时,我们就被认为是对老朋友不正义。然而,这种不正义,在种类上不同于我们上文所讨论的不正义。这种不正义不在于伤害他人,而在于没有根据最完美的合宜性做善事。经院派将其称为分配正义,而只有上文讲的那正义可以被恰当地称为正义,被命名为交换正义。遵守分配正义就准确地践行所有社会的和仁慈的德性。

> 这无法通过武力强迫实行。违背它并不会带来实际的伤害，因此也不会受到惩罚。确定其外部行为的规则是宽松和不准确的……缺乏真正意义上的正义规则特有的精准化。①

只有正义可以由政府强制执行，而且正义必须得到强制执行。准确地说，正义仅仅在于避免"伤害"我们的邻人；而称仁慈为"分配正义"只是一种隐喻。"正义"必须限于"交换正义"的一个重要原因是，不伤害邻人的规则可以精确化，而对邻人行善事的规则总是"宽松和不准确的"。

ii. a. 在《道德情操论》78—81 中：斯密在《道德情操论》中开始讨论正义时，似乎只是简单地誊写了自己之前的讲义，但随后整段文字，卡在了复杂的短语和句子中，完全没有能够将原先的阐述与随后的修正调和。刚开始，《道德情操论》中的讨论与讲义中的阐述完全一样：

> 仁慈总是自由随意的，无法通过武力强求，仅仅有欠仁慈，不致受罚，因为仅仅有欠仁慈，不至于实际做出绝对的坏事……然而，有另外一种德性，不是我们自己可以随意自由决定是否遵守，而是可以使用武力强求的，违反这种德性将遭到怨恨，因此受到惩罚。这种德性就是正义，违反正义就是伤害：它实际对特定某些人造成真正的实际的伤害。（TMS 78—79）

但是随后，仅仅一页之后，只有正义才能被强制执行这点变得不那么明确了：

---

① 早期的片段印刷在标准的格拉斯哥版 TMS 背面；参见页 389—390。

然而，即便是最平常程度的亲切或仁慈，在平等的人之间也不可能强求……没错，上级长官，在人民的普遍赞许下，有时候也许可以迫使在他统治下的人民遵守一定程度的合宜性，互相亲切仁慈对待。所有文明国家的法律都强迫父母抚育他们的子女，强迫子女奉养他们的父母，并且强制人民履行许多其他的仁慈责任。民政长官……不仅可以颁布命令禁止人民互相伤害，而且也可以颁布命令强制人民在一定程度内要相互帮忙。

[150]在上一页斯密写道，仁慈"总是自由随意的"，它"无法"通过武力强求；而在下一页，斯密却又说，仁慈只在"平等的人"之间是自由随意的，政府的建立在原先平等的人们之间引入了"上级"，他们有权强制"许多……仁慈责任"。① 这里正义到底是什么？仁慈到底是永远无法被强制执行，还是只在政府建立之前才是如此？我认为这里我们必须清晰地意识到，斯密最初持有的相对直接的观点，和后来斯密试图插入这一直接观点中的更复杂观点之间存在矛盾。斯密在后一更复杂观点的表述中，并没有适当减弱其措辞。斯密讲义的任何部分，都并没有出现"上级"（更别提任何"文明国家"）可以强制执行正义之外的其他德性的说法。事实上，如果我们比较斯密两处对"官长"职责的说法，看起来似乎在《道德情操论》中，斯密试图修正自己早先的观点："民政官长，不仅仅被赋予权力以管束不义来维持公共和平，而且还要促进国家的繁荣等"职责。除了其他指向，这里的"不仅仅"（隔几行的下文进行了重复）似乎还指向斯密自己早先对官长职责的有限理解。

---

① 如果我们仔细看看开头那段，其中似乎表明强制执行明确不包括仁慈，我们还可以找到一行字暗示了更为复杂的观点：如果受益人没有对恩人表示感谢，斯密写道："并非当事人任何一方上级的第三方进行干涉是无礼的。"(79)

　　我认为这里的矛盾根源于一个深层的问题,我将在本章下面对此展开讨论:是否有任何明确的标准,可以把正义应该保护我们免受的"真正的实际的伤害"与仅仅善意的欠缺区别开来? 除非我们能找到这样的标准,否则我们将无法把正义与其他德性相区别,也无法用精确的法则对此进行表述,并将其作为对有益的政府行为的约束。

　　iib. 在《道德情操论》82—91 中:紧随上文刚刚讨论的段落,斯密告诉我们,正义排除了会对社会造成破坏的行为。正义是维护社会"大厦"的"主要支柱";它"建造并支撑着"整个"人类社会这座高楼大厦"(TMS 86)。类似的思想及相关的意象在休谟的著作(E 305)中也可以找到,普芬道夫和哈奇森也认为必须强制实行正义,因为没有这种强制,社会就会土崩瓦解。在这里普芬道夫、哈奇森、休谟和斯密可能都会部分同意霍布斯持有的观点,但他们与霍布斯之间又存在一个重大的差异。因为,对霍布斯而言,所有道德都是社会不可或缺的,所有德性都能够被强制执行。人们会因为"诸如一个字、一个微笑,或一个不同的意见"而互相厮杀(Leviathan I. xiii. 49),因而,以和平的名义,政府甚至可以尝试要求感恩和"殷勤"等德性(同上,I. xv),并且可以规范诸如"言语"和"意见"的表达。在霍布斯看来,没有政府就没有道德,而所有德性都有助于防止社会陷入分崩离析的内战;所有道德原则,因此,也都可以被强制执行。然而,对于普芬道夫、哈奇森、休谟和斯密而言,这些都只是针对有限的道德原则才成立。用普芬道夫和哈奇森的术语进行表述,侵犯"完备权利"的行为必须被禁止,否则会导致不断的暴力冲突;但人们还会受到内在社会性及仁慈动机的激励,引导他们遵守其他德性和道德原则。当人们的仁慈无法提供足够动机时,来自他人温柔的赞同或不赞成的评判会引导人们践行这些其他的德性和原则。[151]因此,一旦社会建立,人的社会性以及他人赞许/不赞许的评判的力量联合会产生自己的运作领域,政府无需也不应该将其权力滥用于大多数道德目的。政府只需要防止不正义行为的发生——这些行为将威胁到社会本身的存在。

休谟为这一传统贡献了一个有意思的扭转。休谟认为,与其他德性不同,正义并非真正自然的道德特质——不是我们自然倾向赞同的德性特质。他指出,正义规则经常要求行动本身违背我们的道德意识。我们惩罚那些试图通过盗窃养活他们家庭的可怜盗贼,却要保护吝啬者和放荡者的财产(T 482)。我们要保护那些其实并不需要遗产的人继承遗产的权利。在这些情况下,我们直接的("自然的")道德同情——正是出于这种道德同情,我们对善意、感激、勇气和其他德性表示赞同——却无法完全解释我们为什么赞同正义。休谟写道,正义是一个可以用于解决争端的法律方案。遵守该方案可以相对控制暴力的出现,从长期来看符合每个人的利益,因而随着时间的推移,人们会对正义表示赞同。但这种赞同感是一种嫁接到我们的自然情感中新的、"人为的"情感。

斯密在《道德情操论》中关于正义的讨论,其主要关注点就是反对休谟的这一思想,认为正义规则在我们的道德情感中确实存在一个自然基础。正义规则为个人(而不仅是社会这个整体)所发挥的作用为自己提供了证成。斯密认为,虽然正义体系确实为社会利益服务,但它更直接地保护每个个人,而我们在具体事例中对正义的赞同,如对其他德性的赞同一样,都可以通过即刻的自然的情感加以解释。这种情感就是愤恨。愤恨已经植入我们内心,以确保我们会保护自己和同胞不受严重伤害:

> 愤恨之情似乎是自然给予我们用来自卫……它维护正义,保护无辜。它促使我们击退企图针对自己的伤害,回击已经受到的伤害,使犯罪者可能因自己的不义行为感到悔恨,使其他人可能因害怕同样的惩罚而对触犯同样的罪行感到惊

恐。（TMS 79）

这意味着，不仅受害者将倾向于对自己受到的伤害感到愤恨并进行报复，而且"每个有同情心的旁观者"不但会赞同这种行为，而且"经常能够对受害者的感受同情共感，以至于愿意出手相助"。斯密写道，即使在没有公民政府的情况下，"一个人如果攻击、抢劫或企图谋杀另一个人，所有邻人都会惊慌，并认为他们跑过去为受害者复仇或保护正在受伤害的人，是正确的事"（TMS 81）。① 斯密并不认为正义是一种人为的德性。他说，"复仇似乎是自然要求我们必须遵守的伟大法则"（TMS 82），自然将对伤害的愤恨冲动深植于我们心中，并使我们能对他人的合理愤恨产生同情共感。法律体系只是将这种自然冲动形式化，而且更重要的是节制这种冲动。② [152]但是这就是说，导致法律制度建立的冲动是我们愤恨对个人造成伤害，即对我们自己或其他个人的伤害，而不仅仅是对"整个社会"这个人造体的伤害的冲动。

　　与此同时，斯密确实相信，正义服务于社会利益。"社会……不能存在于随时准备彼此伤害的人之间"，斯密写道。"如果没有仁慈"，社会仍可以存在，"虽然并不是在最舒适的状态；但不正义如果盛行，必将最终摧毁社会"（TMS 86）。因而，休谟说得没错，正义的体系保护了社会免受颠覆性暴力的危险，从而使得社会能够存在。但这是正义的一种附带作用，不是它的主要功能，也不是我们赞同它的主要理由。相反，我们对正义的尊重，在于我们对社

---

① 斯密这里追随的是洛克关于在自然状态下执行理性法的描述：参见 ST §8—13（尤其是 §10）。
② 关于节制愤恨的必要性，请参阅 TMS 38，40，68—69，73—74，160—161，172。如此多次提及反映了这一问题对斯密的重要性："在人类心灵所能感受的激情中，我们最应怀疑愤恨的正义性"，没有任何其他激情比它更需要通过"冷静和无偏私旁观者的情感"（38）进行过滤。斯密将不正义的人以及怀有过多愤恨的人，描绘成威胁社会本身的"野兽"（40，86）。

会中每个人的关注；正是对其他个人的这种间接的、无意的保护性关注，才使得社会的存在成为可能。我们在这里看到一个例子，向我们展示了斯密如何运用原始的进化论点：自然植入我们心中的原则，在产生一个我们直接想要的效果的同时，产生另一个完全不同的效果，即促进我们物种的存续。只有当"幼稚而轻狂的"人嘲笑正义法则的神圣性，从而表现出对其缺乏理解，而我们试图说服他们时，或者当特殊的情况下，正义法则要求我们做违背我们所有的自然道德情感的事情时，我们才会明确意识到正义的大规模社会效益（TMS 87—91）。

因此，斯密认为，正义是支撑社会大厦的"主要支柱"，这一论断的基础是，导致社会无法持存的只是那些对个人造成"真正的实际的伤害"的行为。这种行为会在受害者和所有目睹这种伤害的人身上引发报复的愿望，而如果没有正义体系的存在，将导致无休止的系列争斗，一种所有人对所有人的霍布斯式战争。因此，作为社会基石的规则和禁止对个人施加无故伤害的规则是一回事。

如果这个等式成立，将会很有助益：我们应该能够从两个方向而不仅仅一个方向上，发现正义的自然规则以及它们所禁止的相应伤害。我们可以制定一份清楚准确的行为清单，列出对个人造成"真正的和实际的伤害"的行为，或者明确列出威胁社会存在的行为。但我对这个等式能否成立深感怀疑。如果个人的声誉不断受到诽谤，政府剥夺大多数人的财产，贞操普遍遭到侵犯，社会就真的无法存续吗？现实是，无论现在还是过去，社会都现实地存在着，即使其中虚假谣言漫天飞，财产常无端被军队和政府官员没收，或贞操观念实际上几乎无存。这一事实本身就使得以上观点根本站不住脚。那种滥行的杀戮和残忍的暴行，确实可以摧毁一个社会，这一点清晰无疑——伊迪·阿明（Idi Amin）统治的乌干达就是生动的实例——但如果不是这种极端例子，人们似乎还是愿意在很大程度上忍受"真正的实际的伤害"。正义不可能仅仅局限于禁止杀戮和残忍的暴行,斯密也当然不会赞同这样的限制。

[153]iii. 在《法理学讲义》中:斯密的法理学讲义笔记提出了一个新的问题。正如哈孔森所强调的那样,斯密的法理学讲义大量使用了权利这一概念:整个课程围绕着各种权利及其侵犯行为展开(NL 132—48)。相比之下,《道德情操论》和《国富论》似乎都背离了这一方式,避免使用权利的语言,即使在斯密同时代人普遍使用的地方也不例外。因此,哈奇森谈到"不完备的权利",即亲戚、朋友、恩人和悲惨的人可以要求我们做到的善意,并声称这些关系中产生的一些不完备的权利,"几乎达到了完备的水平"(II. ii. iii)。斯密也同样表明了这一点:"但在所有的仁慈职责中,感恩要求我们做的,最接近所谓的完备和完全的义务。"(TMS 79)这里的"职责"和"义务"相当于哈奇森的"权利"。哈奇森列出了我们的完备权利——包括生命权、身体完整权和独立判断权——并将"自然自由"定义为实现这些的手段,而对这一自由的保护就是"正义"。斯密在《道德情操论》中并没有这样做。他并没有从权利的角度界定正义,而是谈及了正义的"规则"或"法则"。哈奇森提出了"神圣的财产权",而斯密提出的是保卫财产的"神圣正义法则"(SI II. vi. ii;TMS 84)。在《国富论》中有一处提到了"财产的神圣权利"(WN 188);在这一著作的其他地方,斯密将财产描述为"神圣而不可侵犯的",但并没有使用"权利"一词。①

因而,斯密到底是支持还是反对权利论,这一点并不清楚。《法理学讲义》代表了一个方向,《道德情操论》和《国富论》这些斯密正式出版的作品,则代表了另一个方向。斯密的所有著作作为一个整体,充其量只是展示了对权利论的模糊态度。我认为,这种

---

① 哈孔森在 SL 106 注意到了这一点。

模糊的态度再次表明斯密对下述问题没有把握,即正义保护我们免于遭受的伤害能否像他原本希望的那样清晰和准确地加以表达。因为"权利"应该是我们自己或者我们与他人的关系的一个可清晰描述的特征,侵权行为也同样可以被清楚地辨别。对权利的侵犯总是一种真正的和实际的伤害,而真正的实际的伤害总是应当可以像对权利的侵犯一样能够明确表达。这至少是"权利"在严格的法律背景下使用时的内涵:它们通过实定法或明确的合同得以创造,因而颁布这些法律或在其领土内合同得以签订的主权者可以精确地界定它们,并承诺予以强制执行。我们可以理解为什么斯密会被上述想法吸引,通过它来把握正义应当防止的那些可以清晰而准确表达的伤害。我们还会明白,为什么他同时又对这一想法感到不自在,如果他越来越认识到,可精确定义的"真正的实际的伤害"这一想法存在的深层问题。

37　正义规则的精确性的第一个理由

正义能够用精确的法律加以表述是斯密定义一个普遍的或"自然的"正义概念的重要前提。如果正义像其他德性[154]那样,只能由无偏私旁观者在每个具体社会情境中进行确定,那么我们就无法期望存在一种正义理论,可以成为"所有国家法律的基础"(TMS 341)。正义必须能用精确的法律界定这一点,对于阻止国家采取基于特定的可能专断的决策的行为(如微观的经济管理),也是必不可少的。因而,确定在斯密那里正义法则的精确性从何而来,对于发现斯密关于正义的各种表述的核心所在至关重要。

上文已经提及,斯密并不认同休谟的论断,即正义是人为的。然而,他同意休谟的一点是,正义与其他德性截然不同,并在开始阐述自己对正义的认识时承认"正义与所有其他社会德性之间存在显著区别,这一点最近尤为被一位非常伟大且具有创见的著作

家所坚持"(TMS 80)。① 但是,如果这一显著区别并不在于正义
是人为的德性这一事实,那么又体现在哪里呢? 在上面引文所在
的段落中,答案似乎是,差异体现在正义是可强制执行的这一事
实。然而,正如我们已经提及的,斯密很快就质疑了,是否真的唯
有正义能够强制执行。在《道德情操论》的其他地方,他将精确而
不是强制执行性,作为正义唯一无二的特征:

> 几乎关于所有德性的一般准则,决定审慎、宽容、慷慨、感
> 激和友谊的职责是什么的一般准则,在许多方面都是含糊不
> 清的,允许有很多例外,需要作出如此多的修正,以致几乎不
> 可能完全通过尊重它们来调整我们的行为……但是,有一种
> 德性,一般准则非常确切地规定它要求作出的每一种外在行
> 为,这种德性就是正义。正义的准则极为精确,不允许有任何
> 例外和修改,除了那些可以像准则本身那样准确地加以确定
> 的,以及,……出自与准则相同的原则的。(TMS 174—175)

斯密在这里及《道德情操论》的结尾(327—330,340—342)都详细
阐述了这一点,并在整本《国富论》中都提到"精确"实行正义的重
要性。目前最重要的一点是,精确性和强制执行性是两个不同的
特质,而我们并不清楚,斯密认为它们中哪一个才是正义的独特之
处。当然,正义可以碰巧既具备独特的精确性,同时也具备独特的
强制执行性,但这是一个看起来非常奇怪的巧合。毫无疑问,要么
两者之一才是正义的独特之处,要么两者密切相关。

　　事实上,两者被认为密切相关,虽然斯密从来没有明确说明这

---

① TMS 的编辑们认为这位著作家是凯姆斯(Kames),但哈孔森认为(在我看来更
　　为合理)更为可能是休谟:SL 203n20。然而,还可参见 D. D. Raphael,*Concepts of
　　Justice* (Oxford: Clarendon Press,2001),p. 117。

种关系。斯密没有做出说明,这一事实确实相当令人遗憾,因为如何理解两者的关系受诸多因素的影响。基本的看法是,可执行的法律必须是精确的,因为如果人们可能因为做某事而受到惩罚,他们就需要提前知道这件事是什么。这是一个非常古老的正义原则,例如,在阿奎那(Aquinas)的要求中,法律应该"颁布"给适用这些法律的人。① 除非人们事先知道他正在做的事是[155]错误的,否则对他们做出惩罚是不公平的。实际上,没有法律制度会忽视这一原则。因此,法律应该精确地进行陈述,什么是允许的和什么是禁止的,任何无法以这种精确术语定义的德性,就不应该被强制执行。问题依然存在:正义是否是一种"自然"精确的德性,因此适于被强制执行? 还是说,我们需要赋予正义精确性,因为它必须被强制执行? 也就是说,精确性和强制执行性之间的推理过程到底应该从哪到哪,这一点并不清楚。是否存在一些正义行为的领域,它们不同于仁慈、感恩或勇敢的行为领域,可以被精确地定义进而执行,还是说,有必要划分出一个正义行为的精确领域,但没必要划分出一些类似精确的仁慈、感恩或勇敢的领域,因为是正义而非其他德性,必须被强制执行? 哈孔森是斯密法理学讲义最深入和最全面的评论者,他认为斯密显然支持第一种可能性;而我认为斯密在两者之间摇摆,最终偏向了第二种。这种差别,正如我们将在下文看到的,具有极其重要的意义。

　　哈孔森认为,斯密的正义观的核心直觉是,承认痛苦和快乐之间存在某种不对称。痛苦,无论是当我们自己遭受时,还是我们旁观时,都比快乐留给我们更深刻的印象。因而,(论证继续)相比于对快乐的存在,我们对痛苦的存在及其开始和结束,感受更为清晰和精确。避免疼痛对我们来说,也比获得快乐更重要。因此,相较于促进积极善的法律,禁止"真正的实际的伤害"的法律,对我们

---

① *Summa* I—II,Q90,A4.

来说更为必要,也更能精确地表达:

> 正义的规则是精确的,因为它们源于旁观者的反应,这种
> 反应通常是"普遍的"和"清晰的",即由"真正的实际的伤害"
> 引发的"深刻的"同情共感的愤恨。斯密的想法似乎是,清晰
> 和精确是沿着以下链条传递的:行为(负面的:伤害),反应(愤
> 恨和惩罚),同情共感的愤恨产生的旁观者的反应(同情共感
> 的憎恨和协助惩罚),以及源于旁观者的反应的一般规则。
> (SL 86;也可参见 83—87)

这似乎已经是一条足够清晰的关联链条,从对伤害的普遍强烈印象,通过我们拥有的相关普遍能力,能够识别他人受到了伤害,再到制定和执行对他人造成伤害的人的法律。以下这句箴言呈现了一种正义观,"你摆动你手臂的权利,结束于其碰到我下巴时"。这一箴言表明,所有人都明白伤害始于何处。如果哈孔森是对的,任何种类的伤害都像这句箴言中的击人下巴一样显而易见,斯密正是基于伤害可以轻易地并精确地被所有文化中的所有人识别这个一针见血的洞见,演绎出了自己的整个自然法理学概念。出于充分的生物学原因,相比于善或者善的欠缺,我们能够且必然更容易识别[156]伤害;因此,比促进善的任何德性更有可能和更有必要强制执行的是防止伤害发生的德性。我们也许会认为,一个完整的正义理论,可以依靠对伤害和善行具有不对称性这一洞见。

唯一的问题是这一洞见本身是错误的。伤害本质上是社会性的,而不是身体性的,即使是伤害某人身体也是如此。即使入侵身体也不一定是伤害,否则手术和性行为(仅仅举诸多活动中这两个为例)将是非正义的。无论是入侵身体,身体的痛苦,还是任何其他的前社会的纯粹的生物事实,都无法界定法律意义上的伤害;身体的入侵和疼痛,都可以被人们期望、接受或赞同,以至于被正义所允

许,甚至被要求。确定哪些是和应该被认为是相关的期望、接受或赞同,不可避免地取决于社会规范和社会实践。因此,我们不可能在原始人类生物中找到一种被清晰而精确描绘的"真正的实际的伤害",作为在所有社会中清晰而精确的正义概念的基础。尤其是,与哈孔森相反,伤害的深刻并不意味着它具有精确性。我们可能感到非常强烈的痛苦,但不能确定自己遭受的伤害来自哪里,或者究竟应该责备谁。如果我在被诽谤后失去了工作,我可能不确定,我感到抑郁和愤怒是因为诽谤还是失业这一事实,我可能并不确定,导致我不幸的行为人,以及我的愤怒对象,到底是诽谤我的人,还是相信了这些诽谤者的我的老板,或者是我自己,如果(比如说)我没有好好为自己辩护或真的做了一些使这些诽谤显得可信的事。

我们也可能会相当准确地同时感到快乐和被剥夺了预期的快乐。你送给我一个多余的礼物,或者你身体不适无法为我弹奏一首舒曼的曲子,令我期望破灭较为沮丧。我非常清楚为什么自己感到高兴但又有点失望。就前者而言,我是仁慈的接受者,就后者而言,我运气不好。我在两种情况下都将可能产生一种深刻的情感,但是相较于前面说的诽谤,我可以更为精确地确认自己的情感及其原因。

此外,伤害并不必比善的匮乏更深刻。试着比较一下轻微的非正义与重大的仁慈缺失。假设我推了你一把或从你的办公桌拿走了五美分或一支笔。在正常情况下,你真的会因为这种损失而遭受巨大和深刻的痛苦吗?如果你真的这么觉得,那无偏私旁观者会与你产生同情共感,也感到深刻的愤恨吗?斯密说,在任何不正义的场合,无论这一不正义多么微小,真正令人不安的痛苦并非来自损失本身,而是行为人所暗示的态度,即他或她是优越于你的,他和你是不平等的:"伤害和侮辱我们的人使我们勃然大怒的主要原因在于他似乎不把我们当回事,他对自己的不合理的偏爱,他那荒谬的自爱,似乎使他认为,为了他的便利或一时的兴致可以随时牺牲别人的利益。"（TMS 96）我认为这是对的，它很好地解释了[157]为什么我们有时甚至起诉小偷小摸行为，为什么会因为受到哪怕轻微的攻击或诬蔑而暴跳如雷。尽管如此，我们通常不会在伤害程度很小的时候提起诉讼，如果有人因为五美分或一支钢笔的损失，或者被轻轻地推搡了一下就暴怒，我们作为旁观者是不太可能与之产生同情共感的。事实上，如果受害人坚持为这样的行为复仇，我们反而更可能会同情行为人，并告诉受害者不要这样小题大做，不要如此傲慢地坚持自己的权利。

相反，假设我生了孩子，然后完全忽视他们，让他们自生自灭，不顾他们的死活；或者假设，在一个寒冷的深夜，路上碰见一位在人行道上滑倒的老人，面对她的呼吁求助，我却无动于衷。对斯密而言，不抚养自己的孩子是不够仁慈而不是非正义行为（TMS 81），①而只要我不是医生或警察，我即便欣然地经过跌倒在地的老人，即使她随后离世了，我也只是不够仁慈。但是，在这两种情况下，我无疑是做出了"真正的实际的伤害"，远比我拿了你的钢笔或者推你一把伤害更大，无偏私旁观者很可能会对我感到强烈的愤恨。丽莲·海尔曼（Lillian Hellman）的《小狐狸》（*The Little Foxes*）中，有一个美妙而可怕的场景，一位丈夫向他的妻子请求帮助，妻子本可以轻易施以援手，却故意干坐着，看着丈夫死在她面前。大多数看了此剧的人可能认为这位妻子是谋杀者，但她可能并不会在任何法庭上被判谋杀罪，她当然没有违反斯密以及他之前的法学传统所界定的交换正义。

---

① 然而，他认为这种不够仁慈可以强制执行。对于普芬道夫来说，这完全就是不正义，"但是我们的情感会告诉我们，在孩子还无法维持自己的生活时，父母就应该完全承担起抚养他们的义务……当然，如果他们生而不养，任其死去，会给后代造成巨大伤害"LNN IV. 4.4（627—8）。因此，斯密和普芬道夫都赞同，父母如果忽视照顾孩子，应该受到惩罚，但是，他们的差别在于惩罚的理由不同。而为什么他们会持有不同意见，则并不清楚。

我们当然可以简单地规定，某些仁慈的行为属于正义的义务（我们可以通过《好撒马利亚人法》[Good Samaritan Laws]，声称这些法律施加的是真正属于正义范畴的义务），我们也可以将偷窃或殴打的门槛抬高，以至于拿人五美分和钢笔以及推搡他人，不会被算作违背正义。但是，这样做就相当于直接承认我一直想要证明的一点：正义的"自然"边界是模糊的，不清晰的，无法通过前法律的前社会的伤害概念加以界定。此外，这不仅仅只是关于概念边界的问题。拿人一支钢笔或五美分，在一些贫困社会中，可能造成了很大损失，而在某些文化或某些情况下，推搡可能是一种严重的侮辱。相反，如果整个社会有专门照顾所有孩子的机构，不养育小孩也许是可以接受的，或者在极度贫困的社会中，至少是可以理解的。如果任何人深夜外出都面临着巨大的危险（比如内战期间），或者当街上有常规巡逻提供紧急服务时，路人不去帮助摔倒的老人，也许同样是可以原谅的。因此，正义和仁慈之间的界限，根据文化、政治和历史情况的不同而存在极大的差异。这个限界可以缩小，让我们对看似完全属于正义范畴的案例产生怀疑，也可以向外拓展，把在此时此地我们认为显然属于仁慈范畴的行为归入正义行为一类。也可以发生转换，以至于在一种文化中几乎完全不构成伤害的行为，在另一文化中变成真正的实际的甚至是可怕的伤害。

[158]斯密意识到了大部分这些问题。在《道德情操论》中，他偏离了自己对正义法则的精确性和准确性持有的观点，承认当我们把正义看作一种道德德性而非严格的法律规定的德性时，其许多方面"不可能……通过无一例外适用于所有情况的一般规则加以确定"。① 在《法理学讲义》中，斯密写道，对声誉的损害，会因为不同国家对荣誉态度的不同而存在差异（LJ 123—124），并详细描述了财产的范围如何随着时间的延伸得到拓展。他还认识到，与

---

① TMS 331；但关于整个讨论，参见 330—334 和 339—340。

合同法的正义有关的痛苦或伤害,关键取决于我们对获得某项财产的"合理预期"(87—93)。预期确实对与正义总体上关注的痛苦来说至关重要。不是纯粹生理现象的痛苦,即可以仅仅通过神经末梢或身体创伤进行定义的痛苦,构成了可司法处理的"伤害"。如果你在拳击比赛过程中击打我,即使非常用力,也不是可司法处理的伤害;如果我在自愿参与的宗教或社会仪式中被刀割伤,那也不是一种伤害。当我觉得受到伤害(injured)时,并不仅仅只是受伤(hurt)时,我有一个合理的预期,即我会受到保护免于受伤。但是,预期更不用说合理的预期,强烈依赖于它们得以形成的那个背景中的社会实践和规范。如果我同意参加拳击比赛,我可能不会期望不受伤,我不能有这种合理的预期。事实上,社会的实定法在决定我们合理预期方面,发挥着重要的作用。因此,伤害是否会受到司法惩罚,取决于我的预期或合理预期,它必然是与社会实践相关的东西,包括实定法,而不是自然的和普遍的同情共感所能够甄别的东西,因而也无法成为所有社会的法律的根基。斯密无法通过诉诸自然的痛苦强度或对痛苦的同情共感,确立"应该贯穿并成为所有国家的法律基础的一般原则"。

斯密自己为伤害的社会相关结构提供了更深层的论证资源。一个贯穿《道德情操论》的主题就是,我们的快乐和痛苦,特别是我们最在意的快乐和痛苦,都是由我们想要获得社会中他人赞同的欲望建构的。我们希望能够拥有他人可以同情共感的各种快乐,我们特别想要避免那些将会导致别人蔑视的痛苦。因此,无偏私旁观者必须首先获悉每个社会一般会赞同或反对的快乐和痛苦之后,才能理解构成(与正义相关的)"伤害的那些对合理预期的失望"。

38　批判法理学和"伤害"的界定问题

如果可司法处理的伤害是一个社会相关范畴,就很难找到任何社会都必须实现的正义法律。由此，斯密[159]关于自然正义的阐述，就很难如他所希望的那样，对每个社会的规范和实践进行批判。如果我们承认"伤害"和"合理预期"是由社会建构的这一事实，那么针对以下情况，我们还能以自然和普遍正义之名，说些什么呢？

a. X是一个生活在纳妾盛行社会中的富人。部分出于这个原因，他愿意接受一种无爱的婚姻；像许多他认识的其他男人一样，他寻求也总是期望寻求婚外的性福。他的姨太太们也同样按照纳妾是可以接受的这一想法，计划她们的生活：她们不想被视为妓女，如果这真的是社会中对姨太太的一般态度，她们将会愿意在获得受人尊重的婚姻的同时接受低一点的生活水准。X的妻子可能会在这样的制度下感到痛苦，或者也许她也愿意在享受丈夫的财富的同时接受他对自己的无爱，因为她知道他们不必非常亲密。

取消纳妾制会违背X及其家人对生活至关重要的合理预期，因此对他们是不公正的。然而，纳妾制本身却又会让正义所应消除的伤害永久存在；可以这么说，任何人都不该期望生活在这种制度中。

假设这个社会中现在出现了一位改革者。她会首先发现，说服社会中其他人相信纳妾制其实不公平并不容易，妻子和姨太太们本人都不一定认为自己"受到了伤害"。第二，她将面临一个很现实的两难处境：如何能在结束纳妾制的制度性非正义的同时，不对生活在该制度中的人施加个别的非正义？① 鉴于斯密坚定地认

---

① 人们当然可以在废除一种制度性不正义的同时，赋予带着这个制度塑造的预期长大的一代人以豁免权。但是，在许多情况下，这种豁免可能在政治上是无法实现的。改革经常对时间非常敏感——通常身居高位的贵族、神职人员或商人突然在政治上变弱势了，并被剥夺了他们长久以来享有的不公正特权——如果当前这一代从非正义中受益的人被允许保留特权，那么他们今后可能会利用通过这些特权获得的权力，再次推翻改革的成果。

为,伤害是对合理期望的违背,非正义主要是对个人的伤害,因而,就改革者面临的这两大困难而言,斯密爱莫能助。

这对斯密而言是一个严重的问题。斯密不仅要在批评纳妾制时避免称其为"非正义的"(LJ 151—3),而且对于他认为非正义的其他制度性弊病,例如长子继承和奴隶制,斯密也同样面临非常类似的困难。

b. X社会将一些年轻的男孩阉割,以便他们能成为优秀的歌手。Y社会期待年轻女孩接受割礼,以便她们的精力从性欲中解放出来。Z社会希望其年幼的孩子参加剧烈而危险的运动,比如拳击或橄榄球。所有这些社会都制度性地要求其成员(在他们还无法做出完全同意的年龄段)遭受严重的身体损害。它们都是非正义的吗?如果有些是而有些不是,区分的标准是什么呢?

另外,貌似非常重要的一件事是,人们遭受施加在他们身上痛苦的方式。如果X社会中的男孩乐于接受阉割,认为这样可以提高他们唱歌的能力,而不认为是对他们生育能力的破坏,这可能使我们觉得这并不属于非正义。如果拳击手们热衷于他们的运动,我们[160]同样也不太会产生那种辨识非正义的同情共感的愤恨。然而,我们也许会认定,许多这类人是被迷信、无知、社会压力等所迷惑。我们会说,人们应该愤恨割礼,因为如果人们能够完全理解自己到底遭受了什么,他们就会这么觉得。但现在要感知非正义的伤害,已经远非斯密所认为的所有人类都能做到的直接简单的事情,相反,首先似乎必须清除大量的文化残渣。清除这些残渣很可能是一项重要且令人钦佩的工作,但是它对于把握"真正的实际的伤害"而言,不应是必不可少的。而当我们反观自己所处社会可能存在的不公正时,我们也无法轻易确定自己到底会不会受到这些残渣的干扰。(我怀疑大多数读者都会明确感到社会Z与社会X和Y不属于同一类。但我们中谁又能有多少把握,确定这种感觉不是一种文化偏见呢?)最后,要想知道何时这种干扰已被完全清除也并非易事;相关的文化残渣已经对我们关于非正义的感知构成了难以估量的巨大障碍。

　　c. X 社会让其婴儿自生自灭。(斯密在《道德情操论》第 210 页,称之为"谋杀",尽管他试图以同情共感的方式解释它。)在 Y 社会,父母在孩子六岁时,就不再供养他们,也不向他们提供任何教育。在 Z 社会,富人拒绝捐赠足够的钱,用以确保贫困儿童有适当的住房、保健或营养。

　　当我试图站在无偏私旁观者的立场时,我看不出这些社会有什么区别,我对每个社会都怀有或多或少同等的愤恨。其他人也许会对此强烈反对,至少就 Z 社会而言。然而,我和这些其他人至少在一件事上意见相同,即在三种社会中,"造成的伤害"程度并没有清晰或精确的界线。这表明我们无法通过站在无偏私旁观者的立场,找到所有人都接受的适用于这三种社会的自然正义法则。谴责 X 社会违背正义的人,可以貌似合理地同样谴责 Y 社会和 Z 社会,而认为 Z 社会正义的人,也可以貌似合理地认为 X 社会和 Y 社会也是正义的。

　　根据斯密自己的理论来看,很难说这三个社会的问题只是缺乏"仁慈"。斯密自己说,让婴儿自生自灭是谋杀,而不管怎么说,斯密对正义的解释取决于,哪些行为使得无偏私旁观者站到受害者一边,表示同情共感的愤恨,觉得有人应该为受害者所遭受的痛苦受到惩罚。我站在无论是被遗弃的孩子,还是处于极度贫困的孩子的立场,都感到极大的愤恨,任何要惩罚那些让他们受苦的人的呼吁,都很容易获得我的同情共感。因此,我认为这些是有关正义的事例。其他人可能并不同意,这只是表明,我们感到愤恨的能力、我们对"伤害"代入式同情共感的能力存在差异。

　　所有这些例子证明,如果正义旨在排除的伤害是根据人们的合理预期来界定的,那么"独立于所有实定的自然正义规则"(TMS 341)就是难以描述的。[161]斯密在《道德情操论》结束时表明的研究计划,其关键是提供一个评价标准,用以确定社会的法律或政策何时在维护制度性的非正义。自然正义对于确定社会是否违反自己的规则并非必要;关键是努力弄清楚规则本身何时是非正义的。但识别制度性的不公正恰恰是斯密的痛苦概念及旁观者—愤恨概念所无法做到的。人们在某个社会的法律和规范下的合理期望,与他们在不同社会的法律和规范下的合理期望不同;因而,在一个社会中有害的在另一个社会中并不一定有害;在一个社会中正义的,在另一个社会中并不一定正义。那么如何才能找到一个独立于所有实定制度、独立于所有法律的正义标准呢?

39　正义规则的精确性的第二个理由

现在让我们暂且搁置关于“自然法理学”的原则到底是什么的问题,回到为什么正义法则必须是精确的这个形式问题:

i. 除了我已经提出的哲学方面的忧虑,不赞同哈孔森关于斯密主张正义规则的精确性的分析的另一个理由是,斯密本人并没有能够从痛苦的深刻性中,推出针对伤害行为的法律的精确性(正如哈孔森在 SL 86 中承认的)。相反,斯密为这种精确性给出了互相冲突的不同理由。这种不同和冲突表明,斯密自己也不确定这个论证该如何进行,这就使得从斯密表述的各种论证中合理重建其观点变得很有吸引力。

这种重建最好的突破口,就在于斯密所提出的,规则的某些形式特征体现和强化人的自由和平等。比赛规则或俱乐部的规则,在人们作为玩家或成员的资格方面,创建了某种平等。斯密在好几个场合,利用这一事实,阐述了自己关于正义的观点:

> 在追求财富、荣誉和晋升的竞赛中,为了超过所有对手,他大可全力奔跑,绷紧自己的每一根神经和每一块肌肉。但

是,如果他要推搡或冲撞任一对手,旁观者对他的纵容会完全停止,因为他违反了公平竞赛的原则,而他们绝不可能容许这种事情发生。(TMS 83)

　　政府和法律阻止穷人通过向富人施加暴力获取财富;它们告诉穷人,他们要么继续受穷,要么像他们曾经做的那样获得财富……每个俱乐部或协会都有权利对其为数不多的成员说,要么遵守我们制定的规则,要么请走开。同样,共同体也可以对其中的个体说,要么让你的行为符合我们的法律和规则,要么请自行离开。(LJ 208—209;还可参见 204,313)

[162]比赛由规则构成。如果你坚持用双手拿球,你就没法玩足球。俱乐部需要这种规则,以便从事共同的活动,同时也需要选拔规则,如果他们想为结社提供一个安全和亲密的空间。比赛规则或俱乐部的规则是"实践的规则":他们帮助建构了一种活动,使其指向一个目标,使其参与者能够协调其活动,并提前进行规划。① 如果没有这种规则,社会活动就不可能开展。因此,规则使人们聚在一起,但同时规则也帮助每个人为他或她的个人活动进行规划。如果我知道俱乐部期待我做到某事,我就可以根据这个预期,安排我的俱乐部活动以及俱乐部外的活动,避免与我对俱乐部的责任相冲突。俱乐部按照规则运行这一事实,既协调了我与其他俱乐部成员的活动,又给了我自由行动的空间。通过使社会预期变得可预测,规则扩大了社会中个人自由的程度。这个法概念也是斯密在《法理学讲义》和《国富论》中重点论述的主题

---

① 我这里借用罗尔斯在"Two Concepts of Rules"(Rawls, *Collected Papers*, ed. S. Freeman, Cambridge: Harvard University Press, 1999)中做出的有用区分:"概括的规则"和"实践的规则"。还可参见 Alasdair MacIntyre, *After Virtue*, 第二版(Notre Dame: University of Notre Dame Press, 1984), pp. 187—190。

之一:

> 当一个法庭建立在原始人面前时,它的权威完全令人难以接受。同时,随着财产不断累积,法官就变得不可或缺了。法官是必要的,但也是最令人害怕的。应该怎么做呢? 唯一的办法就是制定法律和规则,明确规定法官的具体行为……因为只有当我们知道法官会怎么做时,恐惧才能在很大程度上被消除。(LJ 314;还可参见 287)

正是规则的这一特性——它们能够保护我们的自由,免受他人随意的干涉——要求它们必须是精确的:

> 另一方面,大大确认了英格兰民众自由……的是法官几乎无权解释、更改、拓展或纠正法律的含义,他们十分精确地遵照法律的字面含义……英国法律及其判决的极大准确性和精确性,使得民众的自由得到了保障。(LJ 275,282;还可参见 280)

实践的规则需要精确。为了能够协调活动以及使个人能事先计划他们对活动的参与,规则需要让我们清楚和准确地知道,他人可能会怎么做,以及我们可以做什么和不可以做什么。这种精确性为我们提供了一个可以自由行动的空间。在某种程度上,甚至规则是什么并不重要,只要它们是精确的就可以。规则甚至可以是荒谬的,比如要求星期二在公共广场上的每个人都必须不断蹦蹦跳跳。即使是这样的要求,只要它们是精确的,就保留了一定的自由空间。如果这是我所处社会中的唯一规则,除了星期二,我就是完全自由的,甚至在星期二我也可以做我喜欢的事,只要我不去公共广场。

根据我们迄今为止的讨论,司法体系可以在保持相同形式的情况下,在内容上存在很大差异。[163]比赛或俱乐部都不需要任何特定的一套规则,并且就斯密将正义规则与这些规则作了比较而言,他暗示了正义规则也同样可以因不同社会而异。^① 在下文,这一点显得尤为重要:根据这种正义的"比赛式"概念,一个国家可以禁止资本货物形式的私人财产,另一个社会可以允许资本货物形式的私人财产但认定遗产继承非法,而第三个社会可以允许激进自由至上主义者所要求的全部财产权,而只要所有这三个社会都能够确保这些规则清晰而精确,那么三者都是同样正义的。当然,其中一个制度可能比另一个更高效,一个比另一个更能使其民众幸福,或者一个可能比另一个更适合特定的文化或历史时期,但这些都不是将这三者区分开来的正义方面的理由。正义在他们中间是中立的。或者,作为一个经验事实,相较于另一个制度,执行其中一个制度的规则更容易导致腐败和专断,那么正义会给我们一个反对这一制度的理由,但即使那样,这一理由的力量仍然取决于何种事实情况导致这个制度更容易出现管理不善。如果能够克服这个事实情况,例如更为精确的规则表述,或向管理人员提供更好的教育或不同的激励措施,那么正义将在这三个制度的比较中,回归其中立的态度。

然而,我在上段所描述的各种关于财产的不同安排,却恰恰是现代正义辩论的主题。因此,如果斯密未能给我们提供任何超越我们目前所看到的,那么他对我们的争论几乎毫无贡献可言。

ii. 清晰而可预测的规则,可以包括那些对人进行任意区分的规则。根据俱乐部成员的种族、宗教或性别限制俱乐部餐厅使用的规则,可能是完全清晰和可预测的,正如某条比赛规则可以任意

---

① 事实上,如果各个社会的正义规则确实不一,可能对自由而言甚至是一种福音。任何一个社会中不愿意"服从规定"的人,可能会在其他地方找到他们更喜欢的规定。

使类似某类参赛人受惠。在正义的大多数概念中(当然包括斯密的正义概念),正义的规则与这些俱乐部规则或比赛规则有所不同。正义规则不仅必须清晰和精确;它们还需要具备一般性,包括两层涵义。首先,为了能够继续将其与比赛或俱乐部规则进行比较,规则必须一般性地适用于所有参赛人或俱乐部的所有成员。比赛和俱乐部规则能够在参与者中形成自愿属于同一群体的归属感。当然,一个俱乐部可以歧视其中一些成员,但那些成员很可能就会离开或只是怀着愤恨归属其中。这样的俱乐部,无法使所有成员体验到与他人联合的乐趣以及亲密和互相的道德支持,而正如我们所知,斯密认为这些目标是社会最重要的功能所在。如果要实现这些目的,加入团体的每个个人,必须能够看到构建这一团体或团体活动的规则,像对任何其他参与者一样尊重他或她。[164]斯密写道,在争夺财富和荣誉的赛场,旁观者不允许任何参与者"推搡"其他参与者,因为"在他们看来,这个人在各方面都与其他人处于同等地位"(TMS 83)。正义的规则需要反映下述事实,即从根本上说,每个人都与其他人一样重要。它们必须在我们生活的社会环境中建立基本的平等,尽管在接受这种基本的平等后,我们还是会举行某些制造不平等的"比赛"。因此,那些青睐社会中的某个群体或某个人的正义规则,就会导致社会无法实现其形成所要服务的核心目标。

　　然而,根据目前为止我所说的内容,正义规则可以偏爱其所适用的社会的全体成员胜过那个社会之外的人。对于斯密而言,他之前及之后的大多数正义理论家也还是与他一样,这些并非正义的规则。这让我们触及了正义规则的一般性的第二层含义。对斯密来说,正义特别重要的一个特征是,它体现了所有人类之间的根本平等(参见第16节)。正义规则产生于"我们对每个人广泛怀有的同胞感,而这仅仅是因为他是我们的同类";它们表达了一种我们对"一个甚至是可恶的人"(TMS 90)可以(也应该)怀有的情感;

它们表达了一种不应局限于某些特定社会的成员,而应包括每个人的道德情感。① 斯密讨论并部分赞同,相比于其他社会,我们天然偏爱我们自己的社会,但同时谴责一个国家对其他国家施加的非正义(WN 448,588—589,626—627)。我们通常并不需要表现出跨国界的仁慈——"我们的有效福利,很难扩展到超越自己国家的更广泛的团体"(TMS 235)——但我们确实需要践行正义。不无端施加伤害,是一项超越国界的普遍义务。

因此,正义的规则应该不仅仅为每个社会,而且为所有人类的社会,提供基本规则。它们应该是每个人都可以接受的规则,并且保护着每个人的关键权益。因此,斯密希望找到"自然正义规则",这些规则优先于并合理地限制每个国家实定法和制度。他不能允许正义规则像比赛规则和俱乐部规则那样,完全因地而异——他需要找到一些所有这些规则都应具备的内容。

iii. 我们也许可以从这些自然正义规则的形式所承诺的自由中,推演出它们的内容?我们已经看到了界定一个普遍的伤害概念是何其困难,但也许通过界定一个普遍的自由概念更为可行。这样,我们就能使得自然法理学的内容与形式完全匹配。

建立在洛克和哈奇森的基础之上,并预示了后来的康德,斯密实际上常常将非正义与侵犯自由联系起来(例如,WN 138,405,530)。对于哈奇森而言,正义保护我们的"自然自由",包括我们对生命、身体、财产和良心等的正当能力。没有这些正当能力,我们无法自己行动,这意味着我们将无法培育任何德性,也无法对任何行动负责。例如,即使我们对上帝负有义务,我们也无法履行这些义务,因为上帝要求的是"发自内心的服侍",而非有意图地、故意地向上帝靠近。[165]因此,就宗教而言,就必须

---

① 纳斯鲍姆在"Duties of Justice, Duties of Material Aid"中,将如下思想追踪到西塞罗,即正义职责本身无关国界,并批判了这一思想。

有宗教自由：哈奇森认为基督教也需要宗教自由，才能使其完成真正的重建。斯密可能并不认同在道德生活中，宗教真有那么重要的作用，但他完全赞同这一理念：除非道德修为是自主进行的，否则毫无价值。对斯密而言，自由是道德卓越获得发展的条件之一，这对我们的幸福至关重要。斯密认为社会力量是道德发展的必要条件，但最终的道德修为将社会的道德规范自主地纳入自己的良心（TMS 第三卷）。因此，没有正义，社会就无法"存续"，这一说法的一种解释是，如果它不能保证其成员的自由，它就不能作为一个在道德上有价值的实体存续。如果一个社会的成员不喜欢社会的规则，这个社会不能简单地对他们说，"忙你们自己的事吧"；社会的规则必须保护其所有成员的自由。那样，自然正义的原则将会是那些最能使社会的自由得到保护的原则。

但这并不能解决正义的内容问题。将正义界定为阻止对"自由"的侵犯，而非阻止"实际的伤害"，仍无法为我们提供精确而普遍的规则，明确自由何时以及如何受到了侵犯。"自由"到底指什么仍需要界定，并且这会与定义"伤害"同样困难。许多涉及明显的身体暴力侵犯的不同文化实践，以及许多关于财产的不同政治安排，都被生活在这些文化实践与政治安排中的人们认为与自由完全兼容。许多文化还会坚持认为，某些类型的道德和/或神学知识对自由而言是必不可少的：他们会认为，只有受过良好教育的人或只有真正的上帝信徒，才具备进行真正的自由选择所需的知识。也许身处这些文化中的个人，确实已经被社会化或政治化地操纵，信奉了虚假的自由概念，但是为了说明这一点，我们需要一个能够被普遍接受的自由概念，而斯密并没有做出这方面的阐述。当然，康德后来试图提出一个这样的概念，但事实上，无论是社会主义者，还是激进的自由主义者，都合情合理地宣称自己追随康德，这一事实就足以让我们在认为从康德的阐述中可以推出精确的财产规则时犹豫不决。我并不想如此随意地贬低康德传统。但是我们可以说，这个传统的历史并没有赋予下述做法多大希望，即针对斯密自然法理学发展遭遇的瓶颈问题，可以通过用保护"自由"替代防止"真正的实际的伤害"予以解决。

iv. 斯密的正义观念，使我们有理由在清晰和精确之外，为法律增加另一个形式上的约束条件：法律条款不应该太多，除保护自由外，社会不应试图用法律去做其他事。斯密明确警告我们，试图强制执行每种德性"是对所有自由、安全和正义的破坏"（TMS 81）。他还将那些肆意对别人施加伤害的人和那些对愤恨"有着过强倾向"的人（愤恨正是正义所依据的激情），描述成威胁社会存在的"野兽"（TMS 40, 86）。这就 [166] 表明，对于社会来说，过度的法律强制与无法可依一样危险。毕竟，主权者需要使用暴力来尽量减少暴力。那些惩罚罪行的人，令人不安地需要做一些与他们所惩罚的行为类似的事情。斯密在早期关于正义的讨论中指出，"不当的惩罚，要么根本就是不应该施加的惩罚，要么就是超过了罪行应受的惩罚，是对罪犯的一种伤害……如果施加了这样的惩罚，那么施加惩罚的人也应受到惩罚"（参见 TMS 390）。司法体系所从事的是精妙的事务，必须在防止伤害的同时，避免造成过度的伤害。因此，对司法体系的一个限制条件是，它们不能试图做太多，它们不仅只能包括清晰而精确的法律，而且除非必要，只能包括很少的法律。

但有多少算必要呢？斯密自己认为，立法者除了保护自由之外，还有其他一些任务：所有的"文明国家"，斯密写道，"都会强制要求人们履行……很多仁慈责任"（TMS 81）。此外，即使我们坚持保护自由，也很难准确知道，究竟什么对于完成这一任务而言才是必不可少的。正如我们稍后会看到的那样（§56），斯密暗示良好的教育可能是享有自由的条件之一，自由可能需要某些精神和物质条件，而不仅仅是消除暴力。斯密还将许多类型的负担描述为"压迫性"(例如,WN 393—394,401—402,853,862),无论它们是否涉及直接阻止人们做他们想做的事情。因此,他对"自由"一词的使用,似乎是宽泛而模糊的,正如该词的一般用法一样。然而,为了确定哪些法律是一个国家可以制定的基本法律,我们需要对自由作出精确的定义。否则,要求法律不能管得太多这个形式限制,将无法告诉我们法律制度到底应该具有怎样的内容。

也许斯密确实意识到了这一点,把反对强制执行所有德性的警告嵌在了以下两句话语中。这两句话非常含糊地呼吁立法者,在过少法律和过多法律的两难处境中做出审慎决定:

> 也许就数这项工作,若想执行得当,最需要大量的谨慎与节制了。完全忽略这项工作,国家恐怕会发生许多极其严重的失序与骇人听闻的罪孽,但是,这项工作推行过了头,恐怕又会摧毁一切自由、安全与正义。

40　重建斯密的自然法理学

我们从斯密的论述中,得出了为什么正义应以清晰、精确和一般的规则加以表述,但是几乎得不出这些规则的内容应该是什么。斯密有关的正义规则必须精确的理由与可供这些规则描述内容毫无关系。人类遭受的伤害并没有比他们追求的善更能被精确界定;斯密可能并未就痛苦和快乐之间的不对称性具有足够原创的洞见,使他能够清晰界定[167]自然正义的精确规则。相反,他引用了一些论据,比如古老的亚里士多德和阿奎那的思想,认为法治比人治的规则更有利于自由以及体现平等。正义必须根据规则运作,这些规则必须是清晰、精确和一般性的,因为由清晰、精确和一般性的规则奠基的社会,保护着每个人的基本自由和平等。这样的规则,使人们能够协调各自的活动,以便每个人都可以预测他人的行为,并据此筹划他或她自己的个人活动。此外,一般性的规则会使人们感觉到,他们是每个人都能得到尊重的团体的一部分,从而使社会为我们提供快乐以及道德教育的许多方式成为可能。但这些都并不意味着,有一种人类经验会自然而然地通过清晰、精确和一般性的规则加以促进或禁止。正义必须采取的形式或我们坚持采用这个形式的理由,都无法保证有个内容与这种形式匹配。我们不应该从人类伤害的精确性中推演正义的精确性,相反,我们现在可能需要带着对精确规则的需求,进入关于伤害的讨论:我们可能需要从人们可能遭受的所有伤害中划分出一系列精确的伤害,保护人们免受这些伤害。

　　我想斯密不会喜欢这个结论。正如哈孔森所说,斯密的很多阐述都表明,斯密认为存在一些自然的伤害领域,所有社会的法律都应该防止这些伤害。并非任何清晰、精确和一般性的规则都能够达成斯密所认为的正义的真正目的。规定每个星期二每个人必须蹦蹦跳跳的规则,会对我们每个人想做的事情产生愚蠢的干扰,而要求每个人都宣称信仰基督或穆罕默德或摩西,不管其怀有怎样良好的意图,都是对自由的严重侵犯。

　　然而,我们还是无法断定,斯密到底会如何将正义的形式特征与特定内容联系在一起。我们可能会说,我们仅仅寻求自由所必需的最少数量的规则这一要求,已经将愚蠢和压迫性的规则排除在可能的正义规则之外了。但是,除非我们可以明确界定什么是自由,我们就无法真正知道什么才是愚蠢和压迫性的规则。那么我们是否可以依托人们对自由的常识理解?斯密并没有对自由做出哲学解释,但如果他是一个常识主义哲学家,正如我所提出的(§4),也许他根本不需要一个自由的哲学解释。也许我们可以认为斯密依赖于我们的下述常识直觉:即便没有获得许多积极善(自由的人被认为需要由他/她自己决定什么算作是"积极善"),我们也可以是自由的。但是,当他人侵害我们的身体、财物或阻止我们活动时,我们的自由将受到限制或毁灭。因此,正义规则,即保护我们自由的规则,应该仅仅防止受到我们常识所认为的"真正的实际的伤害"。

　　然而,即使在常识这一层面,"真正的实际的伤害"也是一个模糊而有争议的概念。斯密也不太可能在常识中找到任何绝对的原则,[168]为这种伤害作出更精确的定义,尤其是如果要求该定义适用于所有文化和历史时期。与康德或边沁不同,斯密并没有把伦理学基于一个基本原则,从中可以得出"伤害"这样的概念的内涵。相反,跟其他德性一样,斯密将正义诉诸无偏私旁观者的情感。但是正如斯密自己所强调的,情感根据情境的不同变化很大,通常没法明确说明无偏私旁观者在具体情境中的反应。一般而言,这正是斯密理论的优势所在。无偏私旁观者能够成就机敏的道德判断,因为其可以反映社会背景的细微差别。但是,这种对语境的敏感性使我们很难想象无偏私旁观者如何能为我们提供一套适用于所有社会的精确法律。

　　所以我们面临一个困境:要么让赋予正义规则以内容的企图停留在一个模糊的但可以被普遍接受的表达上,即正义规则的内容应该保护无辜者免受伤害,要么试图以牺牲我们提出的正义规则的普遍接受性为代价,将这个表达精确化。我们的正义概念要么是普遍可接受的但不精确的,要么是精确的但不是普遍可接受的。或者,我们满足于让正义规定每个社会的强制规则的形式条件,放弃为这些规则的内容找到相似条件的努力。

　　这些都并非吸引人的选项,我也不认为斯密会明确支持其中的任何一种。但是,如果我们把斯密对这个问题的各种阐述放在一起,我们或许可以重建斯密所持的立场:

　　1. 在所有社会中,正义都对实际的法律有某些形式上的要求:它们必须清晰、精确,并且平等地适用于每个人。

　　2. 正义也应该有与其形式相一致的特定内容,各国只应该强制执行那些保护个人免受伤害并使个人自由最大化的法律。然而，这一条件却无法以清晰而普遍可接受的方式进行阐述。

3. 因此，人们可以要求每个社会都必须满足第一个条件，但只需迈向第二个条件，希望随着时间的推移，在有利的历史环境下，每个社会法律的内容都将向最少数量的一套保护自由的法律发展。这是怎样一套法律，甚至是否存在这样一套法律，都无法确定。

4. 把 1、2 和 3 合在一起，我们可以说，每个社会都应该为自己划分出一个"保护个人免受伤害"或"保护每个人的自由"的模糊领域，可以通过精确而一般的规则予以强制执行。要确保法律本身不会压迫生活于其中的个人，1 至关重要，因此它优先于 2 和 3。因此，每个社会都承认自己的法律无法完全体现正义的内容，好过以牺牲法律形式为代价，充分实现正义的内容。

5. 因此，我们可以直接指责一个社会背离正义，其法律制度缺乏精确性或一般性，[169]对某些人有利但侵扰了另一些人（LJ 423，426），或伤害了依其自身标准不该伤害的人；但更恰当的做法是，当我们认为一个社会的法律内容误入歧途时，我们应该设法揭开弥漫其中的文化迷信或指出另外一种"伤害"概念的优点。我们可以说：当一个社会的法律制度缺乏恰当的正义形式，或尽管理论上支持但在实践中背离正义形式时，社会本身应该能够认识到这个制度的非正义。另一方面，当一个社会的法律制度似乎缺乏恰当的正义内容时，社会可能首先需要改变它的其他一些道德观念，然后才能认识到自己的法律是非正义的。

如果斯密真的持有这样的看法，就可以解释为什么他在阐述法律怎样获得正义的内容时，经常采用进化的角度。他写道，惩罚"随着社会的进步，逐渐缓和到适当的严厉程度"，这意味着它们有时过于温和，有时过于严苛（LJ 114，121，131，132）；在每个社会，都要到相当晚近的历史时期，合同才被强制执行，尽管自然权利一直这么要求(98,472);并且只有高度发达的社会,才会为受到错误指控的人提供适当的保护(119,121—122)。可以肯定的是,斯密认为这个进化过程朝着正义的正确内容方向行进——斯密并不是一个相对主义者——但他没有办法区分无偏私旁观者的反应到底是"正确的"还是仅仅"受历史条件决定的",他甚至并未尝试阐述确定这个正确内容的原则。无论如何,斯密在《道德情操论》最后描述他的学术抱负时,他的方法允许约定和历史甚至在法理学的基本原则上,发挥比他想要赋予的更重要的作用。

41　《法理学讲义》和《国富论》中斯密的批判法理学

我们在本章开始时谈及,斯密之所以要提出一个自然法理学,似乎在很大程度上是因为他想批判自己所处社会中的某些法律和体制的非正义。自然法理学将为政治经济学提供一个明确的道德基础:良好的政治经济将依赖于同时也促进那些正义的法律和制度。

但是,我认为,斯密想要发展精细的自然法理学的计划失败了,斯密只是提出了任何正义体系都应遵循的一些普遍的形式条件,同时只不过含糊地表示,"保护自由"和"避免伤害"是正义的普遍内容的指导原则。那么,当他想批评自己国家的政治经济时,他还能在多大程度上运用自然法理学呢?他还能在多大程度上运用批判自然法理学,作为批判性的而不仅仅是描述性的政治经济工具?

根据我在上文提出的重建原则5,利用社会本身持有的道德价值观,斯密有办法[170]直接批评社会法律制度的形式,以及间接批评其法律内容。斯密在《法理学讲义》和《国富论》中批评政策和体制时似乎就是这么做的。当他在《法理学讲义》中批评法律制度时,无论是针对他自己国家的还是其他地方的法律制度,很少直接使用无偏私旁观者的情感,而这被认为应该是自然法理学的基础所在。相反，他承认，比如允许一夫多妻制和无条件离婚的制度，其实并不是非正义的，因为所有的制度参与者结婚时都知道自己正在进入什么境况；他们的合理预期不会受到侵犯。然而，整体来说，这些制度使得参与其中的男男女女都很悲惨，因此"完全不是妥善的公共政策"（LJ 150）。同样，斯密指责限嗣继承的习俗"最为荒谬"，认为它对死者缺乏适当的尊重，并且表明它如何与社会的经济利益相冲突——但他并没有指责其非正义（LJ 70—71）。斯密确实通过声称"与自然、理性和正义相违背"（LJ 49）来引出自己对长子继承制的批判，但在进行批判的过程中，斯密仅仅满足于指出该体制带来的困难，并没有将这些困难描述为可由司法处理的伤害。即使关于奴隶制——这一显然为个人带来了极不合理的痛苦和自由阻碍的制度——他更倾向于指出其带来的不便，而不是强调其非正义。因此，诚如哈孔森所论证的（SL 第 6 章），斯密的法理学是批判性的而不仅仅是描述性的，然而这种批判（尤其是针对法律制度的内容而不是其形式时），往往是内在的（表明体制或法律如何与其所处社会已然持有的目标冲突），而不是超越的（诉诸超越该社会价值观的自然正义标准）。①

---

① 斯密关于惩罚的论述是一个主要例外，其中斯密通过无偏私旁观者的愤恨，直接把政府的所作所为与"理性与自然"所要求的进行了对比（LJ 126）。比如，斯密认为经常因为偷盗罪而实施死刑就过于严苛，因为其超出了"受害者的愤恨"会要求的范围（128），并也基于同一原因，而将其他社会及自己所处社会的其他惩罚，评判为过于严苛或过于温和。正如我上文所提到的，这种论证模式实际上是否站得住脚尚不清楚，因为具体什么才是"自然的"，而不是社会化的无偏私旁观者会感到的，这一点并不清楚。而斯密关于无偏私旁观者会感到什么的说明——比如，盗窃是"可鄙的、卑劣的，但不会激发我们的愤恨"（128），而强奸和某些种类的欺诈行为只能通过死刑予以合适的惩罚（120—121，132）——似乎都非常随意。这些论述都没有在 WN 或 TMS 后期修改版本中重新出现，这表明斯密对此并没有多少信心。因而，我并不太看重这部分对法律制度的超验批评。我想提醒那些想要比我更为重视这些论证的人注意，斯密对奴隶制、一夫多妻制、长子继承制等等的批评都运用了不同的术语，这是挺独特的做法。

到了《国富论》,斯密依然不愿意将法律和制度的内容描述为非正义。斯密在《国富论》中再次批判了长子继承制和限嗣继承制的愚蠢(WN 383—384,423),一次都没有使用"非正义"一词。他还以最严苛的语言谴责了奴隶制,认为这是一种很昂贵的迎合"人类骄傲"的方式(386—390,586—587),但从未称其为"非正义"。(尽管斯密的确说奴隶制依赖于"暴力"(387),而斯密通常将这一术语与非正义联系在一起①)斯密写道,垄断人为地提高了产品和劳动力的价格(78—79)是"善治的巨大敌人"(163),将导致一个国家资源投资的低效率(608,628—634);但他仍没有称其为非正义。②

然而,斯密确实描述了作为遥远国家统治者的垄断公司,几乎总是"非正义地……变化无常地、[和]残酷地"行使权力(WN 754;也可参见 635—638)。"愚蠢和非正义似乎是主导"欧洲在亚洲和美洲建立殖民地整个事业的原则,"追逐金矿银矿的愚蠢,以及掳掠其他国家无辜百姓财富的非正义,这些国家的原住民不仅从未伤害欧洲人民,反而带着足够的善意和好客接受了第一批到达的冒险家"(588)。斯密直率地[171]用"非正义"或"压迫",抨击欧洲

---

① 斯密表达的对奴隶制的憎恨,其程度几乎超过了同时期的任何学者。假如有人忍不住认为,斯密在 WN 中未对奴隶制做出道德上的回应,是因为他持有休谟和康德的那种种族主义(参见 Charles Mills, *The Racial Contract*, Ithaca: Cornell University Press,1997),就应该铭记 TMS 下面这段令人印象深刻的话:

> 任何一个来自非洲海岸的黑奴,在这方面,所拥有的那一定程度的豪迈,常常不是他那卑鄙的主人龌龊的灵魂想象得到的。命运女神对人类最残忍的一次捉弄,当在于她使那些英雄民族遭受到欧洲监狱都不想收容的一群废物的宰制,这群卑劣的家伙,既没有他们所来自的那些国家的美德,也没有他们所前往的那些国家的美德,他们的轻浮、残忍和卑鄙,是这么理所当然地应该使他们遭到被征服者的鄙视。(TMS 206—207)

② 然而,再一次,他确实说道,要求支持在某一贸易领域实施垄断控制的法律,一般都是"残忍"且"压迫性的"(WN 648—649)。

殖民者对其定居国家的原住民实施的行为（589，626，636，754）。
他为什么喜欢在这里使用这个词，而在谴责长子继承制、限嗣继承
制、垄断特权制和奴隶制时，避免使用这一词？ 首先，这里所谈及
的行为所造成的伤害——货真价实的盗窃和谋杀行为，以及以牺
牲人民的利益为代价利用法律为统治者谋求利益的行为——比长
子继承制、限嗣继承制和垄断特权制造成的伤害更为显而易见和
严重。但奴隶制所造成的伤害同样严重和明显，所以这还不能完
全解释造成这一语言使用差异的全部原因。我认为另一个理由
是：在谴责欧洲殖民者对当地土著所犯的罪行时，斯密无需借助任
何有关正义之内容的有争议的说法。根据他的读者可能已经持有
的正义观，这些行为就是错在它们是非正义的。① 但是，称奴隶制
不正义则是另一回事。斯密需要一个精细的正义理论说服读者相
信这点，而他并没有这样一个理论。

　　斯密还乐于为施加在穷人身上的各种限制，贴上了"不公正"
的标签。限制人们进入许多行业的学徒法，"明显侵犯了工人和可
能雇用他们的人所享有的正当自由"（WN 138）。1662 年的定居
法，使教区得以驱逐可能成为他们负担的劳动者，但这样"把一个
从未有不法行为的人，从他选择居住的教区除名"，"明显侵犯自然
自由和正义"（157）。当斯密在《国富论》中谴责侵犯自然自由和正
义行为时，他喜欢针对那些"明显"的侵犯。或者至少他想让它们
显得明显。事实上，"学徒制法规"和定居法是非正义的，这点远非
对每个人而言都显而易见，但它是英国最广泛接受的正义概念的
一部分，（a）对物品的财产权基于劳动，以及（b）把某人从家中驱逐
是一种对罪犯的惩罚。从（a）中，斯密推断说，对劳动本身的财产

----

① 尽管他们可能赞同殖民事业，但是他们可能要么（a）否认存在斯密所宣称的那么多
非正义，（b）认为一点点非正义是殖民者给当地土著带去的好处的合理代价，或者
（c）任何国家有必要或应该担心构成国际秩序的霍布斯式"所有人对所有人的战争
状态"（*bellum omnium contra omnium*）中的正义。

权必定比对物品的财产权更深入人心，"每个人对自己的劳动拥有的财产权是最神圣和不可侵犯的，因为它是所有其他财产权的原始基础"（138）。然后，他利用这种自身的基本财产权来反对"学徒制法规"，并反对限制人们"自由从事他们所喜欢的行业"的其他法律（470,529—530,539,582）。同样，斯密从（b）推断，定居法是一种非正义的惩罚。在这两种情况下，他的策略是暗示非正义概念的具体应用，可以从读者对这一概念的共同理解中直接推断出来。斯密没有对这种共同的理解提出质疑，或试图将其立基于更根本的道德原则。

我认为斯密意识到了，他如果旨在提出一个全面的自然法理学的计划存在内部缺陷，并决定在《国富论》中处理这一问题，用同时代人共同接受且[172]没有争议的正义概念撰写这一著作。正义原则在《国富论》中当然起着重要作用。但是，斯密在《国富论》中并没有讨论什么是正义、自由，甚至没有讨论财产，而且他在诉诸正义和财产权时总是依赖常规的正义概念，这应该会让那些试图宣称斯密的正义观点具有原创性，或者声称应该在清晰意识到这种阐述独特性的背景下阅读《国富论》的人自我检讨一下。《国富论》有许多新的和有争议的观点，但斯密关于正义的阐述不在其列。

下述事实能进一步论明这点，当斯密为某一观点辩护时，特别是当他提出正义可能要求我们采取某个看起来与社会的功利主义利益相违背的行为时，斯密往往采用"正义"加"效用"的策略。在某一段，斯密首先为"仆人、劳动者和工人"的高标准生活水平进行合理性辩护，认为这能够提高社会"便利"，然后补充说，"这也是公平的……这些为所有人提供粮食、衣物和住宿的人，应该有权分享自己的劳动产品，使自己能够享有过得去的粮食、衣物和住宿"（WN 96）。当他批评限制谷物出口的法律时，也使用了类似的叠加策略。他首先提出，谷物的自由贸易将有助于缓解食物匮乏和预防饥荒。然后，他补充说："除此之外，不让农民将货物随时送到最好的市场，显然是出于功利的考量，把正义的一般法则抛弃了……这种行为……只有出于最迫切的必要性，才能被原谅。"（539）在同一章节的上文，斯密写道，试图规范批发商行为的法律，"明显侵犯自然自由，因此是不正义的"——但在同一句话中，他又把它们称为"既是失策的，也是不公正的"（530）。正义及其保护的自由极大地鼓励了经济生产，这当然是斯密著作的一个中心主题（参见，尤其是 284—285，345，393，405，470－471，540，910）。不正义的就是失策的，背离了便利；而与便利背道而驰，往往也是不正义的。大多数时候，效用和正义在《国富论》中，总是交织在一起，以至于一旦两者发生冲突，我们完全不知道斯密会作何选择。在某处，斯密确实造成了两者之间的冲突，他选择了效用，而非正义。斯密要求限制银行发行总额为五磅及以上的票据，斯密承认，这样的法律将"明显侵犯……自然自由"，但仍然说，它还是合理的：

> 然而少数人的自然自由，如果可能危害整个社会的安全，任何国家，不管是最自由的或是最专制的，都会而且应该以法律予以禁止。强制人民建筑隔墙，以预防火灾蔓延，其侵犯自然自由，完全无异于我们这里主张以法律限制银行活动。（WN 324）

毫无疑问，斯密这里提出的例外，在他看来，是出于必要性的法律。斯密遵循了一个悠久的法理学传统，认为正义本身允许迫不得已时，有必要重写普通的正义法律条款（见下文第 53 节）。但在这个乍看起来正义和效用[173]面临彼此冲突的例子中，斯密乍看起来选择了效用而非正义，这一事实应该让我们好好想一想是否还要提出，斯密引入正义以限制对效用的追求，或是他以正义为由批判了他本可能拥护的政策。《国富论》没有明确阐明这种立场，只有此种非常语焉不详的观点，即对效用的长远追求几乎总是要求根据正义法则行事，而且这两者很少会背道而驰。①

因此，斯密关于正义的观点，在《国富论》中确实发挥着一定作用，但只是一个背景作用，而不是斯密原本希望其发挥的基础作用。它们支持了斯密的论点，即政府应该以最少数量的清晰、精确、一般性的法律进行管理，而不是通过向地方行政官员提供特别权力的方式。它们还有助于强调人类自由的重要性，以及突出侵犯自由的政策对奴隶、遥远国家的原住民以及穷人的巨大伤害。但是，斯密无法消除正义对约定的依赖，导致他不去诉诸"自然法理学"。斯密没有援引所有时代和国家都应遵循的一般正义原则，而是主要通过展示它们带来的"不便"，或通过援引他知道已被读者广泛接受的道德观念，抨击某些政策和制度。

---

① 我希望有一点显而易见，即我所阐述的并不会给那些想要再次将斯密误读为功利主义者的做法提供支持。如果在 WN 整本著作中，正义与效用相一致，那么我们就没有任何理由将效用置于正义之上，或者反过来，把正义置于效用之上。

第九章　财产权

42　正义的核心：财产

[174]我们已经看到,斯密成功地论证了任何法律制度在形式上必须遵守的绝对原则,并且指出了一个每个法律制度都应保护其免受侵害的较含糊的自由和安全领域,而这与具有不同内容的正义体系(即那些保护不同类型的婚姻、合同和财产安排的正义体系)是兼容的。最后一个问题正是我现在要强调的。即使有人并不认同,一般意义上的正义对斯密而言包含不可避免的约定成分,他们也不得不承认,斯密认为财产制度随着每个社会具体的历史情况不同而存在巨大的差异。①但对于斯密及斯密之前的法律传

---

① 我们可以说,财产是尤为具有约定性。当谋杀或严重的身体伤害侵犯了正义时,我们可以指望所有人都会同意,至少乍起来一桩罪恶已经发生,并对这一事件感到某种震惊或痛恨。人们意见会发生分歧,以至于无偏私旁观者也无法作出明确裁决的是,在什么情况下这种杀害或身体伤害是可以原谅或正当的,或者对无法原谅的杀害和殴打应作出何种精确的惩罚。但是当触及侵犯财产时,我们不能指望所有人都会承认这一事件乍看起来就是一种罪恶,也无法根据自己的自然反应确定相关的伤害在于哪里。只有在某个特定的财产制度已经确立的情况下,人们才能明确何时有人因他人拿走了他或她所拥有的物品而受到了伤害。

统而言,财产权是正义的核心问题,财产权也提出了关于正义和政治经济之关系的最有难度的问题。因此,即使有可能为某些正义原则找到一个纯粹的自然基础,允许约定动摇财产权的根基将使得我们无法从自然法理学中,就如何解决政治经济学的根本矛盾获得多少指导。

财产是"所有争端的主要助燃剂",斯密(LJ 208)写道,而正义的一个首要目的就是解决这些争端。休谟认为,正义的唯一目的实际上就是建立财产规则,因为暴力争端主要源于人们试图相互争夺物质财富。如果不是因为争夺物质财富,我们的自爱以及对亲人的爱很少会导致我们与其他人发生冲突。

> 我们拥有三种不同的财富:内心的满足、身体的外在优势以及享受我们通过勤劳和好运业已获得的财富。我们在享受第一种财富时,是完全安全的。第二种财富可以被剥夺,但是对于剥夺我们的人,他们并不会因此而获得优势。最后一种财富,既容易受到他人暴力攻击,又可以进行转移而不遭受任何损失或改变;同时,这种财富还没有丰富到能够满足每个人的欲望和需要的程度……间歇性爆发的嫉妒和报复等恶意企图……会指向特定人群,即那些我们认为优越于我们的人或是敌人。为我们自己以及最亲近的朋友,获得[175]财物和财产的贪欲本身,是永不知足的、永恒的、普遍的,并且会直接对社会造成破坏。(T 488,491—492)

因此,对休谟而言,财产和正义是共生的:"两者产生的原理相同"(T 491)。没有正义的体系,就不会产生财产。没有财产,也就不需要正义:

> 没有人会怀疑,划分财产的信约以及财产拥有的稳定性,

是建立人类社会所最迫切需要的,而且在达成确定和遵守这一规则的协议之后,对于建立一个完美且和睦的社会而言,也就几乎很少或根本没有什么其他可做的了。(T 491)

斯密并没有这么极端——他认为对生命、身体和声誉的伤害也是正义关注的对象,完全独立于对财产损害的关注。斯密比休谟更认同,黑暗的、非理性的激情会激发这种伤害,即使在无涉任何财产的情况下——但他确实认同,财产上的冲突是至今任何正义体系都主要关注的对象。在一段似乎是有意回应并细微修正前面的休谟《人性论》引文的段落中,斯密写道:

> 没有财产的人们,其所互相毁伤的,顶多不过是彼此的名誉或身体。而且,被人杀害,被人殴辱,被人诽谤的人,虽然感到痛苦,而杀人者,殴辱人者,诽谤人者,却得不到什么利益。可是损害财产情形就不同了。加害于人者所得的利益,往往与蒙受伤害者所道的损失相等。能够激使人们去毁伤他人身体或名誉的,惟有嫉妒、怨恨、愤怒等情绪,而且大多数人并不常受这些情绪的支配。哪怕最恶的人,也不过偶然受这些情绪的影响。此外,这些情绪的满足,对某种人无论是如何愉快,但因为它不带来任何实际的和持久的利益,所以大多数人总是宁愿慎重克制,不轻求其满足。即使社会上没有民政长官存在,保护人们不受这些情绪发作的侵害,人类依着他的本性,也还能在相当安定状态下共同生活。(WN 709)

休谟说,不存在或完全解决了财产争端,社会就会处于"完美且和睦的"状态,这一说法是不正确的,但人们至少可以"在完全可以忍受的安全程度"下生活在一起。因此,正义主要关注(如果不是唯一关注)的是制定规则,以尽量减少或消除关于财产的争斗。

财产规则之所以比界定和禁止谋杀或身体伤害的规则更难于制定的一个原因是，"财产"可以有许多不同的含义。一个范式案例，也是洛克之后所有关于财产的英文阐述都倾向于以此开头的案例，讲述了这样一个场景：一个孤单的人，进入一个迄今为止还没有主人的森林，并从那里野生的树上采摘了一个苹果。实际上，即便顽固的马克思主义者，也不会否认这种情况下采摘人有权拥有苹果。但假设现在这位孤单的人，回到社会，并把他的苹果给了他[176]的爱人。她是否有权将苹果转赠给她更爱的其他人，或者赠送礼物的行为是否限制了她对收到的东西的所有权？或者假设我们的苹果采摘者，回到社会中，用他的苹果交换了一个小工具——同时隐藏了一个事实，即苹果内有蛀虫，或是操纵或误导交换伙伴低估了工具的价值。他现在是否真正"拥有"这一工具，工具制造者是否仍然拥有那件工具，并且有权将它拿回去并将苹果扔掉？假设我们说他并没有真正地拥有这个工具，但是那个交换到烂苹果的人从来没有抱怨过，而我们的苹果采摘者一直占有这个骗来的工具也好多年了，他是否因为长期占有而获得了权利，或者被欺骗的工具制造者是否有权在任何时候要回它，无论毫不抱怨地忍受了原来的不公正多久之后？

这些只是界定"财产"所面临的问题中的一些。通过自己的努力拥有财产是一种情况；通过礼物获得财产是另一种情况；通过交换获得财产是第三种情况；通过长期占有或使用（自然法传统称之为"时效"）获得财产属于第四种情况。我们甚至都还没有提及通过合同、"添附"（与我们已经拥有的东西密切相关）或"继承"（遗产）获得财产，更不用说今天仍在争论的，在人们购买了公司股票、发明了一个机器或创造了一件艺术品的情况下，人们到底拥有的是什么。如果我们的苹果采摘者与承诺三星期后给他工具的工具制造者进行交换，但是工具制造者生病了，无法完成工作，苹果采摘者享有怎样的权利呢？如果他把苹果随意丢在一边，并没有开展任何进一步的工作,对随后种子发芽长成的苹果树,他是否享有权利呢? 如果他死了,他在临死前请求乔·施莫(Joe Schmoe)获得他全部苹果的所有权,是否能正当地将对苹果的占有转移给乔·施莫? 如果他在临死前什么也没说,他最近的亲属是否比其他任何人更有权利自动获得对苹果的权利? (如果是这样,那么谁是最近的亲属:他的妻子、他的孩子、他的兄弟姐妹……)最后,苹果至少是具体的实物,可以随时使用,所以我们可以毫无争议地确定当有人采摘它们时,苹果到底是什么,怎样才算"使用"它们。然而,当有人创造了一项发明或一个艺术作品,要说清楚其中相关的新想法是什么,以及什么样的生产方式或表演才能被恰当地视为"使用"了这个新想法,则要困难得多。

斯密不仅意识到财产概念的所有这些复杂性:在斯密的整个法理学中,他还一直强调,诸如时效、继承和版权法这样的概念,已经通过复杂的历史过程成为了"财产"的一部分。"所有将财产延伸到财产拥有者之外的法律",斯密写道,"都比关于财产的法律出现得迟,而且对财产的存在而言,并非全都必不可少"(LJ 309)。在狩猎采集社会中,"财产伴随着占有而开始和结束,除了与自己身体相关的占有外,他们似乎很少有任何属于自己的事物的概念"(LJ 460)。在牧羊人中间,"财产的概念……得到进一步延伸",[177]而当社会发展到农业社会阶段时,财产的概念"得到了最大程度的延伸"(同上)。土地财产权是牧羊人和猎人从来都没有的概念:"一个阿拉伯人或鞑靼人,在疆域无垠的国土上放牧他的羊群,但不会认为哪怕一粒沙子是属于他自己的"(同上)。添附、时效和继承这些财产的延伸是前农业社会成员没有的概念。此外,建立这些延伸的规则也是相当武断的,"自然并没有规定财产的具体时效,因此它随着一个国家中财产的稳定性不同而发生变化"(LJ 462)。许多财产继承规则是"完全变幻无常的"(LJ 62)。事实上,遗嘱继承一般是"我们可以设想的财产最大程度的拓展之一"(LJ 38)，并且也很可能从法律专家那里获得拐弯抹角的合理化支持(LJ 63)。因此，在许多方面，斯密不仅承认并且强调了财产法的约定性，它们是根据每个社会的具体情况、需要和传统而产生的，而不是遵循某项基本自然法。

但这并不是说斯密就认为财产制度是完全约定的，受制于历史阶段，没有任何自然基础。休谟持类似的立场。正义要求"占有是稳定的"(T 502，强调为原文所有；另见 497)，但它并不要求任何特定的维持稳定占有的体制。占有可以在非常不同的财产体系下保持稳定：例如，既可以在资本主义财产制度下，也可以在社会主义财产制度下保持稳定。只要我们提前知道，没有人可以自己拥有资本货物或继承财产，那么我们甚至不会有任何企图，想要挑战国家对这些货物拥有的权利，因此一个完全实现社会主义的国家，可以与完全资本主义的国家一样，具有稳定的财产制度。在休谟的论述中，正义并没有为我们提供任何内在的理由，让我们对某些制度更为偏爱，[①]甚或偏向任何占有规则，不管这个制度或规则看起来如何愚蠢——只要该规则解决了关于财产的争议，因而能使占有稳定即可。正如我们将看到的，休谟温柔地嘲讽了法学家为正当占有给出的标准规则，觉得它们大多是猜想或想象的产物，而非理性的产物。在财产是人为规定的东西这点上，斯密并不完全赞同休谟的观点。他在自己的法理学讲义一开始就承认，我们的财产权并非来自不言自明的原则。"绝大多数自然权利……的

---

① 休谟确实信奉私有财产，反对平均主义的再分配计划，但他持有这一反对立场的理由是出于效用，而不是正义。试图平均分配财产的政权将会是压迫性的，可能会使其人民受穷，但是这并不一定就意味着这个政权不公正。当然，对休谟而言，正义体系本身就是通过效用证明其正当性的，尽管如此，还是可以区分，将争端最小化这个基本效用(休谟认为这是正义所直接关注的)与尽管没有将社会拖入无穷的内斗但仍对社会造成了危害的东西。特定正义体系的规则可能在后一种意义上是糟糕的，即使不会让社会面临内战的威胁。对于休谟来说，这样的规则就应重新考虑，尽管它们并非是不公正的。

起源……无需解释",斯密写道,人身伤害、对自由的限制以及对人格的污蔑是错误的,这对"理性而言是不言自明的"。"财产权是唯一起源不那么清晰的自然权利";只有财产权的基本原则并非"一目了然、显而易见"(LJ 13)。这里的观点是,有关财产"的源头"的推导并非一目了然,而不是说并不存在这样的推导,而且斯密进一步阐述了,财产的"源头",其基本或核心概念,为何是一种自然权利。这个基本或核心概念不会超出当下占有,但它能够证明,某种所有权是我们所有人想从社会中获得的自然自由的一部分,而是还能证明,至少夺走某些我们称为"我们的"对象会被认为是与身体伤害、人身束缚或[178]诽谤类似的伤害。我认为,斯密为当下占有这一自然权利提供的证成,反映了我认为的他整个正义论所具有的约定主义。无论如何,即使在斯密的眼中,当下占有也不能证成,构成复杂所有权体系的各种权利和主张,但如果说斯密认为财产的"源头",财产的基本或核心概念,纯粹是一个约定问题,则是不合理的。

43　财产的功利主义解释

在我们转向斯密关于财产"起源"的阐述之前,还有一个更前提的条件。我们必须记住,对斯密而言,将保护财产称为正义的一部分意味着财产是个人自由的基础组成部分,而不是意味着它对社会的效用有所贡献。对于斯密来说,正义一般不能因"公共效用的想法,或国家的某种理由"而被牺牲,除非出于"最迫切的必要性"(WN 539)。正如我们上文所看到的,斯密在《国富论》中指出,遵循正义规则一般会促进社会效用,但他从来不认为,正义法则的主要目的是促进社会效用;相反,它们的直接和首要目的总是保护个人。这确实是斯密非常重要的观点,他为此反对哈奇森和休谟持有的原始功利主义。因此,当斯密自己为某些财产规则进行功利主义论证时,从斯密自己的角度看,他并非在论证这些规则是正义所要求的。

这里需要指出的是,斯密确实为某些财产规则给出了功利主义理由。对作者的短期版权保护,斯密称之为"对博学之人劳动的一种鼓励"(LJ 83;参见 WN 754)。他还说,有时授予合资公司某种高风险交易的临时垄断权也许是合理的,以便补偿从事这一交易的商人所承担的风险,"公众随后将从中获利"(WN 754)。他还多次强调,对个人财产权的保护一般而言是对勤劳的一种促进,对生产的长期增长而言必不可少。当人们"能够安心地享受自己勤劳工作的果实时,他们自然会更加辛勤工作,以改善自己的处境"(WN 405)。从这里我们可以得出,斯密会赞同他的老师哈奇森和朋友休谟所持有的对私有财产的功利主义论点:

> 无论用什么方法……对鼓励整体的勤劳必不可少的,也会是对养活整个人类必不可少的;现在如果占有或种植维持生计之物的劳动,得不到财产权的保护,那么,无论是我们的自爱,或任何温柔的情感,都无法激励人们勤奋工作……除非自己能确保拥有自己劳动果实的处置权,否则没人会乐意劳动;要不然,所有最积极和勤奋的劳动者,都将会成为永久的猎物和懒散而无用的奴隶。(Hutcheson,SI II. v, p. 150)

[179]即使真的实现财富平均分配,人们所具备的不同程度的技艺、用心和勤劳也将会立即打破这种平等。或者,如果对这些德性进行遏制,社会将很快进入极端贫困状态;结果不是能够让大多数人丰衣足食,不至沦为乞丐,而是会使整个社会都不可避免地处于缺衣少食的状态……难道谁会不明白……人们通过技艺或勤劳所生产或改进的东西,就应该永远属于他,以鼓励这种有用的习惯和成就?而这种财产也应该出于同样有用的目的,而由他的后代和亲戚继承?

（Hume, E 194—195）

在亚里士多德和阿奎那，以及隶属于阿奎那之后的自然法传统中的每位思想家那里，我们都能找到这些关于个人财产的非常古老的论证。①斯密赞同，除非他们的财产得到保护，否则人们不会有动力工作，"当人们发现自己拥有的财产，无时无刻不处于被抢夺的危险中时，他们将没有动机勤奋工作"(LJ 522)。② 然而，斯密并没有将此作为财产权的证成理由：对斯密而言，私人财产发挥的动机功能是财产的间接效应，而不是其基础。对于斯密来说，权利的证成必须在于权利所有者可以提出正当的请求，而不在于对这种权利的保证可以为整个社会带来的好处。因此，对于个人财产权效用的自然法论证方式，独立于斯密提出的为什么这种财产权本身是合理的论点。斯密并没有如他通常被认为的那样，强调这一论证方式，相反，斯密与这种财产权的功利主义观点保持着距离。

斯密这样做是明智的。因为从功利角度为财产法则或任何其他正义法则辩护并不可靠，并不一定会支持斯密希望从这些法律中获得的对个人自由的绝对保护。如果与休谟和哈奇森的经验主张相反，私人财产制度尽管可以激励人们变得勤奋，但总体上比一些财产的公有安排，使人们的生活更加悲惨，那么该制度的合理性将不复存在。如果聪明的政治学家和心理学家，有一天能够设计出一种在公共所有权制度下，也能激励人们勤奋的方式，或者如果科技有一天能够使我们轻易地或毫不费力地生产大部分我们想要的产品，那么私人财产制度的合理性也会消失。哈奇森自己也承

---

① Aristotle, *Politics* II. v and Aquinas, *Summa Theologica*, II—II, Q66, A2, 译文参见 *The Political Ideas of St. Thomas Aquinas*, ed. Dino Bigongiari(New York: Hafner Press, 1953)。

② 还可参见 WN 335："我们的祖先由于缺乏足够的勤勉动力而游手好闲。"斯密在 LJ 195 中告诉我们，平等的世界将是一个贫穷的世界。

认,功利主义的考虑可能导致人们更倾向于集中控制的财产分配体系,而不是私人财产制度,条件是只要"有一个明智的宪制,就可以强迫所有人承担自己应该承担的那部分劳动,然后根据公民的贫困程度或贡献,对所获得的一切作出明智的比例分配"(*System* II. vi. 6, 322)。哈奇森认为这样一个宪制实际上不可能出现,仅仅将之作为一个经验问题而非原则问题。基于"自然自由"而非功利的论点才能排除这种宪制,如果它可能出现的话。斯密所要强调的正是这些论点;只有这些理由,而不是功利主义理由,才能支持财产权绝对和普遍的正当性。[180]斯密,跟哈奇森一样,试图从洛克的著名章节中得出这些论点。

44　洛克、哈奇森、休谟论"原初"所有权

洛克对财产正当性的论述是复杂的,其中有功利主义元素。① 但非常重要的是,与霍布斯及其他人的观点不同,洛克认为,从根本上来说,财产权并不依赖于政治社会的制度,将某物称为某人自己的这一做法基于一些前政治原则。洛克对此的论证,有一段论断已成为道德与政治哲学的著名贡献:

> 土地和一切低等动物为一切人所共有,但是每人对他自己的人身享有一种所有权,除他以外任何人都没有这种权利。他的身体所从事的劳动和他的双手所进行的工作,我们可以说,是正当地属于他的。所以只要他使任何东西脱离自然所提供的和那个东西所处的状态,他就已经掺进他的劳动,在这

---

① "我们发现洛克提供了多种论证方式得出道德结论,他让这些方式并存而并没有解释它们之间的差异"(Simmons, *Lockean Theory of Rights*, p. 45)。参见本书第五章关于洛克的财产观的详细阐述。

上面加入他自己所有的某些东西，因而使它成为他的财产……谁用橡树下拾得的橡实或树林的树上摘下的苹果果腹时，谁就确已把它们拨归己用。谁都不能否认，食物是完全应该由他消受的。因此我要问，这些东西从什么时候开始是属于他的呢？是在他消化的时候，还是在他吃的时候，还是他煮的时候，还是他把它们带回家的时候，还是他捡取它们的时候呢？很明显，如果最初的采集不使它们成为他的东西，其他的情形就更不可能了。劳动使它们同共有的东西有所区别，劳动在万物共同之母的自然所已完成的作业上面加上一些东西，这样它们就成为他的私有权利了。(ST V. 27—28)

这种原初的获取行为，无需经他人同意，洛克补充说："如果这种同意……是必须的，那么尽管上帝提供了充足的食物，人还是会被饿死。"所以，原初主张财产权的行为，发生在所有社会交往之前；财产先于社会出现，而保护财产的政治和法律制度，只是对这一前社会获取活动的批准，我们需要参与这一活动，以便利用上帝提供的丰富物产。这种获取活动之所以是前社会的，还有另一层意义：当这一行为发生时，无需社会规范加以判定。在这一段及下面几段中，洛克的每个例子，其财产都是通过人与动物（已经被人所有）或其他物质之间的机械相互作用而被主张的，而不是通过诸如话语（"这是我的"）这种本质上社会性的行为方式来实现的。洛克谈及正在被采摘和食用的苹果和橡子，"我的马嚼的草，我的仆人割下的草和我挖的矿石"，水罐里打上来的水，被猎杀的鹿，在任何一种情况下，人或动物都改变了物质的物理状态。社会化行为当然可以承认这些物理变化，但是该种承认不以任何方式构成变化本身。我们对其予以承认的话语或其他社会化行为，对于实际发生的变化并非必不可少。确立财产的行为是两类具体物质、两个肉体之间的互动，[181]人体付出的努力与其他物体之间真正意义上的

"混合"。在其中一个例子中,洛克指出,猎人即使只是在追逐野兔,还没有抓住它时,野兔就被认为已经是他的财产。洛克用以下这一事实解释了这一点,猎人"已经付出了那么多的劳动…… 找到和追逐它":他的劳动与逃跑中的兔子"混合"在一起,从而"使它脱离了原来的共有的自然状态"(ST V. 30)。

　　通过对比洛克自己的阐述与哈奇森笔下的洛克思想,我们可以看到这一点的重要性。哈奇森在他的《道德哲学简介》(*Short Introduction to Moral Philosophy*)中,一开篇就说,"将财产想象成一种物理特性或人和某些物品之间的纽带,显得过于琐屑"(SI vi,152)。在他的《道德哲学体系》(*System of Moral Philosophy*)中,哈奇森说关于界定财产性质的困难来自"混乱的想象",即把财产想象成一种"物理特性或关系"(SMP II. v,318)。然而,他承认先占可以获得财产权。"首先占有地球上任何自然形成的果实",如橡子或苹果的人,或者"通过任何劳动行为"使迄今未被人使用的东西更容易为人类使用的人,"可以正当地因此而被认为是这些东西的主人"(SI152)。劳动在这里只是一种"占据"的模式。然而,这并不是哈奇森的主要观点。更重要的是,他为洛克式结论提供的论证:在这些情况下,先占的欲望是"无辜的",而任意地阻挡了别人的这种无辜欲望,在道德上是邪恶的,是恶意的标志:

　　　　想要养活我们自己或自己所爱的人的自然冲动表明,我们享有对适于当下使用之物的先占权。阻碍这无辜欲望的,必然在道德上是邪恶的,因为任何阻止人从上帝和自然所提供人们养活自己的东西中获得自然支持的行为,都是恶意的。
　　　　我们都在自己身上感觉到一种自由感,一种想要按照自己的偏好行事的强烈愿望,以及想要满足我们自己情感的需要,无论是自私的情感还是慷慨的情感:我们对构成这些自然欲望和努力的任何阻碍都会感到愤恨;……不论我们是自己

遭遇到这种阻碍,或看到别人的无辜欲望受到阻碍,我们必定
将它看作是不仁的和残忍的,不会有任何重要的公共利益会
要求这种阻碍。从我们心中的这些强烈感情中,我们可以发
现每个人应该享有的对自己劳动果实的财产权。(SI II. vi.
v,317—318,320)

对于哈奇森而言,道德的善在所有情况下都是仁慈的表现,而道德
上的恶是恶意的表现。因此,他这样来证成个人财产的"源头":他
指出,一个人首次主张一个迄今未被主张的物质先占是善的,因为
仁慈的旁观者会对此表示赞同。[①] 而旁观者之所以会赞同,是因
为提出这种主张的动机往坏处说无非是无辜的欲望,而往好处说
(当想要养活的是"我们爱的人"时)则是一种道德的善。因此,是
意图而不是物理性交互使得个人对财产的主张成为一种善,它的
善取决于其他怀有善意的人给予的赞同。这一主张在社会之外并
不具备[182]道德价值;孤立的个人为苹果、草皮和鹿付诸行动时,
提出财产主张是毫无意义的。

　　诚然,我们有权享有"我们劳动的成果",但现在的重点已经从
劳动的物理行为转移到激励劳动的意图,以及这些意图将在仁慈
的旁观者身上激发的情感。事实上,在哈奇森给出的首次主张财
产权的例子中,仅是意图而不是身体,在对一大块物质"实施行
为":"一个人已经装备了船只,准备在无人占有的土地上登陆,这
之前没有任何人曾付出劳动想将其占有。如果另一人听到这一计
划后,捷足先登阻止了他实现自己的意图,并且之后还拒绝任何分

---

① 请注意,这是对财产权的道德辩护——就像哈奇森所提供的其他道德辩护一样。
我们不能像德奇格勒(Richard Teichgraeber)那样(Free Trade, 52),认为哈奇森将
政治问题置于道德范畴之外,前者与效用有关、与道德无关。德奇格勒写道,"哈奇
森并没有说明完备的权利是如何从道德感中产生的"(51),但事实上,哈奇森正是
在这段话语中说明了这点。

享,那将是对前一个人的不公"（SMP II. 7. ii）。如果某人的"计划"之前是已知的,"对他人来说,如果不是出于必要,防止或拦截他实现自己的计划,就是不道德的和不公正的"（SMP II. 6. v, p. 318n；还可参见 SI vi, p. 153）。

但是,与物理行为不同,计划或意图无法为非社会化的、纯粹的"自然"人所知。我通过一系列常规动作——公告、合同、仪式或行为,例如在商船商店购买装备,以便出海,去占有还未被占领的土地,但这些只有懂得我离开的社会所使用的语言和习俗的人才能理解。今天,许多哲学家会更广泛地认为,如果没有通过语言或类似符号系统进行表达,意图就不可能存在。意图只能是对其他有意图的人的潜在表达,是交际活动中的潜在举动。不同于动物的激情或梦想,或者只是心理上的漂移和冥想,意图只有在能够向其他有意图的人发出信号时,才会存在。我们说,当一个人不能和我们沟通任何意图时,他/她的意图还并没有形成。我们甚至不会说自己形成了一个意图,除非我们能够说出这个意图是什么。因此,在哈奇森的论述中,财产占有的核心行为已经是一个社会化的行为,而不是一个纯粹的只需要社会保护的实体交易。至少哈奇森这里隐含的意思是,财产只能在社会群体中获得,只有一群处于互动中的语言使用者,才可以互相识别和赞同彼此的意图；它并非人类生活的前社会特征。

哈奇森隐含表达的内容,在斯密那里得到了明确的表述。但对于斯密之前的休谟,他甚至连哈奇森温和的自然主义财产思想都不认同。对休谟而言,不仅"把财产想象成某种物理属性,或是人与某些物品之间的某种关联,都微不足道"；而且认为即便将其想象成由我们的自然道德观念组合所产生的,也同样微不足道。对休谟而言,实施正义行为和赞同这种行为的动机,是"人为的",不是自然的,而引导我们主张和尊重财产的动机,正如我们已经看到的,是与正义的技艺共生的（T 491）。因此,财产关系来自"人类的约定"(489—491)。此外,与洛克和哈奇森不同,众所周知,休谟称自然状态"只是虚构的"(493)。①
[183]由于对洛克和哈奇森而言,设定自然状态的整个目的,就是要确定人们在进入社会之前拥有的自然权利,而由于财产对哈奇森而言,突显的就是这样的一种权利,对洛克而言,这实际上是其唯一感兴趣的权利,因而,休谟摒弃自然状态也有助于突出财产的人为性。

当涉及决定谁应该正当地拥有什么这一规则时,休谟完全拒绝洛克的观点,即人们可以与任何物质的东西"混合"(T 505n)。他认为,占有或先占之所以是确定某些事物所有权的理想规则,只是因为财产必须以某种方式得到稳定,并且"先占总是最引人注意的"(505)。② 正是想象的任意性特征,使得我们将所有权与先占联系起来,而其他决定财产权的规则也"主要由想象,或者我们思想和概念更微不足道的属性确定"(504n)。休谟指出,如果我们诉诸理性或"公共利益",解决关于什么规则确定财产的问题(506n),那么"我们将永远无法找到满意的答案"。的确,对休谟而言,整个主题似乎在哲学上是非常尴尬的,以至于他把大部分讨论放在了一系列脚注上。洛克采摘的苹果和哈奇森无人居住的土地,都出现在这些注释中;休谟既不赞同劳动确定占有,也不赞同意图确定占有,而是认为两者都是赞同人们所依赖的想象或"幻想"建立的联系,因为他们需要某种关系作为占有的基础。有时候,他似乎在嘲笑所有关于占有何时开始及何时结束的哲学

---

① 对比 Hutcheson,SMP II. 4. ii,283:"这不是虚构的状况。"
② 哈奇森已经认定"先占这一偶然事件可能只造成了微小的差异",但他说,"当一方无法提出其他因素进行抗衡时,这微小之处就足以让权利向另一方倾斜"(SMP II。6. v,318)。所以对于哈奇森来说,"先占"是一个微小之处,然而它决定了"权利"。对于休谟来说,这似乎只是一个微小之处,当没有所有权标记可以解决相关争议时,它是有用的,但是,如果我们能够找到另一个确立稳定占有的基础,这就容易被推翻。

辩论:

> 一只落入我们圈套的野猪,如果它不可能逃脱,就被认为是我们所占有的。但是,我们所谓的不可能是什么呢? 我们如何将这种不可能与很不可能分离? 又如何精确区分很不可能与很可能? (T 506,正文)

> 假设一位德国人,一位法国人和一位西班牙人进入一个房间,在那里放置了三瓶葡萄酒,分别是莱茵葡萄酒(Rhenish)、勃艮第葡萄酒(Burgundy)和波特葡萄酒(Port);并假设他们为如何分配这三瓶酒发生了争吵;如果有一个人被选为公断人,自然要表现他的公正,一般会给每个人他自己国家的产品:他所根据的原则,在某种程度上也就是将财产归于占有、时效和添附的那些自然法则。 (T 509—510,脚注)

这些苛刻的言辞背后存在一个很严肃的问题。休谟坚持认为,我们倾向于认为决定占有的那些关系其实取决于想象,并且影响想象的因素"如此不知不觉和渐进地融入对方,以至于不可能赋予它们任何精确的界限或休止符"(T 506n)。如果我们喜欢,如果明确的区分能够帮助我们解决争端和维持和平,我们可以绘制清晰的界线,区分这些情况,但是在自然或理性那里,并不存在明确的界限定义占有。这与休谟更早时候在《人性论》中关于人格同一性的论述非常相似,我认为这也绝非偶然。[184]休谟在解释我们归于自己的心灵或自我的同一性时,同样出现了由想象产生的观念,这一观念边界模糊,是混淆和错误的根源,而我们徒劳地试图通过施加某种理性原则,消除这些混淆和错误。在这里,我们也可以看到不同原则在想象中发挥作用,有时甚至服务于相反的目的(尤其参见 T 257—258)。在这里,休谟也把我们描述成,通过便利的虚构,摆脱这些不同原则带来的困境。我们给物品赋予的同一性,尤其是给我们心灵赋予的同一性,"只是一种虚构",就像所有的虚构故事一样,是基于想象的运作而非任何理性原则(T 259)。其中一些运作与产生财产概念的想象之运作完全相同。我们会根据变化的程度与被改变对象的大小之间的比例,决定是否赋予其同一性(因此,如果对象经历相对较小的改变,我们会认为对象保持同一性,但是如果经历相对较大的变化,对象就不再保持同一性),我们允许一个小对象通过"添附"的方式,并入对一个大对象的所有权,而不允许一个大对象并入对一个小的对象的所有权(T 255—256,510—511n)。我们将同一性赋予只看到渐进的不可察觉变化的对象,我们赋予通过"土地增加"(allavion)带来的"无法感知和不易察觉的"邻接河流的土地以财产权(T 256,511n)。我们的思想前后关联这一事实——"一个想法为另一个想法创造了机会,并在之后引发了第三个想法"(T 261)——帮助我们赋予自我同一性;父母使得他们孩子得以存在这一事实,有助于解释为什么要通过"继承"使得财产得以传递(T 511—513 和 513n1)。当休谟讨论同一性概念和财产概念时,他对于想象原理而非理性原理的依赖,导致他摒弃了有关这个概念的标准哲学辩论。他说:"关于人格同一性美妙而精细问题,永远不可能被彻底解决。"(T 262)用非常类似的语言,休谟也宣称哲学家关于财产的争论"不可能被彻底解决"(T 507—508n;还可参见504n,506)。

人格同一性和财产之间的种种类似并非巧合。"财产"是我们用于描述自我所有之物的术语;它包括"正当属于"自我的东西。如果没有自我,就没有财产,如果自我是社会建构的,那么,财产就更应该是社会建构的。休谟在我们所讨论的《人性论》的那两章中都拒绝认同洛克的思想。在第一章,休谟否认,通过意识对自身的思考能够发现牢固的自我(与洛克《人类理解论》中的论述相反),而在第三章中否认,通过将意识驱动的活动与世间物质"混合"可以找到一个牢固的所有权概念(与洛克《政府论(下篇)》中的论述相反)。尽管休谟并没有明确表示,人类心灵的同一性是由社会所产生的,但是自我概念作为想象创造出来服务于各种不同目的的东西,至少为自我的归属产生自某些社会利益这一思想提供了可能。然后,自我就将和财产一样,具有约定性。即使我们[185]不推得这么远,拿走稳固的自我概念也会导致财产无法归属于任何人,因为在事物和人之间必须存在必不可少的关联。没有一个稳固的自我,财产就只是一些约定,只能从社会的利益或便利性的角度,论证其合理性(如果有的话)。

45　斯密论"原初"所有权

因此,洛克的财产的基础,在苏格兰学者手中慢慢发生了改变,从个人和物质世界之间的"自然"关系,变成在个人和物质世界之间由这些个人生活其中的社会所构建的关系。我认为当我们转向斯密时,我们可以将他理解成是休谟式激进约定主义的反对者,但并没有完全退回到哈奇森的自然主义,更不用说洛克的那种自然主义了。斯密试图将财产看成由社会建构,但并不完全由社会发明。像哈奇森和休谟一样,他绝不认同人的劳动与物质对象的"混合说";跟休谟一样,斯密也认为我们总是通过社会形成对自己的看法(TMS 110—113)。但是,他不赞成休谟对自我的完全解构,而且他的道德著述似乎都想当然地接受了一个牢固的人格同一性概念,尽管其受到社会互动的影响。① 相应地,他试图阐述一种财产理论,这个理论能够在人的社会性中为某些占有找到一个

---

① 特别要考虑 TMS 的第三篇,其中整个论证都致力于阐述自我认知、自我判断和自我认同的重要性,但是其中也就我们如何通过社会这面"镜子"建构自我概念进行了详细阐述(110—113)。

合理根基。

为了阐明这一点，让我们以斯密对上文引用的休谟在 T 506 中狩猎例子的讨论作为开始。洛克、哈奇森、休谟和斯密都讨论了猎人在他实际抓住猎物之前是否对猎物享有财产权。尽管洛克承认猎人的劳动并没有在他正在狩猎的野兔身上留下任何标记，但仍认为野兔"在追逐过程中……应该被认为是他的"，因为猎人为"寻找和追逐"野兔所付出的劳动，使野兔从"[迄今为止]属于共有的自然状态"（ST V. 30）中脱离出来，而归猎人所有。洛克本还可以通过猎人的劳动已经物理性地影响了野兔，因为野兔因为逃跑而精疲力竭这一事实，为劳动与对象的混合增强说服力。哈奇森为他添加了这一点——"在追逐过程中，伤害或使任何野生动物精疲力竭，以至于使它们更容易被捕获……就已经开始享有财产权。任何想要拦截他的猎物或挫败他劳动的人，都是对他不公"（SI II. 7. ii, 325—326，着重号为作者所添加）——但是，这个例子出现在哈奇森论述我们试图为自己获取物品是无辜的这一观点的段落中，并且整体而言，哈奇森在这个例子中，淡化了实际劳动的重要性。他之所以提出这个例子，其实是为了说明下述事实，即财产取决于一个人的意图而不是一个人实际上做了什么。当猎人无辜地想要抓住野兔的意图受阻时，无论他是否是第一个真正把野兔抓在手中的人，他都受到了不公的对待。

休谟将这一狩猎的例子与洛克采摘苹果的例子相对比：

[186]当一个人追逐野兔至其筋疲力尽的最后一口气时，另一个人却赶在他之前，抓住了他的猎物，这个人就会觉得不公。但是同一个人，伸手去摘苹果，苹果就挂在他触手可及的地方，如果另一更为机警的人，越过他，摘走了苹果，他就没有理由抱怨。如果不是野兔生来就不具备的静止性，使得劳动在猎人例子中与所产生的效果构成了强烈的关联，而这种关

联在另一个例子中是完全缺失的,那么造成这种差异的原因还能是其他什么呢?(T 506 — 507n)

当然,对休谟而言,最后一句中"强烈的关联"只是我们想象中的一种关系而不是现实中的关系。他的观点并不是要支持财产的劳动理论,而是表明决定财产的原则在很大程度上取决于我们的想象产生的奇思怪想。这里所谓的奇思,其实是可以理解的——静止确实是苹果的自然属性,但却不是野兔的——但休谟这里刻意构造这两种情况,以使他们之间的区别看起来微不足道。这些案子出现在关于"落入我们圈套中的野猪"段落的脚注中,休谟明确指出,除了约定,人们无法使用任何其他东西"标记精确的界限",以区别在何种情况下,野猪能或不能正当地"被认为归我们所有"。

斯密在《法理学讲义》中否认,无论野兔还是野猪就是正当属于"我的"。他通过将休谟的野兔例子与休谟的苹果例子类同化,证明这一点:

> 如果我想摘一个苹果,并向它伸出了手,但另一个更机敏的人赶在我前面摘走了它,无偏私旁观者会认为这严重违反了礼貌与文明,但并不会认为是对财产的侵犯……但是,如果当我实际上已经占有这个苹果的时候,有人还是试图从我手里夺走它,旁观者会立即赞同这是对我财产的侵犯……让我们现在将这应用于猎人这一例子。当我开始追逐一只野兔时,我只是拥有抓住它的可能性……如果在这种情况下,一个人过来,开始追逐这只我已经在追逐的猎物,这看起来严重违反了公平狩猎法则;然而,我无法公正地阻止冒犯者的这一行为……但是,如果他使用暴力或偷偷地从我手中拿走了我实际占有的东西,这显然是对财产权的一种粗暴侵犯。(LJ 19)

有趣的是,斯密并不认同洛克、哈奇森和休谟都接受的一种财产权,但这段话最令人惊讶的是,斯密竟然试图为这一问题找到一个哲学上的解决方法。斯密使用了休谟自己所举的例子,因此当然知道休谟的说法,即这些例子本身并无法提供原则性的解决方案,然而,斯密还是用大量的篇幅,试图提供一个完整的合理区分方案,把采摘苹果和狩猎例子中对"礼貌与文明"的违反与对财产的侵犯相区别。实际上,为了缩小篇幅便于阅读,我省略了另一个采摘苹果和狩猎例子的变体,即在我们实际上占有苹果或野兔一段时间后,把它掉在了地上,而其他人捡走或抓走了它们。斯密称,这种捡走是"非常可恶的冒犯","非常接近于对财产的侵犯",[187]但是与第一个例子一样,实际上并不构成对财产权的侵犯。斯密愿意深入探讨这些案件的细节,自信地区分什么"非常接近"对财产权的侵犯,什么真正地越过了这一神圣边界。这表明他并不认同休谟的观点,即这个领域都超出了或配不上哲学家的思考。相反,至少在《法理学讲义》中,斯密似乎认为他有一个哲学原则,可以用来界定基本的财产规则。

这个原则就是无偏私旁观者的判断,斯密将其引入了洛克原初的苹果采摘场景:

一个人怎么可以仅仅因为试图采摘一个苹果,就被想象成对这一苹果具有了权利以及排除他人的能力……从《道德情操论》论述的体系看,你会记得我曾告诉你们,我们只有在以下情况下,才会认为给某人造成了伤害,即当无偏私旁观者会认为他受到了伤害,共情他的焦虑,赞同捍卫他占有的物品,免受任何暴力攻击,或使用武力收回此前被错误地从他手中夺走的东西。这一例子就属于上述这种情况。旁观者会认为先占者进行自卫(甚至在受到伤害时进行报复)都是合理的……旁观者和占有者之间产生这种同情或赞同的原因是,他感受到了他的想法并赞同他的观点，即他可以合理地期望自己享用这一水果……因而，先占者所怀有的合理期望，为通过占有获得财产权这一原则提供了基础。(LJ17)

正如我上文所指出的，哈奇森思想中所隐含的内容，在斯密那里明确表现出来了。哈奇森将财产权扎根于人们通过劳动为自己或亲人获得物品时怀有的无辜或善良"意图"，这隐含地诉诸了我们作为仁慈的人，将会对这样的意图表示赞同。斯密则明确地把一位无偏私旁观者与采摘苹果者和可能的苹果小偷，一起放入这一场景中。洛克的静默森林没有任何人类，只有一个孤独的苹果采摘者，其采摘水果的行为，只有他带着苹果回到社会中，才会被认可为是"财产"。而在斯密这里，这座静默的森林变成了至少已经有三个想象人物的地方：苹果采摘者，一个会对苹果采摘者造成伤害的人，以及在两者间仲裁的无偏私旁观者。[①] 原始森林已经成为了一个微型社会场景，只有当人们之间可能存在冲突，以及可能诉诸无偏私旁观者（正如我们所知[§11]，其代表整个社会）来解决这种冲突时，财产才可能出现。因此，斯密的所有权原始场景并不是一个前社会场景。但与休谟不同，斯密至少在《法理学讲义》中提出了这样一个原始场景，体现了他的下述信念，即所有权不仅仅只是"想象"的产物，它根植于我们自然而然就能感受到的情感，这

————————————

① 斯密甚至继续在我所引用的这段话之后，加上了一段想象的小对话，发生在苹果采摘者与他潜在的受害者之间："你可能会问，既然这个苹果对我是有用的，正如它对你是有用的一样，那么我有什么权利不让你采拿走呢？你可以走入森林（有人对我说），采摘另一个。我回答道，你也可以和我一样去采摘。此外，你去采摘也更为合理，因为我已经去过森林了，并且花费时间和精力去获取果实。"在财产这一章，很难想象洛克论财产的那章中的人物会进行这样的讨论。他们为什么要进行讨论？对洛克而言，社会互动（如对话）在创建道德基础方面，没有任何作用。对斯密而言，道德的基础在于通过社会互动塑造情感，而且对话是我们道德态度和规则的重要来源（参见 TMS159）。

种情感可以无偏私地(符合道德地)感受到,超越我们自己的立场。

就休谟和斯密之间的这一差异,我们需要注意两点。首先,斯密并不[188]接受,休谟的正义论所赖以为基础的自然与约定或"人工设计"的明确区分。人类能够自然地创设约定和人为措施,当然也会自然地生活于社会之中,因此,只有出现了用于解决苹果纠纷的语言和共同情感时,财产才开始有意义,这一事实并不意味着,财产或它所赖以存在的语言和共同情感是不自然的。我们也许只会在我们的想象一致予以赞同时才会承认某人对一个苹果所有权的主张是正当的。然而,这也是自然的——这是人类达成道德赞同的自然方式。

第二,与第一点也相关,斯密并不赞同休谟对想象的看法。对休谟而言,尽管想象是"虚构"和错误的源泉,但我们不得不接受它作为日常常识思维方式的很大组成部分,但作为哲学家,我们只能勉强接受这一点,同时"不断通过反思纠正自己,回到一种更准确的思维方式"(T 254)。因此,如果财产规则产生于想象的奇思和错误,哲学家就必须持深感好笑的不屑态度对待它们,认识到它们真正的合理性仅在于其有用性,而不在于它们声称反映的所谓的自然关系。与此相反,对斯密而言,人类生活和思想的很大部分是通过想象这一媒介而合理开展的。我们通过想象构建我们的科学理论及社会世界,哲学家并不比任何其他人更有资格"超越"想象,带着深感好笑的不屑看待想象的产物。我们可以说,斯密与想象达成了一种休谟不曾做到的和解。如果我们不想对他们的方法论做这种笼统描述,我们可以就聚焦一点,即斯密远胜休谟,认识到我们的想象在如此大的程度上形塑了我们的情感和欲望,以至于我们总是为首先(完全字面意义上的)想象的"物品"或"目的"而活。我可能想要某座房子,而我们游牧部落的同类,可能想要某个帐篷,但我们都是通过在与朋友和邻居的互动中对"美好家园"的想象来实现自己的目标。在这种情况下,下述说法就完全有道理,即所谓我对自己房子的"所有"，我的同类对他的帐篷的"所有权"，不可避免地依赖于我们各自社会的典型想象的奇思。如果这里的"所有"包括不让恼人的亲戚进入我家的权利，但对游牧时代的同类而言，却不包括这样的权利，这本身毫无怪诞或不合理之处，就像我想要房子而他想要帐篷一样。对斯密而言，财产规则对于想象的依赖并没有使它们变得随意武断。

这两点都无法让斯密有效地驳斥休谟所持有的财产具有约定性的观点。它们恰恰表明，财产实际上是约定的，但是这种约定性与自然性、合理性兼容。也许这就是斯密的主要观点。然而，自然法理学被认为应该为我们评判某些国家和时代的实际法律和制度提供理由和基础，而我们并不清楚斯密的苹果采摘场景能否为排除任何其他财产权规则提供基础。斯密自己说，这一场景表明了，"原初的"财产如何被限于对事物的"实际占有"，它是如何"被认为以占有的起止为起止的"，[189]并"被限于一个人人身的、衣物的以及他可能有机会获得的工具"（LJ 17，18—19，20）。但这些占有可以与最极致的共产主义实验兼容。即使在波尔布特治下的柬埔寨和 20 世纪 70 年代最激进的文化公社，人们通常也不会从某人背上撕下他们的衣服，或者抢走他们手里的工具。因而，如果正如斯密在这些段落中所说的，实际的立即的占有之外的所有财产，都可以算作原初的财产概念的"延伸"，那么似乎这一原始概念并没有发挥任何有意思的法理学意义。当然，斯密在论述中再次引入了无偏私旁观者，以帮助限定原初的以及某些延伸意义上的财产权。但是，斯密在引入无偏私旁观者证成从当下的占有到更复杂的财产的发展时，他的论证并没有原始案例那么具有说服力，也许这仅仅是因为斯密在声称无偏私旁观者会做出何种判决时语焉不详。因此，斯密会说（例如），"添附财产权"（即对已经拥有的东西所产出的自然产品财产权，就像牧羊人对羊群所产的羊奶拥有的财产权）跟占有一样，是一种获得财产的自然的"原初"方式,因为如果让羊奶归属驯养羊的主人以外的任何人,"看起来似乎都是不恰当的"。斯密并没有说为什么这里"看起来似乎"不恰当的。①斯密在这里以及所有其他延伸财产的例子中诉诸旁观者时,都显得断然不容置疑,并且被预设为即刻不言自明。但是,要想知道旁观者在这些例子中,实际上会做出怎样的判断,是很困难的。因为,就斯密本身的论述而言,这些延伸是在历史中出现的,因此,就诸如继承进行裁决的无偏私旁观者,就是历史的产物,而不是普遍人性的反映。那么,我们如何从这位旁观者那里得出判断人类历史的某个具体阶段是否是在合理地延伸了财产的标准? 如果一个社会在其某个历史阶段以不公正的方式(从非历史的、普遍的正义标准判断)延伸了财产,那么由该社会形塑的无偏私旁观者,如何知道这一社会已经犯了这样的错误? 难道无偏私旁观者不会被社会化,以至于错误地使自己的社会免于不公正的指控? 在这里,约定和自然产生了冲突,而财产(其各种延伸)的约定性,使得我们不可能在各种约定构成的体系之外找到一个立足点,可合理地评判这个体系。

　　事实上,这个问题也会影响斯密版本的原始场景。斯密提出,在还没有财产规则的情况下,任何无偏私旁观者都会将实际上采摘了苹果的人视作苹果的所有者,而把那个只是伸出手去摘但却被"更机敏的另一个人"捷足先登的人,视为并不享有严格所有权。但是,难道任何社会和社会状态下的任何无偏私旁观者,真的都会以这种方式做出反应,或者难道斯密不是将自己所处社会中关于财产或苹果采摘的某些约定,赋予给了公正的[190]旁观者? 斯密或者我们,在这样的情况下,如何能指出什么是自然的、什么只是

---

① 这段话的意思是,财产权归属是一个合宜性问题,而不是效用问题,而这可能是正确的。但在这种情况下何为合宜并非显而易见。当一个人驯服了一只羊,但他的朋友和两个邻居也经常照顾它,那么我们应该如何裁决这些人中到底谁应该在财产权上拥有牛奶这一争议呢?

习俗的投射呢？斯密在呈现无偏私旁观者的这些反应时，好像它们是不言而喻的。但事实上它们并不是。如果较慢的采摘者是一个小孩，或非常年迈的老人，或是一个瘸子，而较快的采摘者则是田径运动明星呢？[①] 如果较慢的采摘者饥肠辘辘，而较快采摘者酒足饭饱呢？也许你会说，这些案例不同于斯密所描述的情形，在斯密的论述中，我们清楚地看到，我们所面对的是具有相等体力和需求的采摘苹果的竞争者。但即使是这样（斯密并没有说真是这样），无偏私旁观者如何对斯密的例子和我提出的例子做出泾渭分明的区分呢？只是伸手摘苹果的人，到底要多么年迈、多么腿脚不灵便或是多么饥饿，才会在旁观者身上引发不同于斯密所描写的反应呢？还可以假设在某些社会中，非常年幼或年迈、非常饥饿或有伤残的人占了大部分人口，因此我描述的情况是通常的、最常见的情况。难道我们不会合理地期望，旁观者的一般倾向将更偏向伸手摘苹果的人，而不是机敏的拦截者，这样就扭转了斯密关于实际占有优先于意在占有的行为的判断？[②] 斯密何以如此确定，在"约定和规则"出现之前，人类的"自然"倾向会偏向实际占有，而不是意在占有的行为？

　　所有这些并不是要说明，斯密有关物理占有是首要的、"自然"的财产标记的观点是错误的。问题在于，斯密无法证明他是对的。比如，斯密无法像洛克那样论证，无偏私旁观者给予占有者以财产权，是因为占有者的身体与苹果在物理意义上发生了"混合"。他对这个问题的整体解决办法，搁置了洛克式从物理关系到道德主

[①] 普芬道夫所描述的反对意见正属于这一类，而斯密熟读了他的著作："想象两个人，一个脚快，另一个脚慢；很明显，在这种情况下，两人在获得财产的竞赛中并不完全对等。因此，使得被占据的东西属于先占者的那项权利，并不是基于……自然的。"（LNN IV. iv. 5, p. 539）

[②] 普芬道夫再次将凡尔底桑（Velthuysen）描述为曾经宣称"先占获得所有权，并不比第一个看见某物就获得所有权更具备自然原因"（同上，页 538）。

张的棘手的转移,而是将财产权(其他道德主张也一样)基于人们的情感对物理世界中事件作出的反应。更概括地说,斯密并没有一个作为根基的道德规则,像边沁的功利标准或康德的绝对命令那样,从中可以得出对苹果案例的"正确"反应。相反,在这里与其他地方一样,无偏私旁观者的意见,被认为优先于所有道德规则(TMS 159—160),其本身就应该是道德得以发展的基本直觉基础。无偏私旁观者的意见,被认为是终审法庭,解决了什么最初被算作财产这个问题。在《道德情操论》中,斯密有时候根据建构旁观者的那些心理力量,来论证无偏私旁观者可能持有的意见。比如,他假设崇拜是对意想不到的事情做出的反应,并以此论证了我们为什么对那些需要付出巨大努力的德性怀有钦佩,比如我们对遭遇"可怕的灾难"时保持镇定怀有的钦佩,正是由于这种行为的出人意料(TMS 48)。然而,斯密并没有提供任何这样的论证,证明在财产权问题上旁观者为何会作出他认为旁观者会作出的判断,而是仅仅寄希望于自己对于这种判断的直觉是不言自明的。但是,我们对这些事例有着许多相互竞争的直觉判断,其中并没有哪一个是不言自明的,或者其中某个对无偏私旁观者的本性的认识明显高于其他自觉。当我们质问在没有约定的情况下,无偏私旁观者[191]到底会赞成物理的占有者为先,还是年迈的或饥肠辘辘的只是伸手摘苹果者为先,都只是一种直觉相对着另一种直觉。我们很难想象斯密何以能够提供任何标准,以决定哪个直觉才是正确的。

我将会在下文阐述,正是解决这种争执所面临的困难,导致斯密将关于财产起源的整个讨论,连同苹果采摘者和野兔猎人,都排除在《国富论》讨论的内容之外。我认为,当斯密试图从无偏私旁观者这一概念得出财产权的确立时刻,即划定财产的第一条明晰分界线时,他的目标过于宏大了,而斯密似乎也意识到了这一点。在《道德情操论》中,斯密用无偏私旁观者解释非常宽泛的道德洞见,非常令人信服:仇恨和愤怒,由于行为人和旁观者对它们的体验最有可能不同,因而是"我们应该对其抱有[最大]怀疑"的情感;容易做到的德性,仅仅会被"赞同",只有难以做到的德性,才会被钦佩;仅仅出于义务做出爱意的举动是有些可鄙的,而出于义务做出诚实之举是令人钦佩的,因为其难能可贵(TMS 34—38,25,172—173)。正义的一般特征,就像它体现了一种过滤后的愤恨,也可以这样得出,但无偏私旁观者的感情不可能指导我们确立具体规则。当斯密在《法理学讲义》中为我们描述采摘苹果和猎杀兔子这些场景时,他自己的主要兴趣在于提出下述一般性结论,即财产植根于我们对他人合理期望的同情共感,而非洛克的劳动与物质混合,或是哈奇森对无辜行使自由的同情共感:"因而,先占者所持的合理期望是占有即获得财产权的基础所在。"[1]我们可以勉强接受斯密的这个结论。但他进一步声称的观点,即作为财产的首要的自然规则,实际的物理占有显然胜过占有意图,我认为只能被视为一种推测。主张占有的各种不同情况,即使在狭义的原始环境中,也使得我们很难确信某条所有权规则是每个无偏私旁观者都会接受的。

不过,我并不想过分强调对斯密为当下占有所做辩护的上述置疑。在任何社会状况或历史阶段中,无偏私旁观者有可能都会认为,从当下的占有者手上剥夺某一物品与殴打性质相同和伤害程度类似。然而,要得出这样的结论,并不需要借用苹果采摘者的合理期望加以阐述。最终把苹果抢到手的机敏的拦截者之所以优先于仅仅伸手摘苹果的人,并非因为机敏的拦截者持有吃苹果的合理期望:他们俩都有合理的吃苹果的期望。如果拦截者更有权利占有苹果,那只能是因为苹果现在与他身体的外部形成一个连续体,而从他的手上抢走苹果与对他的手造成身体伤害,无

---

[1]　LJ 17;还要注意到第 19 页在讨论狩猎也诉诸"期望"。

法区别对待。但这意味着,斯密完成的工作远远低于他可能希望通过将他的无偏私旁观者置于财产原始场景中达到的程度:他只是将一种最低程度的所有权范式与自然的身体伤害做了类同处理。

[192]因此,斯密的初始情景并无法让我们走得很远。当然也没能提供任何类似于初始所有权的解释,可以用于论证复杂财产体系的合理性。在大多数情况下,从他人的手上夺过食物或者从他人身上剥下衣服,可能确实像谋杀和殴打一样是"自然"而明显的伤害。但如果是这样,我们也只是对即刻物理占有的东西拥有自然权利,还不足以建立大多数社会,尤其是经济发达的社会所必须赖以存在的财产体系。正如斯密自己所说,这些体系需要极大地延伸人们对当下占有物的权利,这些延伸都无法从当下占有本身中推出来,而斯密只能通过无偏私旁观者进行合理性论证,不容置疑地宣称旁观者可能会做出怎样的判断。斯密自己也承认,许多延伸完全无法在"自然"或旁观者的裁断中找到根基(LJ 82—83,400)。它们纯粹是通过效用证明其合理性。有时,它们是有用的(例如有限的版权和专利法),有时它们并没有用(像大多数其他垄断特权一样),但在所有情况下,所讨论的权利都是人为发明的,而非自然权利,也并不一定是个人享有自由所必不可少的权利。

46 《国富论》中的财产

《国富论》并没有试图证成财产,这一点非常引人注目。斯密将他《法理学讲义》中的许多想法和文字带到了《国富论》中,但他从未提及其中的原始所有权场景,甚至也没有提及他曾经试图为财产权提供的哲学基础。相反,他主要谈到保护财产的效用,而效用正如我们上文所论述的,对斯密而言,并不能为任何权利提供直接的道德辩护。此外，他几乎并没有使用"财产权"一词。在某处，他谴责了一项"为了所谓的公共财政利益……牺牲神圣的私有财产权"的法律(WN 188)，但是他的论证转向了"所谓的"一词，而非"神圣的"、"权利"等词，因为这里所讨论的法律，为了服务于重商主义鼓励开采硬金属的目的，而侵犯了财产权，而斯密认为这完全与真正的"公共利益"相悖。

在其他地方，斯密多次提到了确保"每个人……享有他自己劳动成果"这种正义(WN 540；另见 405，610)。"这完全公平"，斯密写道，为每个人创造食物、衣服和住处的贫穷工人，"应该拥有自己劳动产品的一部分，以使自己能够享有过得去的食物、衣服和住所"(WN 96)。他还提出了众所周知的看法，"每个人对自己的劳动拥有的财产权，由于它是所有其他财产权的原初基础，所以是最神圣和不可侵犯的"(WN 138)。[①] 在所有这些地方，斯密的文字似乎都表明，他赞同洛克那种将财产权基于劳动与物理对象的混合的理论。在《国富论》138 页的段落中，斯密运用洛克关于财产权基础[193]的论述，为更基本的行动自由辩护，[②]这是一种很有意思的推导，从财产权推导出工人的权利，但要做出这一推导就必须表现出赞同洛克的论述。在《法理学讲义》中，正如我们所看到的，斯密论点的整体倾向是，拒绝接受这一观点，而追随哈奇森和休谟等人对洛克思想提出的批评。斯密确实让伸手摘苹果的人对

---

① 比较杜尔哥(Turgot)，"所有财产权最神圣的地方在于……人对自己劳动成果的财产权"("Lettre sur le commerce des grains"，转引自 ES 85)。

② 正如哈孔森指出的那样：SL 106—107。然而，哈孔森说 WN 138 是"斯密著作中……唯一一处"看起来似乎斯密认同洛克关于财产的论述。WN 本段中另外四处的引文，也给人这种印象，WN 710 也是如此("只有在民事官长的庇护下，那些通过多年辛劳获得的贵重财产的所有者……才可以在夜间安然入眠")，以及 LJ 177。我认为，哈孔森关于斯密与洛克财产观之间区别的分析，可以很好解释这几处文字，但这并不意味着就能驳倒这一事实，即斯密讨论类似话题时，给人的印象是不加批判的洛克主义者，而在斯密已出版的作品中，也并没有任何纠正这种印象的论述。

要把苹果拿走的人说，"我已经去过[森林]了，并且花费时间和精力去获取果实"(LJ 17)，但是，正如哈孔森指出的，这至多使劳动付出"成为旁观者倾向于认同对使用该事物的期望是合理的……情形之一"。① 在《法理学讲义》中，财产之所以可以建立在"合理的期望"基础上，并不是因为劳动与劳动果实之间存在任何直接的联系。

那么，为什么斯密在《国富论》中似乎赞同洛克关于财产的观点？考虑到斯密了解哈奇森和休谟对洛克"混合"隐喻的严厉批评，以及斯密自己对这种"混合"隐喻所蕴涵的科学还原主义以及将道德问题简化为机械问题的方法论，所持有的一般哲学意义上的反对态度。直接假设斯密不加批判地接受了洛克主义，显然是不合理的，但是，《国富论》中并没有《法理学讲义》中关于财产的解释，这一事实表明，斯密对自己关于财产的论述并不满意，斯密之所以决定完全使用洛克的话语，可能是因为他不想卷入关于财产权证成的争论中。这是证明我所总结的斯密在《国富论》中关于正义问题的一般策略的最佳例子：斯密试图对此略施小计，从广为接受的毫无争议的角度证明自己的政策建议，以说服那些并不赞同他哲学观点的人。洛克关于财产的论述在斯密所处时代被接受为一种标准，因为其既能取悦于那些想阻止国家干涉的商人，也能取悦托马斯·斯宾塞(Thomas Spence)这种认为每个人都有权享有土地果实的激进派。不仅如此，整体来说，这也非常符合斯密自己的修辞目的。斯密既可以用它来支持自己对政府管理经济的反对态度，又可以为工人的权利免受学徒制法律和工资上限规定等侵

---

① SL 107，重点为本人所加。哈孔森并没有详细说明其他情况是哪些，而且正如我之前所指出的那样，我也并不认为可以精确而全面将其阐述清楚。哈孔森还认为，斯密在 LJ 17，给出了"非常清晰的关于财产权理论的论述"，似乎认为斯密已经证明了，无偏私旁观者如何能够在不依赖不同习俗和社会历史的情况下将某些财产权期待认定为"合理"。我并不认为斯密已经阐明了这一点。

犯辩护。因而，洛克的话语对斯密而言使用起来很顺手。但我们没有理由就此认为，斯密真的对洛克的观点持有更深的认同。当洛克的财产权的强度及其前社会性可能会对斯密想提出的建议造成麻烦时，斯密就完全避开了这些他本来认为如此有用的话语。例如，我们将在下一节中看到，斯密完全忽略了洛克关于税收的观点。

47　税收和财产权

当今有一种说法很有市场，尤其在某些美国选区，即所有税收都预先被认定为不正义，除非[194]政府所征税收的使用目的是每个纳税人都赞同的，这一不正义性才能消除。"这是你的钱"是许多政治领导人，包括乔治·布什在 2000 年总统竞选集会时的口号，并以此为大幅削减税负的正当性辩护。与此观点一致，政府应该只执行最低限度的任务：其首要任务就是保护公民免受犯罪和军事攻击，及对私人机构无法处理的其他大规模危险作出反应。如果政府将税收用于培养德性或鼓吹有争议的道德观点，那么显然是不正当的；如果政府将税收用于为艺术和科学做担保，其不正当程度也只是没有那么明显而已；而用于运行福利计划或其他帮助穷人的体制，往最好听的说，其合理性也非常可疑。如果社会上对政府是否应该执行某项任务有任何分歧，我所描述的自由至上主义者往往会认为，政府通过税收强迫个人为了这项任务放弃财产是错误的。

这个观点其实并非完全像其支持者认为的那么显而易见。当我通过投资或薪水制工作赚钱时，我的付出能否结出成果，在很大程度上归功于我所处的社会和政府所付出的努力。如果我没有得到保护，可以免受盗窃和人身攻击，如果我所居住的区域没有平整的道路，如果环境的破坏或城市的凋敝，使得人们不愿进入我的店面,或者如果大多数人口所受教育程度低下、疾病横行或生活绝望,以至于我无法找到客户或好的工人,那么我所有的努力都将付诸东流。因此,将我的收入看作并非纯粹"我的"钱,而是看作我和邻居及政治官员之间合作努力的产物,并认定其中的一些收益应该回归那些给予了我帮助的社会和政府机构。斯密所支持的正是这种观点,而不是自由至上主义者的观点:

> 一国国民,应尽可能地按其各自的能力,成比例地贡献以维持政府所需;亦即,按照他们在国家的保护下各自享有的收入,成比例地纳税。一个大国政府的费用之于该国的个人,即如一大宗地产的管理费用之于该地产的共同佃户,佃户们全都须按其在该地产上各自享有的利益,成比例地缴纳管理费。(WN 825,重点为作者所加;还可参见 844)

社会为经济成功创造了条件,因此社会要分享成果也是合理的要求。

如果想要在 17 世纪或 18 世纪为与之不同的自由至上主义观点找到思想鼻祖,那就应该是洛克了。洛克使得财产成为一种前社会权利,使得保护财产权成为政府建立的中心任务,并宣布合法政府的条件之一是,"未经本人同意,最高权力不能剥夺任何人的任何财产"(ST § 138)。而在刚好一页左右的下文,我们了解到这里所谓的"未经本人同意",其实是指"大多数人的同意",而这可以通过立法机构中的人民代表加以表达。因此,即使洛克也完全没有宣称个人有权同意或不同意任何拟征收的税收,尽管乍看起来他似乎是这么做的。洛克允许立法机构中的多数意见凌驾于任何[195]这样的个人权利。然而,应该公平地说,洛克还是认为税收对正义构成了威胁,认为税款应该被预设为是纳税人的财产,并宣称忽视这种预设权利的政府将是非法的。

斯密宣称洛克的这些观点与其政府契约论的谬论一脉相承：

> 这是洛克先生制定的一项规则……当主权者通过征收人民并不同意的税收，未经他们同意剥夺他们的财富时，人民有权抵抗，现在我们看到，在法国、西班牙等国，根本没有把人民的同意考虑在内；国王随心所欲地征收税赋。只有在英国，人民的同意是必需的，而这里给出的赞同，仅仅是一个非常象征性的比喻性的同意……毫无疑问，征收苛捐杂税……和任何其他粗暴的权力滥用一样，都会为人民的抵抗提供合理性。但是，当这种权力以温和的方式执行时，也许执行的方式并不是最合适的……甚至也没有征得象征性的同意，但人民从来不认为他们应该抵抗，尽管他们可以声称有抗议反对的自由。——政府成立是为了保护人民的财产，但如果它有反其道而行的倾向，人民不得不同意放弃他们的一点权利（LJ 324；还可参见 435）。

斯密写道，事实上，人们会接受征税，不管有没有明确征求他们的同意。我们可以说，人们有合理的预期，他们会被征税，这就足以赋予税收相当的合法性。斯密倾向于消除洛克对这个问题的担忧。税收随政府而来。为了维持政府的运作，人们"不得不同意"放弃他们的一点财产。即便是将保护财产除外，政府的所作所为，都足以证明税收是合理的，而且人们一般应该相信税收的征集服务于这些重要目的。反对征税的人真正反对的是政府本身。所有政府都必须并且应该向他们的人民征税，而人民愿意并且应该愿意，以与接受政府的存在大致相同的方式和相同的程度，接受这些税收。事实上，斯密认为，人们一般都很自豪地缴纳税款。政府对他们征税的事实是他们公民身份的一种标志，是他们自由的象征，"每笔税赋……都是给纳税人的徽章，表明他不是奴隶，而是自由人。这确实意味着他臣服于政府,但由于他拥有财产,自己就不可能成为某个主人的财产"(WN 857)。① 政府扩大每个人的自由,保护我们每个人免受其他人的控制欲影响,而我们支付税收以支持政府这一事实仅仅是我们因此获得自由的标志和结果。正如我们上文所看到的,斯密宣称人们有义务为政府买单,"享受国家保护下的收入"越多,他们为维护国家运作做出的贡献就应该越大。

因而,斯密并不认为,税收会对我们的财产权构成任何预设的挑战。他确实担心税收征收方式的不公正。[196]哈孔森说,斯密认为税收体系"提出了非常严重的正义问题,因为它涉及强制侵犯个人的自由、隐私和财产"(SL 96)。就"财产"而言,这一看法是不正确的,哈孔森的相关引文无法支持这一看法。② 但斯密确实担心某些征税方式涉及对自由和隐私的侵害。"随意"或"不确定"的税收,没有通过法律变得"明确清晰"的税收,将为收税人中饱私囊提供机会,这是每个税收征收制度面临的巨大而永恒的危险(WN 825—826,867)。如果征税对人们的私生活干涉过多,税收也将是压迫性的。税收如果要求商人向当局"展示账本"就是在施加一种痛苦,相当于严重的"对自由的侵犯"(LJ 531,WN 848)。对自制酒的征税需要税收人员令人生厌地入侵人们的家园,因此此税应针对酿酒原材料而不是最终产品(WN 936)。针对房子窗户数征

---

① 这些话出现在讨论人头税的段落中间,而有人认为,对斯密而言,只有人头税才能被视为"自由的徽章"。这是对这段文字严重的误读。这个段落旨在特别针对人头税是"奴隶的徽章"这一指责进行驳斥。斯密反驳说,所有税收(即使是人头税)都是自由的标志,因为他们表明纳税人"拥有财产……因而自己就不可能成为某个主人的财产"。被征税是财产所有权的标志,而财产所有权是自由公民并非奴隶的标志:此人"确实要服从政府",但并不受任何其他公民的个人统治。因此,纳税(所有税收)是自由的标志。

② 尤其是,哈孔森引用了 WN(825—827)中著名的税收"四准则",但这些原则决不表明税收对财产权构成了挑战。

收房地产税,比通过房子壁炉数目征税更可取,因为要计数炉灶,收税人必须进入房屋的每个房间,而窗户的计算,在房子外面就可以进行(845—846)。(斯密利用最后一个细节作为情境,强调想象他人的处境在道德运作中的作用:只有通过实际想象征税人穿行于某人的房子,我们才能意识到根据窗口数征税相比于根据炉灶数征税的优势所在。如果像抽象的道德规则所鼓励的那样,将重点放在税收的经济负担上,就完全看不到这点。)一般来说,任何使人们遭受"征税者经常性造访和令人讨厌的审查"的税收都会带来不必要的痛苦和压迫,从而造成不公正(827;也可参见 848—850,853,867,888,898—899,927)。

如果税收是不平等的,也就会是不公正的(WN 825—826)。斯密的税收四准则的第一项就是要求把税收负担平均摊派给不同类型收入的人群,并按照人民的支付能力进行征收(825)。然而,税收的平等很难确定(828—829,836,837,867),而要求税收平等的原则,可能与其他正义要求(826,868)相冲突。因此,税收应当由每个有支付能力的公民公平承担这个标准,最多只能作为一条粗略的法则。对于那些富人负担最重的税收,斯密写道,"这种不平等的情况,也许并没有任何明显不合理之处"(WN 842)。[①]"最糟糕的"不平等是那种让穷人比富人承担更重的税赋(WN 846;另见 893)。斯密这里援引了哈孔森没有提到的一种正义,很像今天我们所说的"分配正义",而斯密经常被认为并不具备这一理念。就这一话题,我们将在下一章进行更深入的讨论。

最后,斯密之所以对许多税收持反对意见,是因为它们效率不

---

① 这段话的下文是:"富人应该负责的公共开支,不仅仅应该与他们的收入成比例,而要在某种程度上高于这个比例,这并非非常不合理。"参照当今争议的话题,这些言论将使斯密坚定地支持累进税!

高:要么征收过程花费太高,要么它们"阻碍人们成为勤勉的人"
(WN 826)。在这种情况下,把斯密与讨厌高税赋联系起来是正确
的。高税赋会给经济造成负担,降低人们投资有前景产业的能力。
当斯密在 1755 年初[197]的政治经济学论文中,呼吁"轻赋税"
时,①他肯定是在寻求(在满足公共需求的条件下)尽可能低的税
收。(在这里我特意不就"公共需求"做进一步解释。②)但是这个
问题来自效用,而非正义。即使是非常糟糕的税收设计,可能需要
高得离谱的征收成本,或会阻碍非常富有前景的经济领域的发展,
但本身可能并没有什么不公平的。

　　因此,说斯密从施加在人们身上的征税方式中,看到了可能
的不公正,这是对的,但假设斯密甚至将税收本身看成对财产的
当然威胁,却是错误的。尽管鉴于斯密就财产持有的传统主义看
法,这点很容易理解。对于斯密来说,绝大多数的财产权主张,都
是少数由自然权利保护的占有的极大延伸,而通过纳税的义务将
这种占有的延伸所创造的权利加以限制的法律,是完全合理的。
事实上,我认为斯密对税收并没有过多担忧,他并不赞同只有纳
税人明确同意,税收才是合法的这一理念,这一点正好证明了我
所提出的观点,即斯密关于财产所持的整体态度是传统主义的。
如果斯密相信财产是一种前社会的自然权利,他就会更担心税收
有可能造成对这一权利的剥夺。他声称,税收是我们对社会应承
担的责任,是我们享有多种获得财富方式后给出的回报。斯密将
财产阐述为是社会的一种创造,是从我们与他人的关系中发展而
来的,而非产生自我们每个人和自然之间的交互中,也并非我们
在从自然状态向社会契约状态过渡中需要小心守护的对象。

---

① 　Dugald Stewart,"Life of Adam Smith,"EPS 321—322.
② 　斯密自己经常谴责的政府行为包括非必要的战争,或皇室盛大的典礼和排场,他认
　　为这是一种"浪费"(参见 WN II. iii 和本书 §60)。他从来没有把任何旨在帮助穷
　　人的开支称为浪费或没必要。

48　继承与财产权

上文描述了斯密不予考虑的财产权与政府行为间可能发生冲突的一个方面,下文将以两个相关方面的讨论结束本章。在这两个方面,尽管斯密本人并没有从自己的财产观中得出反自由至上主义的结论,但是受其启发的追随者做到了这一点。一是政府废除继承或对继承课以重税的可能性;第二种可能性是政府承担起把财富再分配给穷人的责任,许多人希望通过废除继承部分实现这种可能性。

废除继承是社会主义从 18 世纪 90 年代的巴贝夫(Babeuf)向 1848 年马克思、恩格斯的《共产党宣言》(*Communist Manifesto*)过渡的重要跳板。然而,这并非本身就是一种社会主义思想;作为美国资本主义根基的"工作伦理",即应当通过自己的努力获得财务上的回报,就会阻却人们仅仅从父母那里获得财富。① 推动美国革命和早期法国革命的"资产阶级激进主义",攻击业已确立的世袭特权。这场运动非常符合有些人的胃口,他们希望在维护私有财产理念的同时[198]批判继承制。② 商人希望自己经营自己的经济事务,拥有和管理他们通过努力所获得的任何东西,但他们并不倾向于过度支持财产继承的做法,财产继承主要是为了保持大宗遗产完好无缺、代代相传,但同时也会出现懒散的父亲将他的财富传给懒散的儿子这样的现象。斯密对长子继承和限嗣继承的抨击就是针对这种违背了"自力更生"

---

① D. W. Haslett, "Is Inheritance Justified?" *Philosophy and Public Affairs* Spring, 1986; and J. D. Trout and S. A. Buttar, "Resurrecting 'Death Taxes': Inheritance, Redistribution, and the Science of Happiness," *Journal of Law & Politics* 16.

② "bourgeois radicalism"一词来自 Isaac Kramnick:参见其在 Tom Paine's *Common Sense* (Harmondsworth: Penguin, 1976), pp. 46—55 中的引言。

原则的做法，距离抨击继承本身也就只差一小步了。

因此，斯密的学生和崇拜者在法国大革命后，要求大幅度减少继承财产的权利，就不足为奇了。托马斯·杰斐逊（Thomas Jefferson）将《国富论》称为政治经济学领域"现存的最好著作"，[①]也大致在同一时间提出了众所周知的是否应废除所有的世袭特权这个问题，因为"所有土地的使用权应该属于活着的人"（然而，他并没有特别提及遗产）。[②]托马斯·潘恩（Thomas Paine）自认为是斯密政治经济学的追随者，他在《人的权利》（*Rights of Man*）中提出了一种非常激进的继承税。[③] 最重要的是，斯密的学生米勒支持"改革继承法仅仅执行针对很有限的部分财产的遗嘱"。[④] 米勒是私有财产的坚定拥护者，也坚定支持斯密的社会变革应该通过改革立法而不是革命实现的思想。他认为继承法改革完全符合尊重财产和法律的精神。哈孔森更正了那种认为米勒想要呼吁议会进行财产分配的观点，"他只希望议会废除旧的继承法，然后让财产分配自行其是"（NL 177）。因此，米勒的建议在形式上完全符合斯密强调的重点，即政府必须一直依据明确、精准和确定的法律行事。

那么这一提议的内容又如何呢？斯密是否在某个地方明确支持限制继承原则？在米勒旁听过的斯密法理学讲义中，斯密猜想，家庭成员的无遗嘱继承最初基于这样一个事实：原始社会中的大

---

① 　与伦道夫（Thomas Mann Randolph）的通信，05/30/1790。

② 　与麦迪逊（Madison）的通信，09/06/89。"所有土地属于活着的人"这一句话很可能直接来自斯密：斯密认为，否认"每一代人都……对所有土地及其上的一切享有平等的权利"是荒谬的（WN 384；还可参见 LJ 69，尤其是 LJ 468，"所有土地及其丰沛的资源属于每一代人"）。

③ 　Paine, *Rights of Man*, in *The Writings of Thomas Paine*, Moncure Daniel Conway (ed.) (New York: GP Putnam, 1894), vol. II, 496—497. 这个税率是每磅 3 便士，所以低于 5000 英镑的地产将会以低于 10％的税率征税，而地产上所有超过 23000 英镑的东西都归政府所有。在提出这个建议之前，潘恩以斯密的方式对奢侈品税进行了分析，并批评了向穷人的必需品征税的做法（495—496）。

④ 　Haakonssen, NL 172. 哈孔森在 169 页写道，米勒接受了斯密自然法理学的"所有基本内容"，而在 161—164 页所引用的米勒话语也证实了这一点。

部分产品由家庭成员一起生产,因此在他或她去世之前,其家人都能合法地对其财产主张所有权(LJ 39);这就暗示,并不存在一种继承权,可以独立于对自己劳动成果的权利。① 关于遗嘱继承,斯密写道,这是"财产权的最大程度延伸之一",以及"没有比解释为什么我们认为人死后享有处理自己财物的权利更困难的事了"。如果垂死之人在死前还没有转让她的财产,那么她死后怎么可能转让呢? 她死后就不再拥有财产权——那么她还怎么能将这种权利转让给别人呢? 斯密写道,这一难题使哲学家荒唐地引入了灵魂不死这个理念(LJ 63),好似死者仍是活人之间的民事纠纷中的一方。斯密进而提出了自己的解决方案,但他提出的这些问题,肯定已经在他学生的心灵深处埋下了质疑继承的合法性的种子。

[199]此外,斯密自己的解决方案也有些半心半意。他说,死亡这一节点是"如此重要……以至于任何与之相关的事情,似乎也变得同样重要。垂死之人的忠告、命令,甚至是愚蠢的行为,也比其他时期同等性质的事情对我们产生更大的影响"(LJ 64)。此时,在对朋友或亲戚的敬畏情绪中,我们所说的一切都变成了庄严的承诺,而这种庄严感会持续相当长的时间。因而,如果我们承诺以某种方式分配某人的财产,那么即便是这个人死后,我

---

① 斯密关于无遗嘱继承的论述,确实认为如果家庭成员在死者死亡时依赖死者为生,那么他们的确拥有自然继承权。但是,他明确指出,"脱离父母独立的"儿童(解除关系的或独立的儿童)对父母的财产并没有天然的继承权。鉴于斯密认为养育儿童,即使在父母健在时,也只是基于仁慈而不关乎正义,他当然无法主张儿童对父母的财产在其死后拥有基于正义要求的继承权。

把斯密在这个问题上的阐述与西蒙斯(John Simmons)关于洛克所讲的继承权的阐述进行比较,非常有意思: Simmons, *Lockean Theory of Rights*, pp. 204—212. 西蒙斯认为,洛克的一般理论自然会导致对继承权的重大限制,但也承认"洛克并没有在任何地方提到过"(211)。斯密确实提到了(下文所引用的 WN 第 859页),而且他的财产理论使他至少和洛克一样质疑继承权的合法性,而且他比洛克更倾向于明确提出这些质疑。因此,西蒙斯从洛克那里得出的有点激进的含义,如果是从斯密那里推出将更站得住脚。

们仍然会遵守这项承诺，无论我们是否可以从效用或正义的角度证明这项承诺是合理的。我们被"我们的虔敬"强迫，超出了理性和自然可能要求的程度（LJ 64）。在解释继承问题时，对死者的虔敬是一项非合理的原则这个看法一直萦绕在他心中。此外，斯密也不情愿让这种虔敬受到太多的控制，"我们一般不认为此种（对死者意志的）顾及会永远持续下去"（LJ 65）。这种顾及经过一段时间后就消失了——因此限嗣继承是不合理的。我们不会也不应该顾及一百年或更久前离世之人的愿望（LJ 65）。

但是这个做法有点狡猾。如果我们在死亡时刻怀有的敬畏是如此强烈，以至于我们想要尊重垂死之人的任何愿望，那么难道我们不应该认真对待并尽量满足他的"这个房子永远归属我的家人"的愿望吗？人们确实会满含热泪，肃穆地聆听这些愿望，并下定决心在此人死后，尽自己所能去实现这些遗愿。事实上，很多人，即使不包括斯密本人，对这种年代非常久远的对死者的承诺，仍怀有某种敬畏。试想下，许多宗教人士，对已经入土年代久远的圣徒坟墓的爱护，或是即使在世俗人士中间，如果更改建立当地博物馆的遗赠条款，会引起怎样的愤慨。因而，假如遗嘱继承取决于我们实际上对垂死之人和死者怀有的情感，那么似乎限嗣继承就和其他继承一样具有正当性——而这是斯密非常不想得出的结论。斯密自己或多或少承认这种等同，尽管是以一种倒推的方式，"引入遗嘱后不久……限嗣继承也就出现了。一旦人们认为死者的意愿可以指导继承，那么接受其更深入的指导也就并非难事"（LJ 69）。但我们也可以这样说：一旦死者的意愿对继承更深入的指导受到质疑，那么要质疑其一开始的指导也就并非难事。对限嗣继承的怀疑自然会引发对遗产继承本身的怀疑。

我们现在能料想到，《国富论》不会讨论如何从法理学角度为继承提供证成。如果与孩子生活在一起的父母离世，剥夺孩子的任何继承物，斯密都称之为"残酷的和压迫性的"行为。但是，斯密指出"罗马法所谓的脱离父母管教的孩子,或许……就是另一回事了"(WN 859)。斯密赞同对拥有自己房屋的孩子征收继承税,认为这丝毫没有违背正义,也并不比任何其他税赋更为"不便"。[200]斯密确实担心,当经济拮据的继承者不得不出售他或她所继承的财产时,针对"死者向生者转移财产征收的税赋"会使生者的日子更为艰难。但是,他对遗产税的关注焦点自始至终在于效用问题。有时继承是抚养幼儿的唯一手段,而另一些时候,继承又会令已陷入贫困的人雪上加霜。这个效用问题就是,在这些情况下,遗产税是否会成为新的不必要的痛苦来源?他并不认为继承税本质上是不正当的,也不认为人们拥有将他们的财产留给子女的自然权利,或者孩子拥有获得父母生前所属财产的自然权利。哈孔森曾经写道,里德为私有财产的合法性提供的理由,"距废除私有财产的理由其实只有一步之遥"(NL 207)。这一说法同样适用于斯密为继承的合法性提供的理由。对于继承这项原则来说,斯密这样的朋友和敌人没有什么区别。斯密并没有完全否定继承的自然法理基础,而只是削弱了这一基础,并为他的学生和追随者提出更激进的想法铺平了道路。

49　再分配和财产权

实际上,所有评论家都认为,斯密并不认同国家应该追求分配正义这个观念。洪特和伊格纳蒂夫写道,斯密所持有的观点"完全将'分配正义'排除在市场经济社会中政府应有职能之外",斯密"坚持"认为能够被实行的只有交换正义(NJ 24)。唐纳德·温奇(Donald Winch)谈到"在《道德情操论》中,(正义概念的)适用范围,限于交换正义,而不是分配正义"(RP 100)。格里斯沃尔德将斯密描述为"决定专注于交换正义,而将分配正义在很大程度上同化为仁慈(这一私德)"(AVE 250)。

所有这些评论家都是在为斯密在《道德情操论》(269)结尾关于道德哲学史的论述做注解，"能够通过强力实行"的那种正义，就是那种能够避免对邻人造成伤害的正义，而"分配正义"一词中的"正义"意义不同。同样，《法理学讲义》(9)开头在简要介绍自然法术语过程中，斯密说道，分配正义涉及不完备的权利，正如"睿智或博学的人"之于赞美的权利，或是乞丐之于善行的权利，这些都并非是可以强制执行的那种正义，也不是法理学所关注的正义。上文提及的每位评论家，都似乎是在说斯密在下述这些论述中，做出了创新或提出了有争议的观点——将某些东西从正义概念中"排除"(洪特和伊格纳蒂夫)，或以某种方式"限制"这一概念(温奇)，或"决定"以某种方式定义这一概念(格里斯沃尔德)——这反过来给人的印象是，在斯密之前，有一种学术传统将分配正义[201]包含在"政府的应尽职能"中，而斯密将他之前法理学传统归于政府的一项职能，放逐到私人善行的范畴。

这个印象是相当错误的。在斯密所继承的自然法传统中，分配正义已经是一种私人德性，而不是国家的职能，与财产的分配几乎没有或是很少相关。① 在这方面，斯密绝没有抛弃任何传统，他只是认可了关于这一主题的传统说法。正如我们将看到的那样，其实他为使得现代分配正义概念成为可能的道德观转变做出了贡献。这个现代分配正义概念为社会主义和福利国家自由主义提供了合理性论证。我们将在下一章就这些开展详细论述，但我想在此提及的是，这一次又是斯密的学生和崇拜者，在 18 世纪 90 年代提出了一些非常重要的计划，运用政府资金帮助穷人。我们已经看到，约

---

① 只有维文萨(*Smith and the Classics*，198—202)这位评论家认识到斯密所传承的自然法传统中的"分配正义"与我们今天所说的"分配正义"截然不同。杨(Young)在 *Economics as a Moral Science* 第六章中对斯密论分配正义的讨论，也相当不错。但是，杨也有误解，他将现代分配正义强加进他所谓的自然法传统的"亚里士多德——经院主义传统"(p. 131)。

翰・米勒被认为是再分配的信徒，而人们认为他之所以要提出对遗产继承实行限制，是为了减少社会和经济不平等，这样一种说法也毫无疑问是正确的(NL 177)。汤姆・潘恩(Tom Paine)把巨额的继承税纳入了一系列的政策建议中，这是最早资助教育贫困儿童、赡养老人以及为失业者提供工作、满足其基本需求的综合计划之一。他与在法国革命时期大力宣扬《国富论》的孔多塞一样，推崇斯密的思想；正如温奇所写，这两位都是"社会保险的平等主义者"。① 像威廉・戈德温(William Godwin)和理查德・帕雷斯(Richard Price)这样的激进分子也跟边沁一样，对斯密深表钦佩。

　　所有这些人物都凭直觉地认为斯密跟他们自己一样，对维护穷人的权利满怀热忱，这也并非毫无道理，尽管斯密或许并不认同他们的某些提议。众所周知，斯密并不喜欢帕雷斯，我们也无法想象斯密会赞同戈德温废除私有财产的提议。同样的，边沁想要帮助穷人的计划，涉及对穷人生活的极端控制，以至于格特鲁德・希姆法尔伯(Gertrude Himmelfarb)很正确地指出，边沁想要继承斯密的衣钵是完全不可能的。② 然而，希姆法尔伯倾向于认为所有"左倾"的斯密追随者都误解了斯密的思想，同时认为斯密与诸如弗雷德里克・伊登(Frederick Eden)和伯克等"右倾"的崇拜者之间，并不存在那么大的差距(尽管她也注意到了将后者[即保守的伯克]与斯密同列会产生的问题)。③ 但是，这里希姆法尔伯还是带着现代的理解眼光，过度解读了斯密。温奇在同一领域进行了细致的考察，认为在经济事务上，潘恩比伯克更接近斯密，并承认

---

① RP 219. 还可参见第 168、228 页关于孔多塞就 WN 的翻译和推广所做的努力。然而，温奇认为潘恩和孔多塞的再分配主义与斯密的并不相同(218—219)；正如我在下一章要指出的，我认为这是基于对斯密分配正义观的误解。ES 就斯密和孔多塞展开了详细的对比，对此我非常认同。

② Gertrude Himmelfarb, *The Idea of Poverty* (New York：Alfred A. Knopf, 1984), 78—83.

③ Ibid., 67—73.

孔多塞对斯密怀有持久的兴趣,并坚决拥护"斯密的主要教义"(RP 168,228)。此外,他和任何其他人一样,对米勒思想发端于斯密思想这一点深信不疑。我认为,斯密的"左倾"追随者至少和他的右倾追随者一样,继承了斯密的思想遗产。正如希姆法尔伯自己所强调的,斯密对穷人的关注,渗透在他所有的著作中。斯密也从来没有对政府为了帮助穷人筹集资金表现出厌恶。在《国富论》中,斯密提出了若干资助穷人的国家政策,其中就包括两项再分配措施。那种认为[202]斯密对所有国家财产的再分配持反对意见的看法,是基于对斯密某一两个文本乃至所有著作的误解。尤其,这一误解产生的根源是对亚里士多德式的与现代的分配正义观念之间的混淆。下一章我们将致力区分这两个观念,并恢复斯密在历史中应当享有的地位,以理清这两个概念的先后关系。这样,我们就可以看到,在斯密离世十年后,他在支持穷人的激进倡导者中所享有的广泛接受度并非愚蠢的错误:斯密启发他们提出自己的建议,并采取与之方向一致的行动。

第十章　分配正义①

[203]人类天生在某种程度上由自然指引,按照[自然]自己本来会分配的方式分配物品。(TMS 168)

50　两种意义上的分配正义

现代意义上的"分配正义",要求国家确保财产在整个社会的分配让每个人都得到一定程度的物质财富。而亚里士多德意义上的"分配正义",是指一系列确保人人都能获得与优点(merit)相匹配的回报的原则。因而,古代的分配正义原则与按优点分配有关,而现代原则要求的分配与人的优点无关。在现代原则的关照下,每个人都有权拥有某些商品,不管此人是否有某种优点;只有每个人都享有住房、医疗保健和良好的教育等之后,他才能够开始发挥自己的优点。我们可以很肯定地说,当亚里士多德写道,人们应该凭借自己的德性获得相应的回报,或按照不同的社会地位不同程度参与政治生活时,他脑海中想的可不是这种分配正义。②

---

① 这一章内容在 Fleischacker, *A Short History of Distributive Justice* (Cambridge: Harvard University Press, 2004)中有详述。

② 正如维文萨指出的,"古典的分配正义旨在维持不平等,而……[现代经济学中的]分配正义则要纠正这一不平等"(*Smith and the Classics*, 202)。

　　我们怎样才能从亚里士多德意义上的分配正义转换到现代意义上的分配正义呢？与"智慧"和"慈善"不同，"正义"在历史上就被理解为是一种世俗和理性的德性，无需诉诸任何宗教信仰，就可以解释和论证其提出的要求；它是政府可以而且应该执行的德性，而且确实应该是引导政治活动的首要标准；即便只是因为政治家需要围绕这一德性组织他们的计划，正义都应该将可行的、能够实现的目标作为自己的目的。因此，确保信仰基督从未被认为是正义的任务，因为这项任务的益处（如果它是有益的话）无法纯粹从世俗和理性的角度解释。因而，确保友谊的温暖也不被认为是正义的目标，因为这取决于个人自发的情感。保证每个人都免受疾病之苦，也从未被列为正义的目标，因为至少到目前为止，这是不可能实现的。最后，一般来说，正义一直被视为是关于"给予每个人应得的"这一问题，而分配正义尤其是起初在亚里士多德那里就被定义为关于按照优点分配权力、官职和财物的问题。[204]因而，要想从"正义"的一般涵义出发得出现代意义的分配正义概念，还需要坚持：

　　　　(1)一定数量的物质财富，是每个人"应得的"，每个人都应该享有这些，

　　　　(2)每个人都应该享有这些物质财富这一事实可以从纯粹世俗的角度，合理地得到论证，

　　　　(3)这种财物分配切实可行：有意识地试图实现它既不是愚蠢的，也非像企图强制实现友谊一样，会破坏旨在实现的目标本身，

　　　　(4)国家，而不仅仅是私人或组织，应确保这种分配。

　　这四个前提密切相关，但要从亚里士多德的分配正义推演出前提(1)既特别重要，也特别困难。判定人们的"优点"通常意味着考察人们的独特品质或他们做了什么，但我们说每个人都"应得"

某物,却意味着不管他们有何独特之处或做了什么,他们都应得。从亚里士多德传统的角度来看,这完全说不通。而且,对于前现代的大多数道德和政治思想家而言,穷人似乎是尤为邪恶的一类人,一类缺乏优点的人。即使那些坚信穷人应该获得援助的人,也不认为这样的帮助是他们应得的:这种帮助被认为是一种恩典,表现了施助者的仁慈。

我是特意使用"恩典"这个词的。大多数前现代的慈善或共享财富倡导者这样做是基于一些违背前提(2)的宗教理由。这里的其他前提也没有获得广泛认同。前提(3)仍然存在许多争议,18世纪末之前几乎所有的社会都认为其中存在矛盾。而前提(4)要到法国革命结束时的巴贝夫阴谋("Gracchus"Babeuf's conspiracy)才被人提及。前提(4)确实完全依赖于其他几个前提:只有当人们确实应得一定的物质财富,并且这并非出于宗教的理由,而这样做所服务的是一个实际而非牵强的目标时,我们才能合理地期望国家——一个根据人们应得什么,而不是根据人们最好拥有什么进行分配的实体;一个至少在现代世界,应该将宗教理由从其行为动机中剔除的实体;一个旨在实现可行目标的实体——将这些物质分配作为自己的职责。

斯密对自由市场可能具备的生产力所抱有的乐观态度,会使前提(3)看起来似乎很合理。尽管斯密死后被广泛认为是绝对的"自由放任主义者",但他也提出了一些思想,表明对前提(4)的认同。[①] 但是,他对现代分配正义概念最重要的贡献,在于为前提(1)

---

① 他还为前提(4)提供了间接支持。除了国家以外,斯密对国家之外的援助穷人的主体怀有很强的戒心。他强调,大封建领主的慷慨大方是以佃农的"奴性依赖"为结果(WN 412,414—417),中世纪教会对穷人的援助也有类似的政治代价:

> 牧师们的款待和慈善,不但给与了他们支配一支强大世俗力量的权力,还大大增加了他们精神武器的力量。他们已由这博施济众的善举,博得了一般下级人民最高的尊敬和崇拜,这些人民,许多是不断由他们赡养的,几乎全体都有时由他们赡养的。一切属于或有关这个有那么大人望的阶级(转下页注)

和前提（2）提供了基础,清除了很多迷信和偏见。这些迷信和偏见,让人们认为穷人根本没有权利要求获得更多的物质财富和社会机会,而只应该完全满足于他们现在获得的社会经济[205]地位。斯密比任何前人都强调,穷人应该得到尊重,他们与其他人一样有着同等的尊严。没有这一观念的确立,穷人并非天生应该受穷的理念就根本无从谈起。

51　斯密对贫穷政治学的贡献

虽然斯密对国家进行财富再分配并不持任何原则性反对意见,但是这并不等同于他建议这样做。财富可以通过不同途径进行再分配:直接从富人转移给穷人,或者对富人征收比穷人更高的税率,或者尽管穷人和富人的税率一样,但将税收收入更多地投入最能让穷人获益的公共项目中。斯密提出的建议都属于第二和第三类。

这些建议中最重要的是倡导公共教育。无论是在《法理学讲义》还是《国富论》中,斯密都提及了某些种类的劳动,其本质就会使人心智愚钝,认为这是发达经济带来的最大危险之一,并表示国家应该采取措施,确保劳作的穷人享有受教育的权利,通过教育培养他们的道德和政治判断能力(WN 782—789),并给予他们"能够

（接上页注）的事物,它的所有物,它的特权,它的教义,必然在普通民众眼中成为神圣的了;而对于这些神圣事物的侵犯,不论真伪,通是罪大恶极。(WN 802)

斯密写道,结果是"反对政府权力和安全,反对人类自由、理性和幸福(这种种,只有在受到政府保护的地方,才能发扬)的旷古未有的可怕团结"。教会通过对穷人的慷慨大度,成功地维持了免受"所有人类理性讨伐"的"最严重的迷信与妄想"(802—803)。

因此,斯密认为中世纪和近代早期两大主要机构为穷人提供的援助所支撑的权力结构,对人类自由都产生了非常有害的影响。他的言论强有力地指向下述看法,即国家而不是私人或机构,应该承担帮助穷人的重任。

自我娱乐的想法"(LJ 540)。在苏格兰现有机构的基础上,斯密建议所有国家都应当支持地方学校,教授阅读、写作和"基础的几何与技术"(WN 785)。

除了这一建议,斯密还提出,豪华车要被征收比货运车辆更高的过路费,这样"富人的懒散和虚荣就可以很容易地被用来为救济穷人服务"(WN 725)。他还主张对房租征税,部分原因是这一税赋的主要承担者是富人:"让富人不仅仅根据收入比例,而且要高于这一比例承担公共开支,也并非多么不合理"(WN 842)。正如希姆法尔伯指出的那样,虽然斯密严厉批评了定居法,他显然并没有……挑战英国的济贫法①——这是斯密所处年代最重要的帮助穷人的政府计划,在当时及后来都饱受争议,被认为代价过于昂贵,并且助长了穷人的懒惰恶习。②

在斯密那里能够找到的关于利用积极的政府项目资助穷人的论述,就是这些了。他主张废除学徒法规、贫穷劳动者的定居限制以及反奢侈法,但这些都是否定性的建议,仅仅旨在消除人民群众获得自由的障碍。斯密提出的积极计划,在我们看来似乎微不足道,但是,我们应该记住,首先,斯密似乎认为一个不受限制的经济体就可以实现100%的就业率(470—471)。其次,在他所处的时代,人们普遍认为穷人需要处于贫穷状态,否则,他们将不会进行劳动。只有迫于生计,穷人才不会把时间浪费在喝酒和淫逸上。大多数学者还认为,穷人的奢侈品消费应该受到限制,并教导他们养成敬畏的习惯,这样他们才能一直[206]待在自己所处的社会地位上,不会试图模仿上流社会。在这种情况下,如果提议实施任何政府项目,允许工资上涨、鼓励穷人追求中上阶层的物质财富和学

---

① *Idea*,61. 希姆法尔伯指出,评论者经常将斯密对定居法案的攻击与对《济贫法案》的批评混为一谈。我在自己的上一本著作中,也犯了这一错误(*Third Concept*,167)。

② 例证如汤森德1786年的《论济贫法》(*Dissertation on the Poor Laws*)。

识,无异于逆潮流而动。

斯密在国家福利计划史上最重要的贡献是,改变了对穷人的态度。斯密之前,人们的态度是,支持对穷人采取限制性的、蔑视性的政策,让穷人一直受穷。"在斯密这里,远比这一或那一政策重要的,"希姆法尔伯正确地指出,"是这些政策中隐含的穷人形象。"她很好地表达了学者间的共识,写道:"即便说《国富论》在货币、贸易或价值理论方面并没有多大创新,但它对贫穷的看法和对穷人的态度确实具有真正的革命性意义。"①

斯密对穷人的看法,或许在今天的我们看来是理所当然的,但这其实应该说在很大程度上正是斯密带来的影响。斯密确实改变了我们对"贫穷问题"到底是什么的看法。斯密之前的学者认为,贫穷问题首先是如何应付底层人们的恶习和犯罪行为。总的来说,他们认为,世界就不应该也更不可能没有一个穷人阶层。一直到18世纪晚期,基督教国家的大多数人都相信上帝已经为社会规定了一个等级结构,真正有德性的人占据有权或有钱的位置,处于社会顶层,而"穷人和劣等人"则处于社会底部。② 当然,处于社会顶层的人,应该帮助处于底层的人——但不足以将他们脱离自己的准确位置。基督教,跟许多其他宗教一样,将施舍看成是一种获得救赎的手段,而穷人的存在则被视为上帝对人类生活整个计划的组成部分:"上帝本可以使所有的人都富有,但是,他希望这个世界上还有穷人,富人可以借此救赎自己的罪恶。"③这一教义在中

---

① *Idea*,62,46. 还可参见 Daniel A. Baugh,"Poverty,Protestantism and Political Economy: English Attitudes Toward the Poor,1660—1800,"in *England's Rise to Greatness*,ed. Stephen Baxter(Berkeley: University of California Press,1983),p. 86)。哈孔森把 WN 称为"最伟大的工人阶级檄文"(转引自 AVE 261)。

② Walter Trattner,*From Poor Law to Welfare State*,fifth edition(New York: Free Press,1994),p. 18.

③ Bronislaw Geremek,*Poverty: A History*,trans. Agnieszka Kolakowska(Oxford: Blackwell,1994),p. 20.

世纪几乎丝毫没有受到质疑，但即便到了 1728 年，关于社会秩序的这一共识，依然体现在艾萨克·瓦茨（Isaac Watts）这位著名的支持穷人的学者的下述话语中："伟大的神已经将人类社会等级化……其中有些应该成为富人，有些是穷人；同时这位神给予了穷人更少的庇护。"①正如丹尼尔·鲍（Daniel Baugh）对这一情况所做的总结：

> 在……1750 年……对贫穷问题，有两种态度广泛存在……占据主流的一方认为，穷人不应该从痛苦中得到解脱，他们的小孩也不应该被鼓励跳龙门。这反映了传统的社会等级观念，并通过劳动和动机等经济理论得到增强。另一种态度主要来自基督教伦理，认为富人的责任是善待穷人，在他们处于痛苦中时，施以援手。这种仁慈的态度并没有为政策的制定提供合理的依据；确切地说，它不过是一种良知的提醒，提醒这些衣不蔽体、脏兮兮的、经常受到尊贵之人鄙视的劳动群众同样是神的造物，基督教社团既不能将之排除，也不能对其视而不见。②

超越这两种态度的重大突破，鲍说："发生在 1776 年，一位学识广博、深具洞察力和雄辩文采[207]的哲学家，出版了《国富论》这一著作。"③无论是第一种观点中赤裸裸的还是第二种观点中隐含的纡尊降贵，都遭到了斯密的驳斥。斯密坚决反对任何认为穷人在任何方面劣于富人的观念。斯密一次又一次戳破了鄙视穷人的德性和技能的虚荣气球。他所呈现的穷人，与其他任何

---

① Baugh, "Poverty, Protestantism…," p. 80.
② Baugh, p. 83.
③ Ibid. , p. 85

人一样，天生的能力并无二致："不同人之间在天生能力方面的差异，事实上要比我们想象的小得多。"伟大的哲学家和普通街道搬运工之间被认为存在的巨大差距，绝大部分是习惯和教育使然，尽管"虚荣心可能使哲学家并不愿意承认他们之间有任何相似之处"（WN 29）。① 对于那些抱怨说穷人天生懒散的人，②斯密声称，相反他们自己"很可能是过劳了"（WN 100）。对于那些把放纵饮酒视为穷人的罪恶特征的人（持这一观点的大有人在，即使是在穷人的维护者中亦然），斯密回答说，"人是一种焦虑的动物，必须通过能够提振精神的东西让他排解心中的苦闷"（LJ 497）。③ 有些人抱怨，穷人正在影响"尊贵之人"的礼仪，为了维护自然的社会层级结构和穷人自己的财务健康，应当禁止穷人购

---

① 注意这里斯密将自己置于公认低等中的最低等一类。参见上文§16。

② 曼德维尔写道，低等一类："除了满足自己的欲求，没有什么可以激励他们成为有用的人，审慎的人会想要缓和这一点，而只有愚蠢的人，才会想要彻底改变这一点"（转引自鲍，注53）。欲求是激励穷人的必要条件："如果没有欲求，没有人会愿意工作。"曼德维尔在这里呼应了威廉·佩蒂（William Petty）的观点，他认为应该让穷人辛劳工作，即使只是让他们把"巨石群的石头移到塔山，或做类似的工作；因为至少这可以让他们遵守纪律，保持服从，他们的身体能在需要的时候，有耐心从事更多有利可图的劳动"（鲍，77）。同时，也预示了杨（Arthur Young）1771年提出的观点："除了傻子，谁都知道应该让底层的民众处于贫困的境况，否则他们永远不会勤劳工作。"因此，工资必须加以控制，休闲时间也要限制。穷人应该低报酬地长时间工作，否则他们将完全丧失劳动的习惯。"四天工作，就为了星期六、星期天、星期一三天吃喝玩乐"的通常做法是邪恶的（Neil McKendrick, "Home Demand and Economic Growth," in McKendrick（ed.）, *Historical Perspectives: Studies in English Thought and Society*, London: Europa Publications, 1974, p. 183）。

　　特别针对这后一种做法，以及穷人是懒散的这个一般想法，斯密写道"一星期中四天过度的操劳，乃是其余三天闲散的真正原因，而世人对于这三天的闲散，却大发牢骚并大声叫嚣。大多数人在连续数天紧张的脑力或体力劳动之后，自然会强烈地想要休息。这欲望……几乎压制不住……如不依从这要求，其结果常是危险的，有时是致命的……如果雇主听从理性及人道的指示，就不应常常鼓励劳动者勤勉，应当要他们适度地工作。"（WN 100）。

③ 在LJ 540，斯密表示良好的教育可以通过让穷苦的小孩具有"[自我]娱乐的想法"，减少酗酒的发生。

买奢侈品，①斯密驳斥说，让社会底层人士好好享用他们自己生产的食物、衣服和住房中的一份，无非"只是体现了公平而已"（WN 96），而"那些王公贵族假装要监管人们在个人生活中奉行节俭……也是极为无礼和放肆的"。他还就这些王公贵族补充说："他们自己总是，绝无例外，社会上最大的挥霍浪费者。"（WN 346）他认为，穷人往往是节俭的而非挥霍者：几乎每个人，也包括几乎每个穷人，都在为了社会地位的提升而省吃俭用（WN 341—342；参见上文 §20）。

　　这还不是全部。斯密捍卫穷人的宗教选择，反对启蒙运动同僚对他们的蔑视和畏惧，并指出，穷人倾向于加入的宗教派别尽管有时"显得不合情理的死板和封闭"，但却为劳动者在一个巨大的、毫无个性的城市环境中提供了共同体和道德指引（WN 794—796）。斯密一次次表示，让贫穷的工人独立，要远好过让他们依附"上位者"（139，335—336，378—379，412—420）。他甚至试图为工人和雇主之间斗争的暴力特征开脱，如果不是辩护的话（84）。

　　在 18 世纪这一时期，斯密就给穷人勾画了非常有尊严的画面，在这一画面中，穷人所做的每一个选择，与社会地位比他们高

---

① 众多作家担心下层民众消费奢侈品会造成的阶层模糊。菲尔丁（Henry Fielding）是其中之一，他在 1750 年写道："民众……向往……超过自己所属阶层的生活"。麦肯德里克（Neil McKendrick）认为，斯密同时代的人"抱怨说，下层民众的奢侈消费，以及工薪阶层女孩穿着不合身份的考究甚至是丝绸服装，抹杀了社会阶层的区分标志。"（McKendrick，"Home Demand"，p. 168）

其他作家，至少表面上担忧奢侈消费给穷人自己的安乐生活造成的影响。比如笛福（Daniel Defoe）指出："如果议会的这些法案能够有效治疗穷人的懒散和奢侈，使得醉汉好好照顾妻儿，挥霍者未雨绸缪，懒散者变勤奋，漫不经心的苏格兰人变得仔细、审慎……那么我们中的贫困就会与日剧减。"（"Giving Alms no Charity"，in *The Shortest Way with the Dissenters and Other Pamphlets*，Oxford，1927，pp. 186—168）

类似的，伊登（Frederick Eden）爵士著名的 1797 年报告也"不断抱怨穷人将钱乱花在非必需的奢侈品和可有可无的花哨物件上"。甚至 19 世纪的作家盖斯凯尔（Elizabeth Gaskell）也觉得，不得不为那些整天沉迷于火腿、鸡蛋、黄油和奶酪的"工薪阶层……太太们的奢侈行为做出解释"（McKendrick，pp. 167—168，191—192）。

的人一样，值得尊敬——因此，在这一画面中，其实真的完全没有"下位者"和"上位者"之分。当然，个人还是有好坏之分的，但是，斯密敦促读者将一般的穷人看成跟自己一样：在智慧、德性、抱负和兴趣爱好方面，与他人都是平等的，因而在权利和体面以及尊严方面，也是平等的。正是在这样一幅穷人与其他任何人在人格尊严上都平等，以及[208]他们因此值得拥有我们会给予朋友或是期望自己能够获得的一切的画面中，贫穷才有可能被看成是一种伤害。既然我们不会将之施加到任何我们所爱或尊重的人身上，我们也就应该不愿意让任何人遭受贫穷。将穷人看成是自己的朋友或自己，就会引发一个问题，"他们难道本应不陷入贫穷吗？"我们一定希望自己的朋友和熟人，能够出于自愿而不是因生活所迫而工作，希望他们即使失业也至少能有食物果腹、房屋遮风挡雨，希望能有足够的教育、健康和财务等资源，让他们摆脱悲惨的社会处境，如果他们努力的话。因而，一旦我们平等地尊重穷人，只要再往前迈一小步，就会问："难道不是每个人都应该享有教育、医疗保健、失业保障等等吗？"但首先我们需要将穷人看成是平等的人。对现代分配正义概念而言，至关重要的是，人们认为穷人应该得到某些援助，但是，如果把穷人看成天生或神定地应处于社会阶层的底部，或者穷人在本质上就是恶毒的和懒散的，那么就不可能有这种想法。人们有权不受穷，国家在实施人权的过程中应该试图消除贫困，使这些想法成为可能的前提是，斯密对穷人充满尊严的刻画能够取代已经不受质疑地统治了几个世纪的观点，即认为贫穷与不同人群的差异而非运气的差异相伴而生。

　　斯密关于穷人的看法，还需再提及最后两点。首先，它符合上文第 16 节指出的斯密的坚定的道德平等主义。斯密拒绝承认，分工在很大程度上以人的才能差异为基础。他更愿意将哲学家和街头搬运工看成在自然禀赋方面是平等的。我认为我们并不需要接受这个观点——尽管这并非完全不可信，如果我们考虑到幼儿早期获得的培育对才能发展的巨大影响——但这一极端的立场有助于我们了解斯密的平等观有多彻底。

第二，斯密在《国富论》中最有创见的贡献，正如我所认为的，就是对穷人充满尊严的刻画，这一看法非常恰当。因为那样的话，《国富论》最伟大的胜利就是转变了我们的道德想象——《国富论》使得读者将穷人想象成完全不同的画面——而《道德情操论》的中心理论就是，我们对他人的想象最深刻地塑造了我们的个性和道德观念。通过把我们生动地、详细地置身于穷人的境况中，斯密推翻了对穷人长期以来的偏见。《国富论》引发了人类想象的这种戏剧性转变，这表明在《道德情操论》和《国富论》之间，存在比以前被认可的更为紧密的（尽管是隐含的）联系。这是我所提及的斯密的"间接伦理学"（§11）的最好例证：斯密在并未真正提及任何伦理术语的情况下，实现了一些伦理道德目标；这种写作方式不诉诸各种道德说教，就让道德关怀看似自然而然地浮出水面。

52　分配正义简史

[209]人们认为，斯密之所以不为分配正义辩护，其原因是他认为这项德性是个人而不是国家的任务。斯密确实将"分配正义"（TMS 269—270）等同于仁慈，[①]他发出警告，强制执行仁慈是一项微妙的任务——实施过度，会破坏"自由、安全与正义"，但是如果完全忽略这一点，又会"使整个国家秩序大乱，遭受重创"（81；参见上文§36）。然而，首先，这是一项微妙的任务这一事实本身并不意味着不应该去追求实现它。许多评论家仅强调这个困境——

---

① 严格地说，他将这等同于"所有的社会德性"（270），但他认为仁慈是所有德性中最为首要的。

它使得这项任务变得微妙——的第一个视角，因而指出斯密持有的观点是：仁慈及其他德性不应该频繁、任意地强制执行。但斯密的困境包含两个方面，他认为政府对于"秩序大乱，遭受重创"置之不理，与违反自由、安全和正义的行为一样不可容忍。

第二，斯密并不是在谈论今天我们所说的"分配正义"。这个词组的两个不同含义造成的混乱，可以通过追溯历史加以消除。我想通过回应洪特和伊格纳蒂夫颇具洞见、影响深远的《〈国富论〉中的需求和正义》一文，进行历史追溯。洪特和伊格纳蒂夫写道，斯密的分配正义概念完全背离了他所继承的法理学传统，他以比前辈们更为绝对的方式理解财产权问题，因此他不允许把对穷人的援助看成是国家义务或正义问题。两位作者认为，阿奎那以降的自然法传统，把对穷人的援助视为正义问题，认为这既是"急需权"（right of necessity）的一部分，也是财产权的条件之一。但是，在我看来，这种对思想史的解读完全是南辕北辙。在本章的下文，我将首先尝试表明，斯密并没有背离更早时期关于分配正义的法理学传统，尽管一些细节上的变化使得斯密的概念更接近现代的分配正义；阿奎那为穷人提出的急需权，并不同于任何现代意义上的分配正义概念，而斯密无论如何也是接受这一权利的；最后，斯密也认同阿奎那及其追随者关于财产权和分配正义之间关系的论述——同样，即使有所背离的话，这一背离也有助于而非阻碍了现代再分配主义。

亚里士多德在正义观念上做了双重区别，首先，区分了后来所谓的"普遍正义"和更为"具体的正义"：前者可以囊括所有的德性（也即柏拉图在《理想国》中使用这个词所表达的意义）；而后者仅涉及法律和政治行为。其次，在更为"具体的正义"之中，又区分了"分配正义"和"矫正正义"。前者要求根据优点分配荣誉、政治职位或财富[210]——"所有人都会同意，根据优点的分配才是公平的"（NE 1131a25）——而后者则要求施害者按照其造成伤害的程度向受害者支付赔偿。亚里士多德关于这一区别的讨论，主要关注"分配"和"矫正"正义表现平等的不同方式。在前一种情况下,平等就是每个人都能按照自己的优点获得回报,因而优点不同却待遇一样或是优点相同却待遇不同,都是不公平的(1131a23),而在后一种情况下,平等要求每一个不法行为的受害者都能得到平等的补偿,不管其优点如何,"无论是一个好人欺骗了一个坏人,或一个坏人欺骗了好人,都没什么不同……;法律只看伤害的特点"(1132a4—5)。

　　因此,亚里士多德的分配正义至关重要的一点是,它涉及一个优点概念:它与矫正正义之间的整个对照就在于优点的相关性。即使是坏人,如果受到伤害,也要给予补偿,我们关注的也仅仅是其所受伤害的程度,但是与此不同,我们却只会把物品分配给那些应得的人。而亚里士多德最关心的分配正义是政治参与权(投票或执政的能力)的分配情况,后来在《政治学》一书中,他又谈及这一问题。① 亚里士多德确实曾经无意提及,分配正义问题也可能在物质财富生产过程中产生:如当合伙人需要按照每个人的投资比例分配共同资金时(NE 1131b29—30)。他没有提及,甚至连其可能性都完全没有提及的,就是正义要求国家负责组织公民间物质财产的分配。即使在《政治学》II.5 中,亚里士多德在处理柏拉图关于物质品实行共同所有权的建议时,也从未提到正义可能要求(或禁止)国家重新分配物品。柏拉图也并没有用这一方式捍卫自己的提议。柏拉图所建议而遭亚里士多德否定的是,物品的共同所有将有助于缓和国家统治者的物质欲望,防止他们腐败,并在公民与其统治者之间建立友谊的纽带。他没有提出而亚里士多德也没想否认的是,所有公民,更别提全部人类,都应该享有相同份额(甚至任何份额)的物质品。

　　亚里士多德和柏拉图之间的辩论,为理解 18 世纪末之前讨论

---

① *Politics* III. 9—11 and VI. 2—3.

"分配正义"的含义提供了背景。一系列作家,如莫尔和坎佩拉,追随柏拉图,认为物质品的共同所有可以使共同体的公民友好相处并防止政治腐败,而其他著作家,尤其是詹姆斯·哈林顿(James Harrington)和卢梭等,认为政治腐败可以通过更温和的物品再分配加以缓解。(偶尔,在基督教世界中,宗教论辩会被加入到这些政治论辩中,这样一来,一个真正想要体现基督精神的共同体,就必须放弃私有财产。我们可以从《使徒行传》4:35中提到的信徒共同体[211]到许多修道院戒律的基本原则,再到1535年明斯特[Münster]再洗礼派的语言和实践,以及1649年的英国淘金者那里,发现这个思路。)其他著作家,包括阿奎那、普芬道夫和哈奇森,则攻击了这些方案,用亚里士多德反对柏拉图的理由捍卫私有财产。没有人提及,分配正义要求国家反对私有财产权或废除私有财产权,以及穷人有权享有任何特定份额的社会物质财富。既然没有人提及,也就没有人出来否认。

此外,鉴于亚里士多德在分配正义和优点之间建立的紧密联系,很难想象任何前现代的人物可能提出,正义要求将物质财富重新分配给穷人。穷人在西方基督教中最多也就被认为是拥有低等德性的人,他们甘居尊贵之人之下而有所收获(他们学会恰当的尊重,并有榜样引导他们的行为);最糟糕的看法是,穷人被认为是如此邪恶,以至于为了他们自己的道德福祉,应该甚至是需要处于贫困中。[①] 教友派信徒约翰·贝勒斯(John Bellers),在18世纪末之前提出了最全面消除贫困的计划,希望他的建议能够消除"穷人咒骂、醉酒等亵渎行为"。甚至连他都认为,这些"邪恶的品质"恰恰说明人们应该支持他的提议,而不是反对他的提议:"因为[穷

---

① 在基督教中,就和在印度教以及佛教中一样,有个传统,即人们主动选择清贫的生活;当然,这些僧侣被认为是极为有德性的,而非邪恶的。对于他们的德性而言,摒弃对物质财富的追求至关重要,因此不会有人提议应该提供条件让他们过上舒适的生活。

人]越糟糕,就越需要努力去拯救他们。"①因此贝勒斯是在遵循一个悠久的传统,根据这种传统,援助穷人的合理性,只能以慈善之名,而非正义之名加以论证。穷人,尽管非常可怜,却不配得到任何东西;而富裕的基督徒,尽管他们自己不值得基督救赎,却与这些不配得到任何东西的人存在联系,而即使这些穷人毫无优点可言,也应帮助他们。但是,穷人确实毫无优点可言。要倡导穷人配得帮助,说他们应得哪怕是最少的慈善援助(更别提永久的大量物资财富份额),似乎都是荒唐透顶的。

在胡果·格劳秀斯(Hugo Grotius)之后,人们确实开始讨论对穷人实施"分配正义"的义务。然而,这个讨论至关重要的是,"分配正义"一词开始被用作慈善的同义词。格劳秀斯本人区分了"充分"正义和"归属"(attributive)正义,前者与亚里士多德的"矫正"正义相对应,而后者则更接近亚里士多德的"普遍"正义:它包含了所有"以为他人做好事为目的的德性,如慷慨、同情和管理事务上的远见卓识"(LWP I. viii. 1;37)。两者之间的主要区别在于,对格劳秀斯而言,前者而非后者可以被强制执行。格劳秀斯的"归属正义"似乎确实与他所谓的"爱的律法"有关:它授权我们按照自己的意愿做出超出法律要求的行为。② 因此,对穷人慷慨是归属正义的一个首要例子,尽管并非是唯一的。③

格劳秀斯的追随者包括普芬道夫,其思想对哈奇森和斯密产生了重要影响。他明确地阐述了格劳秀斯指出的"不完备"和"完

---

① George Clarke(ed.),*John Bellers: His Life, Times and Writings*(London: Routlege and Kegan Paul,1987),55;还可参见 52。

② Schneewind,*Invention*,79—80.

③ 格劳秀斯将遗赠看成是体现归属正义的行为(LWP IIviii. 3;37),而给予潜在的商业伙伴充分的信息(II. XII. ix. 2;347—8)、为国家牺牲生命(III. XXV. iii. 3;579)、战争时期尽可能少地扰乱无辜平民的生活(III. XIII. iv. 2—3;759),以及怜悯处于困境的债务人(III. XIII. iv. 1;759)则是"爱的律法"要求我们践行的行为。只有最后这一例子才与帮助贫困的人有关。

备"的权利之间的重要区别。① 分配正义对应不完备的权利,这些权利不能被强制执行。充分正义强制执行完备的权利。[212]现在我们可以说,穷人对物质援助拥有某种权利———一种"不完备"的权利,但是这种权利不应被强制执行。

因此,当斯密说分配正义不能被强制执行时,他表达的只是他所传承的传统观点。事实上,斯密和他的老师哈奇森助推了这一传统一把,使得现代意义的分配正义得以诞生。在普芬道夫之后,哈奇森将"不完备"的权利描述为我们对"他人的慈善援助"的要求(SI II. iv. v)。完备的权利包括我们的生命权、身体完整、贞洁、自由、财产和声誉;不完备的权利是我们凭借自己的优点对获得职位和荣誉提出的要求,以及对获得朋友、邻居和亲戚帮助的要求(SI II. iv. iii—vi)。哈奇森说,与不完备的权利相对应的义务"具有这样的性质,即如果让它们成为强制执行的义务,所带来的社会危害要远大于将它们留给人们自己的荣誉和良知去决定是否履行这些义务"(SI II. ii. iii)。然而,不完备的权利"具有一定规模,以不为人察觉的方式……逐渐上升",随着求助者的优点和需求,以及求助者与施助者之间联系的紧密程度增加而相应增强,直到最后,某些不完备的权利变得"如此之强,以至于无法与完备的权利区分开来"(同上)。在某些情况下,不完备的权利上升为完备的权利,这对哈奇森而言,似乎是一个全新的想法。这意味着,分配或归属正义在某些情况下,可能并不完全只属于"爱"的范畴。

在以上每一个方面,包括最后一方面,斯密都是哈奇森忠实的学生。斯密引用哈奇森和普芬道夫的做法,将完备的权利和不完备的权利区分开来,将前者与交换正义联系在一起,后者与分配正义

① 斯尼温(*Invention*,78—80)和哈孔森(NL 26—30)两人都宣称格劳秀斯引入了"完备"和"不完备"权利的区别。格劳秀斯确实阐述了这一区别的基础(LWP 35—36),但是并没有怎么使用"完备权利"和"不完备权利"这两个术语。更深入的讨论参见 Fleischacker,*Short History*。

相联系(LJ 9),前者包括生命权、身体完整权、贞操权、自由权、财产权以及声誉权。分配正义不仅包括对穷人的义务,还包括父母对子女的义务,受益人对施恩者的义务,朋友和邻居之间的义务,以及每个人对"有优点"的人的义务;因而,所有这些关系也会导致不完备的权利的出现。完备的权利可以被强制执行;不完备的权利一般不应被强制执行,如果试图强制执行,将会"破坏自由、安全和正义"(TMS 81)。但是,善行义务的强度随着受益人的"品格……处境……以及与自己的关系"(TMS 269)而有所不同,一直到最强烈的程度,其中一些就"接近于……所谓的完备和完整的义务"(TMS 79)。一旦政治政府得以建立,这些程度最强的义务,将被用强力实施;"所有文明国家"都正确地强制执行父母和子女之间互相照顾的义务,以及"许多其他善行义务"(TMS 80—81)。相比于哈奇森,斯密更明确地承认使用国家权力"实施……善行义务"的合法性。因此,斯密使法理学传统更接近而非远离了这一认识,即在某些情况下,人们对善行也许可以享有严格的、完全可以强制执行的权利。

[213]当斯密将"分配正义"与仁慈联系在一起,说乞丐对我们的仁慈享有的"权利"并非"严格意义上而是比喻意义上的"权利(LJ 9)时,斯密仅仅是在论述他所传承的道德和法律传统的常识。当他说政府确实在也应该强制执行某些善行义务时,斯密稍微超越了这一传统——就算只是稍微一点,但同时警告说,强制执行此种义务可能会危及政府的恰当任务。

因此,洪特和伊格纳蒂夫等许多其他学者的观点——斯密摒弃了前人的分配正义观念,即国家有责任指导或监督财产的分配,是完全错误的。相反,从术语的角度而言,斯密接受了一个历史上的区分,即"交换正义"是指保护其不受伤害,而"分配正义"是一个笼统的概念,包括个人对他或她的同伴行善的所有德性。因此,这个意义上的分配正义,与财产分配几乎很少甚至毫无关系。亚里士多德认为,政治职位的分配属于分配正义的范畴。后来,普选权捍卫者,如平等主义者,常常从正义角度建构他们的论证。但是,一个社会财产所有权的基本模式,一般并不被认为是应由国家宪制确定的问题。即便认为应由国家宪制确定,如柏拉图、莫尔、坎佩拉或者卢梭的著作,关于财产的重新组织分配,也不是从正义的角度加以论证的。斯密之前的法理学家没有一个人——亚里士多德没有,阿奎那没有,格劳秀斯没有,普芬道夫没有,哈奇森没有,布莱克斯通或休谟也没有——将财产权的证成归到分配正义的范畴内。财产权主张,与侵犯财产权一样,都属于交换正义的范畴;没有人根据分配正义被赋予财产权。正如我们将在下文看到的,对阿奎那及其追随者而言,即使是众所周知的"急需权"(right of necessity)——凭借此权利,人们在极端需要的情况下,可以未经他人允许使用他人财物——也属于交换正义的范畴。

另外,后格劳秀斯意义上的分配正义就其定义而言,是个人而非国家的德性。在实施分配正义时,个人可以展现公民自豪感、慷慨大度或极大的诚实,而国家无法展现这些个人德性。在这种情况下,指责国家违背分配正义就毫无意义。允许国家强迫个人践行分配正义,会引导人们展现德性的外在体现,但这些德性究其本质是一种非强迫的内在善意。国家的强制只会使我们成为伪善的人,无法培养其想要灌输的德性。

在斯密逝世后不久,国家出于正义有责任援助穷人的想法才开始出现。斯密于 1790 年在法国大革命开始不久便离世,而至于斯密对这场革命的评论,我们并没有明确的记录。[1] 这很不幸,因

---

[1]　有很多人猜测 TMS 232—234 是对法国大革命的评论。鉴于我们既没有斯密提到革命的任何信件,也没有以他的名义发表的相关评论,并且考虑到 TMS 的修改最终是在 1789 年 11 月 18 日完成的(一个月以后雅各宾俱乐部[Jacobin Club]才成立,而普莱斯[Richard Price]激怒伯克的布道也只过去了两周),我几乎找不到任何理由支持这一观点。罗斯柴尔德(ES 54—55,以及此处的注释)指出了另外几个可以作为 TMS 232—234 背景的政治事件。

为在法国大革命的支持者中,现代意义的分配正义似乎才第一次出现。潘恩在 1792 年《人的权利》一书中,开创性地介绍了国家应承担的援助穷人的计划;在 1793 年的"法国宪法"中,许多人都能分辨出其中主张的社会经济平等权;[214]"格鲁斯"巴贝夫和他的朋友们在 1796 年的阴谋中,明确提出了这一权利。巴贝夫宣称自然赋予了所有人"平等享有所有财富的权利";在这里享有平等财富的权利,显然意在与革命伊始时宣布的其他自然"人权"比肩,也完全意在成为普芬道夫所谓的"完备的"权利。事实上,对于巴贝夫而言,这种物质平等权是最重要的完备的权利。财富平等权是出版问世的巴贝夫观点的十二点总结中的第一个原则,第二个原则是"社会的目的是捍卫这种平等,而这种平等在自然状态下经常受到强者和邪恶者的攻击,而所有人的合作可以提升对这一权利的享受"①。因此,洛克对所有国家的目的和合法性来源的论证——国家可以增强和更好地保护我们在自然状态下所享有的权利——在这里被用于一项洛克从未考虑过的权利:经济地位的平等权。如果再结合洛克对合法政府的看法,结论将是只有共产主义国家才是合法的。在西方政治学传统更早时期的著作中,我们无法在任何地方找到类似这样的论证。②

当然,后来的分配正义支持者,对其重要性并不一定持有这么强的观点,他们一般也并不坚持严格的平等。但巴贝夫不仅是首个将共产主义作为切实可行的目标进行倡导的重要人物,也是第

---

① David Thomson, *The Babeuf Plot* (London: K. Paul, Trench, Trubner, 1947), p. 33. 摘要并非由巴贝夫所写,尽管他在审讯时采用其中的说法。

② 即使在卢梭的著作中也无法找到这一点。在《论不平等》中,卢梭将财产的确立看成是人类生活中绝大部分不幸的根源:穷人遭受的困苦,以及压迫、犯罪和战争带来的痛苦。然而,他并没有说财产的建立或者财产导致的不平等是不正义的。相反,他认同"正义"是指某种侵犯财产的犯罪,因而把财产制度本身描述为"正义的"或"非正义的"毫无意义。"根据智者洛克提出的公理",他写道,"没有财产,就没有伤害"(*First and Second Discourses*, p. 150)。卢梭所想象的天堂将超越财产和正义。

一个提出正义也要求对财富进行再分配的人。巴贝夫之前有许多人人平等的倡导者，但几乎没有任何人觉得，这种平等应该被转化为对某些物质财富可强制执行的完备的权利。只有从巴贝夫开始，将人类平等转换成经济权利平等，似乎才让某些人觉得是一个完全可行的目标，是一个从人们的"应得"推衍而来的目标。在巴贝夫之后而不是之前，谈论这样一种关于正义之本质的立场才变得有意义，变得众所周知，以至于研究政治的学者们不得不认真面对这一立场，即使他们并不认同，即穷人应该能够享有一部分财富，这是正义的要求，而不仅仅只是一种仁慈。

因斯密没有坚持正义要求财富的重新分配而谴责或赞美斯密是荒谬的。就通过财富再分配帮助穷人这一观点，斯密从来没有发表过任何评论，更别提正义要求必须实行这种财富再分配这样的观点了。我们熟悉的许多类似的观点和建议都是在他离世后才出现的。我们可以推断他对这些理念可能会持有的看法，但我们必须认识到，在这种情况下，我们所能做的仅仅是推断，而不是对历史的直接解读。此外，虽然我们有理由说斯密会对——快速变革、藐视法律以及对巴贝夫这样的激进分子的集权政府主义狂热——持反对态度，但是我们完全没有理由就此认为，斯密不会赞同激发了这些提议的那种道德精神，即对穷人的同情和对压迫的愤怒。事实上，更应该将斯密看成同样拥有这种道德精神的人，正是[215]受到斯密著作的鼓舞，现代分配正义得以诞生的那些看法才能够确立。

53　急需权

我们又该如何看待洪特和伊格纳蒂夫的下述观点，即现代分配正义源自具有悠久历史、因阿奎那而众所周知的"急需权"（right of necessity）？

在《神学大全》（Summa）涉及财产所有权和盗窃的那个"问

题"中(II—II，Q 66)，阿奎那整整用了一节(A7)宣称，如果缺乏某样物品，人们就即刻面临无法存活的危险，那么人们就可以对其拥有财产权。一旦一个人面临饿死的危险，只要她需要，就可以从树上采摘果实，从水井中打水，不管这棵树或者井到底归谁所有。只要她需要，这些食物和饮料就归她所有，而非通常拥有它们的人。同样，如果一个人没有药物，即将死亡，或是遭遇可怕风暴时，没有庇护所就无法存活，任何其他即刻生存所必需的东西，都可以加以使用。阿奎那认为，人类之所以可以拥有私人财产，是因为通常情况下，这是既能满足每个人自己的需求，又能帮助到穷人的好办法。但有些特殊情况并不属于这种通常模式。当一种需要"如此明显而紧急，以至于显然必须用当前可用的物品去解救"，那么财产的根本目的就优先于通常的财产规则。在这种情况下，一个人用另一个人的财产来满足自己的需要就是合法的，无论是通过公开的还是秘密的方式：这也并非真正意义上的偷窃或抢劫。值得注意的是，在赋予人们在危急情况下对生存所需之物的财产权时，阿奎那将急需权纳入交换正义而不是分配正义的范畴，而其他自然法学家随后也延续了这个做法。①

　　另外值得注意的是，对阿奎那及所有追随他的人而言，这项"绝境权"非常有限。阿奎那在问题 66 的第七节中，论证了出于急需而使用别人财物的正当性，而他在前两节中明确表示盗窃总是一种大罪，即使仅仅将碰巧发现的遗失物据为己有也不例外。在强有力地宣称财产权处于总体"公义秩序"(A5，R3)的中心地位后，阿奎那得以在第七节中，为极度贫困的人留出合法空间，因为根据定义，这些情况远远超出了社会生活的正常秩序：在定义上就

---

① 参见 Aquinas, *Summa*, II—II Q61, A1, A3, Q62, A1, 译文参见 *Summa Theologiae*, 拉丁文本和英文翻译 (New York: McGraw Hill, 1964—81)。洪特和伊格纳蒂夫在 NJ 29 的末尾，错误地将急需权与分配正义联系在了一起。

是"异常的"情况。而且,这个合法空间非常有限,第一个反论及其答复对此说的很明白。第一个反论援引了格列高利九世(Gregory IX)的《教令集》(*Decretals*):"如果有人迫于饥寒,而偷窃衣食或牲畜,应行补赎三个礼拜。"针对这一反论的答复则宣称这一条仅适用于"并不存在紧急需要的情况"。因而,"迫于饥寒"并不构成"紧急需要"!只有在需要是"如此明显而紧急",并且没有其他方式可以满足时——只有当"一个人有生命危险,而又别无他法解除时"——绝境权[216]才能适用。正如阿奎那所认为的那样,这项权利几乎无法强制执行,更别提制度化了:在大多数情况下,我们很难确定一个拿走食物的人是真的快饿死了,还是仅仅只是在拿走食物的那一刻觉得"饿了";如果法官选择在所有情况下都相信穷困的人,将是值得称赞的,但是,如果法官经常站到控方一边,也完全可以理解和原谅。阿奎那并没有提供任何指导,告诉人类的法院应如何区分"紧急需要"和仅仅"迫于饥寒"。他还将这节放在了关于盗窃为大罪的那节之后,并在接下来的两节中讨论"不同类型的盗窃的罪恶程度"。这些都表明,他主要关心天上法庭的判决,而不是世俗法庭的判决。上帝知道什么时候人们的需要是紧急的,拿走财物的那个人也应该知道自己的需要是否紧急。如果真的是出于急需,拿走财物的人可以放心,他并没有犯下罪,也无需行补赎。阿奎那似乎并不关心人法和人类的法院将如何处理这些情况,他也没有因这种边缘个案而要求人法重新分配财产。

更像是法学家而不是神学家的格劳秀斯,从应用于人类法律制度的角度讨论了急需权,但其他方面依然紧紧追随阿奎那。他认为,在极端需要时使用别人财产的权利,并不只是爱的律法的延伸,而是一种真正的权利,源自为财产秩序本身奠基的那些基本原则(LWP II. vi. 1—4,193)。然而,这一权利再次受到严格的限制。"应该尽一切努力,看看能否找到任何其他方式,避免出现这种急需,例如向地方官员求助,甚至乞求所有者让自己使用某物"

(194)。"如果所有者自己同样处于急需的状态",其他人就不得行使这一权利,而且,如果可能,在急需状态结束后,就应该物归原主(194—195)。急需权"不应该超出其适当的限度"(194),而格劳秀斯则明确指出,这些限制是严格的限制,"一位富有的人如果锱铢必较,拿走了一位贫困的债务人的所有财产,应被指责为铁石心肠;……然而,严格说来,这位硬心肠的债权人并没有逾越他的权利"(759)。爱的律法要求富人不能使贫穷的债务人更加贫穷,但严格的法律,即强制执行权利的法律,并不作此要求。因而,穷人没有权利要求不受穷,即便面对那些要拿走"[他们]为数不多的财产"的富人,他们也没有这一权利;他们只有在最糟糕的情况下,在丧失所有其他生存手段时,才可以使用那些生存必需品。

一旦我们记住,对于阿奎那和格劳秀斯而言,急需权并不同于仁慈的要求,而穷人在需要帮助时,通常诉诸无法强制执行的后者,而不是可以强制执行的前者,那么很显然,休谟只不过在这些问题上延续了自然法传统,并没有因青睐更绝对的财产权而改变这个传统。然而,阿拉斯代尔·麦金太尔(Alasdair MacIntyre)却认为:

> [217][在休谟看来,]正义规则所要强制执行的是不受急需限制的财产权。正义规则必须在任何情况下强制执行……,甚至在面对那一传统上经常提到的情况,即只有采取原本会被称为盗窃的行为才能养活家人的人时,也不例外。阿奎那身处其中的……道德思想传统……并不认为这样的行为背离正义,但是休谟在回答"如果我处于急需状态,并有迫切的动机为家人获得某样东西呢?"这个他自己提出的问题时说,此人只能求助于"富人"的慷慨。①

---

① MacIntyre, *Whose Justice? Which Rationality?* (Notre Dame: University of Notre Dame Press, 1988), p. 307.

但是,麦金太尔歪曲了休谟的意思。因为尽管他引用(T 482)的段落包含"急需"这个词,但这并不是休谟对是否存在急需权的回应。他的回应出现在《道德原则研究》中,他的说法很像格劳秀斯:

> 当社会由于极度需求而面临灭亡时,没有什么更大的罪恶能使人惧怕而不采取暴力和施行不正义;每个人都可以用理智所命令和人性所允许的所有手段养活自己。即使在需求没有那么紧急的情况下,公众也可以在没有取得所有者同意的情况下打开粮仓;因为他们有理由认为,执政当局也会这么做,这符合公道原则。(E 186)

重要的是要注意,对于休谟而言,重点在于,在急需的情况下,正义就退场了。开放粮仓严格说来,既非错误,也非正确,而不是说存在一种适用于急需情况的特殊种类的正义。然而,休谟显然想把早期的法理学传统所谓的"急需权"融入自己的理论。在这段文字前后,他举了急需凌驾于通常的正义法则的其他情形,如海难、围困、饥荒,所有这些都与格劳秀斯给出的急需权的例子非常相似(参见 LWP 193)。

此外,与阿奎那和格劳秀斯一样,休谟把急需权与通常的正义举措相区别,在后一种情况下,穷人只能诉诸富人的仁慈。在麦金太尔所引的段落中,休谟是在描述通常的正义举措。而休谟的说法也与早期的自然法传统完全吻合。对于阿奎那来说,穷人通常需要诉诸富人"[将他们的外物]与人共享,以支援别人的急需"的义务。[①] 对格劳秀斯而言,正如我们所看到的那样,爱的律法(严格意义上的法律并非如此)强加给富人不可剥夺贫穷债务人的所有"微小财产"的义务。休谟与阿奎那和格劳秀斯一样坚持认为,

---

① *Summa* II—II, Q66, A2.

道德准则要求我们帮助贫困的人:"一个富有的人负有道德义务与处于急需的人分享他多余的财物。"但是,如果富人不履行这项义务,也并没有违反正义。因此,尽管休谟为正义和财产权提供了著名的原创性辩护,但他并没有引入任何新的观念,要求面对人们的需求,应该严格地强制施行正义及财产权。相反,休谟认同我们在他的前辈那里看到的双重观点。[218]在通常情况下,穷人必须仰赖仁慈,以获得富人的财产,但在极度紧急需要的情况下,他们可以未经允许正当地拿走他们的财产。

斯密属于这个传统吗? 洪特和伊格纳蒂夫正确地将休谟置于这一传统中,但却错误地暗示,斯密对急需权的范围施加了更多的限制。斯密在《法理学讲义》(LJ 115, 197, 547)中三次提及急需权,前两次暗示,第三次则明确将其视为正义的一部分:"急需……在这种情形下,确实是正义的一部分。"①关于打开粮仓这一行为,他写道:

> 一般人们遵循的规则是,不应强迫任何人在他不愿意的情况下出售自己的财物。但在急需之时,人们可以打破一切法律。在饥荒中,人们经常强行打开粮仓,迫使所有者以他们认为合理的价格出售。(LJ 197)

正如《法理学讲义》的编辑所说的那样,在这段话中,斯密可能是在

---

① 第一次涉及海难中的杀人,第三次涉及战争期间对无辜民众征用物件及对其造成的其他伤害。正如上文提到的,在格劳秀斯及其追随者的著作中,这些事例被当作适用必需权的标准案例。在 WN 中的某处,斯密也可能是援引了格劳秀斯关于急需权的论述。格劳秀斯所列举的一个事例是"如果发生了火灾,为了保护属于我的建筑物,我就可以摧毁我邻居的建筑"(LWP II. ii 6.3; 193)。在 WN 324,斯密通过与防止火势蔓延的法律进行比较,论证对银行交易加以某些限制的必要性:"为防止火灾的蔓延而要求建立界墙与这里提出的银行业贸易条例一样,都是对自然自由的侵犯。"显然,斯密知晓并接受了法理学传统中的急需权。

援引休谟的观点；无论如何，斯密似乎与休谟一样觉得强行打开粮仓是完全可以接受的。洪特和伊格纳蒂夫完全忽略了这段话及其与休谟的相似，导致他们在这一问题上错误地将斯密与休谟对立了起来（NJ 20—21）。他们强调斯密的"只有面对最紧急的需要"，才能为了公共利益而牺牲"通常的正义法则"这个说法中的"最紧急"（WN 539），以及上文引用的休谟原话中的"没有那么紧急"，据此认为，斯密在人的生存可以超越正义法则这个问题上，持有更为严格的观点。但斯密在《国富论》539 的论述出现在一个与强行打开粮仓毫无关系的讨论中，并且不管怎样，那里宣称的观点只是界定了急需权的传统所一直持有的观点。任何支持急需权的人，都认为只有在紧急和极端的情况下，这一权利才能成立。

洪特和伊格纳蒂夫在引用《法理学讲义》中的乞丐例子的影响时——乞丐"尽管不在严格意义上但在比喻意义上"有"权利"要求我们对他们行慈善——犯了一个类似的错误，因为他们据此认为，这意味着斯密（与休谟一样）想要以无法强制执行的仁慈义务，取代古老的急需权，"［休谟和斯密］诉诸这种自行决定的情感，解救穷人在紧急情况下的急需"（NJ 24）。但是，斯密这里依然遵循了传统的法理学观点。斯密和休谟之前认同急需权的思想家（包括阿奎那），都把仁慈这种"自行决定的情感"，视为穷人在所有并非性命攸关情况下获得援助的恰当来源。斯密如果要区别于他所传承的传统，就得认同穷人甚至在性命攸关的时候，也必须仰仗富人的仁慈，而显然斯密并不这么认为。

导致洪特和伊格纳蒂夫误入歧途的是，他们将 18 世纪关于饥荒政策的辩论中的某些立场吸收进急需权。他们认为，不仅是强行打开粮仓，还有对粮食设立最高价格，或反对谷物出口或"囤积"（在供应季早期买入，以便在供应短缺时高价售出），[219]都源自古老的急需权背后的逻辑（NJ 18—20）。这里有些混乱。正如休谟指出的，即使是强行打开粮仓，也只能勉强根据急需权获得证成,任何一套法律都不可能容纳阿奎那和格劳秀斯为极端和紧急需要所设立的法律例外。[①] 根据其定义,急需权是通常的正义举措的例外,而非其中的一部分。这项权利完全是为紧急情况而设计的,如那些无法"求助长官"的情况(LWP II. II. vii；194),那些通常的法律和政治框架无法发挥作用的情形。法律和政策是一般手段,旨在涵盖通常的多少可预测的事态。当某些灾难性情况超出通常事态时,急需权就成为权宜之计,以保全人的性命,直到正常的法律框架再次接管。因此,任何法律或一般政策都不可能是急需权的延伸。如果法律和政策能够处理某些情况,那么这些情况就不可能是那种有关"急需"的例外。因此,强行打开粮仓并不属于阿奎那和格劳秀斯设想的情况(一个强行打开粮仓的暴徒有时间烘烤面包,因而也有时间向长官求助),而所有法律,包括管制粮食市场的法律,在定义上就不可能落实急需权。如果饥荒或粮食匮乏可以在一定程度上预测,进而通过法律来防止或控制,那么这是通常的正义举措就可以处理的,无需借助法外手段。

如果我们现在去看斯密为预防饥荒建议的通常的法律和政策,我们会发现洪特和伊格纳蒂夫让斯密的观点显得比其本来更为反直觉。像重农主义的前辈一样,斯密提出,法律和政策应该通过取消对粮食贸易的所有限制,而非限制价格或禁止谷物出口来应对饥荒。洪特和伊格纳蒂夫说的没错,斯密确实认为,这项政策有助于永远摆脱饥荒的威胁。他们很漂亮地总结了这一观点的道德意义。他们指出,斯密希望借此打破急需权背后的"需求与权利之间的整个对立"；穷人的生存因而不再是"关于仁慈的问题或有关严重急需的极端正义问题"(NJ 24；另参见 22, 25)。当然,他们也完全

---

① 洪特和伊格纳蒂夫多次提及,对后格劳秀斯的思想家而言,急需权是财产权规则的例外,而不是这些规则不断发展的结构性特征(NJ 25—6,29),但对阿奎那而言,它却是一个正义的永久结构性特征。这完全是不正确的。对阿奎那来说,急需权也是财产规则的例外。

正确地指出,斯密提出建立一个完全自由的谷物市场,这与他所处时代的经济常识完全背道而驰。斯密精细地证明,他所处时代关于这一问题的常识是错误的,没能把握食品市场的运作方式,故而坚持一些会阻碍农业投资扩大的措施,而这些投资长远来说能消灭饥荒。允许谷物自由出口,并允许商人通过囤积谷物获得丰厚的利润,就能够刺激农业投资,这最终反过来能够促使谷物每年都有好收成。而允许自由进口谷物可以在此期间缓解谷物的短缺;解除谷物价格的上限规定,也能够使人们"比原先更早一些感觉到短缺带来的各种不便",[220]从而防止短缺演化成饥荒(WN 533)。

　　这些建议的确包括了人们可以忍受"短缺",以及在一般粮食短缺的情况下,政府应该仍然保持自由的市场政策等观念。但是,斯密从来没有说,面对饥荒时,仍然应该实行这些政策。在这一点上,洪特和伊格纳蒂夫歪曲了斯密的观点,使得斯密看起来似乎被自己长远愿景的美好所蒙蔽,而无视人们当下遭受的苦难。他们认为,斯密关于谷物贸易的观点,"即使在他自己所处的时代",也为他招来了"将自然市场进程的长期模式,教条地'投射'到短期政策问题上"的名声。[①] 他们正确地指出,斯密认为"如果……粮食市场能够摆脱各种干预调停,从长远来看,穷苦的劳动大众就能永远摆脱饥饿"。但是,他们错误地暗示,斯密在某种程度上,忽视了"人类会在短期内而非将来某个时候挨饿"(NJ 14)这一事实,并

---

① 　NJ 14. 洪特和伊格纳蒂夫引用托马斯·伯纳斯(Thomas Pownall)1776 年给斯密的一封信,以及詹姆斯·安德森(James Anderson)1777 年的 *Observations on National Industry* 支持这一说法。但是伯纳尔的那段话并没有提到斯密对食品市场的看法,而是关注斯密对货币的分析,而安德森的那段话也并没有提及使用长期经济模型处理短期危机的不恰当性(安德林与斯密不同,支持把谷物奖金作为一般政策:他对经济危机时期冻结价格或开放粮仓并不感兴趣)。18 世纪的许多著作家(相信经济"公共政策"的人)确实认为斯密过于关注长期问题而无视短期问题。至少在我看来,这种抱怨并非特别指向斯密对谷物贸易的观点。宣称"到了 1776 年,斯密是坚持粮食方面维持'自然自由'的唯一旗手"显然是错误的;参见 ES 74-81,表明杜尔哥在 1776 也坚持这个立场,孔塞多到了 1792 年还依然坚持这个立场。

坚持认为政府不能干预调停粮食市场,即使这些干预对消除饥荒必不可少(18)。他们指出斯密与詹姆士·斯图亚特和阿布·加利尼(Abbe Galiani)的不同体现在,严重急需粮食时,政府……是否应该管制粮食价格(14;同样见15—18)。

斯密并不反对"在严重急需时"对粮食价格或粮食出口进行监管。他明确允许在下述情况下对面包价格进行监管,"如果存在垄断的[面包师]团体,那么对这种生存第一必需品的价格进行监管或许就是合理的"(WN 158)。斯密还指出,一个小国如果面临粮食匮乏,或许就可以合理地禁止谷物出口:

> (这些)国家对谷物的需求常常变得如此巨大和急迫,以致恰巧同时遭受某种程度的粮食短缺的邻近小国,不敢冒险为他们提供粮食,怕将自己置于类似的可怕灾难中。因此,一国采用了这种最坏的政策,可能在某种程度上使另一个国家采取原本最好的政策变得危险和轻率。……在瑞士的一个州,或者意大利的某些小州省,限制谷物出口或许有时是必要的。(WN 539)

这两段话都包含"或许"一词,都允许在面对错误政策时采取斯密一般并不赞同的措施。然而,这些话明确表明,斯密跟加利尼一样,认为防止当下的饥饿至关重要。斯密既不是农民和谷物商人财产权的绝对保护主义者,也没有因为如此关注长期目标,而无法认识到与长期目标相背的短期解决方案在某些情况下是必要的。斯密与他所有的前辈在同等程度上支持急需权——对他来说,对他的前辈来说也一样,这并不会对长期的法律和政策产生多大影响。

54　斯密与自然法财产观

[221]现在,终于可以转向洪特和伊格纳蒂夫的下述观点,即自

然法传统一直将财产权理解为对分配正义所提要求的回应。当我们发现了这个观点存在问题后,我们可以把本章讨论的有关分配正义的问题与上一章关于财产权的讨论联系起来。我们还将看到,财产权应在分配正义的背景下加以证成,这一观点在很大程度上可被视作来源于斯密,而并非想要将两者早先已有的关联解除。洪特和伊格纳蒂夫是最早的几位学者中的两位,向我们展现了如果将斯密置于自然法传统中我们所能了解的东西,从而提出了一个对《国富论》至关重要的问题。然而,他们解读自然法传统的方向完全错误,导致他们无法意识到自己对斯密的看法的真正意义所在。实际上,随着自然法传统向前发展,对那些被排除在私有财产制度之外的人的关注,变得越来越突出,而非相反,而他们所引用的早期思想家,没有一个像斯密那样,关心如何调和财产权与穷人的需要这个问题。

洪特和伊格纳蒂夫将认为,确保"有产者与无产者之间的正义",这个问题一直困扰着自然法传统对财产权正当性的证明。他们认为,阿奎那的初始假设是,世界应该由全体人类共同所有——上帝原本将世界"作为共有物,交给人类集体管理"(NJ 27)——然后在下述严格条件下允许个人财产权的出现,即个人财产权被用于满足穷人的需求。但是,这严重歪曲了阿奎那的思想。阿奎那并不认为物品最早归"人类集体管理";他明确否认自然法建议集体所有(II—II Q 66,A2,R1)。相反,他认为,在私有财产被确立之前,人们参与其中的是通常所谓的"消极共有",即任何人都可以合法使用任何物资。这与"集体管理"相差甚远,"集体管理"意味着像《使徒行传》(*Acts*)中的使徒团体那样就物资的生产和分配进行集体组织,而阿奎那实际上认为这违背了自然秩序:他认为物品的个人所有权,而非集体所有权,不仅是正当的,而且"对人类生活而言是必要的"。

对阿奎那来说,财产权的主要问题也并不在于,穷人可能因此而无法维持生计。他确实提到了这种可能性,但这只是主题之外岔开的话题。他首先想要批驳一种极端的宗教禁欲主义,这种禁欲主义认为,物质财富的个人所有权,妨碍了与基督的真正共融。尤其是,阿奎那想驳斥一对互相关连的神学命题:(1)所有物资只属于上帝,[222](2)上帝最多只许可人类作为一个团体而非单个人,使用他(上帝)的东西。财产权在《神学大全》II—II 的问题的第一和第二节 66 中得到了证成。第一节反驳下述主张,即由于无法改变任何东西的性质,因而无法自然拥有自己的东西;然后提出,上帝允许我们拥有使用外物的能力,如果不能改变外物性质的话;而这一能力事实上是人身上的上帝的形象的恰当体现。阿奎那基于《圣经》文本和亚里士多德的论点得出结论,认为上帝给予我们"对外在事物的自然支配"。第二节谴责早期教会中的如下这些人为异教徒,他们将对外物的个人所有(和婚姻)视为获得拯救的障碍,并指出,个人财产是体现自己"对外在事物的自然支配"的最佳方式。谴责这些早期异教徒,完全可以看成是在谴责阿奎那当时的众多神学对手。正如理查德·塔克(Richard Tuck)所指出的,阿奎那在这里的目的之一是质疑"他所在的多明我会的伟大挑战者,方济各会士……所践行的使徒贫困生活"。① 但这也就是说,阿奎那针对的对手,是那些认为财产权是一种宗教上不允许的依附物质的人,而不是那些关注贫富区别的不公平的人。物品的共同所有可以维护穷人的利益,这对此种宗教愿景来说是附带的。毕竟,以这种方式建立的共同体整个都陷入贫困,也并不少见,此种贫困是一个荣誉徽章,而不是令人遗憾的事或者有待解决的问题。阿奎那并不认同这些团体激进的超然世外。正如他在自己整个神学中所做的,阿奎那相比于他的神学前辈和同仁,更加充分地将上帝与他的创造融合在一起,也将敬拜上帝更加充分地与这个

---

① Richard Tuck, *Natural Rights Theories* (Cambridge: Cambridge University Press, 1979), p. 20.

创造的快乐融合在一起。无论如何,阿奎那首要担心的是物品在基督教生活中的地位,而不是(除了附带地)财产所有权与穷人之间的关系。

格劳秀斯没有这些神学上的疑虑,但他对财产权的捍卫,也同样并非源自对"有产者与无产者之间的正义"的担忧。相反,他把财产权作为他对战争与和平研究的一部分。他所关注的是诸如财产权如何能够成为引发正义战争的理由,哪些财产在战争中可以被合法地征用以确保征战军队的供给。财产权的起源在很大程度上成了人们思考下述问题的基础,即海洋以及其他大型水道,在何种程度上真正为所有人共同所有,而不应由一个国家控制以损害其他国家的利益。格劳秀斯对财产权的证成主要基于这样一个事实,即如果没有这些权利,人们就会陷入不断的冲突。那么再一次,穷人如何满足他们的需求,就在很大程度上是一个附带问题,只是财产制度的一个边际约束,而非这一制度的结构性特征。①

洛克(ST V. 34)在他对财产权的著名证成中指出,财产权是增加所有人类都可享有的"生活福利和……便利"的一种方式,[223]财产权最终取决于劳动,在完全实现的情况下,可以打造一个"英国的日工"比北美印第安人国王生活得更好的世界。在此过程中,洛克可能会否认穷人的需求可以对抗财产权,但他至少比阿奎那和格劳秀斯更重视财产权在帮助穷人方面的有效性。但这个问题并非洛克的主要关注焦点。财产取决于劳动的观点服务于洛克的政治主张,为征税需要得到人民同意这一观点辩护。国王在没有征得议会同意时,没有征税的权利,因为税收来自人们的财产,而财产,不管它有可能被成文法律体系如何转换,都植根于劳动者有权拥有自己的劳动成果这一前政治权利。在

---

① 这颠覆了 NJ 37 页暗含的观点,即在洛克之前,对穷人的关心是财产权证成必不可少的内容,只有在洛克之后,才成为了财产权的"边际约束,而非结构性条件"。

为这一观点辩论的过程中,洛克想要展示劳动在促进物资增长方面的作用,而他对这一点的证明包括了斯密引用的那个说法,即北美印第安国王所统治的人民,无法通过劳动改善他们的土地,这位国王的"衣食住行都赶不上英国的日工"(ST V. 41)。因而,洛克这么说是为了证明劳动的巨大生产力,而不是要证明财产权能公平对待穷人。

最早提出后一观点的是休谟,而斯密进行了更充分的论证。休谟在《人性论》和《道德原则研究》中讨论正义和财产时,首先强调,某些正义行为本身,单独看可能是愚蠢或残忍的。在《人性论》中,这引导休谟发出疑问,为什么我没有权利使用富人的财产,即使"如果我处于急需状态,并有迫切的动机为家人获取物品"? 在《道德原则研究》中,休谟在首先做出让步之后,开始为财产的不平等辩护:

> 自然对人类是如此慷慨,倘若她的馈赠在所有人中平均分配,并通过技艺和勤勉加以改善,那么每一个人都能享受一切必需品,甚至是大部分的生活舒适品;人们也不会那么容易患病,除非由于身体病态的结构而偶然导致的疾病。我们也不得不承认,一旦我们偏离这种平等,我们就都是在剥夺穷人去满足富人,一个人轻率虚荣心的小小满足,往往消耗的是许多家庭赖以糊口的面包。(E193—194)

说完这些后,休谟继续论辩说,任何想要建立完全平等的企图都会:(a)将整个社会拖入贫穷状态,(b)要求对自由进行极端的限制,(c)破坏原本旨在确保平等本身的政治结构。因此,所有人,包括遭受不平等待遇的穷人,生活在私有财产制度之下,也好过试图用平等分配物品取而代之。财产,就像保护它的正义德性一样,在特定情况下会产生明显不良的影响,但这整个体系可以为每个人提供的益处远胜过坏处。

斯密提出了大致相同的观点，更加强调私有财产制度给穷人施加的负担。在《法理学讲义》出版的两套讲义笔记中，正如洪特和伊格纳蒂夫正确强调的那样，斯密[224]在开始讨论政治经济时，就生动而夸张地展现了贫富分化中的不公正：

> 在相互支持的万户家庭中，其中 100 个也许完全不劳动，对互相支持毫无贡献。其他人在维持自己生活的同时，也维持他人的生活。而这些维持自己及他人生活的人，却完全不如那些根本不工作的人生活得安逸、便利和富足。那些除了发出几个指令就无所作为的富裕商人，要远比操持所有事务的文员生活稳定、奢侈和安逸……而这些文员除了接受监管这一点外，又比那些装备商品的工匠，生活远要安逸和富足。工匠的劳作也勉强可以忍受：他不受恶劣天气的影响，如果我们再把他的生活和贫苦的劳动者相比，他的生活不可谓不舒适。这些贫苦的劳动者，遭受土壤贫瘠和季节更替带来的不便，同时一直承受着严酷天气和最繁重劳动的折磨。因此，事实上真正支撑着整个社会框架，为所有其他人提供便利和安逸生活方式的人，自己却只享有很小的份额且寂寂无名。他肩负着整个人类的生存，无法承受其重压，被淹没在世界的最底层。(LJ 341)

贫穷工人就是阿特拉斯，支撑着整个宇宙：斯密这里勾勒的画面，完全可以成为 20 世纪 30 年代和 40 年代，社会主义政权为工人阶级树立的英雄纪念碑。这个段落非常卢梭——只是卢梭自己并没有类似的段落如此清晰地展示贫富差异的不公平。

《国富论》早期草稿有一段对应的文字，明确告诉我们，这种贫富分化是不公平的。一开始斯密这样写道：

　　　假设……将大众的劳动产出平均公平地进行分配，我们
应该可以期待，相比于单个人单独劳动，每个个人都会获得稍
多的产品供给。但是，就一个大社会的劳动生产而言，从来就
没有所谓的公平平等分配。在由十万个家庭组成的社会中，
也许就会有一百个家庭根本就不劳动，而是通过暴力或是更
有秩序的法律压迫等手段，雇佣比一万个其他家庭占有更多
的劳动。（ED 4，重点为作者所加）

最富有的人"通过暴力或更有秩序的法律压迫"获得财富，这是比
《法理学讲义》中其他所有内容更为令人吃惊的卢梭式说法。斯密
也直截了当地告诉我们，正是这种不公正的物品分配，导致了斯密
将在《法理学讲义》中指出的，穷人"被淹没"在其勉力支撑的社会
最底层。斯密在《法理学讲义》中接着指出，这种"不公平和不平
等"的物品分配仍然会使最贫穷的工人比更平等主义的社会中最
富有的人生活得更好。在这里，我们读到了洛克的北美印第安国
王（LJ 339，489，563）在物质生活上，比英国[225]最贫穷的日工更
糟糕。斯密为不平等给出的正当性辩护，与我们在两个世纪后的
约翰·罗尔斯（John Rawls）那里读到的基本一致：不平等，当且仅
当最贫穷的人也能比在更平等的物品分配条件下生活得更好时，
才是可以接受的。
　　公开出版的《国富论》并没有出现像在《法理学讲义》和《早期
手稿》中对不同工作的详细分类，让我们切身感受到辛勤工作和舒
适生活之间的颠倒关系。然而，关于商业社会中最贫穷的人也比
一个更平等的部落的国王生活得好这一点，构成了第一章著名而
又戏剧性的结尾——而这个戏剧性的位置使得其在修辞上，比洛
克或《法理学讲义》和《早期手稿》更有效——斯密继续指出，私有
财产制度首先保护富人而不是穷人，只是间接惠及穷人（710，
715）。最后，在《法理学讲义》和《早期手稿》中凸显的关于穷人地

位的酸辣讽刺，也出现在《国富论》中斯密关于主人试图让他们的工人保持贫穷的多次评论中。

在这一问题上，值得一提的是休谟和斯密在语调上的差异。斯密接过了休谟提出的关于不顾穷人需求而保护财产权的合理性这一问题，以及休谟提供的回答，但是这个问题在斯密这里得到了更大的凸显，并带有非常不同的情感色彩。休谟提出了我们所谓的"正义悖论"（比较 NJ42），即宣称通过保护每个人的权利，平等尊重所有人类的制度，实际上都会将不公平的财产分配合理化。但这一悖论对他而言，只是为了说明他的下述哲学观点：正义是一种人为德性，其根基取决于效用而非即刻的赞同。对斯密而言，这一悖论蕴涵具体的道德和政治意义。斯密渲染的商业社会贫穷工人不成比例的工作付出和微薄的回报细节令人震惊，因此，即使最终斯密赞扬商业社会能够使这些工人比早期文明阶段的人活得更好，他似乎也不希望我们全心全意地拥抱我们现在所处的社会阶段。

因此，休谟，尤其是斯密，第一次使私有财产制度直面不公平这一假定：正是穷人的受苦受累才使富人的奢侈享受成为可能。休谟和斯密都为这个假定提供了答案，但是他们为财产问题作出的新贡献在于，他们将这一假定置于其相关论述的中心。对斯密和休谟而言，吝啬和贪婪的人能够获取大量的财产，而勤劳的人却几乎一无所得，这几乎是荒谬的，甚至不道德。只有当我们认为，严格的财产权制度在整体上保护了每个人的自由，并从长远来看，每个人都会比平等主义制度下生活得更好，我们才能接受这样的权利是正当的。休谟和斯密绝没有隐藏或忽视正义的悖论，而是通过尽可能地将其赤裸裸呈现，来为财产权辩护。[226]这种做法使他们不同于阿奎那和格劳秀斯。对后者而言，财产权和穷人需求之间的紧张关系至多只是隐约潜伏在对神或战争的关注背后。休谟和斯密第一次将穷人的遭遇作为财产权证成面临的问题。因此,洪特和伊格纳蒂夫所谓需求和权利、"需求诉求"和"财产诉求"之间的"矛盾"(NJ 2,42),只有在自然法传统发展到现代才会出现。在休谟和斯密之后,一些激进分子开始完全否认财产权的正当性,认为正义要求废除私有财产。但是,做出这些举动的激进分子借用了休谟和斯密提出的问题："如果在保护富人的同时却使穷人处境悲惨,那么财产权如何得到证成呢?"激进分子们为这个问题提供了不同的答案,他们不认同从长远来看,财产权实际上对穷人也有益。然而,正是休谟和斯密而非自然法传统中其他更早的思想家,提醒他们正视这一问题。

我并不是要说,斯密一定会捍卫现代福利国家,更不用说现代社会主义了,或者他后来的追随者在抱怨大型官僚机构管理的福利计划时援引斯密是错误的。斯密确实希望政府通过有限而明确的一般法律运作,而不是任由官员随意决策;他担心任何会对人们日常生活带来干扰的事情的低效及其对自由构成的危险。但他并没有说,所有重新分配资源的企图,都会以这种方式涉及官僚势力。当然,这个说法本身就不准确。他也并不认为重新分配资源帮助穷人,原则上超出了国家的能力或合法范围。相反,在他关于穷人的权利以及穷人应该得到什么的认识中,斯密为特别现代的分配正义概念的形成做出了贡献:即国家缓解或消除贫困是它的一项责任而非恩典。

第五部分　政治

第十一章 政治

[229]对斯密思想的自由至上主义解读的根据是斯密对政治所抱有的怀疑和不屑。许多自由至上主义者反对政治干预个人事务是基于下述信念,即:要求人们如何行事是不对的,除非人们对他人实施暴力或欺诈。我们在本书第四章中看到,斯密并不认为干涉个人的行为总是错误的,即使抛开暴力或欺诈的情况不提。他既不像兰德(Ayn Rand)那样推崇自利,也不像诺齐克(Robert Nozick)那样认为干涉自利行为是非正义的。但他确实认为,政府官员往往效率低下、腐败、虚荣,因而政府行为并不是解决大多数社会弊病的好方案。斯密对政治的敌意具有深刻的哲学根源,这使他不同于后来具有悠久传统的所谓左派,左派认为政治行为具有内在价值,也不同于这样一些宗教和民族主义传统,它们要么将政府视为道德教育的来源,要么赞颂国家,认为国家权力的延伸具有其内在价值。在本章中,我们将研究斯密对政治家的看法以及这种看法如何影响了他对民主、公民身份和战争的态度。

55   政治家的道德缺陷

斯密对政治家的德性以及他们引导人们走向德性的能力并不抱有乐观的想法。他把政治家描述为"阴险和狡猾的动物"(WN 468),这也许是斯密对政治家最著名的抨击,而在《国富论》和《道德情操论》的许多其他段落中,斯密也指出政府部门倾向于吸引和产生特别虚荣、傲慢或不那么令人钦佩的人。他承认"智慧的人"偶尔会在塑造或改革国家政治组织方面发挥宝贵的作用(TMS 231—232),但斯密摒弃了许多同时代人持有的观念,即政治领导人有能力塑造其同胞的道德观念或规范其道德实践。哈奇森曾经说过,主权者应该在道德原则上,费心给予公民以指导,其中包括自然神学。① 斯密说道:"世俗的主权者,尽管很可能完全有资格保护人民,但是却很少被认为完全有资格给人民以指导。"(WN 798)他还告诉我们,国王[230]和大臣们"永远,毫无例外地是社会上最大的挥霍者"(WN 346),成功的军人、政治家、立法者和政党创始人往往"过高的自我评价,妄自尊大",而一旦他们获得成功,我们就会通过同情共感感受到他们的自我赞赏,因此忽视他们所从事的事业中的种种轻率和不公正(TMS 250—252)。他承认成功的政治领导人往往是勇敢的,但警告说,他们的勇敢往往与残酷和暴力相伴相生(TMS 55,64—65,152—153)。即使没有伴随着

———————

① "所有法律的最终目的都应该是为一个民族的整体善和幸福服务,而这主要取决于民众的德性;立法者事业所必定要推动的也是……真正的德性原则,例如引导人们虔信上帝,以及对自己同胞的一切公正、和平和善良的倾向;……就虔信上帝的倾向而言,坚定地信仰上帝的善意,以及他对整个世界的掌控,并且在后世维护正义……是最崇高的幸福来源,所以它们也是践行所有合群的、友好的和英雄事迹的最强烈的动机。民政权力应该确保民众在这些方面得到良好的教育,使他们理解所有的道理,理解所有能够提高上述信仰并确认这些倾向的理性诱导。"(SMP III. ix.1,vol.II,310—311)

暴力,政治家的虚荣也可能导致他们傲慢地将自己的意志强加于人民大众。政治家很容易在"自己的自负中自认明智",因而被"体系"吸引,不尊重"体系"本应该服务的人民的独立规划(TMS 185,233—234)。在斯密看来,这种傲慢足以使政治领袖无法成为有德性的人:谦卑对于真正有德性的人是必不可少的。上文(第16节)已经讨论过这点,我在那里反对将斯密看成精英主义者,但即使他是一位精英主义者,大多数政治家也显然不属于他所谓的精英人士。① (这与亚里士多德形成鲜明对比,伯里克利被他视为道德的典范。)甚至政治家是否通常都具备足够的德性以履行自己的本职任务都不明了。斯密告诉我们,对公共福祉的无偏私关注在政治上至关重要(WN 471—472,TMS 231—233),但他也明确表示,这种关注在担任政府职位的人士中总是令人遗憾地缺乏,而且在战争或内乱这样最需要这种关注的时刻,往往最为缺乏(TMS 154—155)。回想一下,斯密认为,我们对经常见面并熟悉的人最能做到仁慈,而随着我们影响的群体范围的扩大以及越来越陌生,我们的道德情感就会淡化。因此,献身于大众利益是罕见的,而由于那些受其决定影响的绝大多数人,通常都是他一辈子无缘会面的人,因而做事冷酷而有失公正就相对更容易出现。再加上推动人们走向政治成功的"过度自我钦佩",政治领导人很少能成为道德修为的模范就不足为奇了。

斯密与他的老师哈奇森之间最突出的一个差异,就在于这种对政治家的品格和能力的不同看法。哈奇森认为,"人们会自然而然地尊重和赞赏在别人身上发现的奇异能力:如勇气、智慧、仁慈、

---

① 斯密写道,一般而言,处于社会顶层的人——无论他们是通过出身、金钱还是政治权力获得的地位——往往比那些社会底层的人更没有德性;在TMS 54—56和63—64中,斯密认为,"中等和低等社会阶层的民众"比社会上层民众更有可能成为有德性的人,而在WN 794—796中则指出,贫困工人更容易践行特别严苛的道德标准。

正义、公共精神"，因而，人们将"自己重要的利益"托付给具有这些品性的人，"极力促使他们负责管理社会公共事务的显要位置和权力"（SMP III. iv. i；213）。斯密认为，德性品质是"看不见的"且"总是有争议"，因而要社会据此赋予等级和权力，总是"非常不便"，相反，政治职位经常趋向那些不那么令人钦佩但更为"可感知的"特质，如年龄、财富和贵族的出身等（WN 711,711—713）。斯密进一步分析了什么吸引人们登上权力的高位，而正是这一点又使得找到真正有德性的政治家的可能性更为暗淡：

　　[231]若英国允许每个美洲殖民地……选举一定数量的代表……；那么，各殖民地领导人物就有了一种获得重要地位的新方法，一个新的更迷人的野心目标。他们不再浪费光阴希望在殖民地派系这张小彩票中赢得小奖，而是……希望在不列颠政治这张巨大的国家彩票中赢得某种大奖。除非用这种方法或某种其他方法……保持美洲领导人物的重要地位并满足他们的野心，否则他们不大可能会自愿服从我们。（WN 622—623）

　　一个人，积极进取、野心勃勃……他是怀着什么样的急切心情到处寻找能使自己扬名立万的好机会呀！在他看来，凡能提供这种机会的环境，都是他想要的。他甚至满心欢喜地期待国外战争或国内冲突的到来；他暗自窃喜并满心欢愉，因为在伴随着战争冲突而来的那一切骚乱和流血中，他看到那些他所希冀的大显身手的机会出现的可能——他可抓住那些时机吸引人们对他的关注，获得人们对他的钦佩。相反，[出身]显赫的人……一想到任何需要连续和长久地努力保持耐性、勤勉、刚毅和耗费心思的情形时，就会害怕得战栗发抖。在那些出身高贵的人身上……几乎见不到这些德性。（TMS 55—56）

后一个段落给了我们两种无法令人钦佩政府官员的自然候选人,并继续告诉我们"所有政府……甚至……君主政体"都更倾向那类热衷于战争和国内斗争的野心勃勃的人,而不是更为懒散和热爱和平的那类贵族。无论如何,熠熠生辉的政治奖赏,恰恰为那些渴求关注的人提供了诱人的激励——与之截然相反,正是以内心为导向并更关注值得赞美而非赞美本身的那类人才有可能成为美德的典范。因此,对于斯密而言,在引导我们走向功成名就和引导我们走向道德发展的激励之间存在竞争,而那些接受第一种激励的人,远离而非接近了第二种激励。过分关注"外在人们的欢呼"会使我们无法关注自己内心的平静声音。公众钦佩的嘈杂声是圣人所要避免的,而那些追求公众钦佩,而非"内心之人"作出的更为诚实的判断的人,已经丧失了由良心指引自己的能力中至关重要的部分(TMS 130—131;还可参见 247—248)。①

在上面引用的《国富论》的段落中,斯密也对政治家的所作所为对社会的价值不置可否。政治职位似乎只是彩票的奖品,"发"给美洲领导人物以交换服从。斯密似乎并不关心幸运的获奖者是否能为其代表的人民或整个不列颠很好地履行其职责;他关心的只是"维持[他们的]重要地位和满足[他们的]野心",这样他们才会停止参与其中的战争。必须补充这段文字的修辞背景[232]——在 1776 年,只有以鄙夷的语气谈及美洲的领导人物,英国读者才有可能注意关于美洲在国会代表权的提议——但是,在这里或其他地方,都很难发现斯密非常认真地考虑政治领导人的工作内容。对斯密来说,政治职位就像其他任何工作一样:随着分工的进一步细化,与其他工作一样,成为了一种专门的职业;因此,它反映了一种真实的人类需求,但它并不值得人民大众或古典哲

---

① 　比较 ASD 137:"考虑到 TMS 对公共生活中的正直标准的明显嘲讽,我们可以假设没有哪位圣人会愿意成为民族英雄。"

学家所赋予的人类最崇高职业的称号。实际上,政治职位的"耀眼"并不比彩票中奖的耀眼更有价值。

斯密确实认为在某些时刻,政治领袖能够在社会上发挥非常重要的作用,而在这些时刻,他认为让德高望重而考虑周全的人加入这一队伍,就至关重要。他谴责那些将僧侣和修士的生命看得比"政治家和立法者"这些"人类的……保护者"①更重要的人。他告诉我们,处于内乱时,我们需要具备"真正政治智慧"和深刻爱国情怀的人,弥合社会裂痕,谨慎修改宪法(TMS 231—232)。能取得这些成就的人,斯密写道,"就可以被认为是最伟大和最高贵的人,也是大国改革者和立法者中最伟大和最高贵的"(TMS 232)。基于这些段落,温奇曾尝试复原斯密身上的公民共和主义传统,认为斯密确实相信政治可以成为人类的最高成就之一(ASP 159—160)。但是,危机时刻需要有德性的人掌管政治权力,并不意味着政治权力通常是展示德性的好舞台。斯密明确把伟大的改革者和立法者的成就,看成绝大多数政治家中的例外而非典型。正是因为德性通常与政治很难结合,因而任何显示出德性的政治家必定非同一般地令人钦佩。当一个国家出现派系斗争或其他严重的政治动乱时,一位政治家能够克服政治上的道德难题,为构建优良的宪制做出贡献,可以被正当地认为是"最伟大和最崇高的人物"。立法改革者之所以如此令人敬佩,正是因为斯密认为人们通常是出于恶德的刺激才会参与政治,并且参与政治又会使政治人物变得更为自私偏颇。斯密对于动乱时期伟大立法者的德性所表达的

---

① TMS 134. 这段话首先列出了三大类积极促进人类发展的人,他们分别是"政治家和立法者","诗人和哲学家",以及那些改善了我们物质生活水平的人,然后分别把这些积极生活(vita activa)的典范描述为:人类的"保护者"、"指导者"和"恩人"。既然后两项很好地对应了上一个分类中的后两类,我就想当然地认为第一项与第一类相对应。因而,最好的政治家和立法者保护我们(应该是不受暴力侵害),但他们并不负责改善我们的品格或物质条件。

积极态度,附着于他关于正常政治过程是邪恶的看法。

因此,我同意布朗而不是温奇在这个问题上的观点。布朗非常有文采地指出,与其同时代的相似文献相比,《国富论》的独特之处在于"消除了立法者/政治家……在构建宪制、维持立法规划、管理经济或促进公共德性方面的领导作用"(ASD 210—211;另见120—140,209—212)。斯密并不认为有德性的政治家在促进社会的福祉方面通常能够发挥什么常规作用,尽管他确实认为,在某些时刻有德性的政治家必不可少。但是,在经典文献中,绝大多数对政治是德性可以闪光的舞台的颂歌背后,秉承的[233]正是普通正常社会生活需要智慧领导者的引领这样一种观念。在詹姆斯·哈林顿到汉娜·阿伦特(Hannah Arendt)这些古典观点的现代追随者那里,也正是这个观念激发了参与式公民身份是人类善必不可少的组成成分的信念。与之不同,斯密提出的道德概念,"将政治人格的发展排除在外"(ASD 211)。对他而言,道德人格和政治人格互相冲突:其中一个并不会自然而然地从另一个中生长出来,更别提其中一个完善另一个。

56　政治家的认知缺陷

然而,斯密对于政治家的不信任,最深刻的原因并非来自他对道德的看法,而是来自他对认知的看法。这表现在《国富论》非常著名的几个段落中,其中密切关联的两个段落如下:

> 关于应该把自己的资本投入到何种国内产业……显而易见,每一个人处在他当地的位置做出的判断,比任何政治家或立法者替他做出的判断好得多。试图指挥个人应该以什么样的方式来使用他们资本的政治家,不但是关注了最不该关注的事情,而且僭取了一种不能放心地委托给任何个人或者委

员会、参议院的权力。这种权力落入一个愚蠢和傲慢到自认为适合行使的人手中,是再危险不过了。(WN 456)

[在自然自由体系之下,]每个人,只要不违反正义的法则,可以完全自由地以自己的方式追求自身利益,用自己的勤勉和资本与其他人或其他阶层的人竞争。主权者也就完全摆脱了一项职责,在试图履行该职责的过程中,他极易陷入无数谬见,要行之得当,恐怕不是人类的智慧或知识所能做到的;该职责就是指导私人产业,使之最适合于社会利益。(WN 687)

这两段话都告诉我们,对于任何一个人甚至任何一群人来说,如果认为他或他们足够博学以至于能够指导泱泱社会中个人的许多经济决策,甚至会比个人自己做得更好,那是“愚蠢的”想法或一种“谬见”。如前所述(§5,7,22),斯密将人类的知识视为高度特殊化的,能够更好地掌握特定事件的细节,而不是从这些事件中进行概括。事实上,斯密让自利负责经济决策,在很大程度上是因为他认为自利能够引导人们适当地关注细节。像其他动物一样,我们能够更好地感知与我们关心之事相关的细节。因此,应该总是让人们自己确定,什么对他们自己的自利而言是必要的:他们会比任何一个立法者或政治家更在意,因此也会更为了解。相比于政治家,自利赋予了个人认知优势,更了解什么才符合他或她的利益。斯密[234]并没有说,人们应该总是被允许基于自利行事,或者在事关超越自利的事情上也不应接受国家的调整。“法律应该总是相信人们自己会关心自己的利益”(WN 531),斯密写道,而不是说,法律应该总是让人们自己去关心自己的利益。在这里,正如上面引用的第456页所述,斯密谴责了家长式立法——这类立法旨在比人们自己更好地帮助人们,而非旨在保护人们不受其他人侵犯。

在第 687 页的几行文字中,斯密的目标也同样狭小,这些文字构成了著名的第四卷结论中的一部分。斯密并没有告诉主权者,自然自由体系免除了他们所有可能侵扰私人行为的职责,只是说免除了他们此类中的"一项"职责。那么这"一项"职责到底是什么呢? 答案是引导资本和劳动力促进产品生产的增加的职责,因为履行这一职责所要求具备的知识超出了人类可以企及的范围。此外,第四卷大篇幅论证反对的正是这一职责。在整个第四卷(在某种程度上是整个《国富论》)中,斯密所展示的是"偏好和限制的体系"(如重商主义和重农主义体系)总是误导社会的投资,把过多的资金引向某个行业,或者强制过多资金离开另一行业。① 因此,就增加国家的总财富这一目的而言,它们都完全不如让行业在没有政府干预的情况下自由发展那么有效。经济增长并非政府应该承担的任务,因此主权者也无需承担引导"个人的劳动……流向最符合社会利益的就业"这一职责。

除了那些所谓能促进经济增长的职责外,这里没有谈及政府的其他职责。第四卷的结论部分并没有表示,产品的分配应该单独留给个人负责,更别提对外部效应的控制如污染或促进培育自由的机构(如教育)的发展。斯密并没有表明,也不可能会争辩说,他的经济观点表明所有政府职责该是如何。当他告诉我们,每个人都应该自由地"追求自己的利益"时(在正义的范围内),上下文明确表明,他只是说这种自由是追求经济增长的最佳途径。斯密总体上没有宣扬自由至上主义的政府原则。事实上,他接着赋予主权者的第三类职责,即建造或维护公共工程和机构,这些工程和机构"永远无法为任何个人或少数人带来利益",但是"由社会经营时,却经常是收益超过成本"。这第三类职责范围足够广,几乎包括福利自由主义者(而不是自由至上主义者)赋予政府

① 比如,参见引文原文中的上一段落:687,§50。

的所有职权。斯密的第三类职责,描述了对社会有益而无法赚取利润的机构。那些帮助穷人但穷人负担不起的机构,就是最好的例子。斯密把自己关于公立学校的建议,放在这一类别之中,而第三类职责的内容[235]原则上可以包含公共住房、医疗保健、失业保险以及诸如此类。提供教育或培养人们认为他们并不需要的德性的机构也属于这类。对于现代自由至上主义者来说,后一类机构尤其是一种道德上的冒犯。他们认为,政府不应该试图改变它们代表的个人。相反,斯密毫无顾虑地把建立培养勇气和智慧以及抑制宗教狂热的机构纳入主权者的第三类职责。因此,将斯密对重商主义和重农主义政策的反对,解读为基本上与现代自由至上主义者有关政府只需保护我们所有人免遭身体伤害的主张类似,是非常严重的误读。

　　希姆法尔伯就是犯了这一错误。她写道,斯密提出的建立大规模公立学校的建议"与他自己整个的学说矛盾"。"斯密花了两大卷篇幅的大部分,反对政府监管",她说,"现在却提出了一个比以往任何时候都更多要求政府参与的计划"。① 然而,事实上斯密并没有用两大卷篇幅的大部分,反对"政府监管"本身;斯密花了两大卷篇幅的大部分,反对以增加国民财富的名义进行政府监管。斯密在第一卷到第四卷中指出,真正能够实现财富最大化的是不受政府指引的个人努力,而不是政府试图将资源引导至某个经济渠道的努力。然而,政府不应该插手财富的生产并不意味着,政府不应介入任何社会过程。正如希姆法尔伯所意识到的那样,②斯密的总体政治观点是政府应尽可能促进其臣民的自由。但是,促进自由可能要求政府在不强加某些法律的同时,另提供某些相关机构。如果人们陷入"严重的无知和愚蠢"(WN 788),如果他们无

① Himmelfarb, *Idea*, 59.
② Ibid., 60.

法"参与任何理性对话","甚至无法对个人生活的日常职责做出公正的判断",那么人们就被剥夺了一部分自由。失去理性、失去"形成公正判断"的能力,也就丧失了在知情情况下做出自由选择的能力。因此,对他们而言,培养理性和判断能力是在恢复他们的自由。从这一角度看,斯密提出的政府帮助承担落实学校教育的职责,甚至要求对所有儿童进行一定程度教育的建议,是保护人民自由所必需的。① 他主张政府提供学校教育的理由,直接源自他的学说而不是与之相反。如果还有其他机构能够同样促进自由,斯密的学说会要求政府同样确保其存在。②

但是,斯密描述的任何人对自己社会的了解存在局限性这点,应该会让相信政府能成功保护自由的人有些犹豫。再加上斯密对政治家的明智、正直和公正品质的怀疑,助推了对斯密思想的自由至上主义的解读。[236]如果人们接受在《国富论》第 687—688 页达至高潮的那些论证,他们将很不情愿地将某项职责交给政府。正如格里斯沃尔德所说,"斯密的政治经济学著作中到处都在要求举证:国家或许可以用各种方式进行干预,但希望国家这样做的人,必须说明为什么[在每一个具体的情况下]应该这么做"(AVE 295)。

斯密自己在许多情况下承担了举证责任。斯密提议,政府限制私人信用票据(WN 323—324),赞同当时政府对这些票据的产

---

① 格里斯沃尔德认为斯密呼吁国家让基础教育成为"出于公共效用的理由,人们的自由不得不让步的领域"(AVE 294)。但是,斯密并不认同纯粹从功利主义角度为这一做法辩护:"虽然国家无法从为社会下层民众提供教育中获益,但下层民众完全不受教育这一问题,仍然值得其关注"(WN788)。而且,此话的上文也清楚地表明,教育应该得到国家的关注,因为精神残缺的民族丧失了"人性中的本质部分"。为了民众自己的自由,国家需要确保他们得到教育。

② 在《第三种自由》一书中,我阐述了这一观点,即斯密关于自由的观点,应被视为介于标准的"消极的"和"积极的"自由概念之间,而不仅仅是"消极的"自由概念。对斯密而言,自由是有条件的,而政府应该提供那些市场无法提供的条件。

生方式采取的一系列干预措施(WN 325—327)。斯密还提议创办小型公立学校、每个人参加民兵训练，以及任何人进入职业领域前接受"科学与哲学"培训(796)。这些是相当小规模的建议，对政府官员的能力和德性持怀疑态度的人可以接受，但对政府塑造社会持原则性反对意见的人是无法接受的。斯密是否会支持更彻底的现代福利国家计划，这很难说。他原则上可能不会反对其中任何一个，但是，这些计划都不得不就政府处理这些任务的能力满足他的"举证"要求，而许多计划将无法做到这点。

57　"私营部门"的问题

艾玛·罗斯柴尔德最近提出了一个非常重要的观点，纠正了关于斯密的一些常见误读：

> 斯密所指责的不仅是国家政府机关；还包括（甚至尤其是）教区、公会和公司、宗教机构、合并城镇、特权公司的压迫统治。国家政府最阴险的角色之一，事实上是允许或确认这些中间统治机构的压迫力量。对地方机构的批评，针对它们隐蔽的、并非完全公共的、也并非完全私人的权力，是斯密政治批判的核心。(ES 108)

现代自由至上主义者处理政府机构固有问题的常见方法是将社会问题转交给私营部门。"私营部门"是指公司、教会和其他志愿组织以及公民个人、家庭和邻里。这就是说，他们并非想要说，个人完全有能力自己解决贫困或环境恶化等问题（尽管他们通常认为这要远比大政府的倡导者所认为的可能性大）。相反，他们认为，许多大型企业所要追求的利益以及教会和其他志愿组织的仁慈，将引导他们去帮助解决这些问题，而这些"私人"团体很有可能比政府运作得更为顺畅和高效。斯密完全有可能会拒绝认同所有这一切。像[237]通用汽车或天主教会这样的大型组织机构,到底是否应该被视为"私人"实体,也都还不好说。① 斯密对政治家的各种问题的分析也适用于这些实体的领导人。

斯密明确指出,大型教会和公司很像政府,会行使权力干扰个人本来能够根据具体情况采取的行动。如果让它们与政府竞争社会控制权,那么还不如把这个控制权交到政府手中。政府毕竟专门受委托为世俗的公民利益服务,而且在大多数国家,当然也包括在共和国,政府在某种程度上受到公民的约束。教会和公司都不需要受到这样的约束,它们当然也不是受公民委托为世俗的公民利益服务的机构。此外,斯密强调,教会和商人的利益可以而且往往都与公共利益对立(WN 266—267,797),当这些团体获得世俗权力后,他们都会倾向于运用这种权力促进各自荒谬的派系教义或私人物质利益。斯密写道,商人的统治"比任何国家的所有政府统治都要糟糕"(570;另见 637—638,752)。他将中世纪天主教会描述为"对公民政府的权威和安全构成威胁的最强大组织"(802)。

商业习惯与公众利益之间的极端不兼容是《国富论》阐述的重点;斯密非常担心商人对英国政治决策的巨大影响力,并计划将经济和国家分离,既保护国家免受经济利益的腐蚀,也保护经济免受政治势力低能的影响。然而,斯密认为教会的政治影响与商人的政治影响同样有害,因而也同样支持教会和国家分离(792—796)。事实上,斯密将教会比作公司,"任何国教的神职人员都组成了一个巨大的公司"(797)。然后,他将关于宗教机构的大部分章节,用

---

① 温特劳布(Jeff Weintraub)清楚地表明,事实上,就一些(尽管不是全部)所谓的"私人的"产业或教会,可以有几组不同的"公共的/私人的"区分:参见"The Theory and Politics of the Public/Private Distinction", in Weintraub and Kumar(eds.), *Public and Private in Thought and Practice* (Chicago: University of Chicago Press, 1997)。

于阐述选定教会领袖的政治运作，以及大型教会试图使世俗政府屈服或与之结盟的各种方式。他将教会描述为政治主权者的对手，指出天主教会在中世纪援助穷人的做法使其拥有了"很大一股对世俗力量的控制权"（802）。从公共利益的角度来看，政府最终从教会控制中解脱出来是一项伟大的胜利："人类的自由、理性、幸福……只有在政府[而不是教会]有能力保护他们时，才会兴旺"（802）。斯密建议将来的政府不要把任何一部分权力委托给商业集团或宗教组织，不能让这些组织"履行主权者职责"（733）。斯密认为，没有政府的支持，没有与政府任何形式的联盟，商业和教会团体自然会随着时间的推移分裂成越来越小的实体。他认为，与其让社会充满大型的经济或宗教势力，还不如由许多小型互相竞争的经济团体和宗教机构构成。[238]因而，斯密绝不会提出，将诸如福利或教育等政府应该承担的任务，委派给谋利企业或宗教团体。罗斯柴尔德正确地指出，斯密会反对任何倾向于"授予或认可中间机构的……压迫力量"，如教会和特权企业。

　　然而，说政府不应该"授予或认可"宗教和商业组织的权力，并不是说这些组织本身就是政治实体。但是，任何种类的大型组织都需要一种与政治体非常相似的管理结构，而斯密分别在整个《国富论》的 V.i.e 和 V.i.g 中从明确的政治角度分别讨论了企业管理和宗教管理。更进一步，斯密对政治问题的分析同样适用于大型宗教、商业机构和其他"私人"机构。

　　首先，大型教会或企业的领导人，往往与政治领导人一样，在社会上占有突出地位，因此，在这些组织里的地位会像政治地位一样刺激道德败坏。像比尔·盖茨（Bill Gates）或教皇约翰·保罗二世（Pope John Paul II）这样的人，在很大程度上生活在公众的视野中，因而渴求此种受"外面的人"追捧的欲望构成了很大一部分的行事动力，激发人们试图取得像盖茨和教皇一样的地位。就教会领袖而言，以公众眼中的形象而非自己的内在发展为动力，事实上要比政治上的此种动机更危险,因为教会领袖而不是政治领导通常会被当作道德楷模。这意味着,教会的道德败坏会破坏民众的道德素质,与政治家的道德败坏所带来的影响不可同日而语。这也意味着,教会的领导地位将吸引道德浅薄且虚伪的人,这些人的品格比那些追求政治的人更为恶劣。

斯密在《国富论》803—808阐述了所有这些关于教会及其领导人的观点。在《国富论》的267,斯密对商业领袖提出了道德批评:他们是"一群……普遍能从欺骗甚至压迫民众中获利的人,因而也确实在许多场合欺骗和压迫了民众"。他们的工作方式更容易使他们极端狭隘地关注自己和朋友的利益,无视竞争对手的利益,更不用说整个公众的利益了(144—145,266—267,456,461—462,734)。在商界取得突出成就的人,并不会像教会领袖那样容易变得虚伪或误人子弟,但是他们的处境确实使他们惯于追求自己的利益,而对政客和宗教领袖被认为应该负责的更大范围的道德问题,甚至连假装关心一下都不愿意。这种狭隘的、非常自私的、缺乏公民性的态度,斯密称之为"卑鄙的贪欲和独占的精神",这意味着商人特别不适合"成为人类的统治者"(493)。

第二,判断在一个大社会中,在所有那么多具体情况下,什么才是对每个人最有利的,其中的认知问题将非常严重,[239]无论试图远远地指挥这些情况的是政治家还是商人或教会领袖。斯密提醒我们注意大公司的运行和国家的运行之间的类似。"派系斗争"可以在一个国家的民众之间盛行,就像其在一个股份公司(WN 741)的股东之间盛行一样。股东们总是雇用他人来指导公司的日常事务,而且这些董事,"作为其他人的钱而不是自己的钱的管理者",无法指望他们会像照顾自己的利益时那样"同样焦虑警惕地照看这些钱"(WN 741;另见737,739—745)。此外,斯密还是认为,自利通常会激发对细节的适当关注,而认知能力与情感能量密切相关(参见§5)。由于企业领导者往往缺乏适当的工作动力,他们做出准确判断的能力也就无法恰当地得到运用。"处于具体情境中的个人……都能比任何政治家或律师,更好地为自己做出判断"(WN 456),但这一看不见的手运行的关键前提,只有在个人认为这一具体情境事关"他自己",而不是他正在执行他人的命令或照顾别人的利益时才能得到满足。因此,"渎职和浪费……必定总是或多或少在[股份公司的]管理事务中盛行"(741)。斯密声称,这就是为什么股份公司非常急于获得对所从事行业垄断的原因:它们运行得如此糟糕,以至于只有垄断才能帮助它们获得成功(WN 741,755)。

请注意,在这一点上,一个公司是否是由政府授权并不重要。那些同时钦佩斯密对政府的激进批评又喜爱大公司的人士,倾向于弱化在我所引这章中对公司的批评,说这个批评只适用于像东印度公司这种由政府成立的公司,并不适用于大约一个世纪以后出现的一般有限责任制的大型私人企业,因为斯密并没有预见到这样一种企业。然而,正如乔杜里(K. N. Chaudhuri)所指出的那样,英国东印度公司在许多方面是"现代巨型商业公司的直接先祖"。① 虽然斯密对授予东印度公司的类政府角色感到尤为愤慨——"没有任何其他的政府会(或从事物的性质来看可能会)对自己臣民的幸福或痛苦如此麻木不仁"(WN 752;另见 637—638,754)——但是斯密在公司中看到的大多数问题仅仅只与规模大小相关。"由少数几个股东组成的股份公司,拥有适度资本,其性质与私人合伙公司非常接近"斯密写道,"也可能做到同样的[高度]警惕和专注"(WN 744)。相反,南海公司(the South Sea Company)因为"巨额资本分散在众多的股东手中",必定充斥着"愚蠢、疏忽和浪费"(WN 744—745;另见 755)。

---

① Chaudhuri, *The Trading World of Asia and the English East India Company*, 1660—1760 (Cambridge: Cambridge University Press, 1978), p. 21.

斯密对道德社会的看法与对看不见的手的信任以及对政治的不信任之间存在深刻的联系。[240]因为人类的天性就是互相以个人为关注对象，并且作为个人，其情绪和需求会随着所处情境的微小差异而存在巨大的差异。他们在关系亲密的小型共同体中，能够彼此最好地相互照顾、监督和仔细观察彼此的行为，并相互引领达到合宜和德性的标准。① 在这种共同体中，我们每个人都监管着其他人，微妙地查核并引领彼此的行为，并在一定程度上关心所有其他人，因而其中的监督和社会交往是平等的，故而存在相当程度的个人自由。我会尽量不干扰你，因为你和我拥有同等的权力，而我自己也不想被干扰。因此，在小社区，我们可以在不用武力甚至不用直接指责的情况下，让彼此都为整体的利益服务。我们可以和平而自发地实现社会交往和个人自由的平衡。

同样，大社会中的小经济单位，相互给予自由行动的空间，在满足自己利益的同时满足社会的需要。那些拥有小型经济单位的人，会发现直接经营符合自己的利益，而且这些单位通常必须既满足独立的需求，又符合良好商业行为的社会标准。由于推动各经济单位行动的利益直接与这些单位服务的社会需求相关，每个单位都有可能促进公共利益，好似受"看不见的手"的引领。每个单位也可能在没有践踏工人、竞争对手或其他人的自由的情况下运作。人类"喜爱支配别人"，事实上，我们如此傲慢，以至于我们宁愿牺牲自己的物质利益以便主宰他人（WN 388；另见 LJ 186，192）。但当经济单位规模较小时，这些单位的数量可以防止其中任何一个阻碍其他单位，或是认为劳动者的付出是理所应当的，或是企图控制社会其他部门的运作。

---

① 菲利普森（Nicholas Phillipson）认为，斯密关于道德和政治的所有著作的特色是，"讨论独立思想的个体之间的面对面关系的社会和伦理学意义"（Phillipson，"Adam Smith as civic moralist"，in I. Hont and M. Ignatieff（eds.），*Wealth and Virtue*，Cambridge：Cambridge University Press，1983，p. 198）。

随着共同体的扩大，每个成员变得更加没有分量，因此更有可能陷入"模糊与阴暗"的状态（WN 795）。每个人对别人的关心程度都会显著下降——在如何帮助他人、担心他或她自己行为，甚至如何促进他或她自己的利益这些方面。后果之一是人们的道德素质下降。斯密针对从乡村搬迁到大城市时劳动者会丧失德性这一点，发表了感人而又深具洞见的讨论（WN 795—796）。另一个后果是，为了使其成员彼此不受伤害，这种大型共同体还需要建立一个阶层，明确负责监督人们的行为并对其进行奖惩。政府管理代替了自然平等的相互监督以及适度的社会压力。等级关系取代了平等地位，恐惧取代了说服力，服从权力取代了独立。这就是为什么政府在指导人类行为方面，完全劣于社会力量的根本原因所在，但这里困扰政府权力的问题，同样[241]困扰着大型公司和教会为实现各自目标必须建立的权力结构。当一家公司过于庞大，以至于其所有者和工人彼此无法面对面的互相认识，当它规模大到需要在所有者和日常政策中间加入一层"中间管理人员"，人们就会不再指望它能够善待工人，或很好地满足自己的需求，更别提公众的需求了。当一个教会大到神职人员相互争夺权力，将自己的精力引向对统治的热爱，而不是树立道德榜样，当规模大到神职人员和教区居民之间面对面的接触无法对神职人员形成道德制衡时，教会就变成另一种世俗权力的来源，虚伪地将其压迫性隐藏在提供更高的道德教义外衣下。此外，当公司或教会达到这么大的规模时，其控制的资源数量太大，需要寻求政府的支持，而有了这种支持后，它就更有能力干涉整个社会中个人的行为，背离整个社会的利益，追求自己的片面利益。人类通过同情共感及赞同和不赞同等机制驯化自然的支配欲的自然能力，会随着越来越多个人加入有组织的大型团体而减弱，却会在以下情境中运行最佳，即人们分散到非常小型的单位中，在彼此不断相互交流的同时，不会阻碍彼此去做各自认为最应该做的事。

因而,当斯密主张这个或那个社会问题最好由"私人"处理时(687),他的意思是将问题完全留待个人的相互交往去解决,这种交往可以是在家庭内也可以在其他小型单位内,而不是将问题转交给大型组织。事实上,小规模的个人互动不能解决的问题,斯密更愿意把它交到政府而非政府以外的大型组织手中。毕竟,政府至少对公共福祉作出了正式的承诺,而维护这一承诺与政治主权者的利益息息相关。在选举产生的政府中,如果官员明显背弃公共利益,就很可能会丢掉工作,即使在非选举产生的政府中,主权者的长治久安也取决于他或她能否被民众认为心系大众的福祉。① 主权者因而比其他任何社会要素,都更有可能无偏私地照顾每个人的利益,尽管他或她可能无法完美地执行这个任务。在需要这种无偏私的关注的时候,斯密还是转向了主权者。因此,使军人成为特殊职业"只是出于国家的智慧"(697),而且斯密认为穷人的教育需求也与国家的利益联系最为紧密(788)。国家也最有可能成为抵制社会中强大个人和团体压迫的主体。斯密赞扬国家打破了封建土地所有者的霸权(401—405),并期待国家能够结束奴隶制,哀叹由奴隶主主导的民主比君主制更不可能结束奴隶制(LJ 182,187)。同样,斯密表示,有利于工人的条例"总是正义和公平的"(WN 157—158)。民众承认其公正无偏私对于国家来说很重要,[242]这一事实使得国家会关照社会中弱势群体的利益,否则这些人的利益将在各种片面利益的斗争中受到压制。

最后,斯密认为,只有国家有能力在社会内部互相斗争的派别之间进行公正调解,并超越片面利益就某些问题提供值得信赖的信息。尽管国家的考量经常被"片面利益的吵吵嚷嚷的要求"而非

---

① 而且,由于主权者从国家的所有产品中征税,所以产量尽可能大与它的物质利益直接相关(637—638,730)。主权者也是其"骄傲和尊严"与国家权力联系在一起的唯一行为主体(739—740),其家族的"永恒荣光"与人民的富裕息息相关(903)。

"对普遍福祉的全面认识"左右,但立法机关仍然是寻求整个社会
各方利益需求的最佳机构(WN 471—472)。当一个国家的某一地
区被"恶意而致命的派别"分裂时,也只有一个强大的中央政府的
"强制力量"有可能恢复和平(WN 945)。同样,由于政府比其他社
会行动者更有可能做到公正这一点,斯密认为政府是发布公共信
息的合适主体。在某些情形下,斯密赞同政府审查某些产品,以确
保消费者不被伤害(WN 40,138)。当斯密建议国家要求任何人想
要进入某些职业之前"学习科学与哲学"时(WN 796),斯密暗示,
国家将决定什么才是"科学与哲学"。在所有这些方面,国家可以
实现任何其他主体无法实现的善,因为只有它是为超越片面利益
而设计的。尽管斯密谴责政府的某些弊端,但是斯密依然认为政
府在社会中扮演着一些不可替代的角色。

58   法律胜过政策;设计良好的制度[①]

因此,斯密对政府的态度存在一种深刻的张力甚至矛盾。斯
密认为,政府原则上是处理许多社会问题的最合适人选,但他不
信任政府工作人员,认为他们经常根本不尝试解决问题。他倾向
于让政府解决社会问题的理由是深刻的:只有政府标榜面对整个
社会,站在公正的立场上,而这是解决利益之间的冲突的恰当立
场。而斯密不信任政府官员的理由也同样深刻:担任政府职务的
人往往没有道德原则或被职务腐化,而政府官员对当地情况的掌
握几乎总是不如置身其中的人。所以,这里的张力并不容易解
决。既不能简单地放弃政府对私营部门所发挥的作用,也无法指
望更好的教育能为政治职务提供足够正派和明智的候选人。在

---

① 关于良好的制度设计对于斯密的重要性,还可参见"Institutional Aspects"and
Muller,*Adam Smith*, *passim*,而且尤其是第 9,11,12 章。

某种程度上,斯密倾向于第一种选择,认为社会自身可以比我们想象的运行得更好。斯密自己还针对这个两难问题,提出了其他一些解决方法。不管怎样,斯密最重要的建议是政府的行动应尽可能受一般法律的规制,[243]而不能任由官僚发布各种专门的决策,而新法和新制度的设计要注意如何更好地适应既有做法和习俗。这两个策略都旨在使政府尽可能少受个别官员的知识或道德品格的影响。

首先来看第一个策略:斯密无论是在《法理学讲义》还是《国富论》中,都强烈偏好法治而非人治。布朗认为,《法理学讲义》与所处时代的法律著作很合拍,"认为司法实践比立法者的工作重要"(ASD 120),这很好地表达了斯密的观点,他认为对于自由和安全而言,公正执行既有法律,远比制定旨在确保自由和安全的新法更为重要。斯密还认为,司法机构独立于其他政府部门对于自由至关重要,"自由的一个保障是,所有法官都为黎民苍生履行职务,完全独立于国王"(LJ 271;参见 WN 722—723)。与此同时,布朗的提法也并非完全正确,因为斯密也提出,立法机关的工作对于防止司法机构本身成为专断统治的手段至关重要:

> 法官是必要的,但也是最令人害怕的。在这种情况下应该怎么做呢? 唯一的办法就是制定法律和规则,明确规定法官的行为……因为只有当我们知道他们会怎么做时,恐惧才会被消除……司法权力的增长引发了立法权力的确立,而这首先让人们想到限制司法官员的权力。社会初始阶段制定的法律……似乎对人们的自由和安全施加了能够想象到的最大程度的控制;但随后,法律显然更倾向于通过限制法官的专断权力来维护人民的安全,这些法官在当时拥有绝对的或几乎绝对的权力。(LJ 314—315)

同样,关于英国的独特法律传统,斯密写道,"极大地确保了英国人自由的另外一件事是,法官在解释、篡改或延伸、纠正法律条文的含义方面几乎没有任何权力,以及他们必须根据条文的字面含义,极其精确地加以执行"(LJ 275;另见 282—285)。因而,斯密并没有特别推崇英国的普通法传统,原因就是其依靠先例而不是成文法,留给了法官解释这些先例的很大空间。说斯密认为"司法实践"优于"立法者的工作",其实并不准确。斯密既想要立法机关对法官的权力进行严格的制约,也认为一个独立而强大的受法律约束的司法系统对自由来说必不可少。斯密更青睐政府的立法机关和司法机关,而不是"那种阴险和狡猾的动物,俗称政治家或政客,其委员会受事态的一时变动的支配"的工作(《国富论》468)。立法机关和司法机关都以"常恒不变的一般原则"为导向,比行政机关[244]更有可能做到公正,并对个人行为作出明确而可预测的限制。正如上文引用斯密《法理学讲义》中的文字所表达的,"当知道[政府官员]以什么方式行事时,[对他们的]恐惧就会被消除"。个人的自由程度与政府将如何对待他们的可预测程度成正比;专断是对自由的最大威胁。

因此,斯密不喜欢把太多权力交给个别政府官员的法律(如定居法或某些税收法——参见《国富论》153 和 825—826)以及短期内变化太大的法律(如大多数贸易限制)。经常波动的法律不可预测,使得片面利益(如影响奖励金和进口限制的商人利益)有机会在政府中享有太大的发言权。斯密希望政府采用(1)长期战略,(2)以简单明了的法律颁布,(3)反映社会各方利益(WN 654),尤其是弱势群体(WN 157—158),(4)尽可能符合一国的历史和现行做法。(与过去习惯断裂的法律,与专断的或者经常波动的法律一样,干扰个人行为。)

斯密自己关于政治变革的所有提议都具有这四个特征。从这些特征着手,我们可以看到,斯密是独具特色的改革者,并不像他有时会被认为的那样是个政治无为主义者。在《国富论》的开篇，斯密写道，"哲学家"是通过"观察一切事物"，"结合利用各种完全没有关系而且极不类似的物力"，得出"发明"（WN 21）。在这段文字对应的草稿中（LJ 492，570），斯密将"政治"和"商业"哲学家列在哲学分支中，表明他把自己列入通过广泛观察、将通常远离的对象联系在一起的学者之一。但如果这段话是自我指称的话，斯密就一定把自己看成了发明家！我认为斯密的政策建议就是他的"发明"，因而，斯密提出的一系列改革建议，如改变造币方案，这样人们就不再会有动力熔化银币（WN 61—62），解决与美洲殖民地争端的精细计划（622—623，944—945）[1]禁止发行小于 5 磅的银行票据（W 323—324），鼓励农业的税收（831—834），建立公立学校（785）以及与爱尔兰联盟等建议（944—945）都可以被看作是他的发明，是其哲学工作的产物和有益成果。

将这些发明放在《国富论》I.i 的背景下，其中描述的机械发明都是对现有机器的改进，有助于我们更好地了解斯密青睐怎样的政策建议。哲学家，就像改良"最初的蒸汽机"的男孩一样，在方法上做出一个小小的转变，旨在将一个环节加入到一个已在运行的复杂流程中，将一个机器零件与另一个钩起来。这种创新需要透彻了解正在被改变的流程，并对如何改良才能尽可能少地干扰整体运行深度敏感。在哲学家这里，这就意味着对自然环境、人类心理、经济过程及历史的[245]渊博深入而全面的了解，才可能设想出一个针对当前政策的微小转变，一个容易就被纳入到现行做法中的规定，或者一个成本不高且几乎不会产生不可预见后果的新机制。哲学家的政策建议必须像良好的机械发明那样运作：必须适应周边环境，从而温和地强化现有体系，以便产生新的平衡而不

---

[1] 还可参见 1778 年他为解决这一冲突向韦德伯恩提出的另一种方案（Corr 377—385）。

是简单地破坏既有的制度。在《国富论》正式出版前五年，斯密的学生米勒在自己的著作中描述了此种建议的特征，以及哪种政治人物会提出这种建议，而斯密肯定会赞同他的分析角度：

> 非常可能的是，那些提出的法规受到应得欢迎的……爱国政治家，必定付出了艰巨的努力，以便让他们的法规适应它们的管理对象的情况；他们并不是受规划精神的激励，也不是基于对遥远效用的想象揣测发动剧烈的变革，他们将自己限于温和的改良，很少偏离以往的做法，在某种程度上能够获得经验的支持，并与国家中盛行的意见相符。①

"很少偏离"当下的做法并与普通人已有的世界观吻合的政治发明，要比乌托邦式革命家提出的彻底革命更少危险性，但却能产生更大的影响。鲁布·戈德堡（Rube Goldberg）机械没有带来任何改进，即使能带来任何改进，也因为太过复杂而无法制造；詹姆斯·瓦特（James Watt）对蒸汽机的改进却彻底改变了一个行业。同样，法国大革命最多带来了一种新的压迫，而《美国宪法第一修正案》却对美国和全球产生了巨大的变革性影响。② 斯密提出的建议之所以可行的原因之一是，他提出的新法规、小型学校等等都设计得让人们对它们的落实怀有强烈的意愿。斯密谨慎地把他的建议与人们的自利联系在一起，这就意味着他不必对人们抱有不切实际的期望。乌托邦主义者期望人性的巨大变化；斯密式发明

---

① Millar, *Origin and Distinction of Ranks*, 1771 [from a 1960 edition, pp. 177—178；cited in ASD 125]. "规划精神"（projecting spirit）这一词组以及对"规划"的负面意义的强调，可以在斯密的著作中找到：参见 WN II, chapters ii—iv。

② 《第一修正案》（The First Amendment）影响了斯密对政教分离的看法：参见 Fleischacker, "Adam's Smith Reception Among the American Founders, 1776—1790", *William and Mary Quarterly*, October 2002。

家顺着人性进行设计。具有讽刺意味的是,这就意味着斯密式的小变化比伟大的乌托邦计划更有可能改良人类。对于不会完全动摇社会根基的制度变革,社会成员可以将其融入已有的伦理和程序规范中。因而,他们可以很容易明白该如何适应这些变革。因而随着时间的推移,这些变革能够带来广泛的社会转型。相反,革命却很少能够真正控制他们想要变革的社会。最初的热情冲击过后,人们却并不理解也不知道如何在生活中接纳新的变化,这就意味着革命要么销声匿迹,被愿意凭借武力统治的精英接管。斯密异乎寻常的哲学观点是确保激进的政治变革通过因循守旧来完成,通过甚至在进行改革时亦有所保留的渐进变革来完成。既不是像伯克那样推崇传统,[246]反对任何刻意的规划(尽管两者常常看上去有点类似),当然也不像边沁或卢梭那样希望重视整个社会重组。① 斯密这一立场的独特性,我认为并没有得到应有的重视和欣赏。

59　共和国与君主国:公民共和主义

斯密所担忧的政治问题指向所有形式的政府,无论它们是否向选民负责。君主国和共和国的政治家都存在不良品格和知识匮乏的问题,而不论政府形式如何,政治力量相对社会力量的劣势也都存在。因此,斯密更关心的是敦促政府在有限的范围内行动,当

---

① 卡维尔(Stanley Cavell)对激进的变革(尽管他称之为"革命")有类似的论述:

> 惯例的内在统治使得只有受它控制的人才知道如何对其加以完善,或者知道为什么必须根除它。只有某个行当的能手,完全受该项事业控制的人,才能更好地确立服务于其本质的惯例。这就是为什么深层的革命性变革可能产生自试图保存一项事业,使其回归自己的理念,保持其与自身历史之联系的努力……只有一位从根子上了解自己那套教实践的神父才能确定如何对其进行改革。(*Claim of Reason*,121)

他们确实行动时则必须遵守一般法律和简单的制度,并没有特别捍卫某种政府形式。他也不像卢梭那样,关心政治制度会塑造何种公民。不过,斯密确实对这两个问题进行了一定的思考,并作出了独具特色的精妙贡献。

相比君主国,斯密更青睐共和国,但是由于他加了很多限制条件,人们可能会忍不住认为斯密其实并不青睐任何一方。①《法理学讲义》记录了斯密的以下观点:

> 在共和政府中,特别是在一个民主政府中,效用是赢得民众臣服的主要(几乎是全部)原因。他从小就感受着并被教导去感受自己生活其中的政府的优越性;将国家事务交给全体民众共同处理,要远比交给某个人更为可取;在前一种情况下,权力几乎很少被滥用,而在另一种情况下,却很难避免被滥用。(LJ 318—319)

请注意,这里共和国的主要优点在于防止权力滥用,而不是其反映了公民的共同意志,或有助于公民发展其政治人格。此外,还提到了一点,即共和国优于君主制的主张是一种党派路线("他……从小就被教导去感受……")。不过,斯密并没有任何反对党派路线的言论,如果这是党派路线的话。而且,很快下文斯密就赞扬了辉格党,这一宣扬效用和共和国的功利优势的英国政党,而不是拥护君主制的托利党:

> 那些忙碌、精力充沛、活跃的人无法忍受压迫,他们不断努力提升自己,自然地会加入[英国]中的民主部分,倾向于功

---

① 基于下文引用的 LJ320 中的段落,温奇认为斯密表达了"对辉格党温和而矛盾的偏爱"。他并没有提及 LJ319 或我下文要讨论的 WN 中的材料。

利原则,即辉格党的利益。那些冷静、满足现状且非常富有的人,想要自己轻松享受,既不想受到干扰,也不想打扰别人,自然地与托利党站在一起,更加愿意基于不那么具备广泛基础的[权威]原则服从政府。(LJ 320)

[247]在《国富论》(584—585)中,共和主义同样与"压迫"形成对比。斯密还认为美洲殖民地居民的自由源于他们的共和政府形式,并且似乎特别赞成这样一个事实,即国王没有"败坏"美洲的立法机关,它们"更多地受到其选民倾向的影响"。此外,他赞扬殖民地没有世袭的贵族,没有任何人享有"可以给邻人增加麻烦的特权",并带着明显赞同的口吻写道,殖民地居民远比宗主国人民更具共和风范(WN 584—585)。事实上,我们完全有理由认定,斯密提出允许美洲代表进入议会会使英国宪制"更为完善",支持两国完全联合,让英国的资金慢慢流入美洲(WN 624—626),都旨在帮助英国本身逐步实现更伟大的共和。①

与此同时,斯密对共和国心存很大程度的保留。我们已经提到过其中最大的保留:斯密认为,共和国相比于君主制,更不太可能废除奴隶制。在拥有奴隶的共和国,奴隶主将不可避免地构成选民中的很大比例,政府将很难战胜他们保留奴隶制的意愿(LJ 181,187)。在一个君主制国家,"[废除奴隶制]面临的困难,可以在很大程度被削弱,国王不可能因为废除奴隶制而受损:无论如何臣民都是他的奴隶;相反,废除奴隶制反而可以通过削弱贵族的力量,增强他的权威"(LJ 182)。因此,国王更能够成为"公正的法官"(正如我们上文提及的,这是所有政府的核心作用),否决那种

———————

① 赫斯特(Frances Hirst)已经指出过这点:"作为政治家,在议会中引入民主和共和的强烈元素对斯密无疑很有吸引力。"(Hirst, *Adam Smith*, New York: Macmillan, 1904,177—178)克罗波西很精彩地论证了斯密在 WN 中对荷兰无处不在的赞扬,可能体现了他对共和主义的偏好(PE 75—76)。

通过剥夺一类人的自由而获得片面利益。仅仅出于这一理由，斯密就对道德情感高尚的人应该欢迎共和主义的传播没有把握：

> 自由人的自由程度越高，对奴隶的奴役就越恶劣得令人无法容忍。富裕与自由，人类可以拥有的两种最大福祉，却往往造成这部分人的痛苦，而在绝大多数允许奴隶制的国家，这些人构成了最大的比例。因此，如果蓄奴必须成为普遍制度，那么善良的人会希望不再拥有这两种最重要的福祉，它们与大部分人的幸福不相容。(LJ 185)

在这种情况下，斯密并不同情美国革命者，而且相比于美国独立，斯密更倾向于在英国王权下的联盟，也就不足为奇了。他大概预见到了一个无限期维持奴隶制的纯粹共和政府。毋庸置疑，他这方面的疑虑完全正确。

但如果奴隶制并不"必须成为普遍制度"呢？除了维护奴隶制的倾向外，共和主义还有什么不妥之处吗？首先，斯密有关共和国很难超越最有权力的公民的片面利益的论证，很快从奴隶制问题转到富人如何践踏穷人（即便他们不是奴隶）的权利。第二，斯密[248]认为，即使是完全民主的共和国，也不会真如卢梭所认为的那样，真正反映所有公民的意志。在现代，大多数人，尤其是大多数穷人，并没有足够时间充分参与国家治理：

> 在现代的共和国，每一个人都是自由的，而较贫穷的人都受雇于从事某个必要的职业。因此，他们要参与集会并就公共事务或各种审判展开论辩，就会非常不便。他们的损失远远无法用任何方式得到弥补……因为他们几乎没有任何可能在官职上得到晋升。(LJ 226)

同样,在《国富论》中,斯密告诉我们,在经济的原始状态中,"每个人……在某种程度上都是政治家,可以对社会的利益和管理者的行为形成较好的判断",但随着分工的不断扩大,形成这种判断的可能性越来越少(WN 782—783)。斯密认为,现代社会的劳动人民丧失了良好的政治判断能力,这是一个非常严重的问题,他敦促采取一定程度的公共教育来解决这一问题,但他并没有表示这个问题完全可以克服。古代的参与式民主依赖于奴隶经济(LJ 226),而这无论如何已经永远不复存在了。正如斯密的追随者贡斯当(Benjamin Constant)在 1819 年所说,大型现代国家的公民不可能像古代雅典公民那样平等参与城市事务的运作:

> 在古代,每个人分享国家主权决不仅仅像我们今天那样是一个抽象的假定。每一个人的意志都有真正的影响……因此,古人为了维持自己在国家管理中的份额……准备作出一些牺牲。每个人都自豪地感到,自己的选举权是有价值的,而这种关于个人重要性的意识,就是一个很大的补偿。
>
> 这种补偿对于今天的我们已不复存在。个人淹没在广大民众之中,他几乎从来感觉不到自己的影响。他个人的意志也不会给整体留下任何印记;在他自己的眼中,没有任何东西可以使他坚定参与合作。①

但是,斯密不愿把共和主义视为政治弊病的解药,并不仅仅因为古代和现代境况的差异。他还有一个有趣的论证,认为任何形式的任何联合都不能完全平等地反映其所有成员的声音。这个观

---

① Constant, "The liberty of the ancients compared with that of the moderns," in Biancamaria Fontana (ed.), *Benjamin Constant: Political Writings* (Cambridge: Cambridge University Press, 1988), p. 16.

点在《法理学讲义》中得到多次强调，即使在一个小型俱乐部，"一般来说，一些人的提议总会比其他人获得更多的赞同，并且通常在所有辩论中都会产生相当大的影响力"（LJ 202；另见 226；TMS 336）。斯密是苏格兰许多俱乐部的成员，这可能是借鉴了自己的经验。有谈话就会有一些人占据主导地位，某些人的意见"领导"着其他人、引领他们，即使参与的人在财富、权力和发言机会上都是平等的。那些最有能力做到这一点的人，以及最了解自己利益的人，可能会借此引导他人放弃他们自己的利益。"在公开的审议中"，斯密写道，[249]工人的声音"很少被听到，很少被重视，除了在某些特定的场合，在这些场合中，他们的大声抗议是由雇主们策划、启动和支持的，但服务于雇主们的具体目的，而不是他们自己的"。工人的力量当然比雇主弱，但是商人们"对自己的利益心知肚明"，他们能成功地将自己的意志强加给食利阶层中的政治上位者，说服他们"放弃[他们]自己的和公众的利益"（WN 266—267）。因此，哈贝马斯最近的政治理论中所表达的希望，即我们最终可以实现"理想交谈情境"所需的条件，也是斯密所处时代卢梭的社会契约就早已抱有的希望，对斯密而言都是乌托邦。人们的辩论能力永远无法平等，能言善辩的人会利用他们的技能将自己的意志强加给笨口拙舌的人。

斯密总体上对共和主义热情不高，这也进一步反映在他对当时被后人称为"公民人文主义"或"公民共和主义"的思潮不那么热衷。正如我们所看到的，斯密绝对不认同亚里士多德的观点，即政治是卓越德性上演的舞台，政治生活是道德生活之冠。对斯密而言，德性是一种私人问题，依靠强大内心的指导，在家庭成员、朋友和近邻之间的关系中发挥最大的作用。理查德·德奇格勒（Richard Teichgraeber）很好地表达了斯密对政治生活的态度：

　　[哈奇森、休谟和斯密]不再从人有意识地追求更大的公

共善的角度理解人的德性。他们把德性看成是对私人激情的合理控制……如果我们能了解他们的经济学如何建立在去政治化的个人道德观和去道德化的政治观基础上,我们就能更充分地把握他们的经济学说。①

斯密并不认为公民的地位与道德修养有很大关系,并且除了赞成公共教育的政治重要性外,斯密也并不像卢梭那样,认为国家应该"造就"有德性的公民。② 除了教育外,公民共和党人往往将平等参军权以及大致平等的财产所有权,看成是公民平等的基本要素,而斯密却对这两个问题都没那么关心。斯密确实在《法理学讲义》(196—198)中写道,财产的巨大不平等在政治上是有害的,我认为温奇很正确地提出,斯密关于废除长子继承权和限嗣继承权的呼吁,至少部分旨在帮助实现公民共和的目标(ASP 66—67)。斯密希望打破长期的地产积累,既是因为这样能够使土地获得更有效的利用,也是因为这种经济过剩会对政治产生有害的影响。正如温奇指出的,斯密呼吁民兵训练,培养公民的勇气和忠诚,同样也是对公民共和主义目标的一种赞成。然而,《国富论》遭受最尖锐批评的一个主张是,常备军优于民兵,有时甚至更有助于自由,③我想持公民共和主义立场的斯密思想批评家也正确认识到了,斯密其实并非完全赞同他们的原则。

60　国家荣耀;战争

[250]如果说斯密对公民共和主义缺乏兴趣,那么很大一部分

---

① Teichgraeber,*"Free Trade"*, 10.
② Rousseau,"Discourse on Political Economy", in *The Social Contract and Discourses*, trans. G. D. H. Cole(London: JM Dent,1973),139.
③ 参见 ASP 106—112 的讨论。

原因可能是他不喜欢其赞颂（glorify）国家的倾向。他认为，人们不应在自己的共和国中寻找自己的最高或最终目的，不应把自己的价值与国家的荣耀（glory）混为一谈，原因有二：一是因为这与他们的个人价值完全无关，二是因为这种等同是人类最大的罪恶之一——战争的源泉。

对于这个问题，温奇是只见树木，不见森林。有学者认为，斯密支持 19 世纪自由主义者的极端个人主义自由放任（laissez-faire）思想以及他们"支持和平"的倾向（ASP 104）。与这些学者不同，温奇指出，《国富论》中的某些元素，似乎分别对应"追求公共'宏伟'的古典文艺复兴观点"（ASP 135），以及对"爱国的和英勇的军事美德"的赞颂（ASP 105）。这些主题相互关联：如果国家的宏伟是一种伟大的善，是我们应该促进的善，那么我们就必须愿意为之奋斗。国家荣耀是一种地位的善，必须以牺牲其他国家的利益为代价，因而争夺这种善总是会提高战争的可能性。国家调动强悍而有效的军事力量本身就是其宏伟的重要组成部分。另外，一个宏伟的国家的公共财富和胜大排场，可以通过盗取他国得到增强，而国家对这些荣耀的展示却会使其成为其他国家征服野心的诱人目标。所以，难怪认为个人的目的（telos）取决于他或她所处的政治共同体的人，也会倾向于认为国家之间的战争是不可避免的，甚至是可取的。因此，如果斯密是文艺复兴时期公民共和主义者的继承者，那么他也是现代民族主义的鼻祖。相反，我认为斯密在这方面应被视为 19 世纪经济自由主义的先驱，"支持和平"，反对民族主义。

这不是说温奇用以支持其观点的文字，并非来自斯密的作品。他忽略的是这些文字所处的上下文，它们所处的整个画面。例如，正如温奇指出的（ASP 132），斯密确实认为，"为维护[主权者]的尊严，一定的花费是必不可少的"（WN 814），而且斯密也确实说，随着社会越来越富裕，这笔费用自然会增加。但是，根据温奇对这一章（WN V. i. h）内容的描述，我们无法获知这一章只包括三个短段落，长度不到半页纸,绝对是斯密关于主权者的合理花费的讨论中篇幅最短的,实际上也是《国富论》中篇幅最短的章节。斯密对这个问题不屑一顾,暗示主权者的尊严并不值得太多关注。①

同样,尽管斯密高兴地承认"凡尔赛是法国的装饰和光荣,斯托(Stowe)和威尔顿(Wilton)是英国的装饰和光荣"(WN 347,在ASP 133 中引用),这其实是在篇幅很长的对一般公共开支的铺张浪费进行抨击章节的最后所做出的让步。事实上,在这三个段落之前,[251]斯密还写道,国王和大臣"毫无例外地总是社会上最大的挥霍者"。这整个一章都在强调,政府的"挥霍"远比个人的浪费对国家的财富构成更大的威胁(WN 342)。当时常见的批评针对私人奢侈花费,斯密认为,这种批评更应该指向公职人员。斯密写道:"让[国王和大臣们]好好注意自己的花费,个人的花费可以任凭他们自己去管。如果国王和大臣的浪费不会毁掉国家,那么他们的臣民的浪费哪里谈得上呢。"这一比较本身就意味着公职人员,甚至是国王,并非天生就比他们的臣民更应过上豪华的生活。斯密通过反复把国王和其他政府官员归入"非生产性劳动者"(WN 330—331,342),说明这一比较的不光彩。他还告诉我们,"众多辉煌宫殿"的维护是那种足以毁灭一个国家的"公共浪费"。而在本章末尾,斯密承认,统治者花钱建造的一些奢侈品,确实使整个国家受益,但斯密并没有把排场、盛宴和皇室礼服作为国家权力的直接象征,而是选择了建筑物、书籍和艺术收藏品等。之所以倾向于后者而非前者,原因之一是,后者可以提供更多生产性劳动者("泥瓦匠、木匠、装饰工"等)的就业机会——可以为普通人提供独立的、有尊严的劳动机会。斯密对于公共荣耀本身并没有多大兴趣。他对凡尔赛、斯托或威尔顿的价值所做的让步篇幅很小,而且出现在文章的很后面,完全无法与之前对"公共宏伟"的批评同日而语。

———————————

① 斯密在 WN 908—909 中,用同样不赞成的态度讨论了宫庭的"排场"。

　　更宽泛地说,斯密在整本《道德情操论》和《国富论》中都对赞颂国家荣耀持反对意见。《道德情操论》的最后一版就增加了一段对爱国主义高度怀疑的论述。斯密认为对国家真正的爱与国家的集体成就无关,更与相对其他国家而言的"荣耀"无关。对国家真正的爱应该是热爱有利于维护和平、促进同胞福祉的法律和制度(TMS 231)。这种对国家的爱在原则上而且在绝大多数的实践中与对整个人类的爱并行不悖,而斯密严重怀疑那种把对国家的爱与对整个人类的爱对立起来的爱国主义,通常被称为"对我们自己国家的爱"。他在讨论这种情感的伊始,就说我们天生会"带着最偏心的钦佩"(TMS 227—228),看待我们自己国家的战士、政治家、诗人等,这里的"最偏心"一词就已经表明这里的钦佩并不是道德上值得钦佩的。在下一段中,他将对自己国家的爱与对其他国家"最恶毒的嫉妒与猜忌"联系起来,"卑鄙的国家歧视原则"是不义的源泉,也是一种带着"野蛮"和"粗暴"天性特征的。针对这一丑陋的性情,斯密提及了西庇阿・纳西加(Scipio Nascia),相传他呼吁罗马不要对迦太基发动战争,斯密认为这是"一个心胸开阔文明的人……的慷慨言词"。然后,斯密提及自己所处时代英国与法国之间的对抗,说这种嫉妒"无疑有损于这两个如此伟大的国家自身的尊严",[252]两者都应该明白,另一国的繁荣对自己也是有益的。在这一段的最后,斯密总结说,应该呼吁每一个国家"促进而非阻挠邻国的卓越"。

　　所有这一切都与《国富论》的一个中心主题契合。在《国富论》中,斯密谴责"国家间的偏见和仇恨",视其为不良经济政策的一个尤为恶劣的来源(WN 474—475)。实际上,斯密用其整个经济学说驳斥这样一些教条,它们"教导各国,他们的利益在于使一切邻国变得穷困"(WN 493)。在《国富论》的开篇,即第二章关于交换的讨论中,甚至隐晦地在讨论财富源自分工而非需要争抢的自然资源的第一章,我们就读到了对财富的追求并不是零和游戏,不是一些人的成功必须以另一些人的失败为代价的竞争。整本著作自始至终都在教导我们，一个国家的财富为其他国家的产品提供了市场，从而可以促进而非阻碍所有其他国家的财富积累。事实上，我们最终认识到了，"国民财富"是国家间可以集体持有并互相促进的东西。"各国通商"斯密写道，"……像个人通商一样，原本应是团结与友谊的保证"（WN 493）。这是米勒提出，如果孟德斯鸠是培根，那么斯密就是牛顿，这一观点的一个原因：①斯密提出了一种论断，支持了孟德斯鸠著名的观点，即商业促进国际和平。斯密认为重商主义提出似是而非的观点，把国家与国家对立起来，并用非必要的、昂贵的和暴力的方式实现国家的"虚荣"。他将建立殖民地列为重商主义政策的恶劣影响，并在《国富论》的结尾处呼吁结束对东印度公司的政府支持；从美洲殖民地撤离英国军事和民政力量；以及进行政治气候大转变，以便使英国"将来的观念和计划，与自己事实上的平庸状况相一致"（WN 947）。从整本著作的第一句话到最后一句，斯密一直都或含混或明确地反对将国家与国家之间的利益对立起来的经济观点。事实上，可以毫不夸张的说，《国富论》的主要目标就是挫伤那种引导人们寻求国家荣耀的不切实际的思想。

斯密最反感追求国家荣耀的地方在于它会滋生暴力。当温奇说"斯密总是将战争的技艺视为最高贵的技艺"（ASP 105）时，再次犯了只见树木不见森林的错误。② 为了支持这种说法，温奇

① "伟大的孟德斯鸠指明了道路。在这一哲学分支上，他就好比培根勋爵，而斯密博士就是牛顿"（转引自 EPS 275n，from Millar, *Historical View of English Government*, 1812 edition, vol II, 429—30n）。

② 斯密确实曾经说过"战争的技艺……是……所有技艺中最高贵的"（WN 697）。然而，要完全了解斯密对战争的观点，我们需要把这段文字与下文我引用的更具批判性的文字结合起来看。而且，这段文字本身应该被打上一个问号。斯密正在论证的是，发达社会的战争应该成为职业常备军的职责——这是整本 WN 中争议最大的立场之一——因此，斯密在修辞上有理由承认战争技能的高贵。事 （转下页注）

从修订后 1790 年出版的第六版《道德情操论》中援引了三段话。温奇坚持称,这三段文字"熠熠生辉地描绘了……爱国主义的及英雄主义的军人美德"(同上)。如果将这三段话放回到上下文中,它们表达的意思就远非如此一目了然。第一处所在的那章讨论的是"自然推荐"我们照顾自己国家的利益,而非全人类的福祉;第二处讨论的是我们如何可能超越自然的这一推荐,关注其他民族的利益,第三处是对自制德性的赞扬,认为它是其他所有德性的基础。这些引文所在[253]章节旨在说明,尽管对国家的忠诚事实上对我们而言,确实比关心所有"有感觉的生物"更为自然,但是后者应该成为我们的最终目标(TMS 235 §1),而且第二段使用士兵乐意牺牲自己的个人利益这一例子,敦促我们在与更普遍的福祉相冲突时,牺牲包括民族利益在内的有限利益:

> 优秀士兵们……在开往他们毫无生还希望的荒凉的作战地点时,常常比开往没有困难和危险的地方时更为欣然赴命……当遇上最重大的公共灾难或个人灾祸时,明智之人都应当这样考虑:他自己、他的朋友们和同胞们不过是奉宇宙的伟大管理者之命,前往宇宙中荒凉的作战地点;如果这对整个世界的幸福来说并非绝对必要,他们就不会接到这样的命

(接上页注)实上,所引用的短语是作为比较句的一部分,它提供了一个有争议的总体论点的前提:"战争的技艺,由于它无疑是所有技艺中最高贵的,所以在进化的过程中,它就必然成为最复杂的"(强调为我所添加)。然后,斯密用战争技艺已经如此复杂这个事实,论证现代国家不应该依赖民兵。在这一点上,斯密与他的朋友休谟和罗伯逊(William Robertson)以及他所处文化环境中几乎所有人的观点有所不同。对斯密那些更拥护公民共和主义的朋友而言,尚武德性的崇高意味着每个公民都应保卫自己的国家,他们严厉批评了斯密对民兵事业的明显背弃(ASP 105—106,and Lois Schwoerer, *"No Standing Armies!" The Antiarmy Ideology in 17th Century England*,Baltimore:Johns Hopkins University Press,1974,esp. 192—195)。所以斯密论证的论辩要点与他在温奇所仰仗的这句引文中似乎持有的观点完全相反。还要注意,斯密这里所说的是战争的"技艺"而非战争本身是高贵的。

令……明智之人无疑应当能够做到一个优秀的军人时刻准备去做的事情。(TMS 236)

斯密因此使得军人的德性自己反自己,也反民族间的仇恨,这是宇宙真正的公民应该学会克服的:我们应该把自己和同胞看成是服务于"整个人类的利益"。斯密运用传统上赋予军事成就的荣耀,作为在任何情况下坚韧面对困难的暗喻,敦促我们把我们的整个生命看作是一场前往"宇宙中荒凉的作战地点"的战斗。

在温奇所引的第三段文字中,尽管斯密确实认为战争是"习得和练习……豪迈(magnanimity)的伟大学校",但斯密也指出我们甚至在"罪大恶极的罪犯"(劫匪和强盗,尽管我们赞同对他们的惩罚)身上也赞赏这种豪迈,并提醒我们:"伟大的征讨攻伐"也会引起我们的兴趣,"尽管其违背了一切正义原则,完全弃绝人道"(TMS 239)。这肯定不是对战争技艺毫不含糊的赞美,并且在整个《道德情操论》的第六章,斯密都在警告说,尚武的德性可以毫无分别地用于实现正义或不正义的目的(参见,例如,241—242,254,264)。他的总体建议似乎是,我们应该试图将自制的崇高德性引向谦卑的私人用途,而不是在道德上站不住脚的战场上锻炼自制。最接近斯密关于自制的范例是,不管旁边的人或任何外部回报而追求自己眼中的真理的力量:独自面对柏拉图演讲的巴门尼德(Parmenides),或马尔堡公爵(Duke of Marlborough),其自制并不在于他的实际军事成就,而在于他忍住不曾做出任何莽撞的行为,或说出任何莽撞的话(251—253)。对于斯密而言,勇气和自制确实是伟大的美德,但是,这些德性的最高修为来自以斯多亚的方式履行我们的道德责任,而不是在战场上为了愚昧统治者的虚荣而奋战至死。

温奇的解读是一个很好的例子,让我们看到如果只是引用斯密著作中的文字,而没有考虑其在斯密整个观点阐述中的位置将会导致什么后果(参见本书第1节)。在《道德情操论》VI.ii中,尚武的德性在美学上是值得赞赏的,但更常被用于服务邪恶的和恐怖的目的。[254]第三卷增加的一段话描述了战争和派别斗争的经历,特别适合培养自制的德性(TMS 153)。军事征伐的"漫天烽火"有助于我们实现"可畏和可敬"(如果不是"可亲和温和")的德性。但是,斯密将这种对战争之益处的讨论,置于可亲的德性和可畏的德性这一更为广泛的对照中。他明确地指出,前者而非后者为自制提供了恰当的和最深刻的基础:

> 我们对别人感觉的敏锐感受,绝不会跟自我控制的男子汉气概互不相容,它正是那种男子汉气概赖以产生的秉性。完全是同一种秉性或本能,促使我们在邻居遇到不幸时体恤他的悲痛;在自己遇到不幸时,促使我们抑制自己的悲痛,避免发出凄惨可怜的叹息。(TMS 152)

斯密继续写道,"天生最适合"习得柔软而温和德性的人,也将最适合习得可畏和可敬的德性。关键是,天生"适合"习得某一德性并不意味着实际获得了这一德性,而关于"漫天烽火"的段落出现在斯密所做的下述让步中:温和的人,即使非常适合成为强大的、不自怜自艾的人,通常也并不一定能发展自己的这一面,除非经受艰难险阻的历练。在做出让步之后,斯密警告说,那些获得勇气和自制的士兵,也会有极大可能变得麻木不仁和冷酷无情。斯密写道:"为了使自己心安",士兵通常会"轻描淡写"自己造成的伤害,并有意不去恰当地关注他人的权利。① 因此,斯密整体的态度恰好完全与人们通常认为他持有的态度相反。他认为,温和的德性在合

---

① 斯密警告说战争的开展经常"背离了一切正义原则,而且……完全弃绝人道"(TMS 239)。

适的条件下,通过自制,可以发展出可畏和可敬的德性,而后者则不一定能导致前者。人道地关心别人的痛苦是通往自制的最佳道路,而战争则是一条危险的道路。

　　无论如何,不管斯密多么看重通过战争获得的德性,他都明确无误地憎恨实际的战争。他称英国的战争"代价昂贵而毫无必要"(WN 344),将十字军东征称为"破坏性的狂潮"(406),并将封建时期的不断战争状态描述为"暴力、劫掠和无序的场景"(418)。他说,士兵"懒散而放荡",经常"烧杀抢掠"(WN 470;另见 100)。他一有机会,就会强调战争造成的"财富浪费",发动战争所需的巨额费用(344—345,406,437,440—445,613—615,661,906,925—926,929,944—946),这在斯密与把战争作为财富来源的重商主义者的辩论中非常重要。事实上,斯密认为战争是政府最糟糕的"浪费和奢侈"(343—345,925,929),是"事物改良的自然进步过程中"最糟糕的敌人,是只有"想要改善自身处境的每个人……共同的努力"才能医治的"重病"(343)。他对资本即使在战时依然默默地无休止地努力增长的强调,表达的不是他惊讶于人们竟然如此自私,[255]而是惊讶于普通大众如何执着地改善世界,尽管他们虚荣的领袖在他们前进的路上设置了如此巨大的障碍。

　　战争与浪费之间的这种联系,在《国富论》II. iii 中得到了最为充分的阐述。斯密在开始直接批评政府开支过于浪费时,列出了"公共浪费"的三个源头:"数目众多金碧辉煌的宫殿,庞大的教会机构,以及大规模的海陆军队……"(第 343 页§31)。尤其就这三者中的最后一个,他觉得不得不补充说:"……他们在和平时期既一无生产、在战时又不能有所获取来补偿他们的维持费用。甚至在战争持续期间也如此。"重商主义者认为,战争可以带来经济收益,远超军队的开支。斯密条分缕析地驳斥了这一教条。在第 32 段,斯密写道,尽管政府大肆铺张浪费,几乎所有国家都能成功积累财富,只要他们所生活的时代"还算宁静和平"。第 33 段和 34 段很有策略地挑选了 17

世纪内战、玫瑰战争、诺曼征服以及凯撒大帝入侵作为例子,人们一般会认为,英国在这些时期的财富积累遭受到了严重的阻碍;这些战争与 17 世纪成功抗击荷兰人或 18 世纪与法国的战争不同,绝大多数英国民族主义者都会对这些战争感到畏惧。最后,在第 35 段,斯密简洁地描述了"国内混乱"的场面、伦敦的火灾和瘟疫、詹姆斯党叛乱以及英国最近与荷兰人和法国人交战所谓辉煌荣耀的军事战绩。斯密坚持说,火灾、瘟疫、入侵和内战的混乱带来的"绝对的浪费和财富的破坏","不仅延缓了……财富的自然积累,而且……使这个国家在这一时期结束时,比开始前还要更穷",而且那些战争只是为了满足重商主义者的冒险精神。斯密模糊了内战、应对入侵以及国外征战的区别;斯密并不认为那些被作为国家悲剧哀悼和被作为国家胜利庆祝的战争之间,存在多大显著差异;也不认为只有穷人被杀害的战争会比影响整个国家的战争更能令人接受。与荷兰和法国的重商主义战争,或许并不那么明显,但是完全可以同样确定,和詹姆斯党叛乱或伦敦火灾和瘟疫一样,已经造成了资本的毁坏——从他们发动战争的目的来计算战争的花费的话。如果没有战争,

> 更多的房屋会被建成,更多的土地会得到改良,而已经得到改良的土地将会得到更好的耕种,制造业一定会增多,已有的制造业又一定会扩大;到现在这个时候,国家的……真实财富将会达到何种高度,或许是很难想象的。

但是,如果战争对国民财富的破坏如此显而易见,那为什么政府还要发动战争呢? 斯密认为,英国过去一个世纪的侵略战争是由一群想从[256]其同胞的损失中获益的人发动的。他指出,制造业"可能在国家的毁灭中蓬勃发展,而在国家重回繁荣时开始衰退"(445),并表示英国的"店主"愿意用"他们同胞的鲜血与财富"为自己获得一个帝国的客户(613)。在这些话语中,我们不难分辨出斯密其实在指

控战争发动者犯了叛国罪。斯密反转了愿意发动战争与爱国的联系，不爱国的是那些战争的支持者。对那些支持令其他人受难的战争的人的苛刻谴责，在下面这段话中得到了淋漓尽致的表达：

> 在大帝国，住在首都和远离战场地带的人民，大多不会感觉到战争带来的不便；相反却可优游安逸地从报纸上读到本国海陆军的功勋，而享其乐。对他们来说，这种享乐补偿了他们因战争所纳赋税与他们在平时所纳赋税的小小差额损失。他们通常都不满于恢复和平，因为和平使他们再也得不到这种享乐，并且，战争再继续些时间说不定就会实现的征服与国家荣耀的无数虚幻希望也将消失。（WN 920）①

"远离战场"的人们欣然接受成百上千不太富裕同胞的死亡，"从报纸上读到本国海陆军的功勋，而享其乐"。在斯密看来，至少在英国，那些这样感受的人，不仅冷酷无情而且愚蠢透顶，因为他们所怀有的"征服与国家荣耀的无数虚幻的希望"仅仅只是"虚幻的"，只是"希望"。正如在《国富论》的结尾我们将读到，任何人只要意识到，他所支付的税收在被用于战争，无论数目多么小，几乎都不会愿意继续为之买单，无论他在被给予自己快乐的幻觉迷住时，心里想要的到底是什么。因为相信自己正在为荣耀而战而支持战争是一回事；为了加入对这种荣耀的幻觉而支持战争完全是另一回事。那些生活在舒适和安全环境中，却加入这一幻想的人，就生活在一种双重错觉中。参与"大帝国"战争的是一群人，为之呐喊助威的却是另一群人；"不满于恢复和平"的人们生活在"远离战场"的地方。这些都反映了推动这种战争的人的认知失调，安坐家中

---

① 令人费解的是，温奇完全忽略了这段文字的基调（ASP 135—136），把它看作是在严肃地评述通过举债而不是税收为战争提供资金的好处。

但正在实现军事荣耀的幻觉。正如通过将舞台的机械装置展现在人们眼前,可能会使人们对戏剧产生怀疑,斯密以这种方式陈述税收的目的,可以消除其可接受性所依赖的幻觉。任何体面的商人或地主,如果以斯密这里所述的视角,看待他正乐在其中的"国家荣耀",就会为自己对战争的支持感到羞耻。斯密在不远的上文说,如果没有偿债基金拉低战争税收,人们"很快就会对战争感到厌恶";而厌恶显然正是斯密想要让我们感受到的。当然,我们感到厌恶首先是因为想到了自己的钱包而不是同胞的生命,但是,正如我们已经好几次提及,在整本《国富论》中,斯密既[257]表达了他对压迫的痛恨,也基于物质自利方面的理由为减轻压迫的措施辩护。这段文字中的残酷无情并非来自斯密,而是来自那些愚蠢或残忍到想要让别人为自己的荣耀幻觉而死的人。

61　结　论

在本章所讨论的各个方面——对政治家的德性及有限知识的忧虑;基于此,期望政治精力能从日常政策转向长期有效的法律和制度的维护和逐步改良;对共和制和君主制的区别相对淡漠;竭力想要人们摆脱对相对于其他国家的国家"荣耀"和地位的痴迷,等等——斯密都挑战了早期哲学家赋予政治领域的核心地位。克罗波西和理查德·德奇格瑞伯指出这一点,认为斯密希望从"政治"转向"经济",重点从共同统治转到商业事务。我认为布朗说得更准确,"政治体的衰退不是由于经济的影响,而是伦理的影响",斯密在无论是政治还是商业事务领域,都阐述了非常个人的道德自豪感概念(ASD 211—212)。对斯密而言,商业的蓬勃发展与保障所有人都能获取正义和自由的政府,之所以非常重要,是因为它们都有助于个人追求财富和体面的私人生活。两者的重要性都并非来自国家作为一个统一体其自身的善。国家的统治,与国家的财富一样,从属于个人道德情感的发展。

尾　声

第十二章　斯密对今天的启示

[261]又：1793 年，斯密死后第三年，亨利·邓达斯（Henry Dundas）在议会中挺身而出，为重新颁发特许状给东印度公司辩护。邓达斯是一位非常熟悉斯密的苏格兰人。1787 年，他曾邀请斯密同住在他的温布尔登别墅（Wimbledon villa）。他还在 1779 年向斯密征求关于爱尔兰自由贸易的建议，一年之后，他帮助斯密成为了海关官员。此外，到 1793 年，《国富论》已经蜚声海内外。1791 年，邓达斯所服务的首相威廉·皮特本人，也为《国富论》撰写了充满溢美之词的颂文。①

　　只要是熟悉《国富论》或斯密整体观点的人，就都知道斯密对英国东印度公司持不赞成态度。十年前，邓达斯自己也一直积极

---

① 罗斯（*Life*，305，374）讨论了斯密与邓达斯的友谊。皮特非常有说服力的赞扬可以参见"Adam Smith's Rise to Fame: A Reexamination of the Evidence"，*Eighteenth Century: Theory and Interpretation* 23，no. 1(1982)，82。我同意拉希德的观点，即 WN 直到皮特的演讲前后才在英国广为人知。关于这一点，还可参见 Willis，"Ideas in Parliament"，and Richard Teichgraeber，"'Less Abused than I had Reason to Expect': The Reception of *The Wealth of Nations* in Britain，1776—1790"，*The Historical Journal* 30，2(1987)。不同意见参见 Richard Sher，"New Light on the Publication and Reception of the *The Wealth of Nations*"，*Adam Smith Review*，即出。

主动地推动改革英国在印度的种种做法。因而，我们可以合理地假设，邓达斯不仅熟悉而且赞同斯密对这些做法的批评。但是，他在 1793 年 4 月 23 日发言时，只字未提这些批评。他承认自己即将提出的立场"不符合任何关于政府和商业的既定理论"，他说，"尽管这些理论""在其他情况下是适用的……但是在为英属印度殖民地制定政府计划和贸易制度时，他觉得遵从这些理论是很危险的"。他继续说道：

> 没有一位政治经济学家会赞同一个幅员辽阔的大帝国，可以由一个商业协会进行管理；也没有研究商业经济的学者会认为，贸易应该受到独家特权的束缚。我知道，我的观点偏离了这些被广泛接纳和推崇的原则，也对这些原则抱有常见的偏见，但是，我有成功的实际经验的支持。当下议院向他们阐述这个问题的特殊之处时，他们会立刻明白，我并非想要推翻这些理论，尽管我并不愿意结束旧的既定做法。我希望……吸引下议院的注意力，使其聚焦英国实际拥有的优势，然后再问，为了寻求也许只在想象中存在的更大优势而放弃它们，是否算明智或有见识？①

竟然连邓达斯都这样说。如果说这个讲话是埋葬斯密思想的真正葬礼并不为过，这里断送了斯密像他自己所期望（尽管并不怀多大希望）的那样影响实际政治的最后一丝机会。如果连邓达斯那样熟悉斯密的人，在谈及斯密曾如此彻底批评[262]的政策时都以这种粗浅和不交好的方式无视他的观点，那么斯密的观点在以后得到正确理解和运用的机会又有多少呢？而邓达斯的无视尤其令人

---

① *The Parliamentary History of England*, *From the Earliest Period to the Year* 1803 (London：TC Hansard，1817)，vol. XXX（1792—1794），pp. 659—660.

生厌。斯密的名字没有被提及，[①]与所有其他"政治经济学作家"放在一起，然后与邓达斯努力对抗的"常见的偏见"关联在一起。邓达斯还暗示，斯密对东印度公司在"实际经验"中的运作情况一无所知，更别提这一实际经验的"独特之处"或具体细节，斯密提出的只是"理论"，而斯密所声称的结束政府对东印度公司的支持所带来的好处，仅仅存在于"[他的]想象"中。从他的讲话中，没有人会想到斯密的作品其实在实践细节上和理论上同样丰富，更不用说斯密的著作就是致力于把英国从想要拥有"只存在想象中的"帝国的灾难性企图中唤醒。[②] 事实上，邓达斯能够利用斯密的论辩方式来反对斯密的教义，就说明了他非常了解斯密。讽刺的是，这可能是斯密对他造成的唯一持久的影响。[③]

　　这里就出现了第二个讽刺。斯密自己都不可能想到，这一插曲会如此完美地展现了极为斯密式的学说：人们只会采纳他们尊重的学者提出的与自己的规划和预想吻合的思想，而忽略一切可

---

① 弗朗西斯（Philip Francis）在随后的讨论中引用斯密的观点与邓达斯论辩时也没有指名道姓："断言某家贸易公司没有资格行使国家主权、不配获得伟大王国政府的信任；他们作为某个角色的利益与他们的其他角色的利益不相容；这种利益永远不应该与这样一种权力结合在一起，否则国家臣民肯定会成为商人利益的牺牲品，这些是轻率的猜测吗？……他们有资格成为商人，但是完全没有资格成为主权者"（同上，687）。与之形成对比，WN 637—638："商人团体……似乎不可能把自己看作主权者，甚至在他们成为主权者以后，也不会。他们仍然认为，自己的主要业务是贸易，即购买以后再售卖，他们不可思议地认为，主权者的地位仅是商人地位的一个附属物……作为主权者，他们的利益与所统治国家的利益恰相一致。作为商人，他们的利益与所统治国家的利益直接相反。"还可参见 752，819。

② WN 947：斯密这里谈论的是美洲的大英帝国，而不是英国殖民地印度（彼时英国还称不上帝国），但是我认为，他的观点适用于在东印度公司的荫蔽下开始发展起来的那个帝国。

③ 威利斯（Kirk Willis）写道，"尽管皮特和邓达斯都对斯密怀有明显的敬意，也熟悉斯密的学说，但是他们也没能逃出处理东印度公司滥用职权问题时的传统思考模式"（"Ideas of Smith in Parliament"，535）。威利斯继续写道，他们在关于这个问题的议会辩论中，从来没有"提及斯密及他的学说"，我想我给出的引文表明事实并非如此。

能会质疑自己,让自己改变想法的学说。斯密对英国东印度公司的罪恶洞若观火,他对此的分析是《国富论》中"理论性"最少、最具历史感的部分之一。此外,很难相信,任何人如果真的接受斯密对重商主义的批评和关于自然自由体系之意义的阐述,仍会赞同东印度公司的做法;这是根据斯密的整体观点所能推衍出的最为水到渠成的政策建议。然而,一位自认为同时也被认为是斯密最亲密的门徒之一的人,根本没有费心思考斯密对东印度公司提出的具体驳斥,就随便对斯密的意见置之不理,似乎斯密只是毫无根据地自说自话,似乎斯密不过是一位不尊重事实的理论哲学家。

　　从这一事件中可以得出教训,当然可以说邓达斯是浅薄无知之人,但这一结论站不住脚。更合理的一个推论更为一般性和更令人沮丧:即使人们非常尊重一位道德或政治思想家,一旦这位思想家呼吁人们做出个人的或政治的牺牲时,他们立刻就会声称他"不切实际","不了解事实"。如果真是这样,那么任何一位道德或政治思想家,即使是像斯密这样明智而理性的思想家,想要真正改变其他人,看起来也甚为渺茫。重大的政治改革障碍重重——在所有体制中,占据或寻求政治职位的人总是过于受惠于那些已经拥有财富和权力的人,不会冒险对他们发起任何实质挑战——而个人道德改造的障碍甚至更难克服:没有人愿意被揭下"自我欺骗的神秘面纱",直面"自己言行的缺陷"(TMS 158)。自我欺骗[263]深深扎根于人类心灵深处,斯密对此的强调不输于任何人,然而,事实上也许比他想象的扎得更深。也许几乎所有人,特别是涉足政治的人,实际上都没有能力以任何实质的方式进行自我改造,至少无法面对合理的论点特意这么做。也许只有历史意外事件和非理性力量,如推翻封建制度的意外事件和力量,才能实现实质性的建设性的社会变革。

　　离开对斯密的研究,这条暗黑的启示同样适用于企图消灭贫困、种族主义等的"左翼"和企图保护宗教价值观或发展国家财富和荣耀的"右翼"。左翼人士自夸对改革持开放态度,以及自己总体上的高标准道德观,但他们仍然很少采纳那些想要改正他们的观点、行为方式或策略的建议;事实上,许多左翼活跃分子很难接受批评意见,这一点也是臭名昭著。右翼以他们自己在面对上帝和传统时的谦卑态度为傲,但在推动自己的政策时绝无谦卑可言。政治家无法听取批评,没有能力承认错误,不会大幅修正自己的观点,也不能超越党派利益——这些都提醒我们,重要的并非应选择哪种政治风格或体制,而是对政治怀有很高期待是愚蠢的。

我并不想以这样一种无为主义观点结束对斯密思想的研究,下文将从他的著作中提炼一些建设性的政治建议。但是,说斯密的整个政治愿景不可能实现,因为政治领域的人几乎没有足够的勇气和正义,实施任何可能不利于自己职业生涯的改变,这一警告还是有用的,即使在说到我们能够从斯密身上获得哪些政治教义时,也不应遗忘这一警告。

然而,在我们试图从斯密那里获取任何建设性建议之前,要想将这些建议应用于今天的政策之争,还是面临其他一些障碍。正如格里斯沃尔德指出的,我们无法用当代美国的术语将斯密归为"保守主义"或"自由主义","右翼"或"左翼"(AVE 295n 64)。部分是因为自斯密所处时代以降,政治问题已经发生了巨大的变化;部分是因为斯密特有的政治写作方式。格里斯沃尔德强调,斯密的著作在很大程度上没有意识形态:"如果我们期待社会哲学都有一个……严格的结构,那么所有[斯密的建议]似乎看起来都令人绝望的毫无系统性且具有特殊性"(AVE 296)。这种毫无系统性和特殊性反映了斯密的现实主义,但是正因为如此,当面对的问题超越了斯密所处的时代,我们就很难断定斯密到底会采取怎样的立场。事实上,阐述斯密思想遗产的难度,也并非是最近才出现的问题;在斯密去世后不久,这一问题就已经显现。

又:斯密离世大约 10 年后的 1799 年至 1800 年,"联合法案"

在英国获得通过。这些法案强化了当时现行法律中的某些条款,反对工人联合起来进行集体谈判以获得更好工资的努力。人们可能会说,工人的联合行动会干扰劳动力自由市场的自然运作,[264]从而将斯密作为赞成这些法案的权威加以引用。抑或引用斯密的观点——如雇主们总是联合在一起,却完全不会受到任何惩罚,而工人做同样的事,却要遭受谴责(WN 84—85);以及斯密所说的有利于工人的法律"总是正义而平等的"(158)——将斯密作为反对这些法案的专家利用。无论如何,自从大学时代以来就一直推崇斯密思想的皮特①促使"联合法案"被通过,而反对这些法案的弗朗西斯・伯德特爵士(Sir Francis Burdett)和本杰明・霍布豪斯(Benjamin Hobhouse)则引用斯密来支持他们的反对立场。② 24 年后,斯密思想的两位忠诚追随者——约瑟夫・休谟(Joseph Hume)和弗朗西斯・普雷斯(Francis Place)——发挥了至关重要的作用,废除了"联合法案"并使工会在英联邦合法化。③

又:罗斯柴尔德指出,在 18 世纪末关于最低工资的议会辩论中,"双方可以援引斯密思想为自己辩护"(ES 62)。反对监管工资的皮特,可以利用斯密关于穷人已经享有了较高的工资这一观点或合理援引斯密的自由贸易原则,反对这些条例。支持推动工资监管的塞缪尔・惠特布莱德(Samuel Whitbread),其使用的语言与斯密更为类似,也像斯密一样被视为穷人的朋友,可以合理地诉诸斯密为自由贸易政策设置的例外。谁更好地代表了斯密自己的观点,皮特还是惠特布莱德? 皮特自己对工人和贫困所持

---

① Willis,533—534,尤其是注释 106。

② Ibid. ,516.

③ 关于休谟和佩雷斯,参见 E. P. Thompson, *The Making of the English Working Class* (Harmondsworth: Penguin, 1980), pp. 563—567。汤普森指出,休谟和佩雷斯早些时候曾以"斯密博士所持有的贸易自由主义"为由投票反对某些保护工人的政策。他还指出,佩雷斯认为工会一旦合法,就会自然消亡。

有的观点本身,就是一个奇特的万花筒。希姆法尔伯指出,他在1796 年提出了一个考虑非常深远的脱贫计划:其中包括"工资援助比率、家庭津贴、为购买牛或其他有价值的物品提供资金、为穷人孩子举办的工业学校,为贫困人群特别申请和保留的荒地,以及疾病和养老保险"。[①] 然而,他又镇压了普选权的倡导者,反对最低工资的实施,并通过了"联合法案"。皮特的哪个观点最能反映斯密的政治信条呢? 我们可以说,实施扶贫立法的皮特是真正受斯密影响的皮特,只是法国大革命使得皮特对工人骚动起了疑心。或者我们也可以认为,只有那个反对所有政府对经济关系的干预并认识到工人联合带来的危险的皮特,才是斯密思想的真正拥护者。我们也可以努力调和这两个皮特,将他扶贫计划中的明显"左翼"极点和他其他政策中的明显"右翼"极点往折中调和。

关于惠特布莱德和皮特以及两个皮特的问题,仅仅是确定该如何正确理解斯密思想这个更大难题的两个案例。正如希姆法尔伯、罗斯柴尔德和温奇所详细罗列的,在 18 世纪末期援引了斯密的人中,不仅包括自由派和激进的改革派,如米勒(斯密的学生)、帕雷斯、潘恩、边沁、孔多塞、西哀耶斯神甫(the Abbe Sieyes)、玛丽·沃尔斯顿(Mary Wollstonecraft),[②]还包括皮特、伊登、托马斯·马尔萨斯(Thomas Malthus)以及越来越保守的伯克。这些传承斯密思想的流派中,哪些真正代表了斯密自己信奉的思想呢?[265]哪些从《国富论》中正确推导出了斯密对主导他死后政治论辩的那些问题(特别是关于穷人的问题)持有的观点?

最公平最合理的说法是,两个流派都代表了斯密遗产中真实的一面,但任何一方都无法宣称自己才是这份遗产的绝对传承

---

① 　Himmelfarb, *Idea*, 75.
② 　参见 RP 第五章;Himmelfarb, *Idea*,第三章;以及 ES 第二章,尤其是页 53。

者。"左翼"传承的是斯密对穷人坚定而一贯的同情，斯密著作中有许多迹象表明政府对这部分人群的偏袒是公正和公平的。"右翼"传承的是对任何形式的剧烈变革以及对政府实施社会干预（尤其是当这种干预涉及庞大的官僚体系时）抱持的怀疑。我倾向于认为，斯密对穷人的强烈道德关切，以及将穷人视为在地位和贡献上与社会上其他人完全平等的观点，会使斯密在后来的政治光谱中更偏向左翼而不是右翼，但这也是一种揣测。重要的是，两种对斯密思想的所谓传承也都必然是揣测。两种观点都有论据支持，但斯密离世太早了，我们无法真正知道他对法国大革命后的政治经济到底会持什么观点。在 19 世纪初人们认为不言自明的假设，即斯密当然会支持彻底的自由放任政策并站在穷人的立场反对政府的方案，完全站不住脚。最开始，既有"左翼斯密主义者"和"右翼斯密主义者"，就像后来既有"左翼黑格尔主义者"和"右翼黑格尔主义者"一样。这一最初对斯密思想的解读，恰恰反映了斯密生活在左右翼这一现代区分出现之前（法国大革命之前），以及斯密思想既微妙又复杂，无法轻易就任何政治事务得出教条化的观点。

　　为了清楚阐述斯密所处时代与当今时代之间的历史差异，我在本书第十章第四节论证了法国大革命引入了现代分配正义概念，促使许多政治主体产生了相应的政治关切，即政府的政策应该缓解或消除贫困，甚至为了实现这一目的，改变或废除社会中的财产制度。但是，如果斯密生活的时代并没有出现这种关切，那么我们根本就没有理由认定我们能够确定他对此的看法。

　　此外，20 世纪初以来主宰资本主义经济的大型公司，在斯密所处的时代并不存在，也没有那么多大型工厂，这种大型工厂成为了 19 世纪英国经济的核心，也自那时起就为经济改革者所诟病。《国富论》开篇提到的制针工厂具有误导性：这并不是斯密通常所考虑的那种工厂。金德尔伯格（C. K. Kindleberger）指出，斯密似乎没有预料到会发生工业革命。[①] 但工业革命以来,在许多经济领域,大型企业越来越成为最有效的经营方式(当一个行业开始依赖昂贵的机器,启动成本和能源成本本身就促成了巨大的规模经济,使小型公司难以与大型企业竞争)。[266]斯密没能预料到工业革命的到来,因而也没能预料到大型公司将会在多大程度上主导自由市场经济。我们无从得知斯密对这些大型公司会抱有怎样的看法,尽管他确实不太可能欢迎它们。斯密认为英国东印度公司及其同类背离了他认为市场自然会产生的自由流动的资本形成,[②]但是东印度公司当然与现代公司完全不同,它被明确授予了交易垄断权以及准政府权力,包括发动和结束战争的权力。有人可能会利用这一点来证明斯密对东印度公司的批评并不适用于现代公司,这些现代公司的垄断权至少表面上受到反垄断法的制约,它们是有限责任法及现代技术带来的规模经济的产物。但是,斯密对东印度公司的许多批评与其垄断地位或准政治权力并无关系;它的规模及因而需要中间管理人员(他们不用承担其许多行为导致的直接后果),本身就会导致严重的问题。除此之外,我们还要质疑认为法律"不应该使"同行业中之"易于举行集会"的斯密会赞成有限责任制,更别提支持政府其他各种各样偏袒大公司、打压小企业的措施。

现在一些偏袒大公司的措施直接来自重商主义的剧本,而这正是斯密在《国富论》中,辩论的矛头所指。当美国政府决定通过阻碍外国钢铁进口,"拯救"美国钢铁工业时,或者对日本汽车征收高额关税,迫使美国消费者购买福特、通用或克莱斯勒出产的质量

---

① C. K. Kindleberger, "The Historical Background: Adam Smith and the Industrial Revolution," in T. Wilson and A. S. Skinner(eds.), *The Market and the State* (Oxford: Oxford University Press, 1976).

② "在自由贸易中,除非获得每位单个交易者一致赞同,否则任何有效的联合都无法建立,而一旦任何一位交易者改变主意,联合也将无法延续。"(WN 145)

更差的车型时，政府是在用斯密所憎恶的方式牺牲全体人民的利益，偏袒私人利益。当参议员把对大农业利益团体的补贴纳入国家财政预算时——以支持"小家庭农场"为名，而他们只拿到了总数的很小一部分——他们所给予的斯密称之为"奖励金"的东西，要比斯密所处时代的任何奖励金更不具正当性（如果有的话）。当一位市长（如芝加哥市长最近所做的那样）为了让波音公司搬到自己的辖区而提供各种支持（这一举措有望带来 500 个新的工作岗位……），并对此自鸣得意时，他没有理由认为，这种对某个经济部门的特别偏袒，长期来看有利于整个城市的发展，更不用说整个国家了。无论是共和党人还是民主党人，都一直在做这种事，尽管其自称奉行绝对的"自由贸易"原则；参议院中最支持自由市场的共和党人，为了帮助其选民中的巨大商业利益团体肆无忌惮地违反自己的原则。

　　然而，仅仅谴责这些向重商主义的保护主义的倒退并不够。今天的政治现实在于，即使政府真的很想摆脱与大型公司的关系，它们也很难做到。下面我们就讨论几个最不会引起争议的原因：

　　[267]首先，大公司已经成为组织许多经济活动的最有效方式，这就意味着每个国家都将会有许多大型的股份联合。这些联合企业会雇用大量工人，这就意味着少数的董事和大股东，将不可避免地对其他人的经济生活拥有巨大的权力。无论城市还是国家，都无法忽视这一事实。即使公司从未对政治竞选提供赞助，仍然可以对所在地的政府产生重大影响，因为它们影响着许多人的生活，这些人是民主制度下成千上万的选民。如果通用汽车或通用电气公司，在某个城镇关闭或大幅削减业务，整个经济就会变糟，没有一个政治家能够或应该忽视这种可能性。因此，政客们有必要特别听取企业领导人的要求，即使政客们个人并不赞同这些要求，即使他们在竞选中并没有接受这些公司的捐助。

　　其次，即使现代政府能避免涉足企业和个人的福利计划，政府的规模及影响公民生活的程度也比斯密预想的大得多。这是由诸多原因导致的。其中原因之一就是，国防开支以及国防在国家经济中的作用，已经远远超过了斯密所预期的程度。19世纪民族主义的兴起及其对世界政治舞台的主导作用——贯穿20世纪两次大规模的世界战争，20世纪70年代和80年代亚非国家的血腥斗争，继而主宰着巴尔干半岛、中东以及大部分亚洲国家的地区战争——表明糟糕的经济政策并不是导致战争的唯一原因，自由贸易也并不一定就能带来世界和平。自由主义者和社会主义者都淡化了民族主义的重要性，从唯物主义的视角，搪塞那些导致柏柏尔人和阿拉伯人、塞尔维亚人和克罗地亚人或土耳其人和库尔德人无法统一为一个政治单位的文化问题。而且，无论是自由主义还是社会主义国家的政府，往往暗地里都由一个民族权力中心支配，即使它们都否认民族划分的重要性（想一想英、法、德三国国内继续决定着局内人和局外人地位的文化政治；斯大林对故乡格鲁吉亚作为权力基础的依赖；或者叙利亚阿萨德家族对本土阿拉维族人的依赖）。战争武器也在变得更加危险，更加昂贵。我们当然不会指望，斯密能够预料在战争中，坦克、智能炸弹以及极其高端的飞机会取代步枪和战舰。不仅如此，与斯密所处时代的英国海军不同（当时的海军依赖大量政府投资）①，现代军事技术需要许多企业生产只能用于军事目的的商品。因此，18世纪的英国海军，也许征用了大量的干制或腌制食品，但是如果政府在某一年内并不需要这些食品，这些食品仍然可以出售给私人消费者。F-16战斗机或其大部分组件却并非如此。因此，政府不仅国防预算庞大，而且是大量公司的唯一需求来源，[268]政府完全可以通过提供从战斗机到各种类软件订单对经济产生重大影响。斯密为政府留出

---

① 关于海军及开支，参见John Brewer，*The Sinews of Power* (Cambridge：Harvard University Press，1988)。

的在防御比富裕更重要的情况下干预经济的小口子,变成了相当数量的保护主义大空子。

另外,交通和通讯这些斯密认为通常需要政府监管的行业,已经发展到了斯密无法想象甚至会危害用户的地步。安全使用火车、飞机和汽车,需要比马车更精细的规章管理。电话线和电子邮件系统,相比于邮政系统,会让侵犯隐私变得更为隐秘。斯密认为公路的修缮和邮局的运营,属于政府的恰当职责范围(WN 724,726),那么从铁路系统到电子邮件往来这一切,就更不用说了,都应该是政府运作或管理的事务了。然而,仅仅机场的选址就赋予了政府巨大的影响力,能够决定哪些地理区域将蓬勃发展,而哪些区域的发展将陷入困局。此外,聘用管理和维护通讯和运输系统的公司也赋予政府重要的经济角色,使其经常能以微妙且不恰当的方式偏袒某个公司而非另一个。

最后,现代技术的日益复杂及其变化速度的大大加快,使得社会上每个人都迫切需要在幼年时接受良好教育,终身都能够获得优质、中立的信息变得比以往任何时候都更为重要。为了能够高效地生产产品,工人们比以往任何时候都更需要更为专业的知识;而消费者要能够明智地购买商品,也比以往任何时候都更需要更充分的专业知识。相比斯密所处时代的人们,人们今天更容易受到误导,有时是被那些雇用他们的人,还有可能是被那些出售产品给他们的人。现代产品的复杂性使得即便受过良好教育的人,也很难断定某一产品本身就有害,还是只在某些特殊情况下有害,甚至也无法完全确定产品是否制作精良。在 18 世纪,人们只需要积累些生活经验或者认识一个在马车制造厂上班的人,就可以确定某辆马车是否安全和制作精良;制造马车的基本技术已经存在了几个世纪,而且其制作过程再怎么说也是相当简单的。要同样地了解一辆现代汽车——比如,要想知道福特的 SUV 是否平衡性能不佳——却几乎需要先拿到一个工程学学位。同样地,要确定某个特定的工作场所是否危险,在 18 世纪通过口耳相传就可以,但现在却非常容易也往往确实会被隐瞒起来。这还仅仅只是安全问题。家电和软件公司非常容易(欺骗性地)说服公众,让他们觉得购买的商品"需要"更新换代,继续维修已没有任何意义,①或者让他们相信并不存在能够终身使用的产品。企业也很容易将许多真实情况隐瞒:如其能够提供的福利,工作场所中微妙的压迫行为以及工人的工作保障等。在这种情况下[269],教育和资讯,不仅是人们做出基本明智的选择的必要条件,也是自由市场能够粗略彰显个人自由意志的必要条件。因此,现在比以往任何时候,都更需要政府向那些自己没法获得良好教育和资讯的人提供这些东西。斯密在自由市场中看重的东西,远比斯密所处时代更为迫切地要求穷人的教育成本由公众承担,政府努力保护消费者和工人免受潜在的危险伤害。在欧洲国家,这些因素确实使得政府机构非常庞大;而在美国,政府在保护消费者和工人方面的作用相当微弱,但是有弥补措施,即法律保障了个人在受到伤害后获取巨额赔偿。②

　　因而,真正的自由贸易的梦想,在今天要远比斯密所处的时代,看起来更像是"海市蜃楼或乌托邦"(WN 471)。没有一个明智的人会倡导斯密所主张的完全自由贸易。那些自称为"自由至上主义者"的人经常抱怨工会,却从不抱怨公司,以国防为由为政府行为寻找各种借口,而且在不考虑斯密所意识到的正义与安全问题的情况下就提出将教育和交通完全交由私人掌管。很难想象极

---

① 现代世界存在一个重要的令人不安的事实,即许多产品只能由其制造者提供服务。这使得公司能够控制其产品的市场,这是斯密所处时代不可能出现的。

② 如果说罗马帝国是靠暗杀来缓和的暴政,那么我们可以说,当代美国是靠法律诉讼来缓和的企业专政。左派称颂这些诉讼是对公司滥权的制约,而右派则抱怨这些诉讼常常毫无意义且代价高昂。斯密思想的真正追随者会认识到,诉讼大爆炸是我们社会的科技史和政治史意料之外的、低效发展的,但自然而然的结果。

为现实主义的斯密会主张废除工会或公司,或敦促政府不介入现代社会所要求的防务、教育、交通和通讯等方面。面对这些情况,更为斯密式的应对应该是,认识到经济结构和政府角色都会随着历史环境的变化而变化,斯密就 18 世纪欧洲情况提出的想法并不一定要与其对 21 世纪全球经济和政治问题可能持有的看法完全一致。

　　我们可以更加自信地从斯密那里学习的是如何将哲学与社会科学融合。今天无论是在哲学领域,还是在社会科学领域,都有人想要把这两者结合起来,但是我认为他们努力的方向是错误的:他们希望哲学家将他们关于人类心灵或人类社会的描述,契合心理学家和社会学家提出的理论,例如,道德思想理论要契合心理学家关于人们何时及怎样为自己的决定负责的分析。斯密则从另一个方向上说明这种关系的模式,即关于知识、人性以及自由和正义等道德概念的哲学理解,如何能够为研究历史或社会提供启发。[270]斯密在运用自己的常识知识理论验证人们的一般经济决策,批判当时甚嚣尘上的针对谷物商人和药商的偏见时(参见上文§4),他在认识到严格的正义法则在赋予人们安全感从而使他们愿意积累财富方面发挥的作用时,他在运用自己的想象投射理论引领我们与穷人同情共感时,为深刻而透彻的哲学理解如何能够指导社会科学研究提供了绝佳的典范。与此同时,他提供了道德哲学家最有效地促进道德上必要的转变的典范:通过转向社会科学,后者揭开人类生活的细节,而不是仅仅依靠哲学的抽象。今天的道德和政治哲学已经变得非常抽象,更关心正确原则的形成,而不是这些原则如何合理地应用于我们所面对的具体情况。斯密从哲学转向历史和社会结构分析是对下述事实明智且在道德上值得赞赏的接受,即哲学家所做的事情距离日常生活细节太远,本身无法为真正的政治问题提供多少答案。哲学和社会科学需要共同努力;它们并不相同,甚至彼此也不相连,但哲学可以指导社会科学,而社会科学可以给哲学原理提供具体内容。《国富论》就是这种共生关系的典范，其他一些最能体现这一模式的作品也被认为是《国富论》的后继者：例如约翰·斯图亚特·密尔的《政治经济学原理》（*Principles of Political Economy*），或阿尔弗雷德·马歇尔的《经济学》（*Economics*）。

斯密还为我们如何开展社会科学研究提供了更具体的指导。正如我一直强调的那样，斯密的经济学具备高度文学化的叙述方式，其许多观点的阐述都诉诸人们的想象，并努力找寻一种将学术讨论基于他认为的读者的常识包括的概念的方法。清晰并且富有想象力的写作风格对于社会科学家想要阐述的思想而言具有内在重要性，这个看法不仅具有非同寻常的价值，同时对那些认为抽象的数学模型才是深入理解人类行为的最好方法的人起到了纠正作用。除此之外，极为重要的是，社会科学家不要被他们的专业术语所误导，误认为他们拥有普通人没有的理解人类行为的钥匙。社会科学历史上的预测都不太准，而经济学家，所谓最严谨的社会科学家，整体上也并没有比普通商人猜测特定时间段的通货膨胀和就业率更为可靠。关于自己的学科到底能够取得怎样的成就这一点，所有社会科学家最好能保持谦逊，将自己的学科看成扎根于常识和日常语言则能够帮助他们实现这一点。

扎根于常识和日常语言，也可以帮助经济学家认识到，他们研究的是庞大人类思想和实践的一部分，因此他们的研究与政治学家、心理学家、社会学家和人类学家的工作密切相关。斯密最常用作经济学证据并将上述研究人类的不同方式统一起来的是历史。斯密还是一个绝佳的典范，展示了社会科学何以能够像曾经那样被真正称为"历史科学"。将社会科学扎根于历史的优势在于，其观点可以基于更大范围的人类经验（更大规模更丰富的"数据集合"），可以对不同文化和时期的价值观和实践更为敏感。[271]回归斯密传统的一批经济学家，可能会开始要求其研究生有相当的历史学训练,而不仅仅是经济史训练(而许多研究生的培养项目甚至连这方面的要求都没有),这必定会提高经济分析和预测的智识洞见,尤其是对于具有政治意义的事件。当我们被告知最低工资法会减少就业时,希望看到相关证据(如果证据显示确实如此)至少来自一个世纪的人类经验,而不仅仅是当前案例的微观分析。斯密关于四百多年的黄金和白银价格的研究就是这种做法的一个绝好典范。

我们也可以从斯密身上学到一种深思熟虑、温和中道的对待历史的斯多亚派态度。有一个重要的道德问题,即有权之人或者能够影响有权之人的人,应在多大程度上希望和期望改变历史。无为主义者的态度是,既然没有人能够改变历史,就不应该把改变历史作为目标,另一种积极的态度则是,我们每个人都有责任为了下一代努力使这个世界成为一个更美好的地方。斯密的态度居于两者之间,尽管他更倾向于第一个而不是第二个。对于斯密来说,重要的历史变化的时间跨度,往往会比任何个体的生命都要长得多,并且导致其发生的因素往往与即便最智慧和最有权力的个人行为都无关。历史变化将产生怎样的具体影响,谁都无法进行准确预测,尽管在回顾时,人们可以进行解释。因此,个人在期望自己的所作所为能够改良世界时应保持谦逊,主要践行所处社会和历史时期所界定的道义职责,最多在考虑周全的少数几个方面温和地推动社会变革。最重要的是,个人不应该期望他或她在有生之年就能够看到自己希望的变革结果。良性的社会或政治变革需要时间的积淀,缓慢地在共同体行进的生活中为自己找到一个位置。准确地说,那些可以在短时间内完全实现的变革,非常有可能是破坏性的而不是有益的,最终这些变革要么被打回原形,要么产生不幸的后果。因此,斯密对待历史的态度,并不完全是一种无为的态度,而是接受缓慢而微小的变革。

与之相关,社会科学家和政治活动家还可以学习一种对待经验事实(无论是现在的还是历史的)的斯密式态度。正如我们上文所看到的,斯密特别强调具体事实优于一般理论,反复强调高度语境化的人类知识最可靠。因此,斯密可能是所有经验主义者中最经验主义的,以杂乱的事实为依据,而不是理论为依据,追求他的"人的科学"。在关注具体境况这方面,斯密远离坚定的意识形态追求。意识形态依靠概括,依靠关于人性、经济、政治等的理论,这些理论是一般政策规定赖以产生的基础。强调每个人类处境独特性的思想家会不断发现[272]一般中的例外,因而会为规定附加例外。因此,那些试图用"理性选择"或自由至上主义理论强行解释人类生活每个特征的人,就跟那些想要用某个马克思主义范畴解释所有事情的人一样,都并非真正意义上斯密思想的继承人。斯密在这方面的思想继承者,更多体现在福斯特(E. M. Forster)或乔治·奥威尔(George Orwell)这样的小说家和散文作家身上,他们客观冷静地呈现生动细节,这些风格奇特的细节展现了人类生活的质感。我们很容易就能想象《国富论》的作者在阅读《印度之旅》(*A Passage to India*)或《巴黎与伦敦之旅》(*Down and Out in Paris and London*)时会感到欣喜,却无法想象他会对乔治·吉尔德(George Gilder)或罗伯特·博克(Robert Bork)最新出版的无节制长篇大论啧啧称赞。

最后,不管是何种立场的政治活动家和社会科学家,都可以从斯密那里学到一些有用的关于法律和政治本质的一般教义。首先,不管是左翼还是右翼,在倡导变革时都要耐心谦虚,并且留心他们的提议可能会由于意外情况或某些利益和偏见的卷入而搁浅或偏离原来的方向。也就是说,他们可以学着努力预期他们倡议的行为可能导致(尽管目前看起来可能性并不大)的后果,进而调整他们的提议,争取对手的支持,而不是不耐烦地把对手看成是愚蠢的和充满偏见的。他们也可以学会在整体上对政治家和政治行动保持不信任,并将他们改善人们生活的誓言愿望,在可能的情况下，用于改善朋友、家人和邻人的生活。当他们的目标确实似乎需要大规模的社会变革时，他们可能会认识到，政府如果要做到公正，就需要通过制订极为一般性的、可清晰理解的法律，不要借助享有大量自由裁量权的职位，应借助简单透明、便于问责的机构。斯密清楚地说明了一般性法律如何适用于独立的司法机关，如何有效阻止政府权力被滥用或偏袒某个人。斯密对如何理解良好制度设计的重要性，做出了更大的贡献，提出制度需要精心构建激励机制，需要满足持续存在的基本需求，而不仅仅只是解决某个当下的问题，并且要适应其所处社会的历史和传统。斯密谈到了牛津大学教授、天主教神职人员以及英国东印度公司中层管理者的懒散和低效，这可以作为非常有说服力的反面案例，供那些认为庞大而复杂的官僚机构（无论是私立的还是公立的）可以妥善解决重大社会问题的人借鉴。最好还是采取简单的法律变革，如斯密有关纸币的发行面额必须超过 5 英镑的建议，或是发展小型机构，使它们直接对其服务对象负责，就像斯密所说的小型公立学校（由其服务的对象部分出资）。

这些经验之谈——基于历史和常识且不用数学公式而用叙述表达的经济学具有的优势；期待通过较长历史时期（而非短期）实现重大社会变革；[273]尊重法治且借助简单的小型机构实现的政治变革提议具备更大的公正性和有效性——对于各派社会科学家和政治活动家都具有非同寻常的价值。确实，人们在左翼和右翼思想家和活动家中都能找到斯密思想的真正继承人。像斯密一样运用富有想象力的叙事和历史事例，揭示人类处境的本质的社会科学家包括弗里德里希·哈耶克（Friedrich Hayek）和阿马蒂亚·森（Amartya Sen），马歇尔（T. H. Marshall）和丹尼尔·贝尔（Daniel Bell），科林·特恩布尔（Colin Turnbull）和克利福德·格尔茨（Clifford Geertz），汉娜·阿伦特（Hannah Arendt）和迈克尔·沃尔泽（Michael Walzer）。在政治活动家中，我们在哈耶克和斯图亚特·密尔那里,在"费边社会主义者"(Fabian socialist)和英国保守党那里,都能看到斯密的那种谦虚、现实主义以及对传统和缓慢变革的尊重。我并不是说这些人在有意求助斯密(虽然在某些情况下他们确实是这样做的),我只是说他们与其他人一样,对人类事务所抱有的基调和态度受到了斯密推波助澜的影响。

我想以更为具体的内容结尾。我上文已经提及,存在一种"左翼斯密"遗产,至少和更为人熟知的"右翼斯密"遗产一样忠实于斯密的教义。正如至此已经阐述的很清楚了,我对前者深感同情,而且它们并没有如"右翼斯密"那样受人关注。那么,具体地说,就现今的一些重大社会经济问题,左翼斯密主义者会抱有怎样的看法呢?

要真正回答这个问题,可能需要另写一本书,而且作者还得是经济学或政治学专家,而我显然不是。我只能简单勾画,我认为这一答案应该沿着什么方向给出。作为我推荐的方法的一个例子,我将详细讨论一个当代社会经济问题,然后再简要讲述"左翼斯密"的提议可能有用武之地的其他领域。

试想一下,一个大型公司在重要的自然保护区域内倾倒危险废物,会对当地环境造成怎样的破坏;或者一个大型公司占据地方劳动力市场主导地位多年之后整体搬迁到其他地方,这会对当地经济带来怎样的损害。在我曾经的居住地附近的马萨诸塞州皮茨菲尔德市(Pittsfield),这两项指控通用电气公司(General Electric)都占了。几十年来,通用电气公司向胡舍德尼克河(Housatonic River)倾倒了大量六氯联苯(PCBs)及其他有害物质,但在1977年被曝光后,却拒绝做任何河流清理工作(1999年才与皮茨菲尔德市就某些清理工作达成协议)。在相当长时间内,通用电气公司一直是镇上劳动力的主要雇主(在20世纪50年代,该镇75%的劳动者都是通用电气公司的雇员),在20世纪70年代,它将其大部分业务转移到了南方,使得地方经济陷入萧条和就业不足长达 20 年之久。①

　　针对这样的情况，政府可以做些什么呢？反资本主义者会说，这种情况表明为什么资本应该归国家拥有或者至少应该受到国家严格控制，并且会谴责大公司在造成这种严重危害时表现出的"贪婪"。自由放任主义的教条式维护者会说，自由市场最终会自己解决所有这些问题，或者说之所以会导致这些问题，[274]是因为政府监管太多而不是太少，而且他们有时还会赞颂运营电气公司和类似公司的人的公民德性。

　　任何立场的斯密主义者，都会首先把左翼对公司领导人的道德谴责与右翼对他们的赞扬，搁置一边。董事和主要股东并不是特别贪婪的人，不会比他们的大多数工人和那些抱怨他们做法的人更贪婪，他们也不是特别邪恶的人。我们不应该指望，他们会比任何其他经济主体更自利或更不自利。我们也不应该指望，那些通过法律控制资本使用的政治家会比股东们更不"贪婪"或更少野心。这一点应该就会让那些认为把资本置于政治控制之下就可以解决资本主义问题的人心生犹豫。（例如某些国家的环境破坏问题，由政治家来指挥资本，往往会恶化这一问题而非解决这一问题）。在较小的社会活动领域，我们也许可以指望他人的仁慈及其他高尚德性，但在构成经济和政治领域的大型匿名团体之间，则完全行不通。此外，广泛或持续的社会问题，如大公司造成的当地环境和经济损害，通常反映了社会根深蒂固的结构性特征，而不是个人的德性或恶德。

　　左翼和右翼斯密主义者，还应该都会愿意对因环境破坏和公司迁移而遭受困境的人产生充分的同情。斯密会很反感右翼想要把穷人的问题归咎于他们自身。正如我们所看到的，斯密本人（§51）竭尽全力让读者细致地想象，当他们的工资不足以谋生时，

---

① 参见 Sarah Wildman, "City Limits", in *The New Republic*, 03/06/00。

贫穷的工人如何被迫走向绝望(WN 85)，或是城市的匿名性为何往往会让贫穷的工人比富人遭受更多的苦难(795)。当乔治·吉尔德(George Gilder)这位声名显赫、生活优渥的作家，宣称"为了获得成功，穷人最需要的就是贫穷的刺激"时，[①]我们不难想象斯密一定会对其展现出来的冷漠感到何等的愤怒；没有任何一个真正设身处地为穷人着想的人会写出这样的话。斯密关于穷人的著述从不会随随便便地谈什么"强硬的爱"(tough love)，即在自由市场中，穷人可以凭自己的努力克服任何苦难。无论是《法理学讲义》还是《国富论》中，斯密对商业社会可能对其最弱势成员造成的伤害直言不讳。尽管斯密相信这些危害会得到相应的补偿，他还是仔细分析了穷人如何在高度发达的社会陷入比更原始的社会更大的教育劣势，并提出财富应该实现从富人到穷人的再次分配，而且他也从未宣称让穷人自生自灭就是对穷人最大的爱。因此，所有的斯密追随者应该都会认同，尤为影响穷人的现代问题，诸如环境的破坏和工作的频繁更换，要求我们认识到穷人在很大程度上无法自己解决所有问题，[275]要求我们向社会其他资源寻求可以帮助穷人但不会损害他们的尊严和独立的方法。

其次，任何派别的斯密主义者都会同意，社会问题并不一定总要通过政府来解决。私人协会也可以提供帮助，有时甚至更为有效。在英国，工会的前身是被称为"互助会"的工人团体，为其成员提供某种健康保险和人寿保险，以及令人愉悦并广受欢迎的团体氛围。到1874年，参加这一协会的人数多达225万人，与之形成对比的是，从私人公司购买健康保险的只有6万人。[②]我们并不十分确定，专注于从雇主那里为工人赢得工资和福利的工会，能够在一切

---

① 转引自 Trattner, *op. cit.*, p. 363。

② Barry Supple, "Working-class Self-help and the State," in McKendrick(ed.), *Historical Perspectives*, 216—217.

方面改进如此大规模的自助行动。但是,现代工会也许可以提供不错的失业保险和再就业培训计划(也许还有不错的健康和人寿保险政策)。加入这些工会的工人可以在某种程度上不受公司搬迁的影响,甚至可以应对以暂时就业而非长期就业为导向(现代社会往往如此)的就业市场。如果在皮茨菲尔德有这样的工会,通用电气搬离造成的伤害会大大降低。有这些项目的工会可能会吸引更多的工人,从而增加他们的谈判筹码和政治影响力。

除了工会之外,为慈善目的而建立的协会有时也是有用的。在帮助私人慈善协会解决社会问题方面,斯密并没有起到多大作用。他对中世纪教会和富有地主的善意持怀疑态度,指出他们如何利用善行建立起受援助者对他们的依附关系,前者要确保穷人听从其宗教教义,后者使贫穷的依附者成为其私人军队的士兵。但是,除了教会和私人的慈善组织外,斯密对其他大型非政府援助来源一无所知。今天我们有大规模的世俗基金,其资金完全来源于富人的捐赠,但其运作完全独立于这些富人,也并非为他们的个人荣耀服务。某些类似组织——"无国界医生组织"(Doctors Without Borders),"仁人家园"(Habitat for Humanity)——确实帮助解决了许多社会问题,而且还有更多组织能发挥这种作用。左翼人士通常不希望私人组织承担这一角色,他们认为这些援助应该由政府提供,这是穷人和被压迫者应享有的权利,他们担心如果让私人团体帮助这些人群,政府就会放弃本应承担的责任。因此,像"福特基金会"(Ford Foundation)这样的左翼基金会,更倾向于资助公共问题研究,而不是资助解决问题的项目。但这种坚守原则适得其反,因此与斯密那种吸引人的现实主义立场不符。为什么就不能使用一切手段来解决问题呢? 如果这意味着福特基金会必须投入一些资源,建设自己的低收入者住房、自己的学校或提供自己的健康或失业救济计划,那么就这样做呗。也许私营项目会成为政府项目可以怎样做的典范,[276]或者也许在某些情况下,它们将成为政府不该怎么做的教训。即使是后一种情况也是有用的，因为失败的私人实验会比国家启动的计划花费更少，也更容易取消。

我们在左翼和右翼斯密主义者之间能够找到的最后一个共同点就是，如果政府确实需要采取行动，那它应该尽可能地通过市场进行运作。污染排放配额——每份危险品排放的成本，可以在不同公司之间进行交易或出售——优于禁止排放超过一定数量指定物质的法律，因为这种法律必须由一个复杂而运作缓慢的官僚机构加以执行。如果类似的东西（"裁员配额"？）可以用来解决公司大量裁员时造成的损害——如果每个公司每减裁一名员工，就得承担相应的成本，而成本也可以在公司间交易——那么这也不失为一种可取的办法。

从这最后一个共同点开始，左翼斯密主义者和右翼斯密主义者之间就可能出现分歧了。右翼斯密主义者指望自由市场本身来解决环境和就业问题，并可能认为现有的政府规制只会使问题恶化。他们可能会说，为工人提供过度保护的法律，会促使通用电气这样的公司从皮茨菲尔德（Pittsfield）搬离到政治环境不那么严苛的城市。[①] 政府更多地取消类似的规制，市场的无形之手就越有可能照顾到每个人。

左翼斯密主义者拒绝这种过分自满的态度，过分信任看不见的手能解决所有问题，忽视了具体情况的具体特征，其中包括使得通用电气公司这种大公司得以出现的法律和社会条件，这些条件已经违背了自由交换的基本原则。左翼斯密主义者会认为，通用电气公司得到了过多的保护，不受风起云涌市场的太大影响，也无需像成千上万的小公司那样担心能否雇到足够员工。左翼斯密主义者还可能会借鉴斯密本人已经意识到的，雇主与雇员之间以及

① 事实上，"当环保署提议指定皮茨菲尔德为'超级基金'整顿地，这家公司就威胁要关掉其在当地仅存的一个办公室"（Wildman，"City Limits"）。

大股东与社会其他成员之间的结构性权力失衡。与此同时,与反资本主义左翼不同,左翼斯密主义者希望,(a)重视政治主体在认知和道德方面存在的局限,从而避免在商业领导失败时寄希望于政府能取得成功,(b)通过一般法律而非享有自由裁量权的官僚解决问题,(c)努力将这些法律基于既有的结构,(d)努力解决导致当前问题的潜在因素,而不仅仅是这些问题本身。那么左翼斯密主义者可能会提出什么建议,以处理通用电气公司对皮茨菲尔德造成的这种损害呢?

这里存在三种可能性,依据其偏激程度的递增列举如下:

(1) 左翼斯密主义者可能会提出一个工厂关闭法,以现有立法为蓝本并加以扩充,尽量减少像通用电气这种大公司的搬迁可能对当地经济造成的冲击。我们现在有一项最低限度的工厂关闭法(WARN),[277]要求在关闭之前提前 60 天通知;可以增加一个要求,所有下岗工人都可以获得一定数量的赔偿,作为失业保险金,以帮助他们渡过难关,直到找到新工作为止。(事实上,各类斯密主义者也许应该都乐意看到,失业保险的负担能够从国家转移到私人部门:最好能促使直接负责裁员的人不这么做。①)或者,如果一个公司制定了合理的就业再培训计划,就可以减少这笔赔偿的支付。解决这一问题最简单的办法,因而也许也是最好的办法,就是制定一项法律,要求所有公司在任何情况下,只要无故开除了一个员工,就要把工人工资的一定比例支付给失业保险。如果每个被无故开除的员工都能得到赔偿,比如其在公司工作期间累积获得工资总额的 5%,那么这个保险金就能奖励其对公司的忠诚,同时还反映了这样一个事实:一个在同一公司工作了 30 年的工人可能会比仅仅在公司工作两年的另一个人,更难找到新工作。也

---

① 这一转变的另一个好处是政府的官僚作风会有所收敛,而那些负责失业救济的官员也更有可能了解自己的服务对象。

许有人可能会要求补充一点，一旦工人找到了另一份工作，这种失业支付就可以停止，这将激励企业提供良好的再就业培训计划。

需要注意的是，对工厂搬迁问题的此种回应，(a)设置了搬迁的可预测成本，而不是试图阻止搬迁，从而承认了这种流动性是当前经济格局根深蒂固的特征；(b)通过简单的、一般性的且易于执行的法律解决问题；(c)基于我们社会中现有的法律和实践。下面的其他两种解决方案也是如此。

(2)　为防止公司规模变得过于庞大，左翼斯密主义者可能会推动实施对现行反托拉斯立法的修正案：既会考虑某公司生产的产品在市场上可能享有的垄断地位，也会考虑到该公司可能在劳动力市场享有的垄断地位。① 在目前情况下，当联邦贸易委员会(FTC)在审查公司合并是否违反反垄断法规时，只考虑合并对产品市场的影响。垄断者可以将价格提升到远高于市场价格，而反垄断法则关注大公司是否有能力对消费者实行垄断价格。美国的反托拉斯法对垄断行为的界定相当细致，如果企业能够在某些当地市场阻止低价货物与他们的产品竞争，或者仅仅是阻止其与他们的某些产品竞争，都会违反反垄断法。但是，这仅仅关注了企业可能过度控制产品市场，没有关注其在劳动力市场上拥有的影响力。

然而，大公司并不仅仅对产品市场造成有害影响。它们也经常构成对劳动力市场的垄断，特别是在当地，正是由于这种危害，厂址搬迁才会引发相关问题。假如某一特定地区受过训练的焊工有 900 个，某个公司可以提供其中 800 个职位时，该公司既可以控制该地区焊工的工作条件，也可以对整个当地劳动力市场施加影响：在几年或几十年的时间内吸引很多[278]人接受训练成为焊

---

① 　就我所知，联邦贸易委员会确实在留意潜在的产品垄断者(比如，电影发行方在很多情况下几乎就是其他公司的电影的唯一买家)，但并未留意劳动力的垄断者。

工,同时也会吸引其他地区的焊工搬到这个地区。那么,如果这一公司突然整体搬离,就会摧毁整个地方经济。在一个工种上工作多年的劳动者往往无法轻易转行,也无法像流动资本那样随便换个地方。正如斯密所说,"人是各种行李中最难搬运的"(WN 92—93)。因此,一个对当地劳动力市场构成垄断的企业,可能会对那类在自由市场上无法自我保全的人造成各种直接和间接的伤害。

因此,减少大公司带来的危害的方法之一,就是依法在那些它们对劳动力市场构成垄断的地方阻止这些大公司的出现,或者要求这种潜在的垄断者为当地的竞争者留出竞争空间,就像大型媒体被要求以各种方式在当地市场为与之竞争的其他媒体的产品留出空间。要求联邦贸易委员会既防范垄断,又防范潜在的垄断行为,不仅可以保护工人的权益,而且还可以间接缓解我们提出的环境问题。企业之所以能够让地方政府取消或不实施环境保护法令的一个重要原因,就是它们对劳动力市场形成威胁。一个大公司只要单单提出它将搬离某个地方,就能让这个地方的市长、市议会、州立法机构等屈服,放弃实施该公司反对的某一项法律或法规。

另一方面,这一提议并不像第一条建议那样"干净"。虽然将反垄断法延伸到包括对劳动力的潜在垄断,也许很容易就能写入一般法律,但它将不得不由并非完全透明、也并非可完全预测的联邦贸易委员会加以执行。斯密主义者,应当谨防任何需要依赖庞大的官僚机构及其自由裁断权的法律法规。任意裁断或腐败很容易潜入享有自由裁量权的机构中,而且这些机构的成员没有受到足够的公共审查使他们有强烈的动力保持公平和公正。因而,如果说让联邦贸易委员会去监督劳动力市场的过度控制符合斯密的思想,那只是因为它是在现有做法基础上进行的,而且它能帮助弱者对付强者,但这并非完全符合斯密关于优良法律的标准。此外,有时情况可能是这样:只有当一家公司规模扩大到足以形成垄断,才会有资本愿意冒险在某些领域投资(正如只有垄断者才会冒险制造某些产品一样——正是由于这一原因,斯密本人愿意授予某些公司暂时的垄断权力)。因而,斯密主义者,即使是左翼的,也要非常小心,这项提议究竟应该采用何种形式。也许可以把它与第一项提议结合起来,这样,只有(或者特别是)那些形成劳动力市场垄断的企业,才必须接受工人失业保险的相关要求,或者提供高于其他企业的保险金。

(3) 第三种可能性涉及重新安置工人以外的问题。[279]股份持有量或员工人数超过一定规模的公司,必须依照法律要求建立自己的两院制管理模式,其中一个议事厅由职工代表和企业所在社区代表组成,而另一个议事厅仍然由股东组成。第一议事厅可以确保公司内部工作人员获得公平待遇,而且可能会比外部监管机构更尊重公司的内部文化及发展需求,但必须同时包括工人代表和公司以外的社区代表,这样才能确保,(a)工人代表不会像"只雇用工会会员的工厂"(closed shop)那样对付该地区的其他潜在雇员;(b) 公司工人和股东利益与当地居民利益相左的议题——如公司引发的空气和水污染问题——可以在议事厅中得到讨论。某公司议事厅的社区代表,可以通过直接选举产生,或者从已经 选出的本地区所有公司的社区代表候选人中随机选择,或每个公司自行选择。

规定这类公司结构的法令,明确承认了斯密似乎非常清楚(但他的追随者经常有意忽略)的一个事实:就其与工人及他们周围社区的关系而言,大公司是货真价实的政治实体而非"私人"组织。然而,这一提议并没有选择社会主义者可能会偏爱的方向。通过保留股东议事厅,它保持了行业的资本主义基础,保留了股票应掌握在私人手中并在自由市场上交易而不是在政府手中这一理念。工人和市民的议事厅只是制约对社会不负责任的资本使用,减少一些资本主义带来的最糟糕的外部性。请注意,这是一类自由主义的而不是公民共和主义的民主——民主在这里本身并无好坏,仅仅是为了制约非民选权力的滥用——这种自由主义的工具主义民主观也很具斯密特色(参见§59及上文)。

让大公司以民主的方式承担责任,即使是以这种有限的方式,也是对现行做法的重大改变,但我认为这种变革很符合斯密关于良好制度设计的看法。两院制立法机构现存于美国的许多政治制度中,因而这一提议借鉴自一个古老的传统结构。它没有规定公司在事关工人和当地居民时应该如何行事,而是提供了一个开放的结构,工人、社区成员和股东们在此基础上根据不同案例的实际情况解决问题。因此,该提案尊重人类决策的特殊性,以及市场的力量在引领经济决策方面发挥的有益作用(在这里体现为对股东的各种激励)。即使采用两院制治理结构,不同的企业也会根据不同的经济环境,在员工福利、工作时间、社区参与等方面做出截然不同的决定。只是,利润下降与"罢免"选举都有可能会对这些决定产生影响。

[280]这个提议也可以和上文的其中一个或两个提议结合起来——比如,只有那些有可能对劳动力市场构成垄断威胁的公司才会被要求实行两院制管理,或者,这样做的公司能够获得失业保险的减免。

这三个建议仅仅只是左翼斯密主义者可能倡导的政策。我在其他地方提议了一些世俗机构,可能会缓解现代城市社会的匿名性(这是斯密自己也承认的一个问题),并倡导抽签的回归,至少在地方政治中,要培养全体市民的政治判断力,抵制政治权力过度倾向于富人(甚至在民主国家也不例外)。① 我想就这些建议做些补充,特别是在今天互联网时代,政府可以做一些简单的非常斯密式的事情来让消费者更了解产品,也让员工更了解潜在的工作场所。

---

① 这些建议中的第一条出现在"Insignificant Communities",而第二条出现在《第三种自由》,274(还可参见 236—240)。

通过计算机收集消费者对公司和产品的赞扬和批评以及工人对工作场所的赞扬和批评的系统，可以很容易建立起来，多少可以借鉴公司现在用来收集客户反馈的系统模型。然而，企业从来不会有兴趣向广大公众告知这一反馈的结果，而这样做的政府部门则可以在相当大的程度上，激励企业提供高质量产品和良好的工作条件，并抑制企业产品以次充好、假冒伪劣和企业对工人的压迫。此类常规机制要远比通过法律诉讼打击不良行为更为便利，而且考虑到现代社会的匿名性和规模都大大提高（这两者都为原先惩罚坏雇主和不诚实商人的口口相传做了掩护），今天比以往任何时候都更有必要这么做。尽管像"消费者报告"（Consumer Reports）这样的私人实体有可能在这方面发挥作用——非常零散，就像"消费者报告"本身一样——尽管建立一个部分收费的类似政府机构也可能是不错的主意，我们还是很难想象仅靠私营部门，就能充分完成这项工作（毕竟，信息成本无法通过广告费进行偿付）。这确实是一个"不可能通过任何个人或少数一些人会基于利益考量建立和维持的"领域，但对整个社会而言，却是回报远大于成本的（WN 688）——在斯密看来，政府在这一领域的干预是完全合理的。

　　但是，最后需要指出，为读者提供这样一个左翼斯密主义者可能提出的社会方案，其初衷并不是要推广这个菜单上的任何一个特定方案，而是为了赋予"左翼斯密"政治态度这一概念具体的内涵，以展示斯密如何能为左翼（以及右翼）所用。这一展示部分是为了敦促左翼人士学习斯密的政治和道德智慧，部分是为了敦促斯密的所有读者，不论持何种政治立场，都能认识到斯密跨越政治派别的教义完全有别于特定的理想政体观。[281]扎根于常识，重视想象和同情对于理解人类同伴的重要性，承认自利在大型公共领域的主导地位，认识到一般法律和缓慢变革的重要性，以及对历史的不可预见性保持谦卑——这些都可以让对政治感兴趣的人从中受益，对社会科学家以及仅仅只是对人性的运作机制着迷的人也同样从中受益。对人类保持纯粹的哲学兴趣(以及对政治变革的成功保持怀疑)确实是斯密著作最为倡导的。读懂作为社会科学家的亚当·斯密的最好方法就是读懂作为哲学家的亚当·斯密:社会科学对于他来说,就像对我们所有人而言一样,只是爱智慧的一部分。

索　引

作品索引

一般索引

图书在版编目(CIP)数据

论亚当·斯密的《国富论》:哲学指南/(美)塞
缪尔·弗莱施哈克尔著;张亚萍,王涛译.--上海:
华东师范大学出版社,2022

ISBN 978-7-5760-2894-2

Ⅰ.①论… Ⅱ.①塞… ②张… ③王… Ⅲ.①古典资
产阶级政治经济学②《国富论》—研究 Ⅳ.①F091.33

中国版本图书馆 CIP 数据核字(2022)第 113509 号

华东师范大学出版社六点分社

企划人 倪为国

论亚当·斯密的《国富论》:哲学指南

著 者 [美]塞缪尔·弗莱施哈克尔
译 者 张亚萍 王 涛
责任编辑 彭文曼
责任校对 王寅军
封面设计 刘怡霖

出版发行 华东师范大学出版社
社 址 上海市中山北路 3663 号 邮编 200062
网 址 www.ecnupress.com.cn
电 话 021-60821666 行政传真 021-62572105
客服电话 021-62865537 门市(邮购)电话 021-62869887
地 址 上海市中山北路 3663 号华东师范大学校内先锋路口
网 店 http://hdsdcbs.tmall.com

印 刷 者 上海盛隆印务有限公司
开 本 890×1240 1/32
印 张 15
字 数 345 千字
版 次 2023 年 1 月第 1 版
印 次 2023 年 1 月第 1 次
书 号 ISBN 978-7-5760-2894-2
定 价 88.00 元

出 版 人 王 焰

上海市版权局著作权合同登记　图字:09 - 2016 - 105 号